필향만리

서예로 읽는
2500년
논어의 지혜

# 필향만리

김병기 지음

중앙books

□ 일러두기

1. 이 책은 2023년 3월부터 2025년 11월까지 「필향만리」라는 제목으로 중앙일보에 서예 작품과 함께 연재한 글 중에서 절반 정도를 모아 엮은 책이다.

2. 이 책에 수록된 글은 대부분 『논어』 구절 중에서 이 시대의 가치관과 부합하여 통용, 활용할 수 있는 것을 솎아 현대적 의미를 부여하여 해석한 것이다. 솎음과 현대적 의미 부여에는 저자의 주관적 견해가 많이 반영되었다.

3. 『논어』의 해석에는 이설이 있는 부분이 적지 않은데 이 책에서는 특별한 경우(5~6군데)를 제외하고는 이설을 밝히지 않고 대부분 주희 『논어집주』의 해석을 따랐다.

4. 이 책에 수록된 서예 작품은 『논어』에서 솎은 구절의 전문을 다 쓰는 것을 원칙으로 했으나 일부 작품은 작품 구성상의 필요에 의해 솎은 구절의 일부만 쓴 것도 있다.

5. 이 책에 수록된 서예 작품은 자체(字體) 면에서는 전서, 예서, 초서, 해서, 행서 등 각 자체를 돌려가며 골고루 쓰고자 하였고, 서체(書體) 면에서는 대부분 장천비, 예기비, 구양순 해서, 황정견 해행서, 소식 행서, 이병수 예서, 조지겸 해서, 추사 김정희 예서와 해행서 등으로부터 영향을 받아서 형성된 저자의 서체로 썼다.

6. 서예 작품 옆에 작품을 쓸 당시 저자의 의도나 심정을 주석으로 달아 작품을 이해하는 데 도움을 주고자 했다.

## 프롤로그

　공자와 공자 제자들의 어록인 『논어』는 우리나라를 비롯한 동아시아 한자문화권뿐 아니라, 세계가 주목하고 중시하는 고전이다. 1675년에 피터 반 호른Pieter van Hoorn이 네덜란드어로 처음 번역한 이후, 선교사와 학자들에 의해 많은 번역본이 나왔다. 세계적 고전인 『논어』의 위상 때문에 대부분의 사람들은 『논어』를 한 번쯤은 읽을 생각을 한다. 그러나 「학이」부터 「요왈」까지 20편으로 구성된 논어의 분량은 결코 만만치 않다. 더욱이 원문이 한문이다 보니 설령 잘 번역된 번역본을 읽는다 해도 한자 실력이 필요하기는 매한가지여서 한자 실력이 부족한 사람은 『논어』 읽기에 더욱 큰 부담을 가질 수 밖에 없다.
　그렇다고 『논어』에 수록된 말들이 지금 시대에도 다 적용할 수 있는 유용한 말일까? 반드시 그렇지는 않다고 생각한다. 『논어』에 수록된 말이 다 값진 말이기는 하나 시대가 달라지고 생활양식이 바뀌었으며 가치관에도 변화가 생김으로써 이 시대에 적용하기에는 걸맞지 않은 말도 더러 있는 게 사실이다. 인생에 한 번은 꼭 읽어야 할 책으로 손꼽히는 『논어』, 그런데 그중에는 이 시대에는 걸맞지 않은 구절도 있다면 무조건 다 읽기보다는 유용한 명언만 솎아내어 읽을 필요도 있다고 생각한다. 지금 시대에도 유용한 말을 솎아 읽으면서 매 구절을 '필향筆香' 즉 붓을 들어 손으로 글씨를 쓰는 서예의 향기와 함께 음미할 수 있다면 그 또한 좋은 독서법이 아닐까? 음미는 사색으로 이어지고, 사색은 명상으로 이어지는 가운데 그윽한 필향이 함께할 수 있다면 습관처럼 헛된 검색에 매달리며 헛되이 바빠 사는 이 시대 사람들이 탐닉해볼 만한 새로운 독서법이라고 할 수 있을 것이다.

## 이 책을 읽어야 하는 이유, 하나

지금은 '대세大勢'의 시대다. 국어사전은 대세를 "일이 진행되어 가는 결정적인 형세"라고 풀이하면서 비슷한 말로서 '추세', '형세' 등을 열거해 놓았다. 국어사전의 이러한 풀이로 볼 때 대세는 '더 이상 되돌릴 수 없는 방향으로 흘러가는 거센 흐름'이라는 의미로 이해할 수 있다. 지금 우리는 한번 기세를 타면 한동안 그 기세가 세상을 휩쓰는 '대세가 대세인' 사회에서 살고 있다.

어느 시대, 어느 사회나 대세는 있었다. 다행히도 옳은 방향의 대세라면 사회 발전에 큰 도움이 된다. 반대로 잘못된 방향의 대세인 줄 알면서도 방향을 바꾸지 못하고 대세에 떠밀리다 보면 결국 사회는 큰 손실을 입고 더러 파국에 이르기도 한다. 그래서 대세는 무섭다.

그런데 지금 우리 사회는 대세에 이끌리거나 밀리는 경우가 참 많다. 이른바 '뜬다'는 방향에 따라 휩쓸리는 경향이 너무 심한 것이다. 투자가 아닌 투기에 휩쓸리기도 하고, '일타강사' 소문에 휘둘린 교육은 "자녀 잘 되라는 대치동 교육… 아이 아프고 부모도 괴롭다"(2025.08.11. 중앙일보 기사)는 현상을 빚고 있다. '조기 영어 교육 열풍'에 휩쓸려 세 살짜리 아이가 한국어보다 영어를 먼저 배우는 기현상도 일어나고, 국가·사회에 대한 공헌은 물론 자신의 적성도 무시한 채 무조건 의과대학을 대세로 여기는 현상도 어제오늘의 일이 아니다. 사이비 종교 교주나 두목에게 미혹되어 노예로 사는 경우도 적지 않고, 심지어는 새빨간 가짜 뉴스를 전하는 유튜브 방송에 휩쓸려 가짜를 대세로 여기다가 자신도 모르는 사이에 인생을 망치는 경우도 허다하다. 그럼에도 우리 사회는 여전히 대세가 대세라는 생각을 떨쳐내지 못하고 대세를 따르고자 너도나도 바쁘게 움직인다.

대세와 상반된 개념은 '정석定石'으로 봄이 좋을 것이다. 바둑을 둘 때, 예로부터 지금에 이르기까지 공격과 수비에서 최선이라고 인정하는 일정한 방식의 바둑돌 놓는 법을 일러 '정석'이라고 한단다. 정석대로 바둑을 두다가 기회가 왔을 때 기발한 '신의 한 수'를 놓는 바둑이 곧 이기는 바둑이라고 한다. 정석을 무시한 채, 욕심으로 가득 찬 묘수만으로는 아무리 묘수라 하더라도 결코 이기는 바둑을 둘 수 없다고 한다. 어디 바둑뿐이겠는가! 세상사 어느 일이라도 정석을 무시한 채 대세의 휩쓸림 속에서 묘수 아닌 묘수만 찾는다면 결국 파국을 맞게 된다. 묘수를 쓰지 말라는 얘기가 아니다. 정석을 도외시한 묘수는 결코 묘수가 아니라 자멸의 자충수<sup>自充手</sup>임을 말하고자 함이다.

'중류지주<sup>中流砥柱</sup>'라는 말이 있다. 황하의 거센 물결에도 끄떡없이 제자리를 지키고 있는 지주석<sup>砥柱石</sup>으로부터 유래한 고사성어로서 대세에 휩쓸리지 않고 의연히 자기 중심을 잡는 인물을 이르는 말이다. 이 고사성어 또한 대세의 반대말이 될 수 있다. 대세를 느끼면서도 쉽게 휩쓸리지 않음으로써 정석으로 움직이고 지주로 버티는 사회가 건강한 사회다. 대세에 편승하다가 자칫 헛고생만 하는 삶은 결코 현명한 삶이 아니다.

『논어』는 정석이고 중류지주다. 대세에 휩쓸리지 못해 안달하는 이 시대의 사람들을 향해 나는 『논어』에서 숨은 말을 통해 정석을 말하고 싶었다. 그리고 중류지주도 말하고 싶었다. 자신의 현재를 발판으로 자기 중심을 잡고 사는 삶이 가장 아름답고 보람찬 삶이다. 이 책이 이 시대의 정석이자 중류지주의 역할을 할 수 있기를 기대한다.

### 이 책을 읽어야 하는 이유, 둘

지금은 '쇼츠<sup>shorts</sup>'의 시대이기도 하다. 영상을 통해 짧은 이야기를 듣고, 보고, 까르르 웃거나 주르륵 눈물을 흘리면 그뿐, 더 이상 깊게 생각하려 하지 않는다.

쇼츠는 문자 그대로 폭력이든 폭소든 음란이든 괴기든 짧은 시간 안에 시청자를 사로잡아야 하기 때문에 자극적일 수밖에 없다. 최대한 자극적으로 제작하고서도 다음 영상은 자극의 강도를 더 높여야 한다. 자극의 강도가 갈수록 강해질 수밖에 없다. 자극의 이런 악성 진화進化 속에서 그저 새로운 쇼츠를 찾아 까르르 웃거나 주르륵 눈물을 흘릴 뿐, 마음 안에 사색의 공간을 마련하지는 못한다. 더러 쇼츠에 감동하는 경우도 없지 않으나 그 감동이 진지한 사색으로 이어지는 경우는 많지 않다. 공자는 진즉부터 오늘날의 쇼츠와 같은 문화, 즉 보다 더 강한 자극을 요구하는 문화의 범람을 염려하여 아예 상상 밖의 괴이한 이야기, 폭력적인 언행, 난잡하게 얽힌 인간관계, 믿기 어려운 귀신 이야기 등은 입에 담지 않았다. 이른바 '괴력난신怪力亂神'의 자극은 결국 막장에 이르게 될 것을 염려하여 처음부터 경계한 것이다.

이제 짧고 자극적인 이야기나, 찾아보고서도 금세 잊어버리는 짧은 지식을 경쟁적으로 검색하며 사는 허망함에서 벗어나 사색하는 삶을 회복해야 한다. 쇼츠의 홍수 속에서 우리는 오히려 진지함을 그리워하게 되었고, 검색의 편리함 속에서 오히려 허망함을 느끼게 되었다. 템플스테이를 경험하고자 하는 사람이 점점 늘고, 순례길을 걷는 사람들이 줄을 잇는 이유는 쇼츠 부류의 현대 문명이 주는 자극과 검색의 허망함으로부터 벗어나 자아를 찾고자 하는 의지의 발동 때문일 것이다.

더욱이 이 시대는 신이 죽은 시대다. 프리드리히 빌헬름 니체는 말했다. "신은 죽었다. 신은 죽어 있다. 그리고 우리가 그를 죽여 버렸다. 살인자 중의 살인자인 우리는 어떻게 스스로를 위로할 것인가?" 신을 죽여 버린 지금 유럽은 물론 우리도 차츰 종교를 잃어버린 시대로 진입하고 있다. 아! 무엇으로 어떻게 스스로를 위로할 것인가! 쇼츠가 위로를 줄까? 검색으로 얻은 지식이 믿음을 안겨 줄까? 다 아니다. 쇼츠도 검색도 허탈과 허망을 배가시킬 뿐이다. 이제는 못 믿을 신이 아닌 실존했던 선현先賢, 우리와 같은 평범한 일상을 살다가 간 이웃이었던 선현의 말씀과 선현이 몸소 행한 실천으로부터 지혜를 얻어 스스로 위로를 찾아야 할 때다. 그런 선현 중에서도 특히 평범하고 진솔하여 현인임을 전혀 '티'내지 않은 선현이 바로 공자다. 티 내지 않은 선현이기에 오히려 믿음이 간다. '괴력난신'의 '신'을 말하지 않았기 때문에 오히려 신처럼 받들고 싶은 선현이 바로 공자다. 그래서 이 시대에 더욱 읽어야 하고 또 읽고 싶어지는 책이 공자의 말씀과 행동이 담긴 『논어』다.

갑작스럽게 '쇼츠' 문화를 떠날 수 없는 현대인의 관성에 맞춰 쓴맛의 양약에 당의糖衣를 입힌 당의정糖衣錠을 만드는 마음으로 적잖이 '쇼츠'화化한 이 책이 쇼츠 문화를 되돌아보게 하고, 신을 죽여 버리고서 위로받지 못해 끙끙 앓고 있는 이 시대 사람들을 위로하는 데 도움이 되기를 바란다.

## 이 책을 읽어야 하는 이유, 셋

　지금은 '아무 말 대잔치'의 시대다. 남 잡이가 곧 제 잡이이건만 그걸 모르는 채 무조건 남을 잡으려 드는 사람들이 많이 쓰는 수법이 곧 아무 말 대잔치다. 눈곱만 한 꼬투리라도 있는 성싶으면 일단 아무 말이나 해서 폭로부터 한다. 당한 사람은 사력을 다해 방어하며 진실을 규명한다. 결국 진실이 드러난다. 그러면 당초에 폭로성 아무 말 대잔치를 벌인 사람은 당연히 사과하고 벌도 받아야 할 테지만 아무 일 아니라는 듯이 "아니면 말고…"로 일관한다. "확인 차원에서 질문을 했을 뿐"이라는 뻔뻔스러운 답을 덧붙이는 사람도 있다. 그사이에 거짓 폭로를 당한 사람은 심신이 피폐해지고 심지어는 가정이 파괴되는 불행을 겪기도 한다. 범죄 중에서도 매우 악질적인 범죄인 아무 말 대잔치가 횡행하는데도 우리 사회는 이에 대해 의외로 관대하다. 불감증이 심각하다. 일부 극단적 유튜버들은 뻔한 거짓말 대잔치를 하고 있음에도 처벌할 법이 마땅치 않다니, 아이러니도 이런 아이러니가 없다.

　아무 말 대잔치는 누가 하는가? 말다운 말을 해본 적이 없는 사람들이 말에 대한 겁도 없고 부끄러움도 없이 아무 말 대잔치를 자행한다. 이런 사람이 『논어』를 읽으면 말다운 말을 하는 데 도움을 받을 수 있을 것이다. 『논어』는 말을 기록한 책이기 때문에 말을 제대로 배우는 데 활용할 수 있는 최고의 교재다. 『논어』의 말들은 하나같이 상대를 배려하고 상생할 수 있는 말로 구성되어 있다. 어느 한 구절도 아무 말 대잔치 성격을 띠는 구절이 없다. 이 책을 통해 말다운 말이 실종된 시대에 진실하고 미뿐 말을 회복하여 아무 말 대잔치를 근절하는 데 작은 도움이라도 줄 수 있을 것이다.

## 특별한 예술, 서예

인류만이 문자를 사용한다. 문자를 손으로 쓰는 필기 행위인 '손글씨'는 인류가 수천 년 동안 이어온 값진 문화유산이다. 손글씨는 전달과 보존의 기능뿐 아니라, 쓰는 행위 그 자체로도 큰 의미를 갖는다. 글씨를 쓰는 순간만큼은 잡념에서 벗어나 정신을 한 곳에 집중할 수 있고, 자신만의 서체를 통해 자신을 드러낼 수도 있기 때문이다. 특히 부드러운 모필 즉 붓을 사용하는 동아시아 한자문화권의 서예는 정신 집중 면에서나 개성 표현 면에서 펜이나 만년필처럼 딱딱한 필기도구를 사용하는 서양의 필기에 비해 훨씬 좋은 성과를 낸다. 하얀 한지 위에 은은한 향이 풍기는 먹물을 찍어 춤을 추듯이 나긋나긋한 붓의 탄력을 활용하여 감동적인 글귀를 써 내려가는 서예는 사람을 무아지경에 빠지게 하는 특별한 예술이다. 탄력이 풍부한 붓에 방울져 떨어질 것 같은 상태로 먹물을 묻혀 일필휘지하는 서예는 어떤 예술보다도 집중을 필요로 한다. 집중하지 않고서는 붓이 들리거나 눌려서 필획의 굵기가 제멋대로일 뿐 아니라, 먹물의 양이나 농도도 조절할 수 없어서 곧잘 먹물 범벅이 되곤 한다. 바늘귀에 실을 꿸 때보다 더 강한 집중이 필요하다. 그런데 그 집중은 억지로 하는 지루한 집중이 아니라, 흥에 겨워 자신도 모르는 사이에 빠져드는 집중이다. 그러한 집중과 몰입 속에서 삶의 화두가 되기에 충분한 『논어』속의 한 구절을 쓰며 그 뜻을 음미한다는 것은 예술행위이기에 앞서 어떤 수행보다도 더 값지고 효율적인 수행이다. 그러한 집중과 몰입과 흥취의 수행 과정에서 탄생한 서예 작품은 놀랄 정도로 쓴 사람을 쏙 빼닮는다. 그래서 청나라의 학자이자 서예가인 유희재劉熙載는 "서예란 그 사람을 그대로 닮는다. 그의 배움을 빼닮고, 천부적 재주를 빼닮고, 지향하는 뜻을 빼닮는다. 총체적으로 말하자면 서예는 바로 그 사람이다"라고 말했다. 서예는 자신의 현재 모습을 그대로 보여주는 거울인 것이다. 그래서 서예를 정의하는 말 가운데에 가장 널리 알려진 말이 바로 '서여기인書如其人'이다. '서여기인' 즉 '글씨는 곧 그 사람'이기 때문에 글씨를 다스리면 그 사람을 다스릴 수 있다. 스스로를 다스림으로써 다스려진 자신의 모습을 그대로 닮게 쓰는 서예는 동아시아 한자문화권 최고의 예술이자 수행인 것이다. 내가 『논어』의 유명 구절을 솎아내어 이 시대의 언어로 풀이하는 글을 쓰면서 서예를 곁들여 '필향만리'라는 표제를 붙인 이유가 여기에 있다. 『논어』를 단순히 읽는 데 그치지 않고 『논어』속의 명언을 필향을 통해 내 안에 스미게 하고자 한 것이다. 스민다는 것은 체화體化를 의미한다. 체화는 곧 실천이다. 붓을 들고 서예 작품으로 쓰면 더할 나위 없이 좋겠지만 꼭 붓이 아니더라도 붓펜이나 사인펜으로 써도 체화의 효과는 있다. 이 점은 미국인 작가 헨리에트 앤 클라우저$^{Henriette\ Anne\ Klauser}$가 『종이 위의 기적, 쓰면 이루어진다』라는 책을 지어 세계적인 선풍을 일으킴으로써 증명한 바 있다. 성당에서 성경 필사를 권장하는 이유도 필사를 통해 성경을 체화함으로써 하나님 말씀을 실천하기 위해서다. 이 책도 이 시대에 『논어』 속의 명언을 읽고 사색할 뿐 아니라, 체화하여 실천하도록 유도하는 책이 되기를 희망한다. 별책으로 필사노트를 넣은 것도 일반인들에게는 서예 작품 감상과 함께 필사의 교재 역할을 하고, 서예를 공부하는 서예가들에게는 참고할 만한 참고서가 될 수 있기를 기대했기 때문이다.


## 애독을 바라며


인류 스스로 신을 죽여 버리고 종교를 무용화한 이 시대에 사람들은 누군가가 조성한 대세에 휩쓸려 살아가고 있다. 대세에 뒤처질까 봐 불안하고, 짜릿한 '쇼츠'로 시간을 보내는 게 왠지 허전하며, 검색으로 정신의 배고픔을 면하려 몸부림을 쳐보지만 배고픔은 여전하고, 아무 말 대잔치로 용감하게 대응한 후에는 어느 순간부터 밀려오는 자괴감과 불안감에 시달리며 산다. 나는 이런 불안, 허전, 배고픔,

자괴감 등을 해결하는 데 도움이 될 수 있을 것이라는 믿음으로 이 책을 세상에 내놓기로 했다. 이 책이 얼마나 큰 작용을 할 수 있을지는 모를 일이다. 다만 나는 『논어』를 1주일에 두 번씩 이 시대의 언어로 풀어써서 연재하는 지난 2년여의 시간 내내 마음이 평화로웠고, 2년 동안 모은 원고를 책으로 엮어 출간한 지금은 더 없이 보람차고 행복하다. 독자 여러분의 애독을 바란다. 애초에 연재의 기회를 준 중앙일보에 감사하고, 모은 원고를 정성 들여 묵직한 책으로 만들어 주신 중앙북스 출판사의 모든 분들께 진심으로 감사를 표한다.

2025년 11월
인문학과 서예 연구실 '학재鶴齋'에서 김병기

# 차례

프롤로그 5

## 학이

1 시습(時習) 20
2 열락(悅樂) 22
3 부지불온(不知不慍) 24
4 무본(務本) 26
5 본립도생(本立道生) 28
6 삼성(三省) 30
7 경사이신(敬事而信) 32
8 절용애인(節用愛人) 34
9 행유여력 즉이학문(行有餘力 則以學文) 36
10 언이유신(言而有信) 38
11 부중즉불위(不重則不威) 40
12 과즉물탄개(過則勿憚改) 42
13 귀후(歸厚) 44
14 이례절지(以禮節之) 46
15 공근어례(恭近於禮) 48
16 식무구포 거무구안(食無求飽 居無求安) 50
17 빈이락 부이호례(貧而樂 富而好禮) 52
18 절차탁마(切磋琢磨) 54
19 환부지인(患不知人) 56

## 위정

20 중성공지(衆星共之) 58
21 사무사(思無邪) 60
22 유치차격(有恥且格) 62
23 삼십이립(三十而立) 64
24 종심소욕불유구(從心所欲不踰矩) 66
25 유기질지우(唯其疾之憂) 68
26 색난(色難) 70
27 인언수재(人焉廋哉) 72

28 온고이지신(溫故而知新) 74
29 군자불기(君子不器) 76
30 주이불비(周而不比) 78
31 학이불사즉망 사이불학즉태(學而不思則罔 思而不學則殆) 80
32 공호이단 사해야이(攻乎異端 斯害也已) 82
33 녹재기중(祿在其中) 84
34 거직조저왕(擧直錯諸枉) 86
35 인이무신 부지기가야(人而無信 不知其可也) 88
36 십세가지야(十世可知也) 90

## 팔일

37 숙불가인야(孰不可忍也) 92
38 예 여기사야 영검(禮 與其奢也 寧儉) 94
39 기쟁야군자(其爭也君子) 96
40 회사후소(繪事後素) 98
41 시가여언시이의(始可與言詩已矣) 100
42 영미어조(寧媚於竈) 102
43 획죄어천 무소도야(獲罪於天 無所禱也) 104
44 입태묘 매사문(入太廟 每事問) 106
45 사부주피(射不主皮) 108
46 낙이불음 애이불상(樂而不淫 哀而不傷) 110
47 기왕불구(既往不咎) 112
48 목탁(木鐸) 114
49 진미진선(盡美盡善) 116
50 오하이관지재(吾何以觀之哉) 118

## 이인

51 이인위미(里仁爲美) 120
52 구처약 장처락(久處約 長處樂) 122
53 유인자 능호인 능오인(惟仁者 能好人 能惡人) 124
54 무종식지간위인(無終食之間違仁) 126

55 과야 각어기당(過也 各於其黨) 128
56 조문도 석사가의(朝聞道 夕死可矣) 130
57 미족여의야(未足與議也) 132
58 회덕(懷德) 134
59 방어리이행 다원(放於利而行 多怨) 136
60 환소이립(患所以立) 138
61 일이관지(一以貫之) 140
62 견현사제(見賢思齊) 142
63 유필유방(遊必有方) 144
64 삼년 무개어부지도(三年 無改於父之道) 146
65 희구지정(喜懼之情) 148
66 치궁지불체(恥躬之不逮) 150
67 눌어언이민어행(訥於言而敏於行) 152
68 덕불고 필유린(德不孤 必有隣) 154
69 사군삭사욕의(事君數斯辱矣) 156

## 공야장

70 방유도불폐(邦有道不廢) 158
71 언용녕(焉用佞) 160
72 도불행 승부 부어해(道不行 乘桴 浮于海) 162
73 부지기인야(不知其仁也) 164
74 문일이지십(聞一以知十) 166
75 후목 불가조야(朽木 不可雕也) 168
76 욕 언득강(慾 焉得剛) 170
77 비이소급(非爾所及) 172
78 미지능행 유공유문(未之能行 唯恐有聞) 174
79 불치하문(不恥下問) 176
80 구이경지(久而敬之) 178
81 불념구악(不念舊惡) 180
82 직(直) 182
83 과이내자송(過而內自訟) 184
84 호학(好學) 186

## 옹야

85 불천노불이과(不遷怒不貳過) 188
86 주급이불계부(周急而不繼富) 190
87 가사종정야여(可使從政也與) 192
88 오필재문상의(吾必在汶上矣) 194
89 명의부(命矣夫) 196
90 일단사일표음(一簞食一瓢飲) 198
91 중도이폐 금여획(中道而廢 今女畫) 200
92 비공사 미상지어언지실(非公事 未嘗至於偃之室) 202
93 비감후야 마부진야(非敢後也 馬不進也) 204
94 수능출불유호(誰能出不由戶) 206
95 문질빈빈(文質彬彬) 208
96 인지생야직(人之生也直) 210
97 지지자 호지자 락지자(知之者 好之者 樂之者) 212
98 경귀신이원지(敬鬼神而遠之) 214
99 선난이후획(先難而後獲) 216
100 요산요수(樂山樂水) 218
101 고불고 고재고재(觚不觚 觚哉觚哉) 220
102 박문약례(博文約禮) 222
103 박시제중(博施濟衆) 224
104 능근취비(能近取譬) 226

## 술이

105 술이부작 신이호고(述而不作 信而好古) 228
106 하유어아재(何有於我哉) 230
107 시오우야(是吾憂也) 232
108 몽견주공(夢見周公) 234
109 지도거덕의인유예(志道據德依仁游藝) 236
110 오미상무회언(吾未嘗無誨焉) 238
111 불부야(不復也) 240
112 상자지측 미상포야(喪者之側 未嘗飽也) 242

113 용지즉행 사지즉장(用之則行 舍之則藏) 244
114 삼월부지육미(三月不知肉味) 246
115 반소사음수 곡굉이침지(飯疏食飲水 曲肱而枕之) 248
116 낙역재기중의(樂亦在其中矣) 250
117 부지로지장지(不知老之將至) 252
118 아비생이지지자(我非生而知之者) 254
119 자불어괴력난신(子不語怪力亂神) 256
120 삼인행 필유아사언(三人行 必有我師焉) 258
121 득견유항자 사가의(得見有恒者 斯可矣) 260
122 조이불망 익불사숙(釣而不網 弋不射宿) 262
123 다문 택기선자이종지(多聞 擇其善者而從之) 264
124 불보기왕(不保其往) 266
125 아욕인 사인지의(我欲仁 斯仁至矣) 268
126 필사반지 이후화지(必使反之 而後和之) 270
127 구지도 구의(丘之禱 久矣) 272
128 여기불손야 녕고(與其不孫也 寧固) 274
129 군자탄탕탕 소인장척척(君子坦蕩蕩 小人長戚戚) 276
130 위이불맹(威而不猛) 278

## 태백

131 용이무례즉란(勇而無禮則亂) 280
132 독어친 즉민흥어인(篤於親 則民興於仁) 282
133 여림심연 여리박빙(如臨深淵 如履薄氷) 284
134 출사기 사원비배의(出辭氣 斯遠鄙倍矣) 286
135 유악무 실약허(有若無 實若虛) 288
136 임대절이불가탈(臨大節而不可奪) 290
137 임중이도원(任重而道遠) 292
138 흥어시 입어례 성어악(興於詩 立於禮 成於樂) 294
139 인이불인 질지이심 란야(人而不仁 疾之已甚 亂也) 296
140 방무도 부차귀언 치야(邦無道 富且貴焉 恥也) 298
141 교차린 기여 부족관야(驕且吝 其餘不足觀也) 300
142 삼년학 부지어곡 불이득야(三年學 不至於穀 不易得也) 302

## 자한

143 무의 무필 무고 무아(毋意 毋必 毋固 毋我) 304
144 소야천 고다능비사(少也賤 故多能鄙事) 306
145 공공여야(空空如也) 308
146 봉조부지 하불출도(鳳鳥不至 河不出圖) 310
147 앙지미고 찬지미견(仰之彌高 鑽之彌堅) 312
148 여사어도로호(予死於道路乎) 314
149 아대가자야(我待賈者也) 316
150 군자거지 하루지유(君子居之 何陋之有) 318
151 아송 각득기소(雅頌 各得其所) 320
152 서자여사부(逝者如斯夫) 322
153 위산일궤(爲山一簣) 324
154 후생가외(後生可畏) 326
155 개지역지위귀(改之繹之爲貴) 328
156 불기불구(不忮不求) 330
157 세한연후 지송백지후조(歲寒然後 知松柏之後彫) 332
158 지자불혹 인자불우 용자불구(知者不惑 仁者不憂 勇者不懼) 334
159 하원지유(何遠之有) 336

## 향당

160 불시불식(不時不食) 338
161 육수다 불사승사기(肉雖多 不使勝食氣) 340
162 유주무량 불급란(唯酒無量 不及亂) 342
163 상인호 불문마(傷人乎 不問馬) 344
164 차중 불내고 부질언 불친지(車中 不內顧 不疾言 不親指) 346

## 선진

165 오종선진(吾從先進) 348
166 삼부백규(三復白圭) 350
167 미능사인 언능사귀(未能事人 焉能事鬼) 352
168 은은 행행 간간(誾誾 行行 侃侃) 354
169 하필개작(何必改作) 356
170 승당의 미입어실(升堂矣 未入於室) 358
171 과유불급(過猶不及) 360
172 명고이공지가야(鳴鼓而攻之可也) 362
173 이도사군 불가즉지(以道事君 不可則止) 364
174 욕호기 풍호무우 영이귀(浴乎沂 風乎舞雩 詠而歸) 366

## 안연

175 극기복례 천하귀인(克己復禮 天下歸仁) 368
176 사물(四勿) 370
177 기소불욕 물시어인(己所不欲 勿施於人) 372
178 인자 기언야인(仁者 其言也訒) 374
179 내성불구 하우하구(內省不疚 何憂何懼) 376
180 사생유명 부귀재천(死生有命 富貴在天) 378
181 사해지내 개형제야(四海之內 皆兄弟也) 380

182 민무신불립(民無信不立) 382
183 사불급설(駟不及舌) 384
184 군군 신신 부부 자자(君君 臣臣 父父 子子) 386
185 무숙낙(無宿諾) 388
186 거지무권 행지이충(居之無倦 行之以忠) 390
187 필야사무송호(必也使無訟乎) 392
188 성인지미 불성인지악(成人之美 不成人之惡) 394
189 정자 정야(政者 正也) 396
190 구자지불욕 수상지 부절(苟子之不欲, 雖賞之 不竊) 398
191 초상지풍 필언(草上之風 必偃) 400
192 선사후득 비숭덕여(先事後得 非崇德與) 402
193 공기악 무공인지악 비수특(攻其惡 無攻人之惡 非修慝) 404
194 일조지분 망기신 이급기친 비혹여(一朝之忿 忘其身 以及其親 非惑與) 406
195 불가즉지 무자욕언(不可則止 無自辱焉) 408
196 이문회우 이우보인(以文會友 以友輔仁) 410

## 자로

197 필야정명호(必也正名乎) 412
198 강부기자이지언(襁負其子而至焉) 414
199 수다 역해이위(雖多 亦奚以爲) 416
200 기신정 불령이행(其身正 不令而行) 418

에필로그 420

| 1 | 시습(時習)
**무시로 틈만 나면 익히다** |

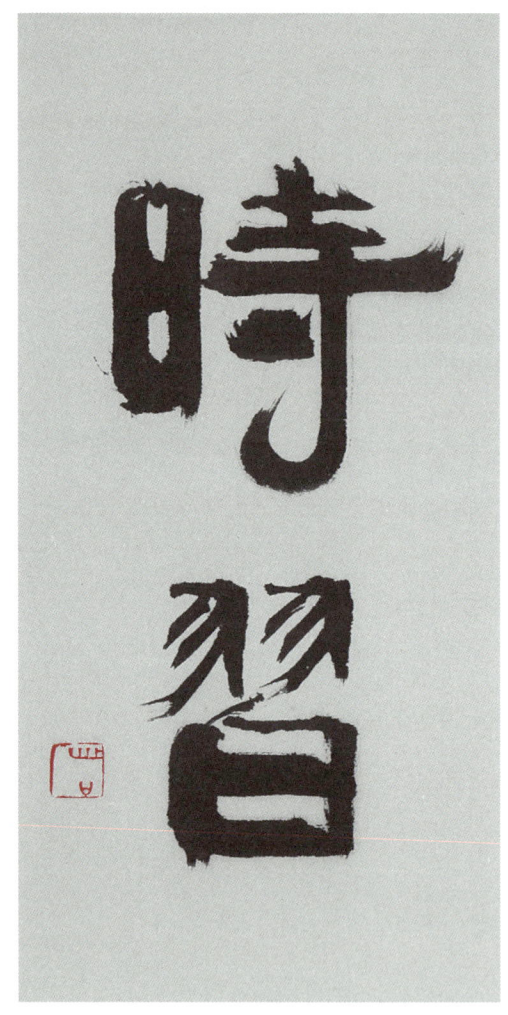

공부는 진중함이
필요하지만 날카로운
예지도 필요하기에
'習'의 '羽'에는
날카로움을 담았다.

時習
25×45cm

공자께서 말씀하셨다. "배우고 때때로 그것을 익히면 또한 기쁘지 않은가? 벗이 먼 곳에서 찾아오면 또한 즐겁지 않은가?"

<sub>자 왈 학 이 시 습 지 불 역 열 호 유 붕 자 원 방 래 불 역 락 호</sub>
子曰 學而時習之 不亦說乎 有朋自遠方來 不亦樂乎.

― 「학이」 제1장

우리가 일상으로 사용하는 단어 '학습<sup>學習</sup>'은 『논어』의 첫 구절인 공자님 말씀 "배우고, 그것을 무시로 익히면 또한 기쁘지 아니하겠는가?"에 나오는 원문 '학이시습<sup>學而時習</sup>'의 줄임말이라고 할 수 있다. 지식이든 기술이든 도덕이든 배운 것을 틈만 나면 내 몸에 익혀 체화<sup>體化</sup>함으로써 새로운 내가 탄생한다면 얼마나 기쁘겠는가! 학습은 바로 그런 의미다. '習(익힐 습)' 자에 '새의 날개'를 뜻하는 '羽(날개 우)'가 붙어 있음에 착안하여 송나라 학자 주희<sup>朱熹</sup>는 '習'을 '조삭비<sup>鳥數飛</sup>' 즉 '어린 새가 수시로 날기 공부에 힘쓰는 것'을 형상화한 글자로 풀이했다.

오늘날 우리 교육에서 '학습'은 많이 배우는 '학'에 치중하고, 그것을 체화하는 '습'을 소홀히 하는 것 같다. 그렇다 보니 익히는 기쁨을 느끼지 못하여 배움마저 지루하게 여기는 학생들이 많아 보인다. 게다가 각종 검색 기능의 발달과 묻는 대로 답해주는 생성 AI의 진화로 이제는 사람이 무턱대고 머리에 지식을 쌓아 넣는 시대는 지난 것 같다. 물음에 대한 답을 얻기가 쉬어진 만큼 이제 인류는 '학'보다는 오히려 새가 날기 연습을 하듯 몸에 익혀 향유하는 '습'을 즐겨야 할 때인 것 같다.

| 2 | 열락(悅樂)
**기쁨과 즐거움** |

조용한 가운데 기쁨이 넘치고, 즐겁되 소란하지 않도록 진중한 소전체로 썼다. '說'의 왼쪽 '言'과 오른쪽 '兌'에 길이 차이를 두어 활달한 느낌을 주었다.

悅樂
25×58cm

공자께서 말씀하셨다. "배우고 때때로 그것을 익히면 또한 기쁘지 않은가? 벗이 먼 곳에서 찾아오면 또한 즐겁지 않은가?"

<sub>자 왈 학 이 시 습 지 불 역 열 호 유 붕 자 원 방 래 불 역 락 호</sub>
子曰 學而時習之 不亦說乎 有朋自遠方來 不亦樂乎.

– 「학이」 제1장

    우리는 '기쁘다'와 '즐겁다'를 구분하지 않고 사용하는 경우가 많다. '悅(기쁠 열)'은 대부분의 연구자들이 '마음(忄=心)'의 작용으로 인하여 '사람(儿=人)'의 '입(口)'이 '여덟 팔(八) 자' 모양으로 빙긋이 벌어지는 모습을 형상화한 글자로 본다. 독서나 명상을 통해 깨달음을 얻었을 때 미소와 함께 찾아오는 희열을 표현한 글자인 것이다. '즐거울 락樂'은 학자에 따라 주장이 다르기는 하지만 대부분 '나무 받침대(木)' 위에 '큰북(白)'과 '작은 북(幺)'이 얹혀 있는 모습을 그린 글자로 본다. 원형의 큰북 모양이 해서로 변하면서 '白' 자 형태가 되었고, 작은 원 두 개를 이어 그린 작은 북 모양이 해서로 변하면서 '幺' 자 형태로 변했다. '樂' 자는 원시시대 사람들이 타악기를 두드리며 즐기는 모습을 형상화한 글자인 것이다.

    기쁨은 안으로부터 우러나오는 희열이고, 즐거움은 외부의 자극에 의해 몸이 쾌락을 느끼는 것이다. 그래서 공자는 독서를 통해 배우고 익혀 깨닫는 '학이시습<sub>學而時習</sub>'은 '열(悅=說)'로 표현하고, 외지로부터 찾아온 친구를 맞아 즐기는 '유붕자원방래<sub>有朋自遠方來</sub>'는 '락<sub>樂</sub>'으로 표현한 것이다.

| 3 | 부지불온(不知不慍) |
|---|---|
| | **알아주지 않아도 성내지 않는 군자** |

성내지 않아야 함을
오히려 성난 것 같은
필획으로 구사했다. 각
글자마다 성난 말갈기
닮은 필획을 2~3개씩
넣었으나 장법은
안온하게 구사했다.

不知不慍
25×67cm

공자께서 말씀하셨다. "…남이 알아주지 않아도 성내지 않는다면 또한 군자답지 않은가?"

子曰 …人不知而不慍 不亦君子乎.
<sub>자왈    인부지이불온 불역군자호</sub>

– 「학이」 제1장

공자는 "나를 알아주지 않아도 성내지 않으면 또한 군자이지 않겠는가!"라고 말했다. 군자란 '양심이 살아 있는 품격 높은 지식인 지도층'이라고 풀어 말할 수 있다. 군자는 자신의 양심과 좋아하는 바에 따라 행동할 뿐 남이 알아주건 안 알아주건 개의치 않는다. 그러나 세상에는 군자를 자처하면서도 남이 알아주지 않으면 화를 내는 사람이 많다. 그때도 마찬가지였나 보다.

물론 사람은 사회적 인정을 받을 때 존재감을 느끼고, 존재감이 곧 행복감의 시작일 수 있다. 특히 유소년들은 존재감을 크게 느낄수록 동기유발이 강해져 적극적으로 정진한다. 실은 성인도 마찬가지다. 그래서 "칭찬은 코끼리도 춤추게 한다"라는 말이 있다.

문제는 군자를 자처하면서도 남이 알아주지 않는다며 성을 내는 거짓 군자이다. 행사장 내빈석 자리 배치를 두고 "내 자리가 왜 저 사람보다 뒷자리냐?"며 버럭 화를 내기보다 "괜찮아! 어떤 자리면 어때?"라며 이른바 '의전' 때문에 바짝 긴장하고 있는 실무자를 다독이는 고위층이라면 절로 존경을 받게 될 것이다. 귀빈석에 앉는 게 군자가 아니라, 군자가 앉는 곳이 곧 귀빈석이다. 군자는 스스로 빛나는 사람인 것이다.

| 4 | 무본(務本) |
|---|---|
|   | **근본에 힘쓰자** |

務本
25×56cm

유자(有子)가 말했다. "…윗사람 해치기를 좋아하지 않으면서 질서를 어지럽히기를 좋아하는 사람은 있지 않다. 군자는 근본에 힘쓰는 것이니, 근본이 확립되면 따라야 할 올바른 도리가 생겨난다."

<sub>유 자 왈    불 호 범 상  이 호 작 란 자  미 지 유 야  군 자 무 본  본 립 이 도 생</sub>
有子曰 …不好犯上 而好作亂者 未之有也 君子務本 本立而道生.

― 「학이」 제1장

공자의 제자 유자<sup>有子</sup>는 근본에 힘써야 함을 힘주어 말했다. 근본이 바로 서야 '도<sup>道</sup>' 즉 '살아가는 길(방법)'이 생긴다고 했다(本立而道生). 그렇다면 무엇이 근본일까? 유자는 공자가 늘 주장하는 '인<sup>仁</sup>'이 곧 근본이라고 말하고 싶었을 것이다. 그러나 '인'은 한 마디로 잘라 설명할 수 없는 폭이 넓은 추상적 개념이다. 이에 유자는 근본인 '인'에 대해 직접 설명하지 않고, 다만 '부모님께 효도하고, 형제간에 우애(弟=悌: 공경 제)하는 것'을 들어 그것이 곧 '인<sup>仁</sup>'을 행하는 근본'이라는 설명을 했다. '인'에 대해 사변적 풀이를 하는 것보다 인을 실천하는 가장 기본적인 행동지침으로 '효'와 '제'를 제시함으로써 스스로 인을 체득하게 하고자 한 것이다.

본능적으로 절친한 부모와 자식 사이를 영원히 아름답게 유지하기 위해서는 '효'를 실천해야 하고, 그 연장선상에서 형제와 자매 사이의 우애 즉 '제'가 이루어져야 한다. 그게 곧 '살아가는 길'이다. 불효하는 사람이 부모 아닌 누군가를 향해 '충성'을 맹세한다면 과연 믿음을 살 수 있을까? 이미 '도<sup>道</sup>' 즉 '살아가는 길'이 막혔거나 아예 없는 사람을 누가 믿겠는가!

| 5 | 본립도생(本立道生)
**근본이 서면 길이 생긴다** |

시원하면서도 안정감
있는 필획과 장법으로
표현하고자 했다. 첫
글자의 비백이 가볍지
않아서 '근본'에 충실한
느낌이다.

本立道生
32×89cm

유자가 말했다. "…군자는 근본에 힘쓰는 것이니, 근본이 확립되면 따라야 할 올바른 도리(방법)가 생겨난다. 효도와 공경이라는 것은 바로 인을 실천하는 근본이리라!"

有子曰 …君子務本 本立而道生 孝弟也者 其爲仁之本與.

— 「학이」 제1장

공자의 제자 유자<sup>有子</sup>는 '효<sup>孝</sup>'와 '제(弟=悌: 공경)'가 인<sup>仁</sup>을 행하는 근본이라고 하면서 근본이 서면 방법은 자연스럽게 생긴다고 말했다.

아무리 이익 사회라지만 이익에만 매몰되는 게 아니라 직장이나 사회의 어른을 내 부모 대하듯이 정성으로 대하고, 내 형제자매와 지내듯이 정답게 지내면 아마 풀리지 않는 일이 없고 날마다 행복할 것이다. 누가 해도 해야 할 일이라면 내가 나서서 하는 것이 곧 부모를 대하고 형제와 어울려 사는 자세일 것이다. 그런 삶은 결코 손해가 아니라, 오히려 이익으로 되돌아올 텐데 요즈음 사람들은 대개 "왜 내가 그 일까지 해야 해?"라는 생각이 앞서는 것 같다. 작은 편안함을 얻으려다가 큰 보람을 잃는 경우가 많다. 결국 남에겐 각박하고 자신에겐 팍팍한 삶을 살게 된다.

내 발밑부터 잘 살피는 하나와 둘을 소홀히 한 채 허황한 명성과 관심을 얻기 위해 서둘러 아홉이나 열을 하려 한다면 그게 다 근본을 세우지 못한 삶의 행태다. 삶이 잘 풀릴 리 없다. 근본을 세울 일이다. 청소년 선도활동을 한다며 어깨띠 두르고 거리로 나서기 전에 내 자식부터 잘 살피는 게 근본을 세우는 삶일 것이다.

## 6 삼성(三省)
### 매일 세 가지에 주안점을 두고 반성하자

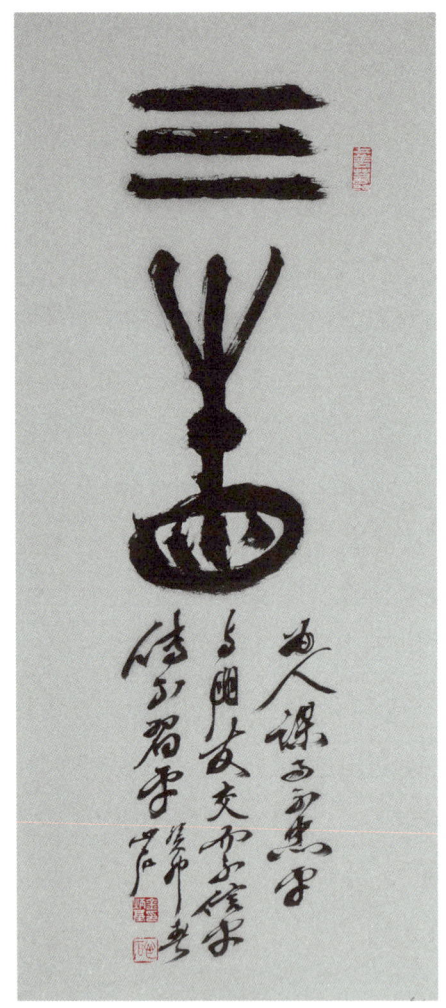

청동기에 주조된 금문(金文)의 특색을 살리고자 노력했다. 추사 선생이 말한 '향상도하(香象渡河)'를 염두에 두고 필획을 가능한 한 까칠하게 구사하고자 했다.

三省
30×83cm

증자가 말했다. "나는 날마다 세 가지 점에서 자신을 반성하곤 한다. 남과 함께 일을 도모하면서 진심을 다하지 않은 점은 없는가? 벗과 사귀면서 신의를 지키지 않은 일은 없는가? 배운 것을 제대로 익히지 못하지는 않았는가?"

<ruby>曾</ruby><ruby>子</ruby><ruby>曰</ruby> <ruby>吾</ruby><ruby>日</ruby><ruby>三</ruby><ruby>省</ruby><ruby>吾</ruby><ruby>身</ruby> <ruby>爲</ruby><ruby>人</ruby><ruby>謀</ruby><ruby>而</ruby><ruby>不</ruby><ruby>忠</ruby><ruby>乎</ruby> <ruby>與</ruby><ruby>朋</ruby><ruby>友</ruby><ruby>交</ruby><ruby>而</ruby><ruby>不</ruby><ruby>信</ruby><ruby>乎</ruby> <ruby>傳</ruby><ruby>不</ruby><ruby>習</ruby><ruby>乎</ruby>.

– 「학이」 제1장

공자의 제자 증자(曾子)는 말했다. "나는 날마다 세 가지에 주안점을 두고서 나를 살핀다. 다른 사람과 일하면서 최선을 다했을까? 친구들과 사귀면서 믿음을 사지 못한 일은 없었을까? 배운 것을 다 익히지 못했으면 어쩌지?" 평범한 듯 의미심장한 반성이다.

사람이 매일 하는 일이라는 게 따지고 보면 직장에서 남과 더불어 일하고, 여가엔 친구와 어울리고, 뭐가 됐든 날마다 새로운 것을 익히는 것 외에 별다른 게 없다. 증자는 우리 삶이 본래 그러함을 간파하고 반성할 항목을 셋으로 잡은 것 같다.

반성을 게을리하면 자신도 모르는 사이에 직장에서는 남에 대한 배려가 없이 제 이익만 챙기는 얄미운 사람이 되고, 친구들 사이에서는 신망이 없는 사람으로 찍히게 된다. 그리고 날마다 나타나는 새로운 정보를 간과하면 서서히 도태 당한다. 증자의 시대나 지금이나 직장 내의 화목, 친구 간의 신의, 그리고 자기계발을 위해 끊임없이 반성하며 정진해야 한다는 점에서 세상은 사실 달라진 게 없다.

반성은 부끄러움을 낳고, 부끄러움은 겸손을 낳고, 겸손은 평화를 낳고, 평화는 행복으로 직결된다. 반성이 행복으로 향하는 첫 관문인 것이다.

| 7 | 경사이신(敬事而信)
**한결같이 일에 집중하여 믿음을 사라** |

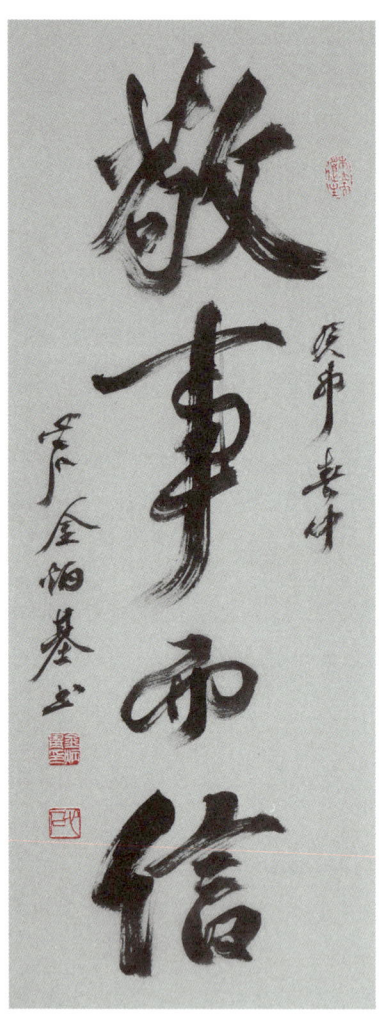

기교를 배제하고
평범하게 쓰고자 했다.
비백도 측봉이나 편봉이
아닌 중봉에서 나온
비백이라서 가벼워
보이지는 않는다.

敬事而信
38×100cm

공자께서 말씀하셨다. "전차 천 대를 동원할 수 있는 제후 나라를 다스리려면 일에 집중하여 산만하지 않음으로써 믿음을 사며…."

<small>자 왈 도 천 승 지 국 경 사 이 신 절 용 이 애 인 사 민 이 시</small>
子曰 道千乘之國 敬事而信 節用而愛人 使民以時.

– 「학이」 제1장

공자는 "병거<sup>兵車</sup> 1000대를 동원할 만한 규모의 나라를 이끌려면 일을 공경하여 믿음을 사고, 돈을 아끼되 사람을 사랑하고, 백성을 사역하되 때에 맞춰야 한다"고 했다.

'공경 경'이라고 훈독하는 '敬'을 대부분 '윗사람을 잘 받들어 모신다'라는 뜻으로만 이해하는 것 같다. 그러나 '敬'은 그런 뜻만이 아니라, 사람이든 일이든 '들쭉날쭉하지 않고 한결같이 집중하여 대하는 마음'을 뜻하는 글자다. 상대가 나를 어떻게 대하고 상황이 어떻게 바뀌든 그 사람이나 일을 대하는 나의 '마음가짐'은 전혀 변함이 없이 한결같다면 그게 바로 '敬'인 것이다. 선현들은 '敬'을 '주일무적<sup>主一無適</sup>' 즉, '하나에 집중하여 흐트러지지 않음'이라는 의미로 풀이해 왔다.

사람을 '敬'으로 대하면 '경인(敬人)'이고, 일을 '敬'으로 대하면, '경사(敬事=敬業)'다. '경사이신'은 대인관계를 포함한 어떤 일이든 한결같은 마음으로 집중함으로써 믿음을 산다는 뜻이다. '敬'은 '천승<sup>千乘</sup>' 나라 제후만의 과제가 아니라, 실은 모든 사람의 평생 과제다. 좋은 일은 '좋은 나'로부터 비롯되기 때문이다.

## 8 절용애인(節用愛人)
### 씀씀이를 아끼고 사람을 사랑하면

절용도 애인도 무거운
결심이 필요하기에
무거운 필획으로
썼다. 청나라 서예가
이병수(伊秉綬)의 예서
결구를 많이 참고했다.

節用愛人
34×87cm

공자께서 말씀하셨다. "…씀씀이를 알맞게 하고 사람을 사랑하여 백성들에게 일을 시키는 것도 때를 가려 농한기에 해야 한다."

<small>자왈 도천승지국 경사이신 절용이애인 사민이시</small>
子曰 道千乘之國 敬事而信 節用而愛人 使民以時.

-「학이」제5장

  흔히 '마디 절'이라고 훈독하는 한자 '節'은 여러 가지 의미로 쓰이는 글자다. 마디는 앞과 뒤가 구분되는 분기점이고, 마디가 있다는 것은 곧 맺고 끊음이 분명하다는 뜻이다. 예절, 절기, 절도 등은 다 '마디'로부터 파생되거나 의미가 확대된 말이다. 절용節用은 씀씀이를 맺고 끊는 게 분명하면서도 알맞게 한다는 뜻으로서 낭비하지 않고 절약함은 물론 균배均配까지도 포함하는 말이다. 부자는 낭비해도 괜찮고 가난한 사람만 허리띠를 졸라매게 하는 것은 결코 절용이 아니다.

  애인愛人은 문자 그대로 사람을 사랑한다는 뜻이다. 공자가 절용과 애인을 연계하여 "씀씀이를 아끼고 사람을 사랑하면"이라고 말한 이유는 절용을 강조하다 보면 돈이나 물건에 눈이 가려 자칫 사람을 소홀히 할 수 있다는 생각을 했기 때문일 것이다. 무조건 생산 단가를 낮추는 것을 절용으로 여겨 사람을 혹사하다가 다치거나 죽게 한다면 결국 애인도 못하고 절용도 못한 꼴이 되고 만다. 개발 이익을 얻기 위해 환경을 오염시켜 많은 사람을 병들게 한다면 이 역시 절용도 못하고 애인도 못한 처사다.

  무심결에 "소비가 미덕이다"라는 말을 하는 경우가 많다. 대량 생산이라는 '호랑이 등'에 탄 이후에 생겨난 아이러니다. 절용과 애인을 동시에 추구하는 가치는 여전히 유효하고 또 유효해야 한다.

| 9 | 행유여력 즉이학문(行有餘力 則以學文)<br>**행하고 남는 힘이 있거든 '문(文)'을 배워라** |

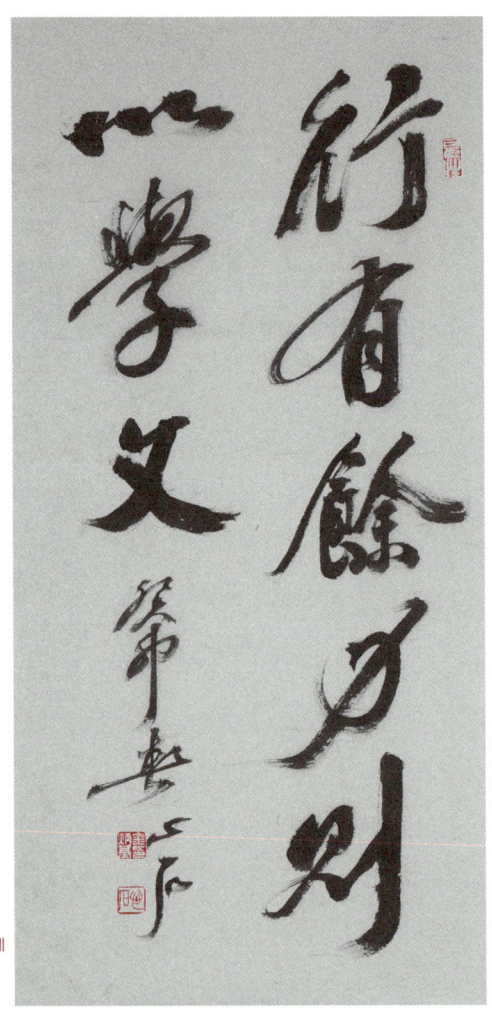

유년 시절,
선친으로부터 배웠던
동기창(董其昌)체의
분위기가 부지불각 중에
표출되었다. 어릴 적
배움이 오래 남는다.

行有餘力則以學文
35×75cm

공자께서 말씀하셨다. "자제들은 집에 들어서는 효도하고 나와서는 공손하며, 행실을 삼가서 믿음을 얻고, 널리 사람들을 사랑하되 어진 이와 친해야 한다. 이를 행하고 남은 힘이 있거든 문(文)을 배워라."

子曰 弟子入則孝 出則弟 謹而信 汎愛衆而親仁 行有餘力 則以學文.

– 「학이」 제6장

공자는 철저히 실천을 우선시했다. "널리 사람을 사랑하되 어진 사람과 친해라"라고 함으로써 '어짊' 즉 '인仁'도 실천의 항목으로 제시하면서 실천한 후에 남은 힘이 있거든 그때 비로소 '인'을 '문文'으로 배우라고 했다.

문文은 본래 가장 간단한 무늬인 '교차(爻)'를 형상화한 글자다. 야생의 자연에 인간의 공력이 작용하면 흔적으로서 무늬가 남는데 이처럼 무늬화化한 것이 바로 문화文化다. 인류는 야생보다 나아지기 위해 문화를 창조하지만, 실천이 따르지 않는 문화는 오히려 원시의 야생만도 못할 수 있다. 그래서 공자는 문화를 몸으로 실천한 후 여력이 있을 때 이론적으로 배우라고 한 것이다.

우선 알아야 실천도 가능하다는 논리로 보자면 이론 공부가 우선일 수 있다. 그러나 이론만 배우는 것은 허망하다. 찬란하다고 여기는 문화를 쌓은 결과가 책과 머릿속에만 있고 실행하는 몸에는 없다면 그 문화가 오히려 문화 이전부터 존재한 원시 자연의 질서마저 깨버리기 때문에 더 불행한 세상을 초래할 수 있다.

"정의란 무엇인가", "능력주의는 공정한가"라는 문제를 이론적으로 잘 따지는 것이 실천의 동력을 배가하는 작용을 할 수도 있지만, 따지기에 앞서 이미 알고 있는 문화로서의 정의와 공정을 본연의 양심에 따라 실천하는 것이 더 중요한 것이다.

|  10  | 언이유신(言而有信)  |
|---|---|
|   | **말하면 믿음이 있어야 한다** |

言而有信
25×85cm

자하가 말했다. "어진 이를 존경하되 여색(女色)을 좋아하는 것처럼 본능적으로 하고, 부모를 섬기되 있는 힘을 다하며, 임금을 섬기되 자신의 역량을 다하고, 벗과 사귈 때 하는 말이 다 믿음이 있다면, 비록 그가 배우지 않았다고 하더라도 나는 반드시 그를 배운 사람이라고 하겠다."

子夏曰 賢賢易色 事父母能竭其力 事君能致其身 與朋友交 言而有信 雖曰未學 吾必謂之學矣.

– 「학이」 제7장

공자의 제자 자하子夏는 "힘 다해 부모를 모시고, 몸 바쳐 임금(나라)을 섬기며, 벗과 사귈 때 말에 믿음이 있다면, 비록 교육받을 기회를 갖지 못한 사람이라 하더라도 나는 반드시 그런 사람을 일러 배운 사람이라고 말하리라"라고 했다. 바른 실천이 곧 배운 사람의 소임임을 밝힌 말이다. 충은 몸을 바쳐 실천해야 하지만 효는 몸을 바치면 오히려 불효가 된다. 부모는 자식의 몸이 상하는 것을 가장 아파하기 때문이다. 음성 부호인 말은 사회적 약속이고, 약속은 믿음을 전제로 한다. 따라서 믿음이 없는 말은 소음에 불과하다.

"중구삭금衆口鑠金"이라는 말이 있다. 무리 중, 입 구, 녹일 삭, 쇠 금. "무리의 입은 쇠도 녹인다." 즉, 여러 사람이 하는 말은 무쇠를 녹일 정도의 파괴력을 갖는다는 뜻이다. 진실한 말을 여러 사람이 하면 거짓을 파괴하는 큰 힘을 갖게 되지만 거짓말을 여럿이 해댄다면 진실마저도 허무하게 녹여버려 큰 혼란을 야기한다.

효와 충과 더불어 말이 진실하여 믿음이 형성된 사회가 좋은 사회다. 요즈음 가짜 뉴스와 언필칭 지식인의 악의적 엉터리 주장이 '삭금鑠金'의 기세로 만연하고 있다. 무섭다. "일본이 쳐들어올 리 없다"고 한 거짓 보고 한 마디가 임진왜란의 참화를 부르는 데 큰 작용을 했음을 상기해야 할 때다.

| 11 | 부중즉불위(不重則不威) |
|---|---|
| | **무겁지 않으면 위엄이 없다** |

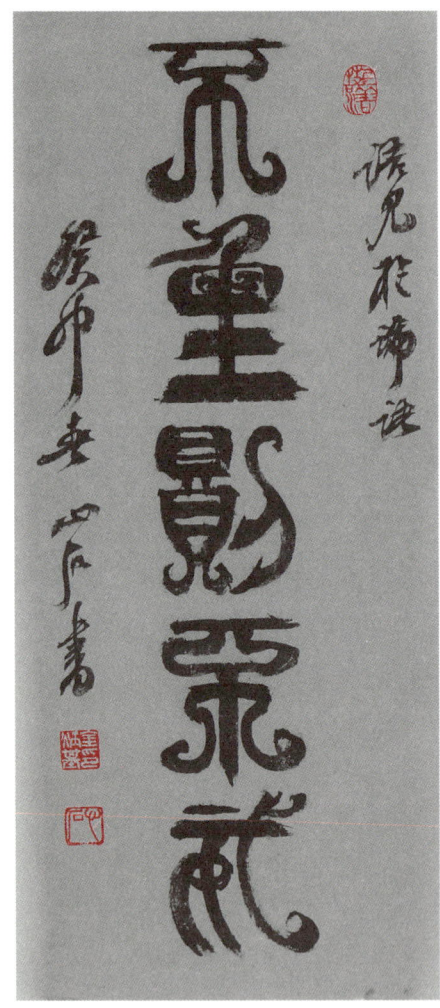

不重則不威
25×86cm

공자께서 말씀하셨다. "군자가 중후하지 않으면 위엄이 없으니, 배움도 견고하지 못하다."

<small>자 왈 군 자 부 중 즉 불 위 학 즉 불 고</small>
子曰 君子不重則不威 學則不固.

- 「학이」 제8장

    공자는 "군자가 무겁지 않으면 위엄이 없다"고 했다. 언행이 진중하지 못하면 권위가 서지 않는다는 뜻이다. 군자는 신임을 바탕으로 지도자 역할을 하는 인물이기에 당연히 위엄이 있어야 한다. 위엄은 가지려 한다고 해서 생기는 게 아니라, 평소의 진중한 언행에 배어 있던 것들이 쌓여서 자연스럽게 드러난다.

    이순신 장군은 옥포해전을 지휘하면서 군사들에게 "물령망동 정중여산<sup>勿令妄動 靜重如山</sup>" 즉 "망동하지 말고, 진중하기를 태산과 같이 하라"고 명령했다. 이순신 장군 스스로가 전쟁 앞에서도 산처럼 진중하게 행동하는 위엄을 지녔기에 이런 명령을 내릴 수 있었고, 군사들은 장군의 그 위엄에 복종했다.

    남명 조식 선생은 "쟁사두류산 천명유불명<sup>爭似頭流山 天鳴猶不鳴</sup>" 즉 "어찌하면 하늘이 울어도 오히려 울지 않는 두류산(지리산)을 닮을 수 있을까?"라는 시를 지어 주련<sup>柱聯</sup>으로 걸었다. 하늘은 천둥이라도 울리지만 지리산은 하늘보다도 더 무겁게 자리하고 있다고 한 표현도 장엄하고, 그런 지리산을 닮고자 한 남명 선생의 의지와 기상도 비할 데 없이 커서 큰 위엄으로 다가온다.

    나를 믿고 따르라고 목청을 높이거나 대형 현수막을 내걸어 우리 당을 지지하라고 선전할 일이 아니다. 진중한 몸가짐, 믿음을 사는 언행으로 위엄을 갖추면 따르는 사람은 저절로 생긴다.

| 12 | 과즉물탄개(過則勿憚改) |
|---|---|
|  | **고치기를 꺼려 말라** |

전서와 예서를 융합하여 거리낌 없이 쓰고자 했다. 필획과 결구가 무거운 편인데도 시원한 느낌이 들어서 나름 마음에 드는 작품이다.

過則)勿憚改
24×60cm

진실과 신의를 주장하며, 자기보다 못한 자를 벗 삼지 말고, 허물이 있으면 고치기를 꺼리지 말아야 한다.

<small>자 왈 군자부중즉불위 학즉불고 주충신 무우불여기자 과즉물탄개</small>
**子曰 君子不重則不威 學則不固 主忠信 無友不如己者 過則勿憚改.**

– 「학이」 제8장

공자는 "자기보다 못한 사람과 사귀지 말며, 허물이 있거든 고치기를 꺼려 말라"고 했다. 친구란 부족한 부분을 상보(相補: 서로 보충)할 수 있어야 하므로 자신보다 못해서는 안 되고, 사람은 무시로 더 나아져야 하므로 허물 고치기를 꺼려 말라고 한 것이다.

누구라도 잘못을 저지를 수 있고 잘못에는 경중이 있다. 순간의 판단착오로 범한 가벼운 과오가 있는가 하면, 잘못인 줄을 알면서도 유혹이나 그릇된 소신에 빠져 더 큰 잘못 속으로 들어가는 무거운 과오도 있다. 전자든 후자든 과오는 과감하게 잘라내야 한다.

"당단부단반수기란當斷不斷反受其亂"이란 말이 있다. "응당 끊어야 할 것을 끊지 않으면, 도리어 혼란(재앙)을 받게 된다"는 뜻이다. 춘추시대 초나라 재상 춘신군이 정적政敵을 사전에 처단하지 못하여 비참한 죽임을 당한 것을 두고 사마천이 평한 말이지만, 이 말은 잘못을 고치지 않은 누구에게라도 적용될 수 있다. 정적마저도 포용하는 통 큰 감동을 보여주지 못한 것이 춘신군의 잘못일 수도 있다.

"남에 대해서는 봄바람처럼 부드럽게, 자신에 대해서는 가을 서리처럼 냉철하게(대인춘풍 지기추상 待人春風 持己秋霜)"라는 말이 있다. 잘못을 고치라고 외치는 국민의 목소리를 냉철한 판단으로 듣지 않으면 국가가 위험해진다. 과즉물탄개! 정치 지도자들부터 갖추어야 할 중요한 덕목이다.

| 13 | 귀후(歸厚)<br>**두터움으로 귀결되다** |

추사 선생의 필획과
결구를 염두에 두고서
창작에 임했으나
'앙지미고(仰之彌高)'만
절감했을 뿐이다.

歸厚
35×75cm

증자가 말했다. "윗사람이 상사(喪事)를 신중히 치르고, 돌아가신 지 오래된 조상을 추모하면 백성들의 덕(德)이 두터운 데로 귀결될 것이다."

증자왈 신종추원 민덕귀후 의
曾子曰 愼終追遠 民德歸厚矣.

– 「학이」 제8장

공자의 제자 증자는 "마지막 가시는 상례를 삼가는 자세로 치르고 먼 조상까지도 추모하는 '신종추원愼終追遠'을 하면 백성들의 덕이 두터운 데로 귀결될 것이다"라고 했다.

공자님 당년에도 '이제 다 끝났다'라는 홀가분한 마음으로 장례를 소홀히 한 사람이 있었나 보다. 오늘날에는 소홀하다 못해 심지어 상주 스스로 '호상好喪'이라는 말을 하는 경우도 있다. 어불성설語不成說이다. 게다가 장례를 치르고 나면 그뿐, 채 1년도 지나지 않아 추모하는 마음을 내려놓는 경우가 허다하다.

'덕德'은 '득(得: 얻음)'이다. 자신이 행한 결과로 인해 얻는 것이 바로 덕인 것이다. 상례를 쓰레기 치우듯 소홀히 하고, 추모를 귀찮게 여기면 생명에 대한 존엄성이 땅에 떨어진다. 생명을 귀히 여기지 않으면 무엇을 얻더라도 실은 아무것도 얻는 게 없다. 백성들의 덕(얻음)이 두터운 데로 귀결되지 못하고 경박해질 수밖에 없다. 당연히 살기 힘든 각박한 세상이 되고 만다. 상례를 슬픔으로 치르고 먼 조상까지도 추모하는 것은 죽은 자를 위해서가 아니라, 산 자의 생명을 중히 여기기 위함임을 알아야 한다.

현충일에는 놀러 갈 계획일랑 아예 세우지 않았으면 좋겠다. 그게 우리의 덕 즉 '얻음'을 두텁게 하는 길이다.

| 14 | 이례절지(以禮節之)<br>**예로써 절제하다** |

예로써 절제한다는 것은
곧 장중한 분위기를
갖춤을 의미하기에
점잖고 장중한 분위기로
쓰고자 했다.

以禮節之
25×80cm

유자가 말했다. "예(禮)를 적용할 때는 화목함을 귀히 여겨야 한다. 앞 시대의 왕들의 도(道)도 '화목함을 귀히 여기는 것'을 아름답게 여겨 작은 일이든 큰일이든 모두 이에 따랐다. 시행하지 않아야 할 바가 있으니 그것은 화목함을 화목함으로만 알고 예로써 절제하지 못하는 것이다. 그런 화목은 시행해서는 안 된다."

<sub>유자왈 예지용 화위귀 선왕지도 사위미 소대유지 유소불행 지화이화</sub>
有子曰 禮之用和爲貴 先王之道 斯爲美 小大由之 有所不行 知和而和
<sub>불 이례절지 역불가행야</sub>
不以禮節之 亦不可行也.

– 「학이」 제12장

중국 고대의 경전인 『예기(禮記)』 「악기(樂記)」에는 "예(禮)는 서로 다른 점을 분간하게 하고, 악(樂)은 서로 같은 것을 화합하게 한다(禮辨異, 樂和同)"라는 말이 있다. 예와 악의 관계를 잘 밝힌 말이다. 2002년 월드컵 당시 많은 사람이 함께 노래 부르며 '대~한민국'을 외치던 거리 응원이 바로 '악(樂)'이 이룬 화합의 대표적인 사례다. 남녀노소 지위고하의 분별이 없이 모두가 하나 되어 노래 부르며 어깨동무를 했고 끌어안기도 했다. 그랬다고 해서, 다음 날 멀쩡한 정신에 직장 사장님과 어깨동무를 하고, 상사를 껴안았다면 '미친 사람' 취급을 받았을 것이다. 어제의 응원 마당에서 겪은 화목만 생각했을 뿐, 예로 절제하는 분별을 챙기지 않았기 때문에 미친 사람이 된 것이다.

군대는 전우애로 화합하기 위해 군가를 부르고(和), 상관의 명령에 복종하고자 경례(禮)를 한다. 화합이 아무리 좋은 덕목일지라도 예의 절제가 따르지 않는 화합은 실행할 바가 못 된다. '귀한' 자식과 '놀아주는' 부모님들도 항상 '예(禮)' 가르치기를 잊지 않아야 할 것이다.

| 15 | 공근어례(恭近於禮)
**공경은 예에 가까워야 한다** |

'예(禮)'의 근본정신은 소심함이 아니라 장중함이라는 생각을 담아 장중하게 쓰고자 했다. '近'의 '辶' 부분에서는 짐짓 추사 선생 흉내를 내보았다.

恭近於禮
36×75cm

유자가 말했다. "…공손함이 예(禮)에 가까우면 치욕을 멀리할 수 있으니, 이로 인하여 그 친한 이를 잃지 않으면 또한 으뜸이라 할 수 있으리라."

<sub>유 자 왈  신 근 어 의  언 가 복 야  공 근 어 례  원 치 욕 야  인 불 실 기 친  역 가 종 야</sub>
有子曰 信近於義 言可復也 恭近於禮 遠恥辱也 因不失其親 亦可宗也.

– 「학이」 제13장

공자는 "공경함이 예에 가까우면 치욕을 멀리할 수 있다"고 했다. 모실 사람에게 집중하여 정성을 다하는 것이 공경인데, 자신이 하는 공경이 완전히 예에 부합하는지는 누구도 정확히 알 수 없다. 다만, 스스로 예에서 벗어나지 않았다고 생각할 정도면 치욕은 멀리할 수 있을 것이다.

예를 벗어난 공경은 추한 '아부<sub>阿附</sub>'로 전락한다. 공경과 아부의 차이는 행하는 사람 본인이 이미 너무 잘 알기 때문에 굳이 객관적 기준을 제시할 필요가 없다. 찬물인지 더운물인지는 손을 담가본 사람이 가장 잘 알기 때문이다.

도연명은 "내가 다섯 말의 쌀을 얻기 위해 아무에게나 허리를 굽실거리랴?"라고 말하며 부패한 시대의 관직을 버리고 전원으로 돌아갔다. 자신에 대해 아름다운 예우를 한 것이다. 조선 말기 항일 의병장 유인석<sub>柳麟錫</sub> 선생은 바른 삶을 "대안(大眼: 깊고 넓은 안목), 활흉(活胸: 살아 있는 가슴), 경척(硬脊: 꼿꼿한 허리), 건각(健脚: 튼튼한 다리) 등 촌철살인의 네 단어로 요약했는데, 그중 경척이 바로 예에 근접한 공경의 태도다. 경척은 힘 좋은 튼튼한 허리가 아니라, 아무에게나 굽실대지 않은 꼿꼿한 허리인 것이다.

예에서 멀어진 공경 아닌 공경인 '아부'는 하는 사람보다 받는 사람이 더 문제다. 썩은 고기에 쉬파리가 꾀는 법!

| 16 | 식무구포 거무구안(食無求飽 居無求安)
**먹되 지나친 만족을 추구하지 말고,
살되 지나친 편안함을 추구하지 말라** |

전서를 예서의 장법으로
써봤다. 필획도 더러
예서의 필획을 가미했다.
광개토태왕비의 서체를
의식하며 썼다.

食無求飽 居無求安
34×75cm

공자께서 말씀하셨다. "군자는 먹되 지나친 만족을 추구하지 말고, 살되 지나친 편안하기를 구하지 않으며, 일에는 민첩하고 말에는 신중하며, 도(道)가 있는 이를 찾아가서 바로잡음을 받는다면 학문을 좋아한다고 할 수 있을 것이다."

子曰 君子食無求飽 居無求安 敏於事而愼於言 就有道而正焉 可謂好學也已.

– 「학이」 제14장

사람임에도 그저 맛난 먹거리와 안락을 추구할 뿐 가치 지향이 없다면 동물과 다를 바 없다. 그래서 공자도 필요 이상의 풍요로운 식사와 지나친 안락을 경계했다. 추사 선생의 작품 중에 "두부, 오이, 생강 등 푸성귀라도 푸짐하게 삶아 놓고서, 우리 부부와 아들, 딸, 손자, 손녀가 뜻만은 높이 갖고 모여 앉으면(大烹豆腐瓜薑菜, 高會夫妻兒女孫) 그것이 바로 최고의 행복"이라는 말을 쓴 명작이 있다. '고회高會' 즉 '높은 뜻의 모임'을 갖는 가족이기에 푸성귀 나물의 소박한 밥상에서도 최고의 즐거움과 행복을 누리는 것이다.

넓은 식탁에 상다리가 휠 만큼 산해진미가 즐비하대서 한없이 먹을 수도 없는 노릇이고, 100칸 호화주택이 아까워 한 방당 1시간씩 밤새 돌아다니며 잘 수도 없는 일이다. 먹는 데는 한계가 있고, 내 몸 뉠 곳도 결국은 방 한 칸이다. 그래서 공자도 "지나친 풍요와 안락을 추구하지 않고, 부지런히 일하며, 말을 삼가고, 도가 있는 곳으로 나아가 늘 자신을 바로잡는 사람이야말로 '배우기를 좋아하는 사람'이다"라고 하면서 풍요와 안락보다는 가치를 추구할 것을 강조한 것이다.

가치 추구 없이 포식과 안락에 취하여 만들어진 과잉체중을 다시 가장 '안락한' 방식의 운동으로 해결하려 든다면 진정한 즐거움과 행복은 갈수록 멀리 달아날 것이다.

| 17 | 빈이락 부이호례(貧而樂 富而好禮)
**가난하지만 즐겁고, 부자이지만 예를 좋아하면** |

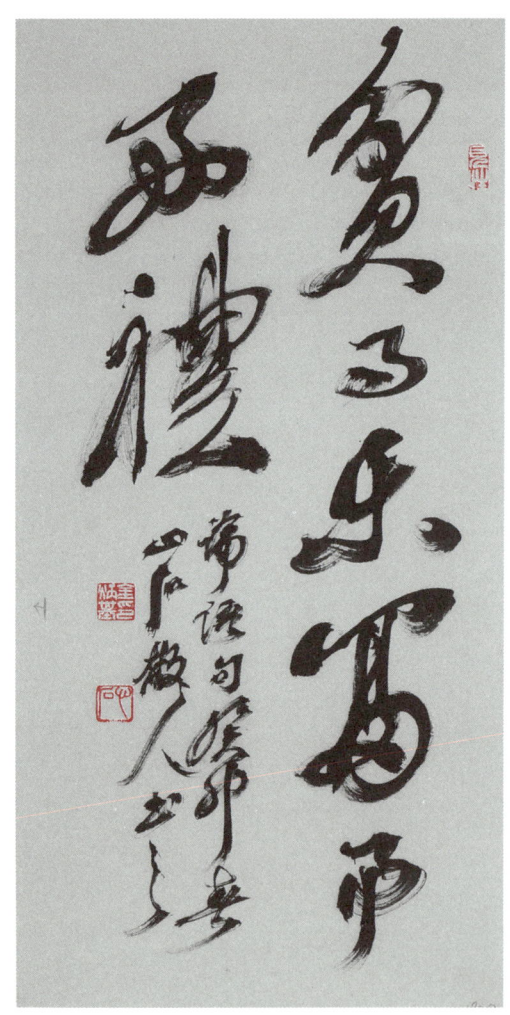

평소의 서사(書寫) 습관으로 서예(書藝) 작품을 창작했다. 소박함을 추구했으나 소박하지 못하다. 소박함을 표현하기가 제일 어렵다는 점을 절감한다.

貧而樂 富而好禮
34×75cm

자공이 여쭈었다. "가난하지만 아첨함이 없으며, 부유하지만 교만함이 없으면 어떻습니까?" 공자께서 답하셨다. "괜찮으나, 가난하면서도 즐거워하고 부유하면서도 예(禮)를 좋아하는 것만은 못하다."

<sub>자공왈 빈이무첨 부이무교 하여 자왈 가야 미약빈이락 부이호례자야</sub>
子貢曰 貧而無諂 富而無驕 何如 子曰 可也 未若貧而樂 富而好禮者也.

— 「학이」 제15장

춥고 배고픈 사람의 생존을 위한 아첨은 오히려 동정을 살 수 있지만, 먹고 살 만함에도 더 큰 부를 탐하여 부자에게 아첨한다면 꼴사나운 일이다. 가난하지만 아첨하기는커녕 오히려 가난을 즐기는 사람도 있고, 부자임에도 예(禮)를 좋아하고 즐기며 모두를 예로 대하는 진짜 부자다운 부자도 있다. 많지는 않지만 지금도 더러 그런 사람이 있다. 아름다운 사람이다.

소동파는 도연명에 대해 "여유가 있을 때면 닭을 잡고 기장밥을 쩌서 손님을 맞기도 하고, 배가 고플 때면 남의 집 문을 두드려 걸식도 마다하지 않은<sub>飽則鷄黍以延客, 飢則扣門而乞食</sub> 인물"이라고 평했다. 도연명은 가난을 위장할 체면 따위는 아예 염두에 두지 않고, 항상 자신감을 가지고 진실하게 산 사람인 것이다.

일제 강점기의 유학자 송기면 선생은 거지가 오면 반드시 마루에라도 앉게 한 후에 밥을 상에 차려주었다고 한다. 밥에 반찬 하나를 얹어 걸낭에 부어주거나 땅바닥에 놓아주는 게 상례였던 당시로서는 쉬운 일이 아니었다. 상대적인 '가진 자'로서 예를 잘 지킨 아름다운 사례다.

가난하면 아첨하기 전에 열심히 일할 생각을 해야 하고, 부자는 항상 예를 좋아하고 또 지킴으로써 추한 '갑질'을 할 생각을 말아야 한다. 어느 구름에서 어떤 비가 내릴지는 아무도 모르는 일이니까 말이다.

| 18 | 절차탁마(切磋琢磨)<br>**끊어 다듬고 쪼아 갈 듯이** |

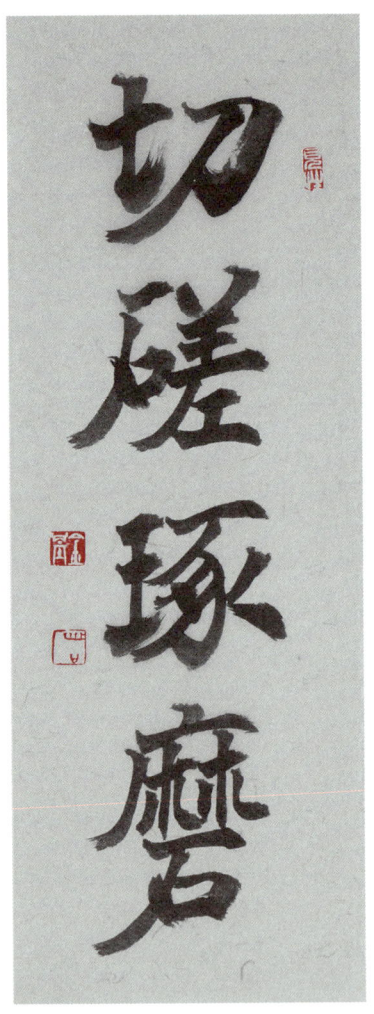

이른바 '육조(六朝)시대' 해서의
필획과 결구를 의식하며 썼다.
더욱 절차탁마해야겠다는
생각이 든다.

切磋琢磨
24×70cm

(…공자께서 "가난하지만 즐겁고, 부자이지만 예를 좋아해야 한다"는 뜻으로 말하자) 자공이 물었다. "『시경』에 '자른 것 같은데 다시 그것을 갈아 다듬은 듯이 하며, 쪼아놓은 것 같은데 또한 그것을 갈아 다듬은 듯이 한다'고 하였으니, 이 시가 바로 그걸 말한 것입니까?"

<small>자공왈 시운 여절여차 여탁여마 기사지위여</small>
…子貢曰 詩云 如切如磋 如琢如磨 其斯之謂與.

– 「학이」 제15장

공자의 제자 자공이 "가난하지만 아첨하지 않고 부자이지만 교만하지 않다면 어떻습니까?"라고 묻자, 공자는 "그래, 그것도 좋지만"이라고 입을 연 후에 17번에서 말한 것처럼 "가난하지만 즐겁고, 부자이지만 예를 좋아하는 것만은 못하다(貧而樂, 富而好禮)"고 답했다. 그러자 자공은 "『시詩』에 나오는 (가죽이나 옥돌을 다루는 장인이) 자르고, 다듬고, 쪼고, 가는 것처럼 하라'라는 시구가 바로 그런 의미인가요?"라고 물었다.

아! 이처럼 빨리 알아듣다니! 공자는, 장인들이 더 좋은 물건을 만들기 위해 가죽을 잘라 다듬고 옥을 쪼아 갈기를 계속하듯이, 우리도 가난하지만 아첨하지 않고 부자여도 교만하지 않은 단계에서 멈출 게 아니라, 한 걸음 더 나아가 가난해도 즐겁고 부자여도 예를 좋아하는 경지에 이르러야 한다는 의미를 담은 자신의 말을 곧바로 알아듣는 제자 자공이 대견했다. 이에 공자는 "자공은 비로소 나와 더불어 시를 논할 수 있겠구나. 지나간 것을 말해주자 다가올 것을 알아채니 말이다"라며 칭찬을 아끼지 않았다. '끊임없이 갈고 닦는다'는 의미의 고사성어 '절차탁마'는 공자와 자공 사이의 이런 대화로부터 탄생했다. 『논어』에는 이런 식의 대화가 많다. 이 시대를 사는 우리도 『논어』를 읽으며 더욱 절차탁마해야 하리라.

### 19 환부지인(患不知人)
**남을 알지 못함을 걱정하라**

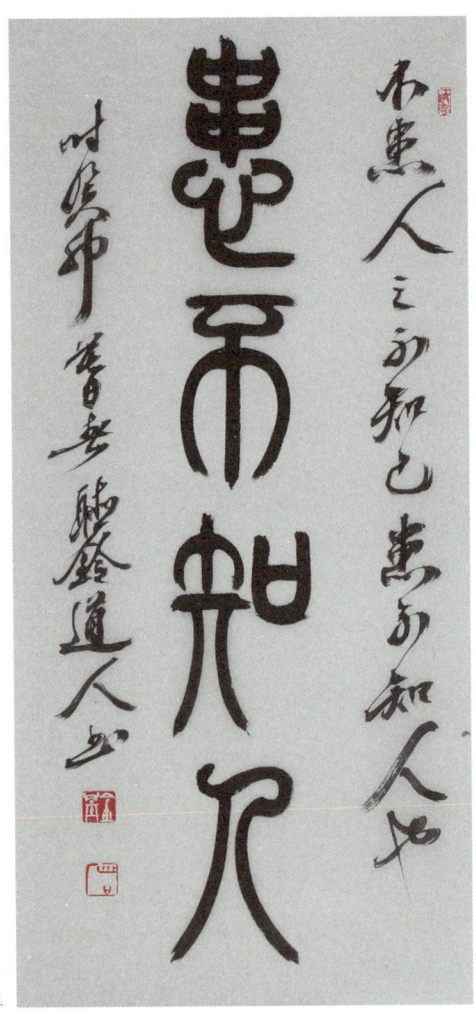

단아한 소전체로 겸손한
분위기를 살리고자 했다.

患不知人
35×75cm

공자께서 말씀하셨다. "남이 자신을 알아주지 않을까 걱정하지 말고, 내가 남을 알지 못함을 걱정해야 한다."

자 왈 불 환 인 지 부 기 지 환 부 지 인 야
子曰 不患人之不己知 患不知人也.

– 「학이」 제15장

  공자는 "남이 나를 알아주지 않음을 걱정하지 말고, 내가 남을 알지 못함을 걱정하라"고 했다. '자신에 대한 과신으로 오만하지 말고, 겸손한 자세로 남을 이해하라'는 깊은 뜻이 담긴 말이다. 그러나 요즈음 전세 사기를 비롯한 여러 사기 사건을 보자니 공자의 이 좋은 말마저도 오히려 야속하게 들린다. 부와 명예를 누리는 '가진' 사람이야 남이 나를 알아주지 않음을 걱정할 겨를이 있겠지만, 가진 게 적은 백성들이야 본래부터 남이 나를 알아주기를 바라기는 고사하고, 오히려 '남을 알기 위한' 노력을 피나게 하며 험한 세상을 살아왔는데 어이없는 사기를 당하니 말이다. '남을 알려고 노력하라'고 말한 공자에 대해 빈정대고 싶을 만큼 반감이 생기는 이유다.

  '빌라왕'의 검은손에 걸려 억울한 사기를 당한 사람이 수천 명이다. 악덕업자의 조직적인 교활한 농간을 선량한 약자 한 사람이 간파하고 대처하기란 사실상 불가능하다. 정부는 약자에 대한 보호 장치가 턱없이 허약했음을 통감하고 실질적인 구제책을 마련해야 한다.

  공자의 '남을 알지 못함을 걱정하라'는 말의 본뜻이 '사기 칠지 모르니 남에 대해 잘 알아보라'는 데에 있지 않음을 잘 알면서도 "공자님! 저희는 공자님 말씀대로 남을 알지 못할까 걱정했음에도 당했습니다. 억울해요!"라는 억지 하소연이라도 하고 싶은 걸 어찌하랴!

| 20 | 중성공지(衆星共之)
**뭇별들이 함께 받드는 북극성처럼** |

제왕은 뭇별들의 중심인 북극성과 같은 항심과 위엄이 있어야 한다. 작품에 항심과 위엄을 담고자 했다.

衆星共之
35×75cm

공자께서 말씀하셨다. "덕(德)으로 하는 정치는 비유컨대 북극성이 제자리에 자리만 하고 있어도 뭇별들이 손을 모으고 떠받드는 것과 같다."

<sub>자 왈 위 정 이 덕   비 여 북 진   거 기 소   이 중 성 공 지</sub>
**子曰 爲政以德 譬如北辰 居其所 而衆星共之.**

– 「위정」 제1장

    천문학 전문가의 입장에서 보면 이견이 있을지 모르나 일반적 인식으로 볼 때 북극성은 항성(恒星: 붙박이별)이다. 항상 그 자리에 있기 때문에 예로부터 북쪽 방향을 찾는 데에 활용되어 왔으며, 뭇별들은 북극성을 중심으로 운행하며 위치를 바꾸는 것으로 여겨져 왔다. 이러한 관점에서, 공자는 정치를 북극성과 북극성을 중심으로 운행하는 뭇별과의 관계에 비유하여 "덕으로 하는 정치란 제자리에 있는 북극성을 향해 뭇별들이 손을 모으고 떠받드는 것과 같다"고 했다. 흔히 '함께 공'이라고 훈독하는 '共'을 여기서는 '향할 공'이라고 훈독하는데, 두 손을 모아 공손함을 표한다는 뜻을 가진 '拱(받들 공)'의 의미도 담고 있다. 북극성은 왕에 대한 비유이고 뭇별은 신하와 백성에 대한 비유다.

    군주시대의 왕이나 오늘날의 대통령이나 뭇별과 같은 국민들이 존경하고 신뢰하며 기꺼이 따르는 대상이어야 한다는 점에서는 다를 바 없다. 왕이나 대통령이 갈팡질팡하면 국민들은 불안하고, 국가는 치명적인 손상을 입게 된다. 민심이 곧 천심이다. 천심이 그대로 반영된 지지율은 결코 홀시해도 무방한 숫자가 아니다. 북극성의 위치를 확인하게 하는 가까운 거리의 별자리인 북두칠성과 카시오페이아부터 제 역할을 잘해야 북극성을 쉽게 찾아 천추<sup>天樞</sup>로 받들 수 있다.

| 21 | 사무사(思無邪)
**생각에 삿됨이 없다** |

한자문화권의
'시(詩)정신'을 작품에
담고자 했다. 사특하지
않고 정직한 글씨를 쓰려는
노력을 계속해야겠다.

思無邪
25×75cm

공자께서 말씀하셨다. "『시경』 삼백 편의 뜻을 한마디 말로 요약할 수 있으니 말하자면 '생각에 삿됨이 없다'는 것이다."

<small>자 왈 시 삼 백 일 언 이 폐 지 왈 사 무 사</small>
子曰 詩三百 一言以蔽之 曰 思無邪.

— 「위정」 제2장

『시경詩經』은 중국 고대 주周나라 때 여러 제후국의 시가를 모아 놓은 시가 총집으로서 오경五經 중의 하나다. 『시경』 중 「노송(魯頌: 노나라 제사 노래)」의 한 편인 〈경(駉: 튼튼한 말 경)〉 제4장에는 노나라 제후인 희공僖公이 말을 잘 기르는 것을 칭송하여 "말을 기를 때 생각에 삿됨이 없었으니, 말이 잘 자라서 힘차게 내달렸다네"라고 읊은 시가 있다. 여기에 나오는 '생각에 삿됨이 없다'는 말이 곧 '사무사'다. 말을 기를 때에도 사악한 생각을 하지 않아야 말이 명마로 자라듯이 모든 일은 사악한 꼼수를 부리지 않아야 제대로 이루어진다는 뜻을 담은 시다.

공자는 이 '사무사'라는 말을 인용하여 "시 삼백 편을 한마디로 개괄하자면 '생각에 사특함이 없다'고 할 수 있다"고 했다. 『시경』 시의 특징을 '思無邪'로 평가하고, '사무사'의 시를 좋은 시로 본 것이다. 이후, '사무사'는 시뿐 아니라, 모든 예술은 물론 인품도 평가하는 말로 사용되었다.

요즈음 꼼수에 의해 순수와 진실이 묻히는 일이 많다. 시, 노래, 그림, 춤 등이 순수를 떠나 삿된 자극으로 인기만을 추구하는 경향이 얕지 않다. '사무사'의 의미를 상기해야 할 때다. 갈증을 풀어주는 것은 자극적인 가공 음료가 아니라 순수한 맹물이므로.

### 22 유치차격(有恥且格)
**부끄러움을 알고 스스로 바로잡아야**

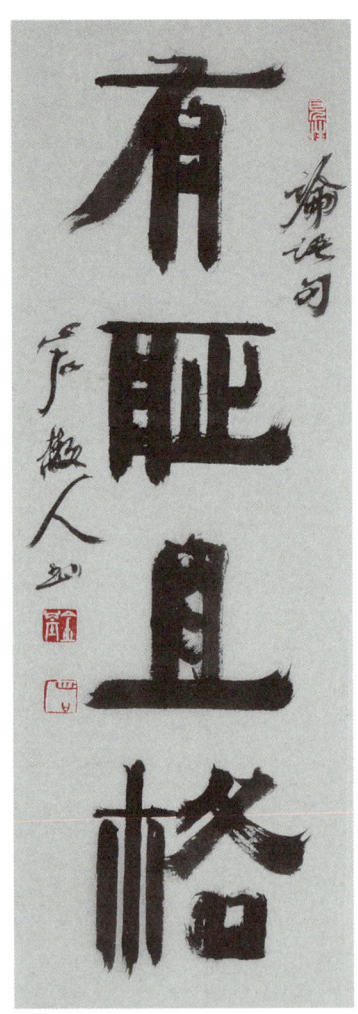

부끄러움도 알고 격조도 갖출
것을 생각하며 썼다. 아직
격조는 못 갖추고 부끄러움만
겨우 면한 것 같다.

有恥且格
25×74cm

공자께서 말씀하셨다. "백성을 정치로만 이끌고, 형벌로만 다스리면, 백성들이 형벌을 면하려고만 하고 부끄러워함이 없다. 백성을 덕으로써 인도하고 예로써 규제하면 백성들이 부끄러워할 줄도 알고 스스로 바로잡아 선에 이를 것이다."

<sub>자 왈 도 지 이 정 제 지 이 형 민 면 이 무 치 도 지 이 덕 제 지 이 례 유 치 차 격</sub>
子曰 道之以政 齊之以刑 民免而無恥 道之以德 齊之以禮 有恥且格.

— 「위정」 제3장

"이끌기를 정치(법)로만 하고 다스리기를 형벌로만 하면 백성들이 법과 형벌을 면하려 할 뿐 부끄러움을 갖지 않는다. 이끌기를 덕德으로 하고 다스리기를 예禮로써 하면 백성들이 부끄러워하며 스스로 바로잡아 선善에 이른다." 공자가 남긴 또 하나의 명언이다.

법제를 정비하고 형벌을 엄하게 하면 표면적으로는 질서가 잘 잡힌 사회처럼 보이지만, 실은 법망을 피하는 속칭 '법꾸라지'들이 늘어나는 '면피사회'일 뿐 도덕사회는 결코 아니다. 아동학대방지'법'을 들먹이며 학생은 휴대전화로 증거를 확보하고, 학부모는 확보한 증거로 교사를 고발하는 일이 적지 않다고 한다. 이에 교사들도 괜히 열정적으로 가르치다가 빌미 잡힐 것을 염려하여 진심 어린 지도를 피하고 지도한 흔적만 남기려 하는 경우가 많다고 한다. '법'이 능사가 아님을 보여주는 교육 붕괴의 현장 풍경이다.

법과 처벌은 근본 대책이 아니다. 부끄러움을 알게 하여 스스로 선善을 향할 수 있도록 하는 인문학과 인성 교육만이 해결책이다. 더딘 것 같지만 그게 가장 빠른 길이다. 당장에 돈이 안 된다는 이유로 인문학을 홀시하는 정책입안자들부터 자신들의 편협한 사고를 부끄러워해야 할 때다. '법대로'를 외치기보다는 부끄러움을 알고, 부끄러움을 알도록 이끄는 정치여야 한다.

| 23 | **삼십이립(三十而立)**<br>**나이 삼십에 세상에 바로 서다** |

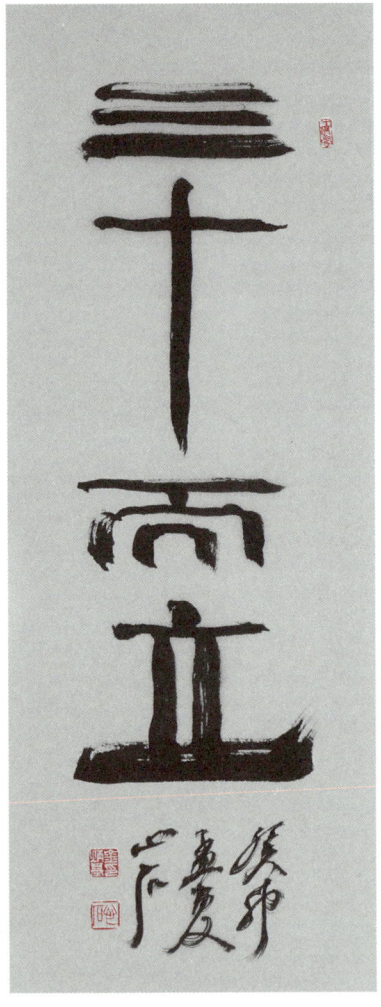

30세의 젊은 기상을 표현하고자 했으나 70세가 넘은 나이 탓인지 쉽지 않다.

三十而立
36×75cm

공자께서 말씀하셨다. "나는 15세에 배움에 뜻을 두었고, 30대에 바른 가치관으로 세상에 나섰으며, 40대에는 미혹됨이 없었고, 50대에는 천명을 알게 되었으며, 60대에는 어떤 말도 귀에 거슬림이 없었고…."

子曰 吾十有五而志于學 三十而立 四十而不惑 五十而知天命 六十而耳順
七十而從心所欲 不踰矩.

― 「위정」 제4장

"15세에 배움에 뜻을 두었으며(지우학: 志于學), 30대에 세상에 바로 서고(이립: 而立), 40대에는 미혹됨이 없었으며(불혹: 不惑), 50대에는 천명을 알게 되었고(지천명: 知天命), 60대에는 어떤 말도 귀에 거슬림이 없었으며(이순: 耳順), 70대에는 마음 내키는 대로 행해도 법도에서 벗어남이 없었다(종심소욕불유구: 從心所欲不踰矩)." 실지로 공자는 각 나이대마다 이런 삶을 살았을 것이다. 이 말로 인해 30, 40, 50, 60, 70세의 각 나이를 이립, 불혹, 지천명, 이순, 종심이라는 별칭으로 부르기도 한다. 그러나 보통 사람이 이런 별칭으로 자신의 나이를 말한다면 자신도 공자처럼 그 나이에 그런 경지에 올랐다고 자부하는 꼴이 되어 자칫 결례가 될 수도 있다.

30대의 '립立'이 특히 중요하다. '立'이 되어야 그다음 경지에도 이를 수 있기 때문이다. 세상에 바로 섰다는 것은 예禮에 맞게 자신의 가치관을 확립하고 그 가치관으로 사회에 적응할 수 있게 되었음을 의미한다.

요즘 30대는 경제적 자립이 힘들다 보니 '바르게 서는' 예禮를 배우거나, '자기 가치관'을 확립할 겨를조차 없이 쫓기듯 사는 것 같아 안타깝기 그지없다. 그래도 30세에는 '立!', 자신에 대한 예우를 해야 할 것이다.

| 24 | 종심소욕불유구(從心所欲不踰矩)<br>**마음 내키는 대로 행해도 법도에서 벗어남이 없다** |

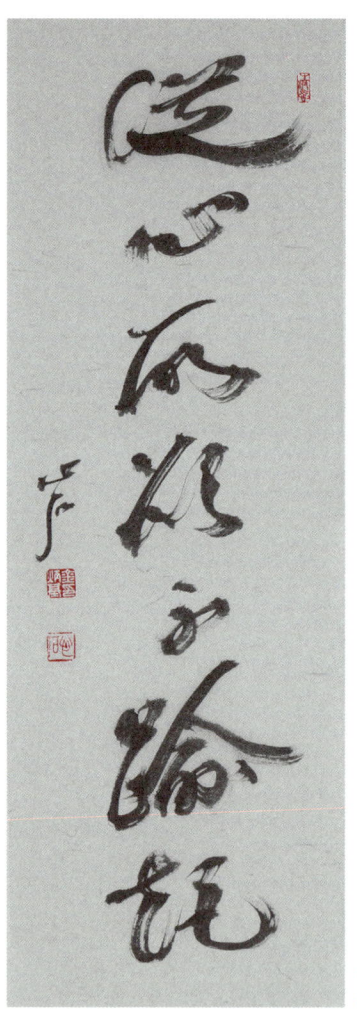

무엇에도 구애받지 않으리라는
생각으로 휘갈겨 썼으나 외모만
활달할 뿐이다. 먹색도 너무
연한 것이 못내 아쉽다.

從心所欲不踰矩
25×74cm

공자께서 말씀하셨다. "…70대에는 마음 내키는 대로 행해도 법도에서 벗어남이 없었다."

子曰 …七十而從心所欲 不踰矩.
<sub>자 왈</sub> <sub>칠 십 이 종 심 소 욕 불 유 구</sub>

- 「위정」 제4장

   23번에서 살펴보았듯이 공자는 자신의 일생을 돌아보며 "70대에 이르러서는 마음 내키는 대로 행해도 법도에서 벗어남이 없었다"고 말했다. 대단한 자부심이다. 모든 생각이 자연의 순리와 완전히 부합했기 때문에 생각 내키는 대로 행해도 법에서 벗어남이 없게 된 것이다. 장자의 '소요유逍遙遊'나 불가佛家의 '해탈'과 다르지 않은 절대 자유의 경지다.

   중국 송나라 때의 시인인 황정견黃庭堅은 도연명과 두보의 시 그리고 한유의 만년 문장 등을 평하여 "번거롭게 먹줄 치고 대패질하여 깎아내지 않아도 저절로 부합하는(不煩繩削而自合)" 경지라고 했다. 최고 수준의 목수는 목재를 다듬을 필요 없이 천연 그대로도 용도에 딱 맞게 사용하는데 도연명, 두보, 한유의 시와 문장도 일부러 윤색할 필요 없이 저절로 최상의 경지에 부합하게 되었다는 뜻이다.

   도연명, 두보, 한유를 공자와 맞비교할 수는 없겠지만, 진실한 삶으로부터 우러나온 무의도無意圖의 문학적 성과를 이룬 점에서는 이들의 경지 또한 '종심소욕불유구'로 표현해도 무방할 것이다. 도연명, 두보, 한유 등이 '종심소욕불유구'의 경지를 이뤘다면 우리도 할 수 있으리라. 내 발밑을 파자! 거기에서 맑은 샘이 솟으리니.

| 25 | 유기질지우(唯其疾之憂)
부모는 오직 자식이 아플까 걱정하신다 |

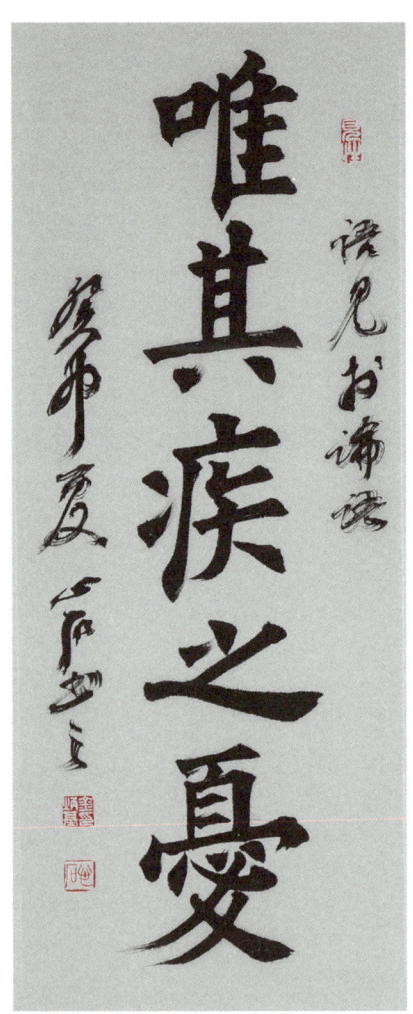

자식이 아플까 봐 걱정하는
부모의 마음을 담아 해서체로
조심스럽게 써보았다.

唯其疾之憂
25×71cm

맹무백이 효에 대해 여쭙자, 공자께서 말씀하셨다. "부모는 오직 자식이 병이 날까 그것만을 걱정하신다."

孟武伯問孝 子曰 父母唯其疾之憂.
<sub>맹 무 백 문 효 자 왈 부 모 유 기 질 지 우</sub>

- 「위정」 제6장

맹무백孟武伯이 공자를 찾아와 효에 대해서 묻자, 공자는 "부모는 오직 자식이 아플까 걱정하신다"라는 답을 했다. 맹무백의 몸이 허약했기 때문에 이런 맞춤식 답을 했다고 한다.

자식은 "눈에 넣어도 아프지 않다"고 한다. 보고 있어도 늘 보고 싶어서 아예 눈 속에 넣어가지고 다닐 셈으로 실지로 눈에 넣는다 해도 전혀 아픔을 느끼지 못할 것이라는 뜻이리라. 이토록 소중한 자식이 병에 걸려 고통스럽게 앓는다면 부모의 마음은 찢어질 수밖에 없다. 부모의 마음을 그토록 아프게 했으니 이보다 더 큰 불효는 없다.

자식이 부모보다 앞서 죽으면 부모는 그 자식을 평생 가슴에 묻고 산다. 살아도 사는 게 아닌 것이다. 앓다가 죽어도 가슴 아픈 일인데 불의의 사고로 아무런 잘못도 없는 자식을 순식간에 잃는다면 그 슬픔과 아픔은 형언할 길이 없다. 이태원 참사가 그런 경우다. 참사를 책임져야 할 사람이 오히려 남 탓만 하는 모습을 보면서 슬픔과 아픔에 더해 분노가 치밀기도 했다. 늘 걱정하던 자식을 아예 잃어버린 부모의 쓰린 가슴에 더 이상 분노의 소금을 뿌리지는 말자!

건강이 가장 큰 효도다. 부모님께 아프고 상한 모습을 보이지 않겠다는 결심을 하면 내가 먼저 건강해지는 큰 복을 누리게 될 것이다. "애야! 밥은 잘 챙겨 먹었냐?"

| 26 | 색난(色難)<br>**얼굴빛을 온화하게 갖기가 어려우니** |

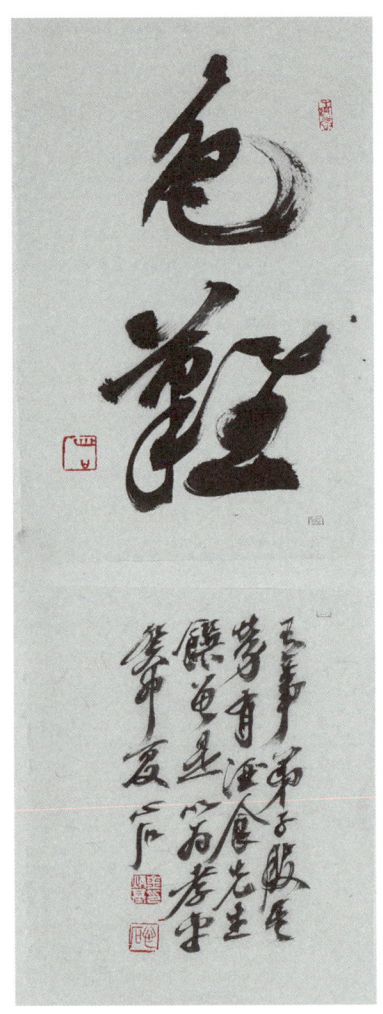

우연히 일필휘지로 '色難' 두 글자를 쓰고, 다른 종이에 작은 글씨로 해당 원문을 써서 이어 붙였다. 짜깁기로 탄생한 작품이다.

色難
25×71cm

제자 자하가 효(孝)에 대해 묻자, 공자께서 말씀하셨다. "아버지나 형 앞에서 얼굴빛을 온화하게 하는 것이 어려운 일이다. 일이 있을 때 자식이나 동생이 나서서 하고, 술이나 음식이 있을 때 어른을 먼저 대접하는 것만을 효로 여겼겠느냐? (얼굴빛을 온화하게 갖는 것이 더 어려운 진짜 효다.)"

<sub>자 하 문 효  자 왈  색 난  유 사 제 자 복 기 로  유 주 식  선 생 찬  증 시 이 위 효 호</sub>
子夏問孝 子曰 色難 有事弟子服其勞 有酒食 先生饌 曾是以爲孝乎.

– 「위정」 제8장

제자 자하가 효<sup>孝</sup>에 대해 묻자, 공자는 "색난" 즉 "빛이 어렵다"라고 답했다. 이어서 "일이 있을 때면 자식이 노고를 대신하고, 술이나 음식이 있을 때는 어른(부모)을 먼저 대접하는 것만을 효로 여겼겠느냐?"라고 반문함으로써 효를 행함에 있어서 진짜 어려운 일은 '빛'임을 강조했다. 빛이 어렵다니, 도대체 무슨 뜻일까?

주희<sup>朱熹</sup>는 '빛'을 '얼굴빛'으로 보고 '색난'을 "어버이를 모실 때, 늘 화락한 얼굴빛을 갖기가 어렵다"는 뜻으로 해석했다. 온화한 마음과 즐거운 얼굴빛을 갖는 것이 진정한 효도인데 무엇보다도 그게 어렵다는 것이다.

"아빠는 아무것도 모르면서…" "엄마가 뭘 안다고 그래?"

오늘날 우리 자식들은 온화하고 즐거운 낯빛이기는커녕 오히려 짜증과 성냄이 더 많은 것 같다. 디지털 문명에 대한 이해가 느린 부모라 해서 삶의 지혜가 자식만 못한 것은 아닐 텐데, 그런 지혜를 헤아릴 생각을 안 하기에 '느린' 부모가 답답하여 짜증이 나는 것이다.

빠른 세상 변화에 적응하는 속도가 늦다고 늙은 부모를 채근하지 말자. 실은 젊은 우리네 자식들도 적응하기가 쉽지 않잖은가? 색난의 의미를 되새길 필요가 절실하다. 즐거운 얼굴빛은 우선 자식인 나부터 행복하게 하리라.

| 27 | 인언수재(人焉廋哉) |
|---|---|
|  | **어찌 사람됨을 숨길 수 있겠느냐** |

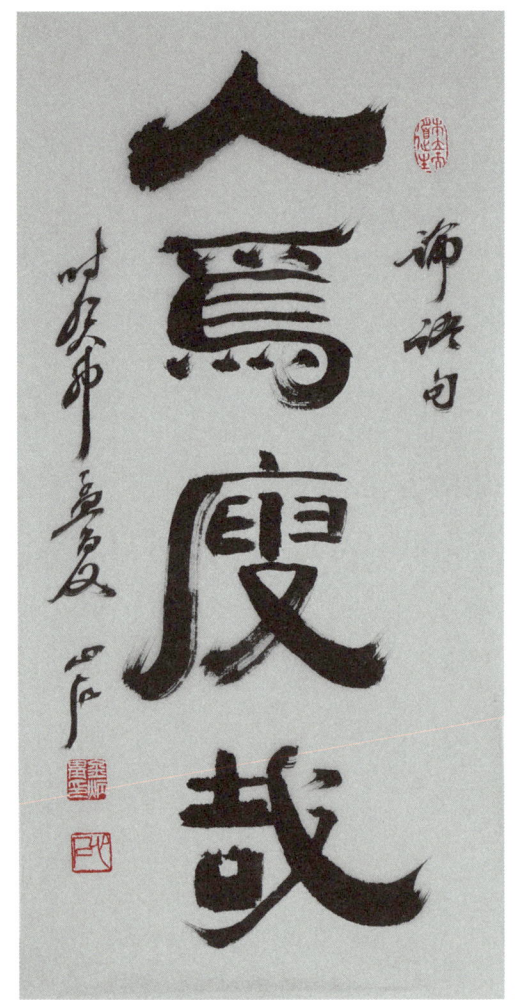

사신비, 을영비
등 중국 한나라
비석의 예서체를
생각하며 썼다.
은연중에 내가 즐겨
쓰는 청나라 서예가
이병수(伊秉綬)의
분위기가 많이
가미되었다.

人焉廋哉
36×75cm

공자께서 말씀하셨다. "그가 행한 바를 보며, 그가 행한 이유를 살피며, 그가 편안히 여기는 바를 관찰하면, 사람이 어찌 사람됨을 숨길 수 있겠는가? 사람이 어찌 사람됨을 숨길 수 있겠는가?"

자 왈 시 기 소 이 관 기 소 유 찰 기 소 안 인 언 수 재 인 언 수 재
子曰 視其所以 觀其所由 察其所安 人焉廋哉 人焉廋哉.

- 「위정」 제10장

공자는 "소행을 보고(視), 그 원인을 살피며(觀), 즐기는 바를 관찰한다면(察), 어떻게 본래의 사람됨을 숨길 수 있겠느냐?"라고 했다. '視(볼 시)', '觀(볼 관)', '察(살필 찰)' 세 글자 사이에는 적잖은 의미 차이가 있다. '視'의 '見' 부분은 '눈앞에 나타난 것'을 바라보는 상태를 본뜬 글자이고, '示'는 제사상 모양인데 신(神)이 '나타나다'라는 뜻이다. 見과 示, 둘 다 '보려하지 않아도 눈앞에 나타나 보임'을 뜻하는 글자다. '觀'은 '見+雚(황새 관)'으로 구성된 글자로서 황새가 먹이를 찾듯이 '의도적으로 보다'라는 뜻이다. '宀(집 면)'+'祭(제사 제)'로 구성된 '찰察'은 집안 제사 때 소홀함이 없도록 '자세히 살펴보다'라는 뜻이다.

사람을 제대로 파악하려면 소행을 가감 없이 직시하고(視), 행위 동기의 선악도 따져보며(觀), 진실로 즐거운 마음으로 행했는지도 살펴봐야 한다(察). 소행은 선해도 동기가 선하지 않은 경우도 있고, 동기가 선하다 해서 반드시 즐겨 행한 일은 아닐 수도 있기 때문이다. 남이든 자신이든 이런 관점으로 성찰하면 숨김이 없게 된다. 숨김이 없으면 떳떳하여 자유롭고, 숨기려 꼼수를 쓰면 쓸수록 피곤하다. 인언수재! 다 드러내놓아도 항상 떳떳한 삶을 살자!

| 28 | 온고이지신(溫故而知新)
**옛것을 익혀 새로운 것을 알다** |

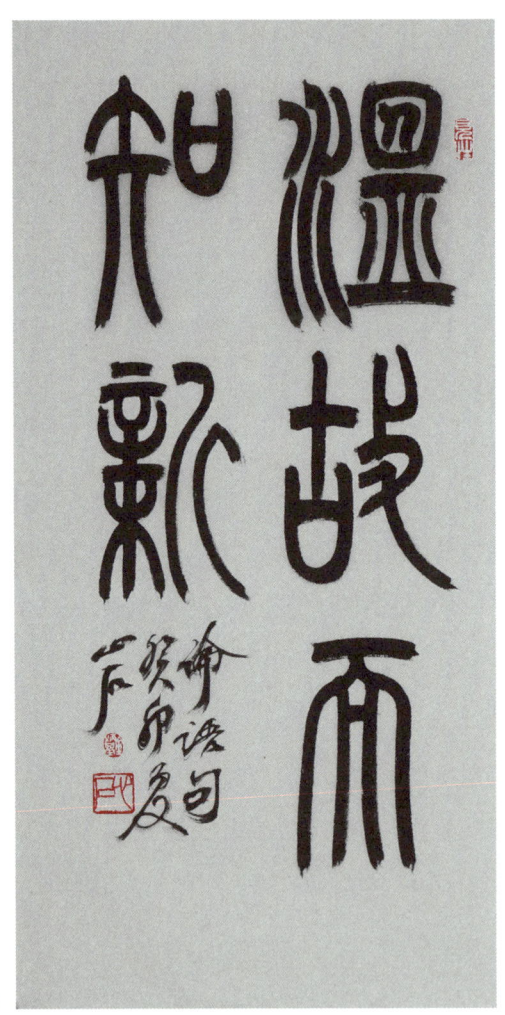

'지신(知新)'보다는
'온고(溫古)'에 더
많은 의미를 두고서
예스럽게 쓰고자 했다.

溫故而知新
34×65cm

공자께서 말씀하셨다. "예전에 배운 것을 잘 익혀, 새로운 것을 알아간다면 능히 다른 사람의 스승이 될 수 있다."

子曰 溫故而知新 可以爲師矣.
<sub>자 왈 온 고 이 지 신 가 이 위 사 의</sub>

- 「위정」 제11장

공자는 "예전에 배운 것을 잘 익혀, 새로운 것을 알아간다면 능히 다른 사람의 스승이 될 수 있다"고 했다. '배우기→익히기→(깨달아) 알기→배우기'의 순환활동을 평생 정체됨 없이 반복하는 사람이라야 스승 자격이 있다고 본 것이다.

스승이란 먼저 깨달은 사람을 이름이다. 아무리 많이 배우고 익혔어도 새로운 깨달음이 없으면 스승이 될 수 없다. 다람쥐 쳇바퀴 돌 듯 옛것만 반복한다면 배웠어도 깨달은 게 없으니 가르칠 게 없고, 가르칠 게 없으니 스승이 될 수 없는 것이다.

'온고溫故' 즉 이미 세상에 나온 지식과 지혜를 배우고 익혀서而, '지신知新' 즉 새로움에 눈을 떠야 한다. 그게 바로 '온고이지신'이다. 흔히 줄여서 '온고지신'이란 사자성어로 사용한다. 온고지신의 의지와 노력이 '승선계후(承先啓後: 앞의 것을 이어 뒤의 것을 열어나감)'와 '계왕개래(繼往開來: 과거를 이어 미래를 개척함)'의 발전을 낳는다. 그러므로 '지신'이 없는 '온고'는 무의미하고, '온고'가 없는 '지신'은 모래성에 불과하다.

'溫'은 '따듯할 온'이자, '익힐 온'이다. 따뜻하게 데우는 시간을 들여야 지식이 지혜로 익는다. 익힐 시간이 불필요한, 빠른 챗GPT는 모래성 '지신知新'일 수 있다. 빠른 검색보다 익히는 '사색思索'이 필요한 이유다.

| 29 | 군자불기(君子不器)<br>**군자는 한정된 그릇이 아니다** |

허풍쟁이를 큰 그릇으로
착각해서는 안 된다는 생각으로
내실 있게 쓰고자 했다.

君子不器
25×75cm

공자께서 말씀하셨다. "군자는 용도가 한정된 그릇이 아니다."

子曰 君子不器.
자 왈 군 자 불 기

- 「위정」 제12장

군자는 한자문화권의 이상적 인물상으로서 왕을 비롯하여 '양심이 살아 있는 품격 높은 지식인 지도층'을 통칭하는 말이다.

'그릇'은 '맡은 일을 담당할 만한 역량이 있음'을 칭송하는 말로 주로 사용하지만, 이와 정반대로 '일정 용도로 국한된 편협한 그릇'이란 뜻으로 쓰이기도 한다. '군자불기'의 '器(그릇)'가 바로 '편협한 그릇'이란 뜻으로 쓰인 예다. 즉 '군자는 정해진 그릇이 아니다'라고 번역하는 '君子不器'의 속뜻은 '군자는 한두 가지 특정 능력만 갖춘 게 아니라, 모든 일을 두루 파악하여 종합적으로 판단하고 처리하는 전인적全人的 도량을 갖춘 인물'이라는 데에 있다.

'교주고슬(膠: 아교풀 교, 柱: 기둥 주, 鼓: 탈 고, 瑟: 비파 슬)'이라는 말이 있다. '아교풀로 기러기발(柱: 雁足)을 고정해 놓고서 비파를 탄다'는 뜻이다. 음의 높낮이를 조절하는 기러기발이 고정되어 있으니 음악이 제대로 연주될 리 없다. 전공과 전직前職에 대한 아집과 습관에 고착되어 융통성이라곤 없는 사람을 이르는 말이다.

오늘날 국가·사회의 지도층은 고대의 군자에 해당하는 사람들이다. 당연히 편협한 그릇이 아닌 '不器'의 인품과 능력으로 임무를 수행해야 한다. 전공 아집과 전직 습관에 빠져 '홀로 왕국'을 조성해서는 결코 안 된다.

# 30 주이불비(周而不比)
## 두루 미쳐 편당을 가르지 않아야

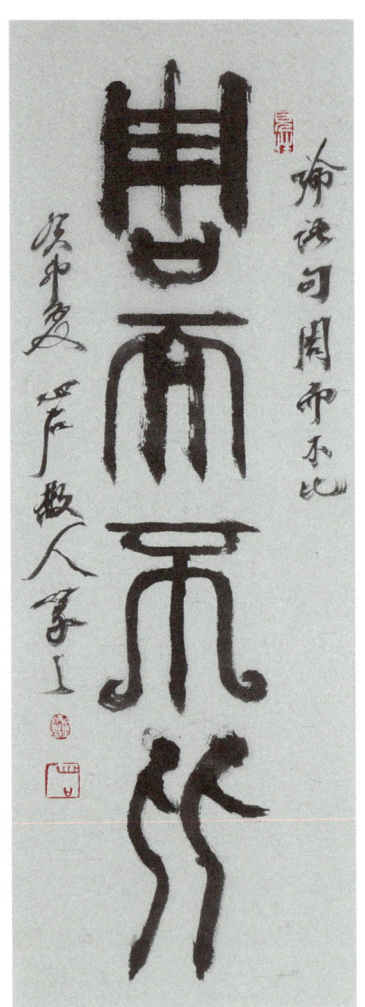

사람이 나란히 서 있는
모습으로부터 시작된 '比' 자의
'비교' 의미와 상형성을 살리고자
일부러 전서체로 썼다.

周而不比
24×70cm

공자께서 말씀하셨다. "군자는 널리 두루 미침으로써 한편으로 치우치지 않고, 소인은 편을 갈라 한편으로 치우침으로써 널리 두루 미치지 못한다."

子曰 君子周而不比 小人比而不周.
<sub>자 왈 군 자 주 이 불 비 소 인 비 이 불 주</sub>

– 「위정」 제14장

'周'는 '보편普遍' 즉 '누구에게나 공통적으로 적용됨'을 뜻하는 글자다. '比'는 두 사람이 같은 방향을 향해 서 있는 모습을 형상화한 글자로서 '비교하다'가 본뜻이었으나, 나중에 같은 방향을 향한 사람들끼리 짠 '편당偏黨'이라는 뜻도 갖게 되었다.

국가·사회는 누구에게나 공평하게 적용되는 합리적인 규칙과 질서가 확립되어야 한다. 군자는 사욕을 버림으로써 그런 국가·사회가 되도록 이끌어 나가는 데에 반해, 소인은 욕심에 사로잡힌 사람들끼리 무리지어 자신들에게 이로운 방향으로 세상을 이끌어 간다. '당리당략'이 소인배들의 목표다.

"딱따구리야! 나무를 너무 쪼지 마라, 고목 속이 반밖에 안 남았구나. 비바람은 차라리 걱정이 안 된다만, 나무가 쓰러져 네 집이 없어질까 걱정이구나(啄木休啄木 古木餘半腹 風雨寧非憂 木摧無爾屋)." 조선 후기 이양연李亮淵 선생의 시다. 제 집이 없어지는 줄 모르고 나무를 쪼아대는 딱따구리나 나라 망하는 줄 모르고 제 편의 이익만 챙기는 멍청한 모리배 정치인이나 다를 바가 없다. '주이불비'를 뼈저리게 생각해야 할 때다.

## 31 학이불사즉망 사이불학즉태(學而不思則罔 思而不學則殆)
**배우되 생각하지 않으면 배운 게 없고
생각만 하고 배우지 않으면 위태롭다**

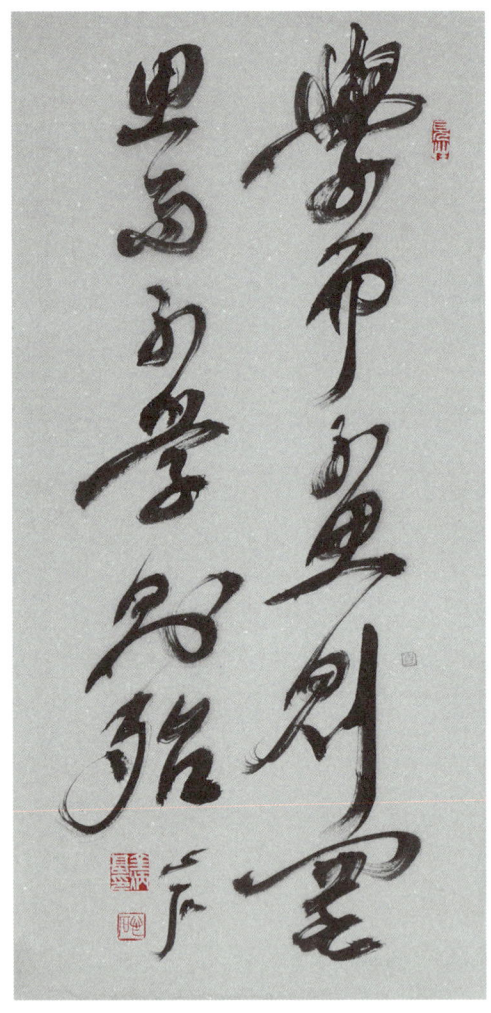

學而不思則罔
36×76cm

공자께서 말씀하셨다. "배우고서도 생각하지 않으면 얻는 게 없고, 생각하기만 하고 배움을 단절하면 독선의 위태로움에 이르게 된다."

子曰 學而不思則罔 思而不學則殆.
<sub>자 왈 학 이 불 사 즉 망 사 이 불 학 즉 태</sub>

-「위정」제15장

영양 섭취 후 소화·흡수하여 힘을 얻고 그 힘으로 다시 영양을 섭취하는 순환이 몸의 생명활동이듯, 배우면서 생각하고 생각하면서 다시 배우는 순환이 곧 정신의 교수·학습 활동이다. "배우고서도 생각하지 않으면 얻는 게 없고(學而不思則罔), 자기 생각에 빠져 배움을 단절하면 독선의 위태로움에 이르게 된다(思而不學則殆)." 배움과 사색의 관계를 꿰뚫은 공자님 말씀이다.

남보다 빠른 대답이 발표력 신장과 창의력 발휘에 도움이 되리라는 기대 아래, 전혀 생각할 시간을 갖지 않은 채 무조건 "저요!"를 외치며 손부터 드는 학생이 많다고 한다. 어른들도 '반짝 알기' 검색만 할 뿐, 깊이 생각하기를 귀찮게 여기는 경우가 많은 것 같다. '학이불사'의 허망한 교수·학습 현장 풍경이다.

자신의 생각에만 빠져 남들의 경험과 생각을 참고하기를 거부하는 외톨이 사색가(?)가 적지 않다고 한다. 심지어 "사람을 죽여보고 싶다"는 자기 생각에 빠져 살인을 범한 '정유정 사건'과 같은 황당한 일도 발생했다. '사이불학思而不學'이 낳은 위태로운 사회 현상이다.

사람 사는 사회에 '사람 아닌 사람'이 많이 끼어 있을수록 위험하다. 배우기와 생각하기의 균형이 잡혀야 한다. 인문학만이 답이다. 심각하게 무너진 학교 교육과 사회 기강을 인문학적 관점에서 바로잡아야 할 때다.

| 32 | 공호이단 사해야이(攻乎異端 斯害也已)
**이단에 몰두하면 해로울 따름이다** |

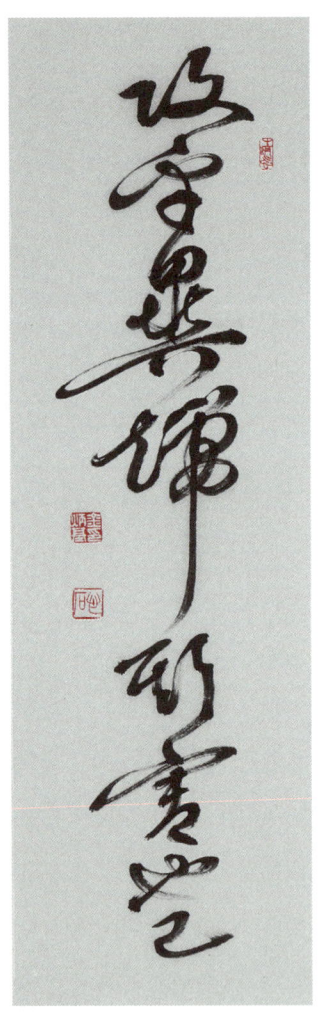

위아래 글자를 필세로 연결하는 초서의 특징을 살리려는 장법을 사용하였다.

攻乎異端 斯害也已
20×67cm

공자께서 말씀하셨다. "이단에 몰두하면 곧 해로울 따름이다."

<sub>자 왈 공 호 이 단 사 해 야 이</sub>
子曰 攻乎異端 斯害也已.

- 「위정」 제14장

'攻'은 주로 '공격하다'라는 뜻으로 사용하지만 '전공<sup>專攻</sup>'처럼 어느 한 분야에 '몰두하다'라는 뜻으로도 사용한다. '이단<sup>異端</sup>'은 '그르다고 여겨 자기가 믿지 않는 종교'를 일컫는 말이기도 하고, '전통 혹은 시류에 어긋나는 주장이나 학설'을 이르는 말이기도 하다.

공자는 "이단에 몰두하면 해로울 따름이다"라고 했다. 주희는 '공자와 맹자의 도<sup>道</sup>가 아닌 다른 사도<sup>邪道</sup>'를 이단으로 보았다. 즉 공맹<sup>孔孟</sup>이 아닌 양주<sup>楊朱</sup>나 묵적<sup>墨翟</sup> 혹은 불교 등을 이단으로 보고서 그러한 이단에 몰두하면 부모도 몰라보는 무도한 상황에 이르게 되므로 해로울 뿐이라는 설명을 했다. 근래에는 공자가 말한 '이단'을 종교나 학술적 개념의 이단에 국한하지 않고, 어떤 상황에서도 나타날 수 있는 양극단의 의미로 이해하여 합리적 중도를 따르지 않고 극단적 자기주장에 몰두하는 것은 해로울 뿐이라는 뜻으로 해석하는 연구자들이 많다.

우리나라는 지금 이단이 야기한 대립과 갈등의 소용돌이에 빠져 있는 것 같다. 사술<sup>邪術</sup>로 기만하는 이단의 종교가 난무하고, 양극단으로 치닫는 정치와 양극화되어 가는 사회의 갈등도 심각하다. 극단의 대립은 분열을 자초하고 분열은 패망을 부른다. "이단에 몰두하면 해로울 따름이다"라고 한 공자의 말을 깊이 새겨야 할 때다.

| 33 | 녹재기중(祿在其中)
**녹봉이 그 안에 절로 있게 되나니** |

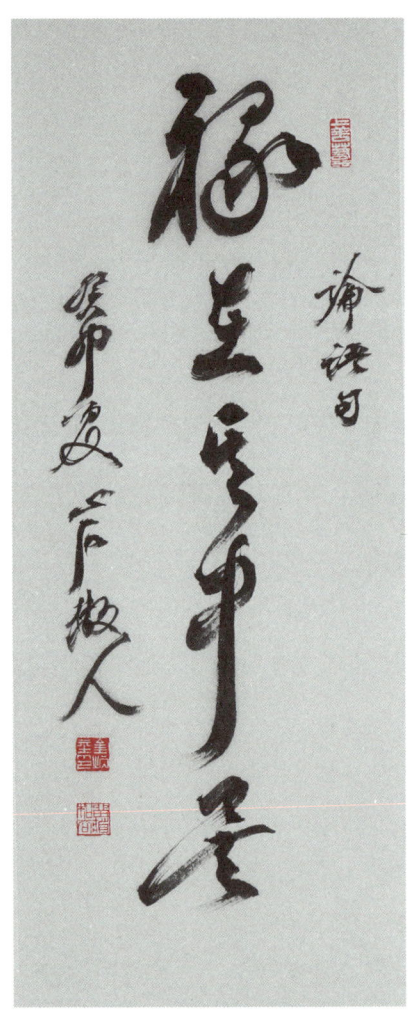

필획 수가 적은 글자의 서제를 쓸 때 장법 구성이 쉽지 않다. 위로부터 아래로 흐르는 종세(縱勢)의 장법을 시도하였다.

祿在其中矣
28×68cm

자장이 녹봉을 구하는 것에 대해 배우고자 하니 공자께서 말씀하셨다. "…말에 허물이 적고, 행동에 후회가 적으면 벼슬하여 녹봉을 받는 일은 그 안에 저절로 있게 된다."

子張學干祿 子曰 …言寡尤 行寡悔 祿在其中矣.
<sub>자 장 학 간 록 자 왈 　 언 과 우 행 과 회 녹 재 기 중 의</sub>

— 「위정」 제18장

제자 자장子張이 어떻게 하면 벼슬길에 올라 녹봉(급여)을 받을 수 있는지에 대해 묻자, 공자는 다음과 같이 답했다. "많이 듣되 아직 의심이 해소되지 않은 부분은 남겨둬라. 의심의 여지가 없는 확실한 부분에 대해서도 신중하게 말하면 허물이 적게 된다. 상황을 많이 보되 아직 안정되지 않은 상황에서는 속단하지 말라. 안정된 상황에서도 신중하게 행동하면 후회가 적게 된다. 말에 허물이 적고, 행동에 후회가 적으면 벼슬하여 녹봉을 받는 일은 그 안에 저절로 있게 된다." 공직자가 가져야 할 태도를 꿰뚫은 말이다.

오늘날 정치인이나 공무원들은 세상의 관심을 끌기 위해 검증이 안 된 정보를 터뜨리는 경우가 종종 있다. 언론도 상황을 정확히 파악하지 않은 채 일단 보도부터 하는 사례가 적지 않다. 이른바, '아니면 말고' 식의 '아무 말 큰 잔치'로 관심을 구걸하는 치졸한 태도다. 결국은 범죄자로서의 지명도만 한껏 높인 후 자리에서 쫓겨나기도 하고 감옥에도 간다.

중국 송나라 때의 정치가 사마광司馬光은 "내가 남을 속이려 들면 발꿈치를 돌리기도 전에 상대가 먼저 안다(欺人者 不旋踵而人必知之)"고 했다. 손바닥으로 햇빛을 어찌 다 가릴 수 있겠는가! 진실한 언행만이 지위와 봉록을 보장한다. 각종 선거의 승리 여부도 '그 가운데'에 있다.

| 34 | 거직조저왕(擧直錯諸枉)<br>곧음을 굽음 위에 두면 백성이 복종하리니 |
|---|---|

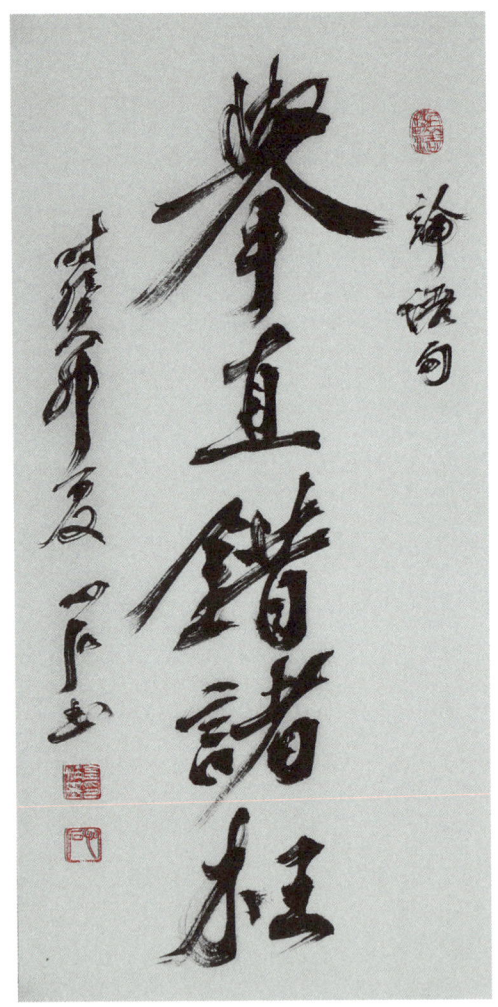

중국 송나라 명필 황정견(黃庭堅)의 서체를 모방하여 썼다. 황정견이 범접 못할 명필임을 다시 한번 절감했다.

擧直錯諸枉
35×75cm

애공이 묻기를, "어떻게 하면 백성들이 복종합니까?"라고 하니, 공자께서 말씀하셨다. "곧은 사람을 천거하여 굽은 사람 위에 둔다면 백성들이 복종할 것이고, 굽은 사람을 천거하여 곧은 사람 위에 둔다면 백성들이 복종하지 않을 것입니다."

<sub>애 공 문 왈   하 위 즉 민 복   공 자 대 왈   거 직 조 저 왕 즉 민 복   거 왕 조 저 직 즉 민 불 복</sub>
哀公問曰 何爲則民服 孔子對曰 擧直錯諸枉則民服 擧枉錯諸直則民不服.

— 「위정」 제19장

노나라의 애공(哀公)이 공자에게 "어떻게 해야 백성이 잘 복종합니까?"라고 묻자, 공자는 "곧음을 굽음의 위에 두면 백성들이 복종하고, 굽음을 곧음의 위에 두면 백성들이 불복합니다"라고 답했다. 정직함이 사악함을 이기는 정치라야 백성이 복종함을 천명한 말이다.

우리는 불행하게도 한때 반국가·반민족 행위자를 애국애족 지사보다 우대한 적이 있으며, 독재세력이 민주세력을 구금하고 고문한 적도 있다. 이에 국민들은 정부 특히 부당했던 경찰과 검찰에 불복하여 투쟁함으로써 민주화를 이루었다. 그러나 아직도 불행했던 시절의 후유증으로 검찰과 경찰에 대한 불신이 적지 않다. 검찰 출신 대통령이 나라를 이끌면서 불법 계엄령까지 선포함으로써 검찰에 대한 불신은 더더욱 커졌고, 결국은 국민의 힘으로 대통령 탄핵과 조기 대선을 이끌어냄으로써 나라가 정상화되었다.

'錯'은 '어긋날 착'으로 훈독하는데 '措(둘 조)'와 모양이 비슷하여 통용하게 된 것 같다. '諸'는 '제'가 아닌 '저'로 읽으며 '지어(之於)'의 줄임말로서 '그것(之)을 …에(於)'라는 뜻이다. 따라서 '擧直錯諸枉'은 곧 '擧直措之於枉'이 되므로 '곧음을 들어 굽음의 위에 두다'라고 해석한다. 정직이 사악을 이기는 세상이라야 국민들이 희망을 갖고 바르게 산다.

## 35 인이무신 부지기가야(人而無信 不知其可也)
### 사람이면서 믿음이 없으면 할 수 있는 일이 무엇이랴!

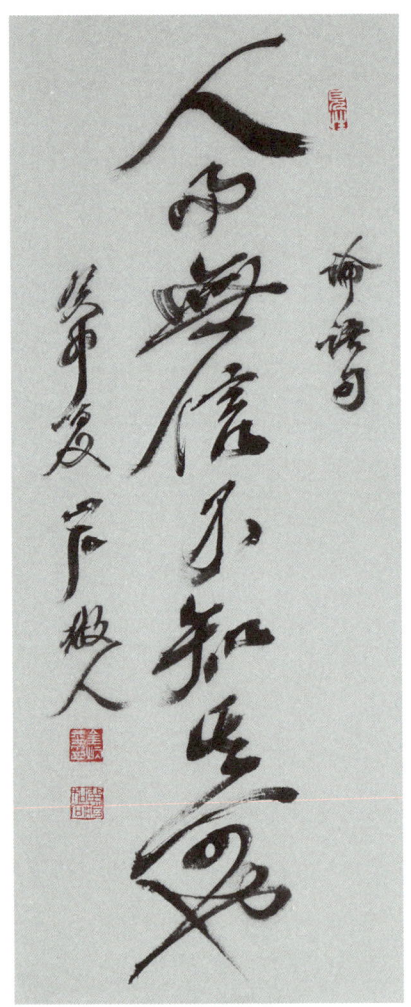

좁은 지면에 많은 글자를 넣기 위해 특별히 자간을 '밀(密)'하게 구성하는 장법을 사용하였다.

人而無信, 不知其可也
29×75cm

공자께서 말씀하셨다. "사람이면서 믿음이 없다면 그가 할 수 있는 일이 무엇인지 알 수 없다. 큰 수레에 예(輗: 수레채 마구리)가 없고 작은 수레에 월(軏: 멍에 막이)이 없으면, 그 수레를 어찌 운행할 수 있겠는가."

子曰 人而無信 不知其可也 大車無輗 小車無軏 其何以行之哉.

— 「위정」 제22장

　　사회 공동체 내의 유기적 관계를 작동하게 하는 진짜 힘은 돈도 아니고, 법도 아니고, 제도도 아니다. 사람과 사람 사이의 믿음이다. 교통 법규를 나도 잘 지키지만 다른 운전자들도 다 잘 지키리라는 믿음이 있기 때문에 질주하는 자동차의 홍수 속에서도 안심하고 운전한다. 믿음 없이는 교통 법규도 쓸모가 없다. 식품위생법 이전에 식당 주인이 바른 식재료를 사용할 것이라는 믿음이 있기에 음식점을 찾고, 항공법 이전에 조종사의 안전 운항을 믿기에 불안감을 떨치고 비행기를 탄다. 이처럼 사회를 움직이는 맨 밑바탕의 원동력은 바로 믿음인 것이다. 2500여 년 전의 공자도 이 점을 간파했기에 "사람이면서 믿음이 없다면 그가 할 수 있는 일이 무엇인지 알 수 없다(그런 사람이 할 수 있는 일이라곤 아무것도 없다)"라고 말한 것이다.

　　요즈음 SNS를 타고 황당한 거짓 정보가 하도 많이 유통되다 보니, 개인 인격으로서의 '믿음'을 이야기할 틈도 없이 사회 전체가 불신 분위기에 싸여 있다. 가상현실, 증강현실 등 시대 자체가 '거짓의 시대'이다 보니 믿음이라는 덕목을 강조하기가 오히려 어색한 세상이 되어가고 있다. 그래도 "사람이면서 믿음이 없다면 아무것도 할 수 없다"고 한 공자의 말에 대한 믿음을 포기하지 말아야 할 것이다.

| 36 | 십세가지야(十世可知也)<br>**10세 후를 알 수 있습니까?** |

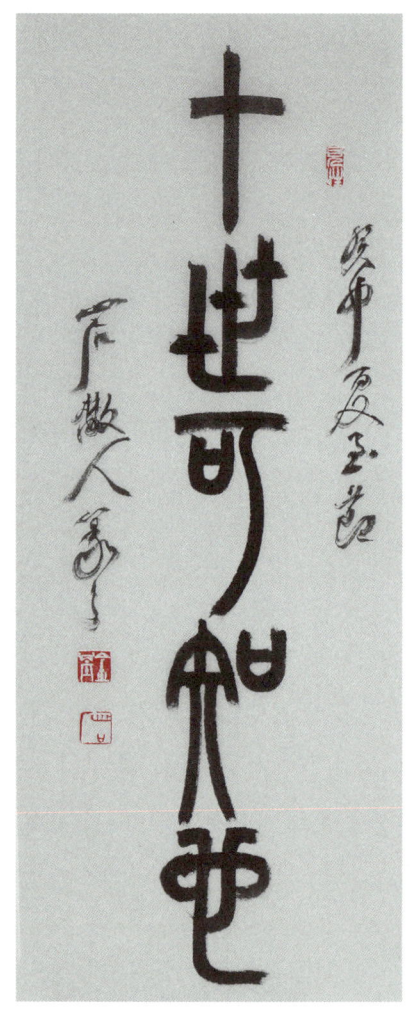

'10세(약 300년)'라는 오랜 세월을 강조하기 위해 가장 오래된 자체인 전서체로 썼다. 필획 수가 많지 않은 서제는 전서체가 잘 어울리는 것 같다.

十世可知也
30×75cm

자장이 묻기를, "10세 후를 알 수 있습니까?"라고 하니 공자께서 말씀하셨다. "은나라는 하나라의 예(禮)를 이어받았으니 무엇을 가감(加減)했는지 알 수 있고, 주나라는 은나라의 예를 이었으니 가감한 것이 무엇인지를 알 수 있을 것이므로 앞으로 혹 주나라의 예법을 계승하는 나라가 있다면 비록 100왕조 뒤의 일이라도 미리 알 수가 있을 것이다."

子張問 十世可知也. 子曰 殷因於夏禮 所損益 可知也 周因於殷禮 所損益 可知也 其或繼周者 雖百世可知也.

— 「위정」 제22장

"10세世 후를 알 수 있습니까?"라는 제자의 물음에 대해 공자는 다음과 같이 답했다. "은나라는 하나라의 예법禮法에 기인하고 있으니 덜고 더한 것을 알 수 있으며, 주나라는 은나라의 예법에 기인하고 있으니 …비록 100세 뒤의 일이라도 알 수 있을 것이다."

1세는 대개 30년으로 셈하므로 10세는 300년, 100세는 3000년이다. 나라가 바뀌어도 삼강三綱과 오상(五常: 인, 의, 예, 지, 신) 등 하늘의 질서에 바탕을 둔 예법은 계승하면서 제도만 시대 상황에 맞게 융통한다면 비록 10세, 100세 후의 일이라도 짐작이 가능하다는 것이 공자의 생각이다. 사람의 지나친 호기심과 욕심으로 하늘의 질서를 파괴하는 무모한 변혁만 자행하지 않는다면 인류는 영원한 안정과 평화를 누릴 수 있다는 뜻이 담긴 말이다.

하늘의 질서인 예법은 무시한 채 우주에 대한 탐구는 물론 인공지능과 가상현실까지 만들어낸 인류는 지금 오히려 불안하다. 『장자』의 "인식이 가능한 범위인 육합(六合: 상, 하, 동, 서, 남, 북)을 벗어난 세계에 대해서는 성인도 그 존재를 인정할 뿐 논하려 하지 않았다(六合之外 聖人存而不論)"라는 말을 상기해야 할 때다. 예측 못할 미래, 감당 못할 변화·발전은 자멸일 수 있기 때문이다.

| 37 | 숙불가인야(孰不可忍也)<br>**무엇을 차마 못하겠는가?** |

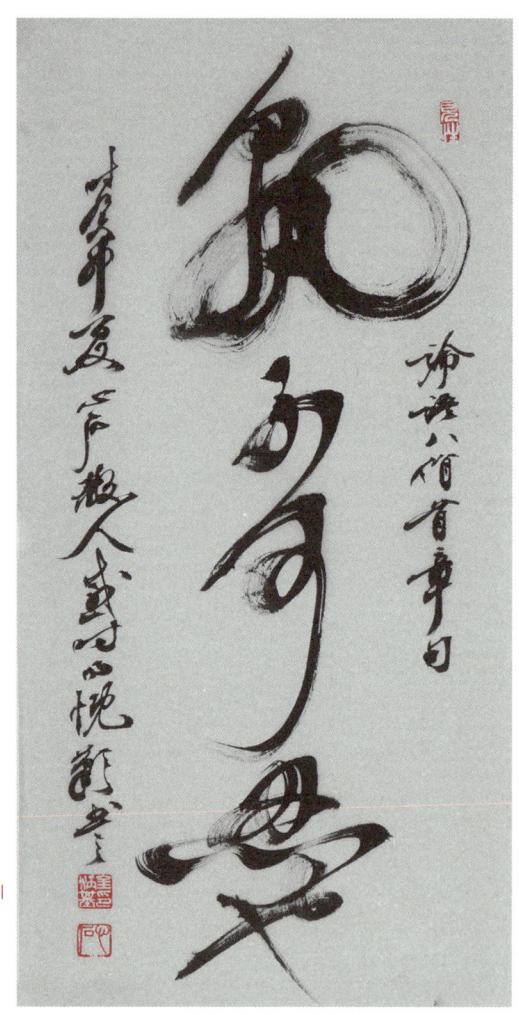

활달한 초서로 썼다. '孰' 자의 오른편 치켜 올린 필획에 다소 과장이 있지만 그런 과장으로 인해 작품이 더욱 생동감을 띠게 되었다. '득의지작(得意之作)'으로 여긴다.

孰不可忍也
35×73cm

공자께서 말씀하셨다. "천자의 춤인 팔일무를 자기 집 뜰에서 추니, 이런 짓을 차마 한다면 무엇을 차마 하지 못하겠는가?"

孔子謂季氏 八佾舞於庭 是可忍也 孰不可忍也.

- 「팔일」 제1장

주나라 때의 예법에 의하면 천자는 궁정에서 8인×8열 즉 64명이 춤을 추게 할 수 있고, 제후는 6인×6열, 대부大夫는 4인×4열, 사士는 2인×2열의 춤을 누릴 수 있었다. 주나라의 제후국인 노나라의 권력자 계손은 4인×4열의 춤을 출 수 있는 대부임에도 천자의 춤인 8인×8열의 '팔일무八佾舞'를 즐겼다. 이에, 공자는 '계손이 이처럼 분수에 넘치는 춤을 향유했다면 차마 못하는 일이 무엇이겠느냐?'라며 계손의 오만한 과시욕을 질타했다. 혹자는 "이런 일탈을 용인한다면 무엇을 용인 못하겠느냐?"라는 뜻의 꾸짖음으로 해석하기도 한다.

조선 후기 유학자 이항로李恒老는 과거에 급제한 아들이 귀향할 때 입을 화려한 옷을 장만하기 위해 농사지을 소를 팔아서라도 돈을 보내 달라고 하자, "알량한 네 성공의 효험이 나로 하여금 벌써 농사일을 놓게 하였으니 네가 아비를 영화롭게 한 효자로구나(汝小成之效, 已使我釋耕, 亦可謂榮親矣)!"라고 쓴 편지를 보내 자식을 훈계했다.

지금 우리나라는 아시아·태평양 지역 중 고가의 외제 승용차가 가장 많이 팔리고, 명품 소비도 세계 1위라고 한다. 재력 과시든 권력 과시든 과시욕으로 인해 간이 배 밖으로 나오면 결국 죽게 된다는 점을 알아야 할 때다.

| 38 | 예 여기사야 영검(禮 與其奢也 寧儉)
**예는 사치스럽기보다는 차라리 검소해야 한다** |

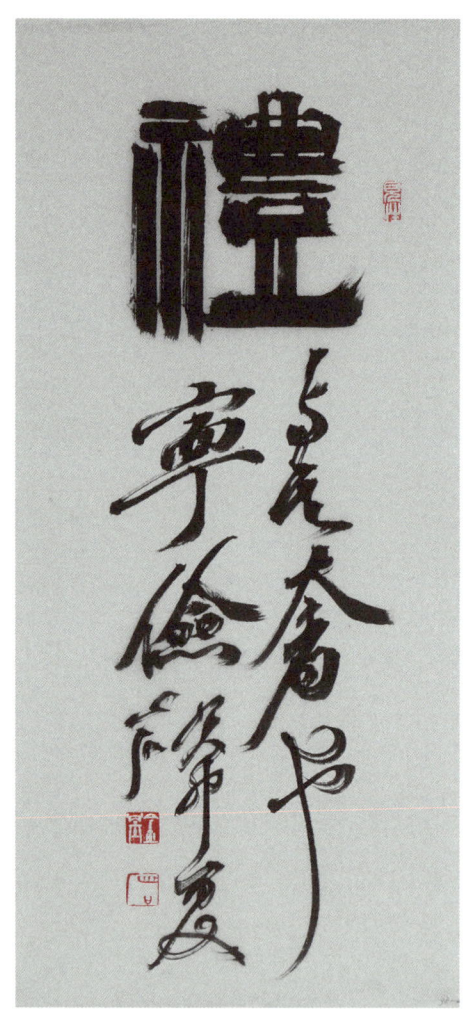

사치와 검소를 대비하기 위해 '禮' 한 글자는 질박한 예서로 써서 검소함을 은유하고, 본문은 화려한 행서로 써서 사치를 은유했다.

禮 與其奢也 寧儉
30×74cm

노나라 사람 임방이 예의 근본에 대해 묻자, 공자는 "질문이 참 크군요! 예(禮)는 사치하기보다는 차라리 검소한 것이 낫고, 상(喪)은 형식적으로 잘 치르기보다는 차라리 슬퍼하는 것이 낫다."라고 답하셨다.

<sub>임 방 문 례 지 본 자 왈 대 재 문 예 여 기 사 야 영 검 상 여 기 이 야 영 척</sub>
林放 問禮之本. 子曰 大哉, 問. 禮, 與其奢也, 寧儉. 喪, 與其易也, 寧戚.

– 「팔일」 제4장

임방<sup>林放</sup>이라는 사람이 예<sup>禮</sup>의 근본에 대해 묻자, 공자는 참 큰 질문이라고 하면서 예는 사치스럽기보다는 차라리 검소해야 한다는 답을 했다. 예의 본질은 화려한 수식이 아니라, 검소하더라도 내적 의의와 가치를 잘 실행하는 데에 있음을 강조한 말이다.

호화 분묘를 찾는 성묫길에 다투는 형제도 많고, 진수성찬으로 차린 제사상 머리에서 고성이 오가는 자매도 허다하다. 화려한 결혼식을 치른 후 몇 개월 만에 이혼하는 경우도 적지 않고, 호사스러운 식당에서 회동한 후에 서로 다툼으로써 모임이 깨지는 경우도 드물지 않다. 다 형식만 사치스럽게 갖추었을 뿐, 예의 근본을 실천하지 못했기 때문에 벌어지는 일들이다.

예의 근본 즉 내적 가치는 진심이다. 진심이 결여된 예는 무의미하다. 검소를 핑계로 진심을 담지 않은 소홀한 예도 문제지만, 예를 구실 삼아 사치스러운 형식에만 치중하는 것은 더 큰 문제다. 부모님을 '최고 시설'의 요양병원에 입원시킨 것을 예를 다한 효행으로 여겨서는 안 된다. 부모님으로부터 손도 마음도 떼지 않는 진심이 예의 본질이다. 온기 없는 화려한 형식의 '행사'를 과시하며, 사진발 잘 받는 웃음의 포즈를 취하기보다 가난하지만 맞잡은 손과 토닥이는 등을 타고 뜨거운 온기가 흐르도록 하는 게 진정한 예다.

| 39 | 기쟁야군자(其爭也君子)
**군자다운 경쟁** |

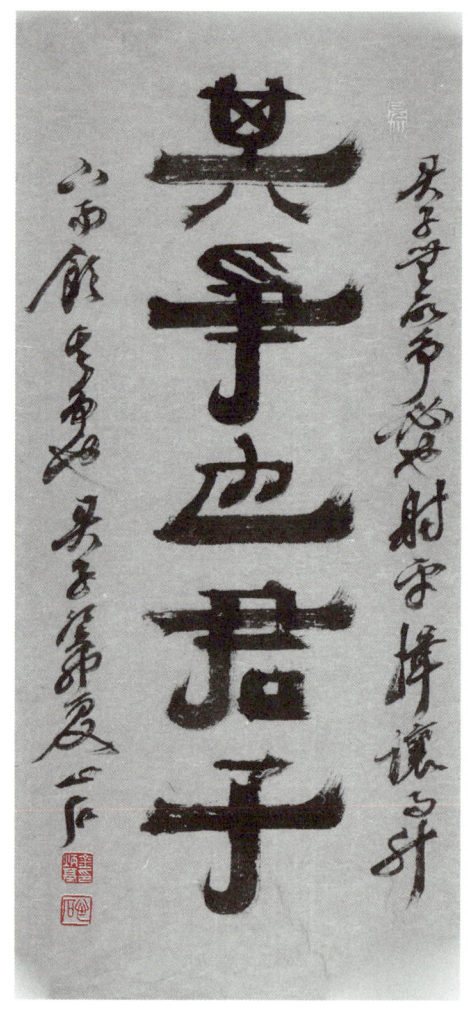

옛날 활쏘기에서는 홍색 깃발을 내걸기도 했다. 색다른 분위기를 조성하고자 채색 한지를 사용했다.

其爭也君子
35×74cm

공자께서 말씀하셨다, "군자는 경쟁하는 것이 없으나 반드시 활쏘기에서는 기량을 다툰다. 상대방에게 읍(揖)하고 사양하며 당(堂)에 올라갔다가 활을 쏜 뒤에는 당을 내려와 이긴 자가 읍하면 진 자가 벌주를 마시니, 이러한 경쟁이 군자다운 경쟁이다."

<sub>자 왈 군 자 무 소 쟁 필 야 사 호 읍 양 이 승 하 이 음 기 쟁 야 군 자</sub>
子曰 君子無所爭 必也射乎 揖讓而升 下而飮 其爭也君子.

– 「팔일」 제7장

    잘난 사람들이 모여 사는 세상에서 경쟁은 필연적이며 역사와 문화 발전의 필수 동력이기도 하다. 경쟁은 본래 나쁜 게 아니었다. 좋은 쪽, 잘하는 쪽을 가리는 아름다운 선택의 과정이었다. 그런 아름다운 경쟁이 시기와 질투, 모함과 배신으로 변질되고 방법마저 나빠지면서 '사회악'의 하나가 되는 지경에 이르렀다. 진즉에 이런 변질을 염려한 공자는 "군자는 다툴 일이 없으나 반드시 활쏘기에서는 기량을 다툰다"라고 하면서 활쏘기를 사례로 예(禮)를 갖춘 군자의 아름다운 경쟁에 대해 설명했다.

    나라가 쇠락·멸망하는 것은 나라를 구할 만한 인재가 없기 때문이고, 인재가 없게 된 이유는 과거시험과 같은 인재 선발제도가 화석화(化石化)한 경쟁의 장으로 변질되었기 때문이다. '남 잡아 나 살기'라는 악성 경쟁은 교육을 망치고, 망가진 교육으로는 절대 인재다운 인재를 길러낼 수 없다. 결국 나라가 위기에 처해도 구할 사람이 없게 되어 망하게 된다.

    우리나라 최고·최대의 경쟁 마당인 대학 입시가 군자다운 경쟁의 장이 되어 진정한 인재를 배양하도록 근본적인 개혁을 해야 할 때다. 정·재계의 유력자들이 갖는 '골프 회동'도 공자가 예시한 활쏘기처럼 군자다운 경쟁의 장이 되었으면 좋겠다. 아름다운 경쟁이 나라를 살리는 지름길이다.

## 40 회사후소(繪事後素)
### 그리는 일은 바탕을 마련한 다음에

繪事後素
30×60cm

자하가 『시경』에 '곱게 웃는 모습 보조개가 예쁘고, 아름다운 눈동자가 또렷하구나! 흰 비단으로써 채색 무늬를 함이여!'라는 구절이 있으니 이 시는 무엇을 말한 것입니까?"라고 여쭈었다. 공자가 답하였다. "그림 그리는 일은 흰 바탕이 마련한 뒤에 한다는 뜻이다." 이에 자하가 말하기를, "바탕인 진심이 먼저이고, 형식인 예(禮)가 뒤따른다는 말씀이군요"라고 하였다.

<sub>자 하 문 왈  교 소 천 혜  미 목 반 혜  소 이 위 현 혜  하 위 야  자 왈  회 사 후 소  왈  예 후 호</sub>
子夏問曰 巧笑倩兮 美目盼兮 素以爲絢兮 何謂也 子曰 繪事後素 曰 禮後乎.

– 「팔일」 제7장

회사후소! 『논어』에서 특히 많이 인용하는 명구 중의 명구다. 대개 "그림 그리는 일은 바탕(캔버스)을 먼저 마련한다"라고 해석하고, '모든 일은 기본을 잘 갖춘 후에 실행해야 한다'라는 의미로 활용한다. "'회사후소'라 했으니 우선 모국어를 배운 후에 외국어를 배워야지"라는 식으로 말한다.

제자 자하가 "예쁜 웃음의 보조개, 아름다운 눈의 또렷함이여! 본바탕으로 아름다움을 삼았구나!"라는 옛 시에 나오는 "본바탕으로 아름다움을 삼았다(素以爲絢)"라는 말의 뜻을 묻자, 공자가 한 답이 "회사후소"다. 후대의 학자 주희는 자하가 들고 나온 옛 시의 의미를 '타고난 본바탕이 미인이어야지 화장만 한다고 해서 미인이 되는 게 아니다'라는 의미로 이해하여, 공자의 답인 "회사후소"도 "그리는(꾸미는) 일은 본바탕보다(於: than) 나중<sup>後</sup>이다(繪事後於素)"라고 해석함으로써 그 함의를 '먼저 기본이 되어 있어야 한다'로 고착화했다. 이후, 기본에 충실할 것을 강조할 때면 으레 이 '회사후소'라는 말을 인용하여 "그림을 그릴 때도 먼저 흰 바탕이 마련되어 있어야 하듯이…" 운운하게 되었다.

"그림은 흰색을 나중에 칠해 완성한다"라는 정반대의 해석도 있으나 아직은 주희의 해석이 우세하다.

| 41 | 시가여언시이의(始可與言詩已矣)
**비로소 더불어 시를 이야기할 만하구나!** |

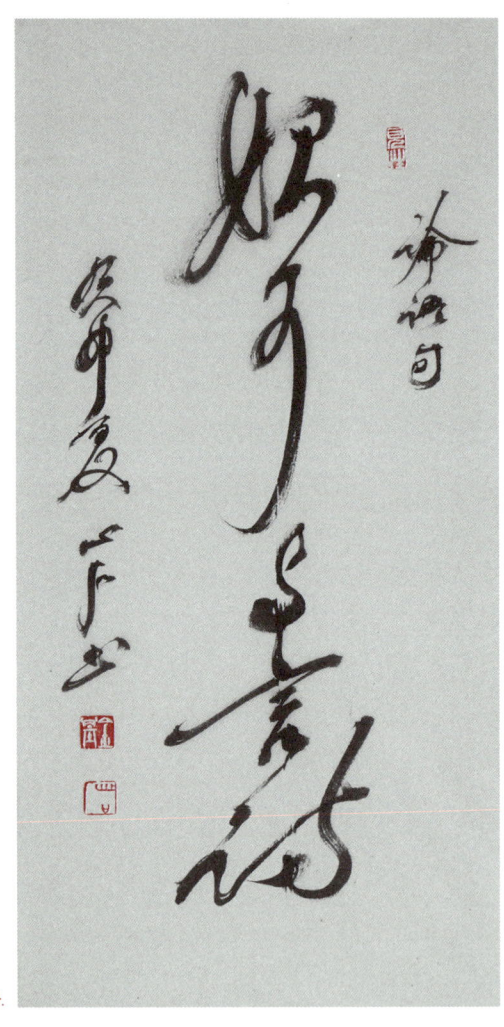

남은 먹으로
일필휘지한 것이
의외의 활달한
초서가 되었다.
옛사람들이 말한
'우득서(偶得書)'의
의미를 절감했다.
먹색이 엷은 게 아쉽다.

始可與言詩已矣
34×68cm

100

…공자는 "나를 흥기시키는 사람은 상(商: 자하의 본명)이로구나. 비로소 함께 시를 말할 만하구나"라고 하셨다.

자 왈 기 여 자 상 야 시 가 여 언 시 이 의
子曰 起予者 商也 始可與言詩已矣.

– 「팔일」 제8장

　40번에서 살폈듯이 "본바탕으로 아름다움을 삼았다(素以爲絢)"라는 옛 시의 뜻을 묻는 자하에게 공자는 "회사후소繪事後素" 즉 "그림 그리는 일은 바탕을 먼저 마련한다"라는 답을 했다. 이에 자하가 "예禮가 뒤이겠군요?"라고 다시 묻자, 공자는 "나를 흥기(興起: 흥이 나게 함)시키는 사람은 자하로구나! 비로소 더불어 시를 이야기할 만하구나!"라고 크게 칭찬했다. 두 사람 사이에 큰 교감이 이루어진 것이다.

　자하는 "예가 뒤이겠군요?"라는 반문을 통해 '본질인 진심이 먼저이고 진심을 담는 형식인 예는 나중'이라는 자신의 깨달음을 말했는데, 자하의 그 말뜻이 자신이 말한 '회사후소'의 의미와 완벽하게 부합했으므로 공자는 그토록 큰 칭찬을 한 것이다.

　"줄탁통시(啐啄同時: 여기서는 '同'을 '통'으로 읽는다=洞)"라는 말이 있다. 알껍데기를 깨고 나오려는 병아리가 어미 닭에게 보내는 신호인 '啐(재잘거릴 줄)'과 어미 닭이 알껍데기를 쪼아주는 '啄(쫄 탁)'이 동시에 순간적으로 이루어져야 함을 표현한 말로서 가르침과 배움이 한순간에 투합하듯 이루어지는 스승과 제자 사이의 대화를 비유하는 말이다. 더불어 시를 논할 만한 줄탁통시의 소통이 무척 그리운 요즈음 교육현장이다.

| 42 | 영미어조(寧媚於竈) <br> "차라리 부엌 신에게 아첨하는 게 낫다"니? |
|---|---|

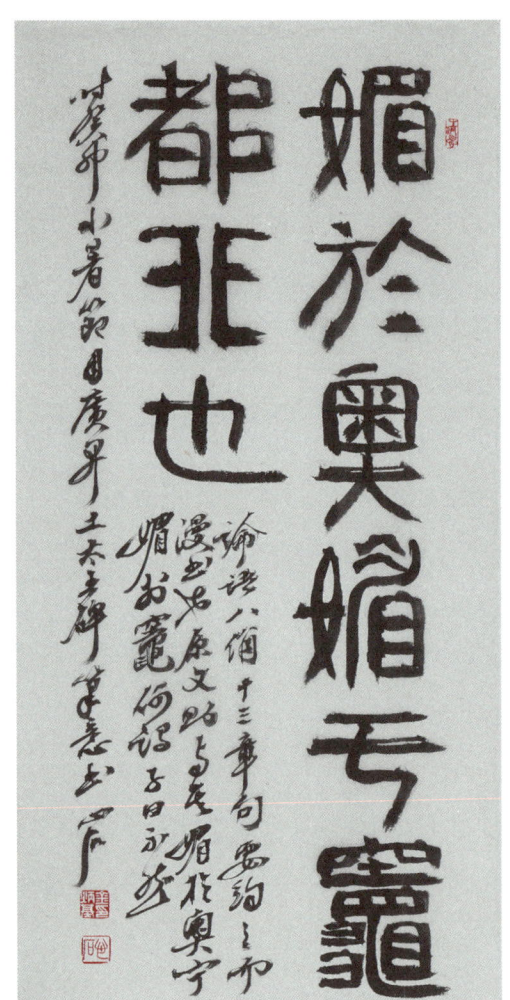

고구려 광개토태왕비 서체로 써 보았다. 광개토태왕비 서체는 언제 써보아도 매력적이다.

寧媚於竈
32×73cm

위나라의 권신 왕손가가 공자에게 물었다. "'아랫목 신에게 아첨하기보다는 차라리 부엌 신에게 아첨하는 것이 낫다'는 것은 무엇을 말하는 것입니까?" 공자께서 말씀하셨다. "그렇지 않습니다…."

王孫賈問曰 與其媚於奧 寧媚於竈 何謂也 子曰 不然 獲罪於天 無所禱也.
<sup>왕 손 가 문 왈  여 기 미 어 오  영 미 어 조  하 위 야  자 왈  불 연  획 죄 어 천  무 소 도 야</sup>

- 「팔일」 제13장

사람들의 생각과 행동은 공자님 때나 지금이나 크게 달라지지 않은 것 같다. 그 당시에도 오늘날 우리 사회에서 한때 유행했던 '핵관(핵심 관계관)'이란 말과 비슷한 의미의 '부엌 신'이란 말이 있었으니 말이다.

예로부터 우리는 집 안에 성주님, 조왕신, 삼신할미, 터줏대감, 우물 신 등 다양한 신神을 모셔왔다. 당시 중국도 집 안의 다섯 곳에 제사 지내는 습속이 있었는데 그중 가장 중심이 되는 신은 '아랫목 신奧神'이었다. 그런데 당시 민간에는 "아랫목 신에게 아첨하느니 차라리 부엌 신竈神에게 아첨하는 게 낫다"라는 말이 나돌았다. 힘없는 임금인 영공靈公을 주신主神인 아랫목 신에, 실세인 권신 왕손가王孫賈나 왕비 남자南子를 부엌 신에 비유하여 풍자한 것이다. 왕손가는 부엌 신에게 비유된 자신이 왕보다 실세임을 과시하기 위해 당시의 유행어인 "아랫목 신에게 아첨하느니…"라는 말을 들먹이며 공자의 반응을 보고자 한 것이다. 이에 공자는 단호하게 "그렇지 않다(不然)"라며 아랫목 신에게도 부엌 신에게도 아첨을 해서는 다 안 된다(媚於娛 媚于竈 都非也)는 뜻을 담은 답을 했다. 공자는 왕손가에게 어떤 말을 해 주고 싶었던 것일까?

## 43 획죄어천 무소도야(獲罪於天 無所禱也)
### 하늘에 죄를 지으면 빌 곳이 없다

글자 수가 적은 편이기에 '앙증맞게' 써보고자 했다. 어느 정도 의도를 실현한 것 같다.

無所禱
35×72cm

공자께서 말씀하셨다. "… 하늘에 죄를 지으면 빌 곳도 없습니다."

子曰 不然 獲罪於天 無所禱也.
<sub>자 왈 불 연 획죄 어 천 무 소 도 야</sub>

– 「팔일」 제13장

위나라의 권신 왕손가는 왕인 영공靈公 본인에게 충성을 다하는 게 아니라, 영공의 '핵심 관계관'인 자신이나 왕비인 남자南子에게 아첨하는 게 나음을 비유한 당시의 속어 "아랫목 신보다는 부엌 신에게" 운운하는 말의 의미를 공자에게 물었다. 이에 공자는 "하늘에 죄를 지으면 빌 곳조차 없다"라고 딱 잘라 말했다. 이미 하늘에 죄를 짓고 있는데 아랫목 신에게 빌거나 부엌 신에게 비는 따위의 행위가 무슨 의미가 있겠느냐는 뜻이다. 하늘은 자연이고 자연은 곧 순리順理다. 순리를 벗어나 아첨으로 자신의 이익만 꾀하는 것을 공자는 하늘에 죄를 짓는 사악한 역리逆理의 행위로 본 것이다.

개각이나 당권 경쟁을 통해 권력의 실세가 바뀔 때마다 누구 뒤에 줄을 설 것인지를 셈하는 사람은 위나라 왕인 영공과 권신인 왕손가를 염두에 두고서 누구 편에 설 것인가를 망설인 당시의 간신들과 같은 무리다. '아랫목 신에게 빌까, 부엌 신에게 빌까'를 생각하며 줄서기의 아첨에 골몰하는 사람은 여당이든 야당이든 다 하늘에 죄를 짓는 사람이다. 내심 '핵심 관계관' 혹은 실세임을 자부하며 아첨의 대상인 '부엌 신' 행세를 하려고 하는 사람이 있다면 그런 사람 역시 이미 빌 곳조차 없는 중죄인이다. 중죄인은 언젠가는 처단되는 게 필연이다. 순리의 정치라야 중죄인이 안 생긴다.

## 44 입태묘 매사문(入太廟 每事問)
### 태묘에 들면 매사를 묻곤 하셨다

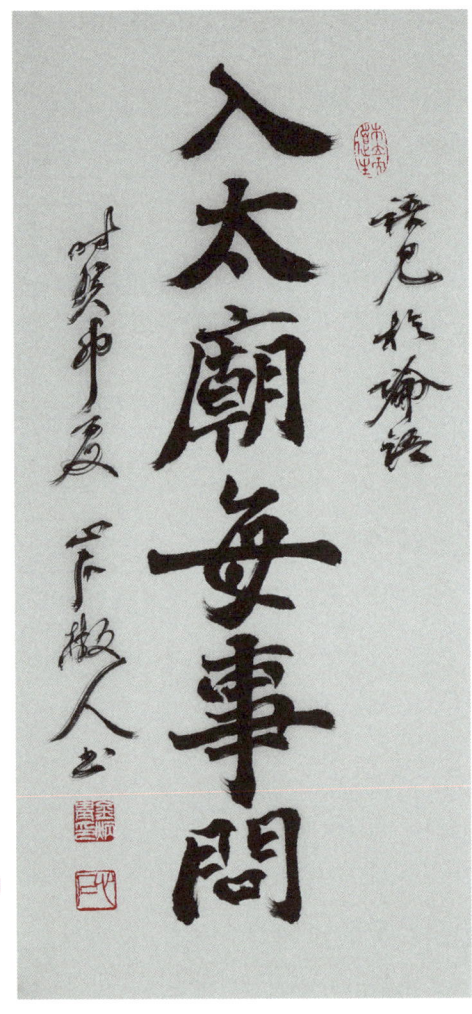

육조시대 해서풍으로 써보았다. 유년 시절부터 당해(唐楷)를 주로 공부했기 때문에 육조해서는 항상 손에 설다.

入太廟 每事問
35×72cm

공자께서 주공의 사당인 태묘(太廟)에 들어가 제사를 돕는 일을 맡았을 때, 매사를 물으시니 어떤 사람이 말하기를, "누가 추(鄹) 땅 사람의 아들(공자)이 예를 잘 안다고 하였는가? 태묘에 들어가 매사를 묻기만 하는구나" 하니, 공자께서 이 말을 듣고 말씀하셨다 "이렇게 하는 것(물어서 중지를 모으는 것)이 바로 예다."

자 입 태 묘 매 사 문 혹 왈 숙 위 추 인 지 자 지 례 호 입 태 묘 매 사 문
子入太廟 每事問 或曰 孰謂鄹人之子知禮乎 入太廟 每事問
자 문 지 왈 시 례 야
子聞之曰 是禮也.

— 「팔일」 제15장

태묘太廟는 문자 그대로 '큰 사당'이라는 뜻이다. 우리나라로 치자면, 조선시대 역대 왕과 왕비의 신주神主를 모신 왕실 사당인 종묘를 말한다. 공자님 당시에는 노나라에 책봉된 주공을 모신 사당을 태묘라고 불렀다.

공자는 젊은 시절에 태묘의 제사를 돕는 관리를 맡은 적이 있다. 태묘에 들어 제사를 준비할 때면 공자는 으레 이것저것을 묻곤 했다. 사람들이 쑤군댔다. "저 사람, 예禮를 잘 모르나 봐. 맨날 묻기만 하니 말이야." 이런 쑤군댐을 전해 들은 공자는 말했다. "허허, 그렇게 묻는 것이 곧 예이니라."

태묘의 제사는 국가 대사이니 설령 다 잘 안다고 해도 묻고 확인하는 과정이 없이 제 생각대로 독단한다면 결코 예를 갖춘 태도가 아니다. 그것은 오만이다. 그래서 공자는 "묻는 것이 곧 예"라고 한 것이다.

잘 아는 사람이 묻기도 잘한다. 공부방에 '호문당(好問堂: 묻기를 좋아하는 집)'이라는 현판을 건 선비가 많은 이유다. 무식한 사람은 자신이 알고 있는 것을 전부로 여겨 묻지 않고 즉결한다. 과오가 따를 수밖에 없다. 유식함을 바탕으로 '발 빠른 대처'를 하는 것과 무식한 나머지 '즉흥적 독단'을 자행하는 것은 근본적으로 다르다. 리더들은 과연 어느 쪽이 더 많을까?

## 45 사부주피(射不主皮)
**맞히면 됐지 뚫을 필요까지야**

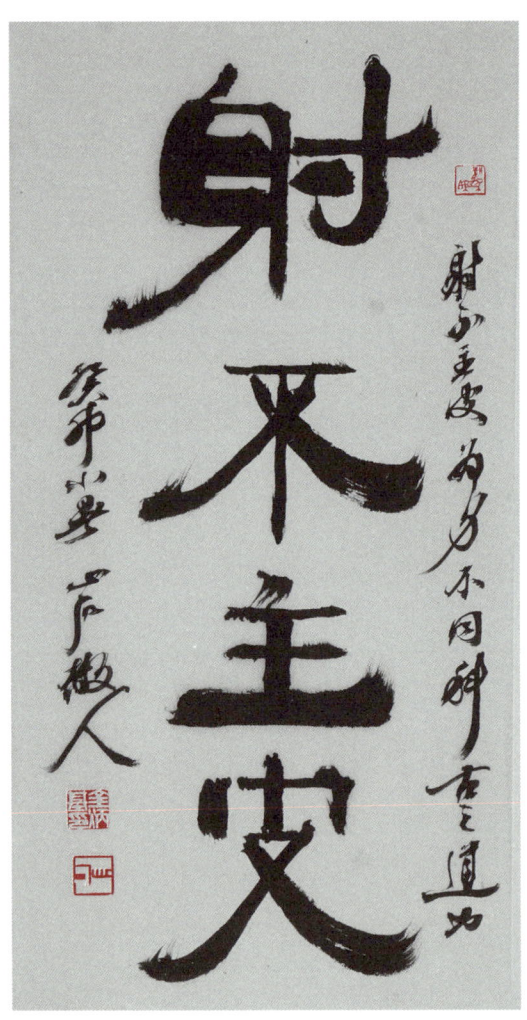

射不主皮
34×73cm

공자께서 말씀하셨다. "활을 쏘는 데 과녁의 가죽을 뚫는 것을 목적으로 하지 않는 것은 쏘는 사람의 힘이 동등하지 않기 때문이니 이것이 바로 옛날의 활 쏘는 도이니라."

<sub>자 왈 사 부 주 피 위 력 부 동 과 고 지 도 야</sub>
子曰 射不主皮 爲力不同科 古之道也.

－「팔일」제16장

과녁의 어원은 '관혁貫革'에 있다. 고대에 군자의 스포츠였던 활쏘기를 할 때 두꺼운 베로 만든 과녁판 가운데에 가죽(革: 가죽 혁)을 붙여서 표적으로 삼고, 이 표적을 꿰뚫는(貫: 꿰뚫을 관) 것을 '관혁'이라고 부르던 것이 음운 변화를 거쳐 오늘날의 '과녁'으로 정착되었다.

원래 활쏘기는 '貫革' 즉 가죽을 꿰뚫는 것을 중히 여기지 않고 맞히는 것에 주안점을 두었다. 과녁을 맞히는 일은 힘이 센 사람이든 약한 사람이든 훈련과 연습만 하면 다 할 수 있지만, 꿰뚫기까지 하는 것은 선천적으로 힘이 센 사람만 할 수 있기 때문에 '노력'에 대한 평가의 공정성을 확보하기 위해 '맞히는 것'으로 평가 척도를 삼은 것이다.

주나라가 쇠락하여 제후들이 할거하는 폭력의 시대인 춘추시대가 되자, 사회에 '힘'을 숭상하는 분위기가 만연하면서 활쏘기에서도 과녁을 뚫어버리는 '힘'을 중히 여기게 되었다. 이에 공자가 탄식하며 "사부주피" 즉 "가죽(과녁)을 꿰뚫지 않은 것이 옛 활쏘기의 도道"였음을 강조했다.

선천적 체력의 우세마저도 배제하고 순전히 '노력의 결과'만을 평가하고자 한 '사부주피'의 정신을 살려, 오늘날 학생 평가도 부모의 영향력이 개입될 틈이 없도록 해야 할 것이다.

## 46 낙이불음 애이불상(樂而不淫 哀而不傷)
### 넘침이 없는 즐거움, 다치지 않는 슬픔

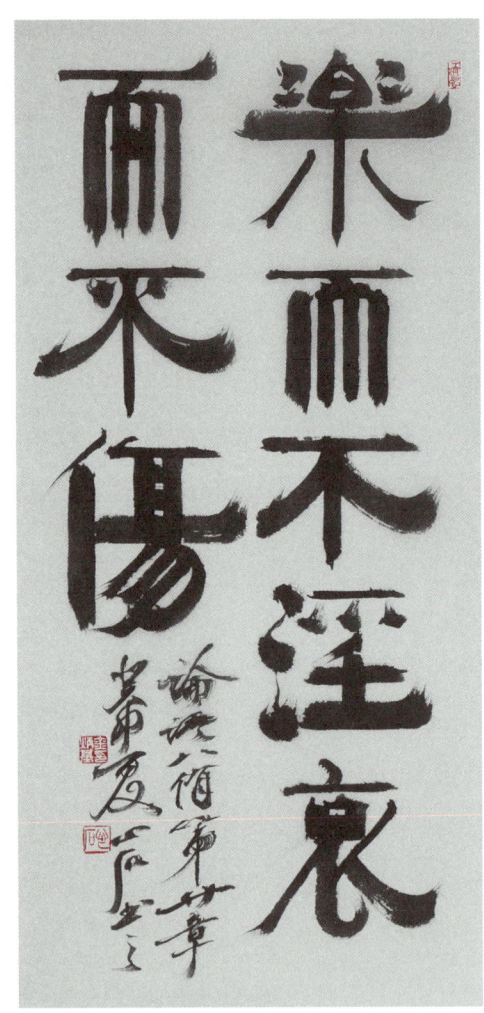

樂而不淫, 哀而不傷
35×74cm

공자께서 말씀하셨다. "『시경』의 「관저」는 즐거우면서도 넘침이 없고, 슬프지만 몸과 마음을 상하게 하지 않는구나."

<small>자왈 관저 낙이불음 애이불상</small>
子曰 關雎 樂而不淫 哀而不傷.

-「팔일」제20장

 공자는 제자들을 가르치는 교재의 하나로 주나라 때 『시詩』를 사용했는데 제1장인 「관저」에 대해 "즐거우면서도 넘침이 없고, 슬프지만 몸과 마음을 상하게 하지 않는 노래"라고 평가하고, 그런 시와 노래를 좋은 시라고 가르쳤다.

 사람은 아무리 진한 즐거움이라도 몇 번 겪고 나면 시들해져서 더 새로운 즐거움을 찾는 욕망이 발동한다. 종국에는 단물로 갈증을 풀려고 하는 지경에 이르러 파멸을 맞게 된다. 마약 중독이 바로 그런 사례다. 즐기되 넘치지 말아야 하는 이유다. 대부분의 슬픔은 모든 다정했던 인연들과의 이별이 그 원천이다. 만날 때 이미 이별이 잉태되었음을 잘 알면서도 사람이기에 어쩔 수 없이 이별을 슬퍼한다. 억울하고 갑작스러운 이별은 슬픔과 분노를 더하게 한다. 그래도 상처 위에 소금을 뿌리는 음악으로 슬픔을 더 아프게 고이도록 하지는 말아야 한다.

 요즈음 우리 노래가 즐거움 면에서도 슬픔 면에서도 너무 '찐'하여 넘치고 다침이 많은 것 같다. '찐'한 것은 자칫 죽음을 부른다. 낙이불음, 애이불상! "즐거우면서도 넘침이 없고, 슬프지만 마음과 몸을 상하게 하지는 않는" 노래를 좋은 노래로 여긴 공자의 말을 깊이 음미해야 한다. 갈증을 풀어주는 것은 단물도 짠물도 아닌 맹물이기에.

## 47 기왕불구(既往不咎)
### 이미 지난 일은 허물을 탓하지 말자

既往不咎
35×68cm

애공이 사(社: 토지신을 제사 지내는 곳)에 대하여 재여에게 물으니, 재여가 "하후씨는 소나무를 심어 사(社)의 신주(神主)로 사용하였고, 은나라 사람들은 잣나무를 사용하였으며, 주(周)나라 사람들은 밤나무를 사용하였으니, 밤나무를 사용한 이유는 백성들로 하여금 전율(戰栗)을 느끼도록 하려고 그랬습니다"라고 답했다. 공자께서 이 말을 듣고 말씀하셨다. "이미 이루어진 일이니 더 이상 말하지 않겠고, 끝난 일이니 재삼 말하지 않겠으며, 지난 일이니 더는 탓하지 않겠다만…"

애 공 문 사 어 재 아  재 아 대 왈  하 후 씨 이 송  은 인 이 백  주 인 이 율
哀公問社於宰我 宰我對曰 夏后氏以松 殷人以栢 周人以栗
왈  사 민 전 율  자 문 지 왈  성 사 불 설  수 사 불 간  기 왕 불 구
曰 使民戰栗 子聞之曰 成事不說 遂事不諫 既往不咎

-「팔일」 제21장

　공자의 제자 재여宰予가 큰 실수를 했다. 노나라의 왕 애공이 토지신에게 제사 지낼 때 신주로 사용하는 나무에 대해 묻자, 재여는 "하후씨는 소나무를 사용했고, 은나라는 잣나무, 주나라는 밤나무를 사용했습니다"라고 답했다. 말재주가 좋은 재여는 여기서 멈추지 않고 '밤나무 율(栗)'이 두려움을 뜻하는 '전율戰慄'의 '율慄'과 발음이 같음에 착안하여 "주나라가 밤나무를 사용한 까닭은 토지신에 대해 전율하는 마음을 갖기 위해서입니다"라는 근거 없는 자의적 설명을 덧붙였다. 그러고선 그런 설명을 한 것을 자랑삼아 공자에게 보고했다. 그러자 공자는 "이미 이루어진 일이니 더 이상 말하지 않겠고, 끝난 일이니 재삼 언급하지 않겠으며, 지난 일이니 더는 탓하지 않겠다만…"이라고 하면서 제멋대로 근거 없는 답을 한 재여를 엄하게 꾸짖었다. 여기서 우리가 흔히 "기왕지사 탓하지 말고"라는 식으로 사용하는 '기왕불구'라는 말이 나왔다.

　잘못을 반성하는 경우, '기왕불구'는 새 출발의 약이 되지만, 반성하지 않는 자를 반성한 것으로 간주하여 '기왕불구'의 관용을 베풀면 더 악한 새로운 악을 낳게 된다. 진정한 사과가 없는 일본에 대해 '기왕불구'를 적용하지 못하고 또 안 해야 하는 이유다.

| 48 | 목탁(木鐸)<br>세상을 바르게 인도할 사람 |
|---|---|

'鐸'의 마지막 내려 긋는 필획이 자꾸 왼편으로 치우쳐 그어져서 서너 차례 반복해서 썼다. 여전히 기울어져 있다. 이런 현상도 일종의 징크스일까?

木鐸
35×68cm

위나라 의(儀) 땅의 국경을 지키는 사람이 공자를 뵙기를 청하며 "군자가 이곳에 이르면 제가 일찍이 만나보지 않은 적이 없었습니다"라고 말했다. 공자의 제자들이 뵙게 해주자, 뵙고 나온 그가 말했다. "그대들은 어찌 공자께서 관직이 없이 지내고 있는 것을 근심하십니까? 천하에 도가 없어진 지 오래되었으니, 하늘이 장차 공자를 목탁으로 삼으실 것입니다."

의 봉 인 청 견 왈 군 자 지 지 어 사 야 오 미 상 부 득 견 야
儀封人請見曰 君子之至於斯也 吾未嘗不得見也
종 자 견 지 출 왈 이 삼 자 하 환 어 상 호 천 하 지 무 도 야 구 의 천 장 이 부 자 위 목 탁
從者見之 出曰 二三子 何患於喪乎 天下之無道也久矣 天將以夫子 爲木鐸.

―「팔일」 제24장

"하늘이 장차 그대들의 스승을 목탁으로 삼을 것이오." 위나라의 국경 지역인 '의儀'라는 곳에서 '봉인(封人: 국경 수비직)' 벼슬을 하는 사람이 공자를 뵙고서 감동한 나머지 공자의 제자들을 향해 한 말이다. 오늘날 절에서 사용하는 의식 기구인 '목탁'의 어원이 여기에 있다.

목탁은 상좌부불교(소승불교)가 아닌 대승불교에서 사용하기 시작했다. 인도 굽타 왕조 때 전성기를 이루었던 대승불교는 12세기 말부터 이슬람교와 힌두교에 밀려 쇠퇴하면서 오히려 중국에서 성하였는데, 이때부터 대승불교는 유가의 경전인 『논어』에 나오는 '목탁'을 그들의 예불의식 도구를 칭하는 말로 사용했다. 이후, 사람들은 '목탁'을 유교가 아닌 불교용어로 인식하게 되었고, 의봉인이 목탁에 비유한 '세상을 바르게 인도할 사람'이라는 본래의 의미가 오히려 부차적 의미로 쓰이게 되었다. 우리나라에서도 그렇게 쓰이고 있다.

산사에서 울리는 청정한 목탁 소리가 세상을 정화하고, 정계에는 목탁과 같은 인물이 나타나 우리 사회를 바르게 인도했으면 좋겠다. 목탁이 아닌 목석木石과 같은 인물들이 인정과 덕은 소홀히 하고 강제로 집행하는 법法으로만 세상을 이끌려 하니 흉기 난동과 같은 무섭고 암울한 사태가 속출하는 게 아닐까?

| 49 | 진미진선(盡美盡善)
**아름다우면서 선하기도 해야** |

같은 '진(盡)' 자를 달리 쓰고 '선(善)' 자의 결구를 전서체를 원용하여 재구성하는 등 결구와 장법에 적지 않은 변화를 추구한 작품이다.

盡美盡善
35×74cm

공자께서 순(舜)임금의 음악인 소(韶)에 대하여 말씀하시기를, "지극히 아름답고 지극히 선하다"라고 하셨으나, 무왕(武王)의 음악인 무(武)에 대해서는 "지극히 아름답지만 지극히 선하지는 않다"라고 하셨다.

<sub>자 위 소 진 미 의 우 진 선 야 위 무 진 미 의 미 진 선 야</sub>
子謂韶 盡美矣 又盡善也 謂武 盡美矣 未盡善也.

-「팔일」제25장

공자는 순임금 시대의 음악인 '소(韶)'에 대해서는 "지극히 아름다우면서 지극히 선하기도 하다(盡美矣 又盡善)"고 평했다. 그러나 주나라 무왕 때의 음악인 '무(武)'에 대해서는 "지극히 아름답지만 지극히 선하지는 않다"고 평했다. 순임금의 음악은 평화로운 시대에 순후한 본성에 바탕을 두고서 발생한 음악이지만, 무왕의 음악은 정벌과 징계로써 천하를 얻는 무력 시대의 음악이기 때문에 소리는 아름답지만 내용이 선하지는 않다고 평가한 것이다.

음악은 시대와 사회를 그대로 반영하는 거울이다. 일제에게 나라를 빼앗겼던 시절에는 망국의 한을 담은 "울밑에 선 봉선화야…"가 유행했고, 새마을운동 때에는 '건설의 의지'에 위배된다고 판정받은 음악은 금지곡이 되기 일쑤였으며, 5·18 당시에는 분노가 서린 '임을 위한 행진곡' 부류의 '운동권 노래'가 유행했다.

지금 세계의 젊은이들이 왜 K-팝에 열광하는지를 안다면 그들이 갈구하는 바가 무엇인지를 짐작할 수 있을 것이다. 우리의 음악이자 이미 세계의 음악이 된 K-팝이 훗날 '진미진선' 즉 '지극히 아름다우면서도 지극히 선한' 음악으로 평가받았으면 좋겠다. 우리가 '진미진선'하게 살면 그런 소망은 저절로 이루어질 것이다.

## 50 오하이관지재(吾何以觀之哉)
### 보잘 게 없는데 뭘 평가할 수 있겠나?

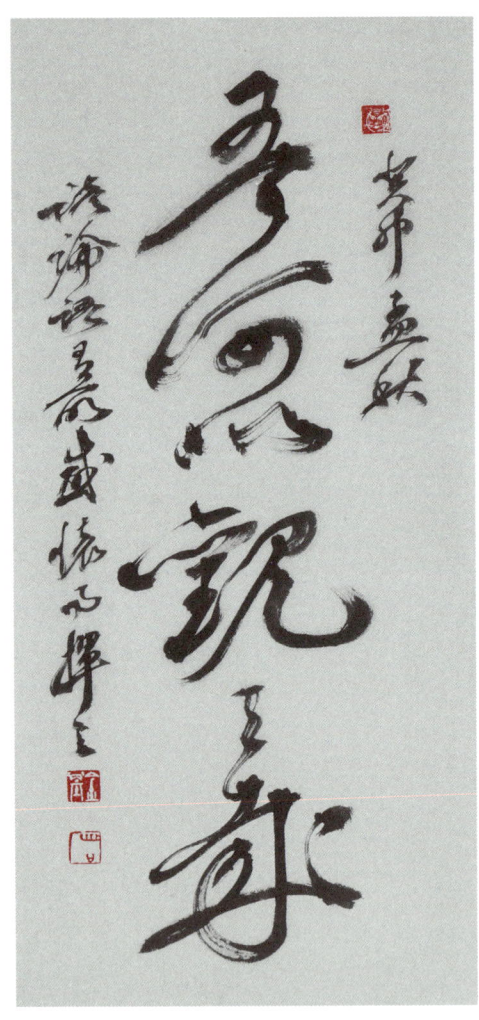

吳何以觀之哉
24×64cm

공자께서 말씀하셨다. "윗자리에 있으면서 너그럽지 못하고, 예(禮)를 행하면서 공경하지 않으며, 상사(喪事)에 임하여 슬퍼하지 않는다면 내가 무엇으로 그를 살필 수 있겠는가?"

<small>자 왈 거 상 불 관 위 례 불 경 임 상 불 애 오 하 이 관 지 재</small>
子曰 居上不寬 爲禮不敬 臨喪不哀 吾何以觀之哉.

―「팔일」 제26장

"윗자리에 있으면서 너그럽지 못하고(居上不寬), 예를 행하면서 공경스럽지 않으며(爲禮不敬), 상喪을 당하여 슬퍼하지 않는다면(臨喪不哀), 그런 사람을 내가 무엇으로 평가할 수 있겠는가?" 어느 한 구석도 볼 게 없는 막된 사람을 두고 한 말이라고 할 수 있다.

'볼 게 없는 사람'은 사회적 지위가 낮은 사람도 가난한 사람도 아니다. 인격적 결함이 심각하여 더 이상 사람으로 볼 수 없는 사람이 '볼 게 없는 사람'이고, '보잘것없는 사람'이다. 공경하는 마음 없이 형식만 챙기는 사람은 인정머리가 없다는 비난을 받아 마땅하고, 상을 당해서도 슬퍼하지 않는 사람은 못된 놈이라는 욕을 먹어도 싸다. 그런데 공자가 보잘것없는 사람의 으뜸으로 친 "윗자리에 있으면서도 너그럽지 못한" 사람에 대해서는 우리 사회가 별로 욕을 하지 않는 것 같다. 윗사람은 당연히 그래도 된다는 생각이 구시대의 잔재로 아직 남아 있기 때문이다.

윗자리에 앉은 사람이 사사건건 싸우며 너그럽지 못한 꼴을 자주 보이면 사회 전체가 삭막해져서 살기殺氣마저 띠게 된다. 최근 황당한 흉기 난동의 원인도 어떻게 해서든 상대를 죽이려 드는 윗자리 사람들의 너그럽지 못함에 있을지 모른다는 반성을 해야 할 때다.

| 51 | 이인위미(里仁爲美)
**어짊이 있는 마을이 아름답다** |

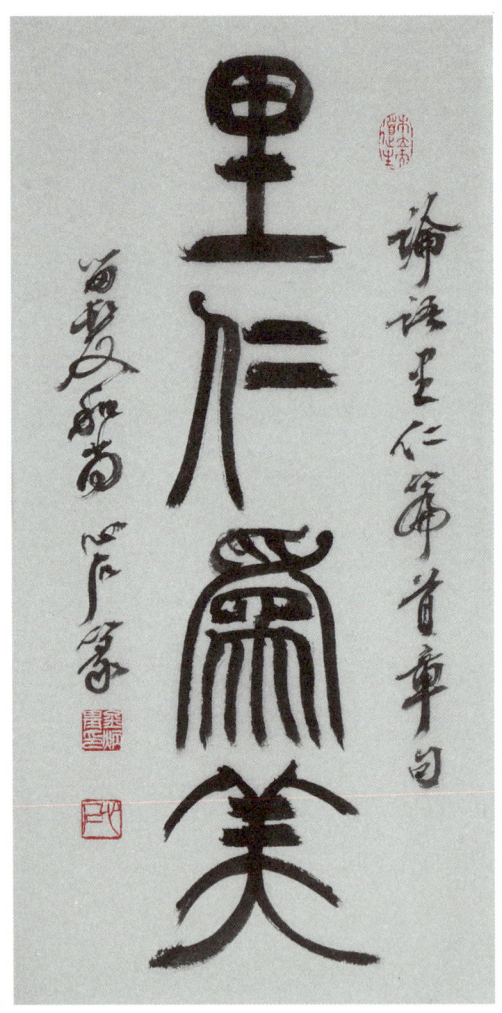

착한 사람들이 모여
사는 마을의 로고를
만든다는 생각으로
전서체를 다듬어 썼다.

里仁爲美
33×74cm

공자께서 말씀하셨다. "인(仁: 어짊)이 있는 마을은 아름답다. 마을을 선택하면서 어진 마을을 택해 거처할 생각을 안 한다면 어찌 지혜롭다 할 수 있겠는가?"

<sub>자 왈 이 인 위 미 택 불 처 인 언 득 지</sub>
子曰 里仁爲美 擇不處仁 焉得知.

-「이인」제1장

공자는 어진 풍속이 형성된 마을을 아름답다고 했다. 그러면서 '택불처인擇不處仁' 즉 이왕에 거주할 마을을 택하면서 어진 마을을 택하지 않는다면 지혜롭지 못한 사람으로 여겼다. 그런데, 이 구절을 "이미 어진 마을을 택하여 살면서도 이 환경에 처하지(적응하지) 못한다면 어찌 지혜롭다고 할 수 있겠는가!"라고 풀이하는 학자도 있다.

"백금매옥 천금매린百金買屋 千金買隣"이란 말이 있다. "100금으로는 집을 사고, 1000금으로는 이웃을 산다"는 뜻이다. 값비싼 주택보다는 좋은 이웃이 더 소중하다는 의미다. 아무리 호화 주택이라도 이웃을 모두 잠재적 공격자로 여겨 담장을 높일 생각만 한다면 그런 집은 이미 집이 아니라 감옥이다. 이런 감옥 같은 집 한 채가 들어서면 본래 어질던 마을도 금세 분위기가 살벌해진다. 어진 마을의 좋은 분위기에 동화하기를 거부하고 혼자 잘난 체 담장만 높이는 사람은 지혜라곤 없는 바보다. 지혜로운 사람은 이웃을 따뜻하게 대한다. 나의 따뜻함이 다른 사람을 따뜻하게 하고, 그 사람이 또 다른 이웃을 따뜻하게 하면 온 세상이 따뜻해져서 '외톨이'가 생길 리 없다. 당연히 '외톨이 흉악범'이 나타날 틈이 없게 되고, 자연스럽게 '안전'과 '안심'이라는 행복이 돌아온다. 어진 마을을 아름다운 마을로 여기며 이웃을 어질게 대하면 이웃보다 오히려 내가 먼저 행복해지는 것이다. 이웃은 나의 복福밭이다.

## 52 구처약 장처락(久處約 長處樂)
### 곤궁함에도, 즐거움에도 오래 처할 수 있어야

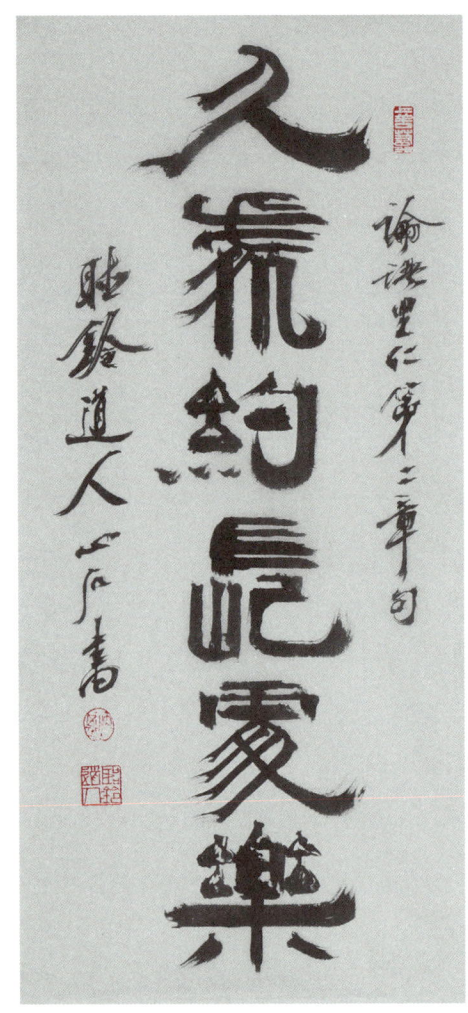

久處約 長處樂
32×73cm

공자께서 말씀하셨다. "어질지 못한 사람은 곤궁한 상황에도 오래 처할 수 없으며, 즐거운 상황에도 오래 처할 수 없다. 그러나 어진 사람은 인을 편안하게 여기고 지혜로운 사람은 인을 이롭게 여긴다."

<sub>자 왈 불 인 자 불 가 이 구 처 약 불 가 이 장 처 락 인 자 안 인 지 자 리 인</sub>
子曰 不仁者 不可以久處約 不可以長處樂 仁者安仁 知者利仁.

―「이인」 제2장

공자는 "어질지 못한 사람은 곤궁한 상황에도 오래 처할 수 없으며, 즐거운 상황에도 오래 처할 수 없다"고 했다. 어질지 못한 사람은 곤궁한 상황이 계속되면 어짊을 포기하고 눈앞의 이익을 좇고 만다. 또 즐거움에 오래 처하다 보면 아예 즐거움에 빠져 헤어 나오지 못함으로써 몸과 마음을 망치게 된다. 어진 사람이라야 곤궁한 상황에서도 끝까지 인仁을 지키고, 즐거운 상황에서도 인을 벗어난 탐닉과 일탈에 빠지지 않는다. 지혜가 있는 사람은 설령 인에 대한 믿음이 다소 약하더라도 '인을 지키는 것이 결국은 내게 이롭다'는 계산속으로라도 애써 인을 지키려 노력한다. 인을 도외시한 채 향락과 이익만을 추구하여, 쓰면 뱉고 달면 빠져드는 말초적 삶을 사는 사람이 가장 불쌍하다.

인을 지킨다는 것은 측은지심惻隱之心을 가지고 인간으로서 차마 못할 일을 끝까지 안 하는 것을 말하는데, 지금 우리 사회는 법망만 피하면 차마 못할 일을 해서라도 나만의 이익과 향락을 누리는 것을 '잘 사는 것'으로 여기는 경향이 팽배하여 막장으로 치닫는 느낌이다. 곤궁해도 포기하지 않고 즐거워도 빠지지 않는 '구처약 장처락'의 '어진' 삶을 강조해야 할 때다.

| 53 | 유인자 능호인 능오인(惟仁者 能好人 能惡人)<br>어진 사람만이 사람을 좋아할 수도 미워할 수도 있다 |
|---|---|

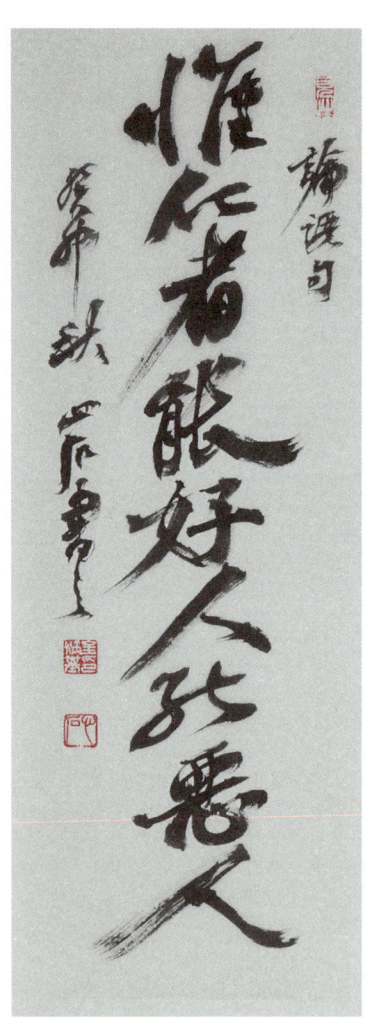

갑자기 추사체를
모방해 보고 싶다는
생각이 들었다. 결과는
추사 선생의 만분의
일에도 못 미친 것 같아
땀이 난다.

惟仁者 能好人 能惡人
23×69cm

공자께서 말씀하셨다 "오직 인자만이 관점이 공정하여 남을 좋아할 수도 있고, 남을 미워할 수 있다."

子曰 惟仁者 能好人 能惡人.
<sub>자 왈 유인자 능호인 능오인</sub>

−「이인」제3장

다른 사람을 미워할 자격이 없는 사람도 불쌍하지만, 좋아할 자격조차 없는 사람은 더욱 불쌍하다. 미워할 자격이 없는 사람은 "너나 잘해!"라는 핀잔을 받는 사람이고, 좋아할 자격조차 없는 사람은 '그 사람이 나를 좋아한다는 것' 자체가 불쾌감으로 다가오는 사람을 말한다. 모두의 기피 대상이 바로 좋아할 자격조차 없는 사람인 것이다.

오직 어진 사람만이 다른 사람을 좋아하기도 하고 미워할 수도 있는 자격을 갖는다. 어질지 못한 사람은 자신의 사사로운 욕심과 삿된 목적에 마음이 매이고 눈이 가려 호오(好惡: 좋아하고 싫어함)와 선악의 기준을 바르게 세울 수 없기 때문에 미워할 자격도 좋아할 자격도 없는 것이다.

요즈음 우리 사회에는 좋아할 자격도 미워할 자격도 없는 사람이 나대는 경우가 참 많다. 누가 누구를 욕하는지, 욕하는 자와 욕먹는 자가 뒤바뀌어 도둑이 도리어 매를 들고 큰소리치는 '적반하장賊反荷杖' 현상이 난무하고 있다. 국민들로부터 '너나 잘해!'라는 욕을 먹거나 아예 사람 취급을 못 받으면서도 '윗선'에 자리를 잡고 계시는 분들은 남을 탓하고 욕하기 전에 과연 자신에게 '능호인 능오인'의 자격이 있는지를 살펴야 할 것이다.

## 54 무종식지간위인(無終食之間違仁)
### 밥 한 끼 먹는 동안에도 인(仁)을 어기지 않아야

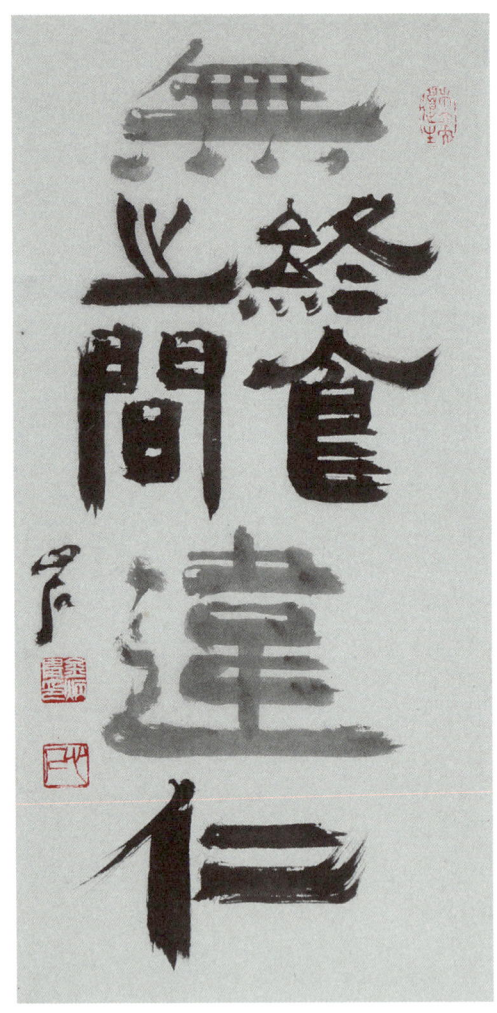

'어기지 말자'는 뜻의 '무위(無違)'에 초점을 맞춰 특별히 주묵(朱墨)으로 써봤다. 서예도 더러 이런 포인트를 주어야 할 필요를 느낀다.

無終食之間違仁
32×51cm

공자께서 말씀하셨다. "부(富)와 귀(貴)는 사람들이 원하는 것이나, 정당한 방법을 통해 얻은 게 아니라면 누리지 말아야 한다. 가난과 천함은 사람들이 싫어하는 것이나, 정당한 방법으로 얻은 게 아니라 하더라도 버리지 않아야 한다. 군자가 인을 버리면 무엇으로 군자라는 이름을 이룰 수 있겠는가? 군자는 밥 한 끼를 먹을 만한 짧은 시간에도 인을 어기지 않아야 하고, 찰나에도 반드시 인에 근본을 두어야 하며, 삐끗 넘어지는 순간에도 반드시 인에 근본을 두어야 한다."

子曰 富與貴 是人之所欲也 不以其道得之 不處也 貧與賤 是人之所惡也 不以其道得之 不去也 君子去仁 惡乎成名 君子無終食之間違仁 造次必於是 顚沛必於是.

―「이인」 제5장

나아갈까 말까 '멈칫'하는 짧은 '시간'을 '조차造次'라고 한다. '造'와 '次'는 흔히 '지을 조', '버금 차'라고 훈독하지만 여기서는 '나아갈 조', '머뭇거릴 차'로 훈독한다. '엎드러질 전', '비 쏟아질 패'를 쓰는 '전패顚沛'는 엎어지고 짜빠지는 다급한 '상황'을 뜻하는 말이다. 이때의 '沛'는 '자빠질 패'로 훈독한다.

공자는 "밥 한 끼를 먹는 동안에도 인을 어기지 않아야 하니, 조차에도 반드시 그렇게 해야 하고, 전패에도 그렇게 해야 한다"고 했다. 측은지심惻隱之心의 단서인 인을 어기는 순간, 이미 사람이 아니기 때문에 사람이려면 조차와 전패에도 인을 떠나지 않아야 한다고 한 것이다. 이 말은 4자구로 응용되어 『천자문』에도 실렸다. "인자은측 조차불리仁慈隱惻 造次弗離. 절의렴퇴 전패비휴節義廉退 顚沛匪虧." 멈칫하는 순간에도 인자·측은한 마음을 떠나지 않아야 하고, 엎어지고 자빠지는 다급한 상황에서도 절의·청렴·겸손을 어그러뜨리지 말아야 한다는 뜻이다.

우리는 그간 경쟁을 부추기는 교육만 했을 뿐, 밥 한 끼 먹는 동안에도 인을 어기지 말라는 인성교육은 소홀히 했다. 날로 범죄가 느는 현실은 잘못한 교육의 자업자득인 결과다. 깊이 반성해야 할 때다.

## 55 과야 각어기당(過也 各於其黨)
### 잘못은 제 무리 꼴대로 저지르기에

過也 各於其黨
24×68cm

공자께서 말씀하셨다. "사람의 잘못은 각각 그 무리에 따라 다르니, 그 잘못을 자세히 보면 그 사람의 어진 정도를 알 수 있다."

子曰 人之過也 各於其黨 觀過 斯知仁矣.
<sub>자 왈 인 지 과 야 각 어 기 당 관 과 사 지 인 의</sub>

―「이인」제7장

"생긴 대로 논다"는 말이 있듯이 공자는 "잘못도 다 제 꼬락서니대로 저지르고 같은 무리끼리 저지른다"고 했다. '범죄는 범죄일 뿐'이라고 치부해 버린다면 '안타까운 범죄'란 말은 성립할 수 없겠지만, 그래도 생계형 절도를 계획적인 은행 강도나 '50억 클럽'의 뇌물 수수 범인과 동일시할 수는 없을 것이다. 그래서 공자는 "저지른 과오를 통해 그 사람과 인(仁: 어짊)과의 거리를 알 수 있다"고도 했다. 은행 강도나 파렴치 뇌물 수수범은 이미 어짊과는 거리가 멀고, 어쩔 수 없어서 생계형 절도를 저지른 사람은 아직 마음 안에 어짊의 불씨가 남아 있는 경우가 많다. 죄를 묻되 정상참작情狀參酌을 해야 하는 이유가 여기에 있다.

　요즈음 우리 사회에는 정상참작은커녕 한 치의 용서도 베풀고 싶지 않은 흉악범들이 늘고 있다. 사람들은 그런 흉악범들에 대해 "생긴 대로 논다"며 질타하지만, 사실 '생긴 대로'는 곧 '배운 대로'이고 '가르친 대로'이며, 사회에 조성된 '분위기대로'라는 말과 다름이 없다. 바른 교육과 선한 사회 분위기 조성이 중요한 이유다. 법에 앞서 부끄러움을 아는 사회 분위기가 형성되어야 하는데 법을 외치는 '윗물' 속의 인물 대부분이 부끄러움을 모르는 파렴치한들이니 아! 백년하청百年河清!

## 56 조문도 석사가의 (朝聞道 夕死可矣)
### 아침에 도를 듣는다면 저녁에 죽어도 괜찮으리라

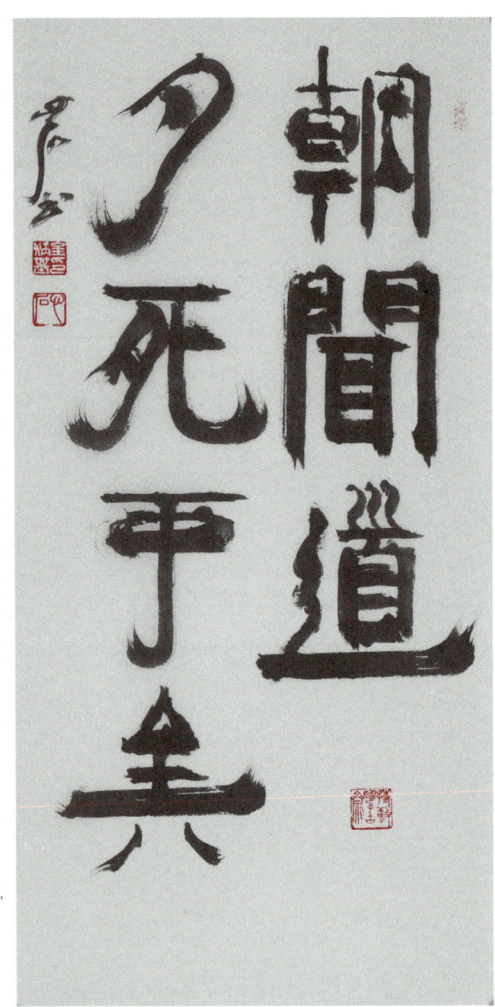

오른편 하단을 비운
대신 인장 하나를 찍고,
낙관을 왼편의 상단에
함으로써 장법에
새로움을 추구해
보았다.

朝聞道 夕死可矣
35×65cm

공자께서 말씀하셨다. "아침에 도(道)를 듣는다면 저녁에 죽어도 괜찮으리라."

<sub>자 왈 조 문 도 석 사 가 의</sub>
**子曰 朝聞道 夕死可矣.**

–「이인」제8장

공자님 말씀치고는 적잖이 과격하게 들린다. '사생유명<sub>死生有命</sub>' 즉 '사람이 살고 죽는 것은 천명<sub>天命</sub>'이라서 사람 자신이 어찌할 수 없다고 한 공자가 불쑥 죽음을 거론하며 "아침에 도를 듣는다면 저녁에 죽어도 괜찮을 것이다"라고 했기 때문에 과격하게 들린다고 한 것이다. 대부분 '그만큼 공자는 바른 도를 듣고자 하는 의지가 강했다'는 의미로 풀이하지만, 일부 연구자는 이 말이 공자의 의지를 표명한 말이 아니라는 의견을 제시하기도 한다. 영웅을 자처하는 자들이 날뛰고 하극상이 발생하여 도가 땅에 떨어진 당시 상황을 한탄하며 '도다운 도' 혹은 '말다운 말'을 들을 수만 있다면 오늘 저녁에 죽어도 한이 없겠다는 탄식을 한 것으로 이해하자는 주장이다. 의지 표현이든 탄식이든, 분명한 것은 당시에 도가 땅에 떨어져 있었다는 점이다.

요즈음 우리도 도를 담은 바른말 듣기가 쉽지 않다. 사술<sub>邪術</sub>이 도로 둔갑하고, 편견이 정론인 양 퍼지고 있다. 춘추전국시대와 같은 난세일까? 진실은 제 구실을 못하고, 거짓말이 횡행하고 있으니 우리는 어느 아침에나 도를 들을 수 있을까? 이진위사<sub>以眞爲師</sub>! 파사현정<sub>破邪顯正</sub>! 진실을 스승 삼고, 삿됨을 깨뜨려 바름을 드러내야 할 때다.

| 57 | 미족여의야(未足與議也)
**더불어 도를 논의할 수 없는 사람** |

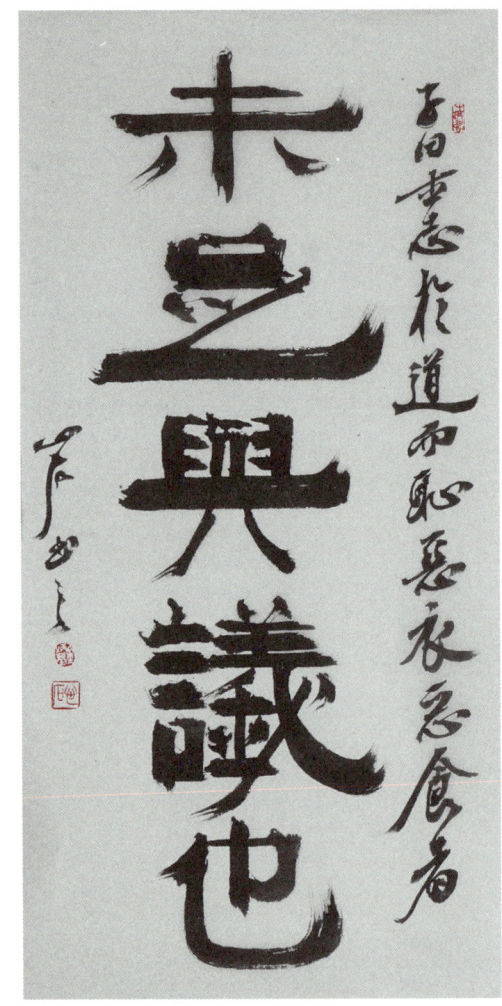

未足與議也
34×73cm

공자께서 말씀하셨다. "도에 뜻을 둔 선비가 나쁜 옷과 나쁜 음식을 부끄러워한다면, 함께 도를 논할 수 없다."

子曰 士志於道而恥惡衣惡食者 未足與議也.

-「이인」 제9장

누군가의 소개로 첫인사를 나누는 자리에서 '명품'을 확인하고자 하는 상대방의 눈길이 내 모자로부터 신발까지 주욱 훑고 지나가는 것을 느낄 때가 있다. 그럴 때면 나는 내심 쯧쯧 하면서 그들의 머릿속을 스캔해 본다. 대부분 텅 비었거나 쓰레기로 꽉 차 있다.

공자는 "선비가 도道에 뜻을 두고서 허름한 옷과 거친 음식을 부끄러워한다면 그런 사람과는 도를 논의할 수 없다"고 했다. 화려한 옷이나 맛난 음식에 정신이 팔린 사람은 아예 도를 논의하는 대상으로 쳐주지도 않은 것이다.

백제의 온조왕은 궁성을 다 지은 후에 "검이불루 화이불치儉而不陋 華而不侈" 즉 "검소하지만 누추하지 않고, 화려하지만 사치스럽지 않다"고 자평했다고 한다. 우리 민족의 미감을 반영한 말임과 동시에 그렇게 살아야 함을 강조한 말이다. 화려함을 버리고 실속으로 나아가는 '거화취실去華就實'이 '검이불루 화이불치'를 실천하는 길이다. 허름한 옷과 거친 음식을 전혀 부끄러워하지 않고 의연히 도를 추구하는 사람에게서는 온 세상을 향기롭게 하는 인향(人香: 사람 향기)이 풍겨 나온다. "화향천리 인향만리花香千里 人香萬里"라 했다. 외양이 화려한 꽃의 향기가 어찌 질박·순후한 사람의 향기를 당할 바이겠는가!

| 58 | 회덕(懷德)
덕을 품다 |

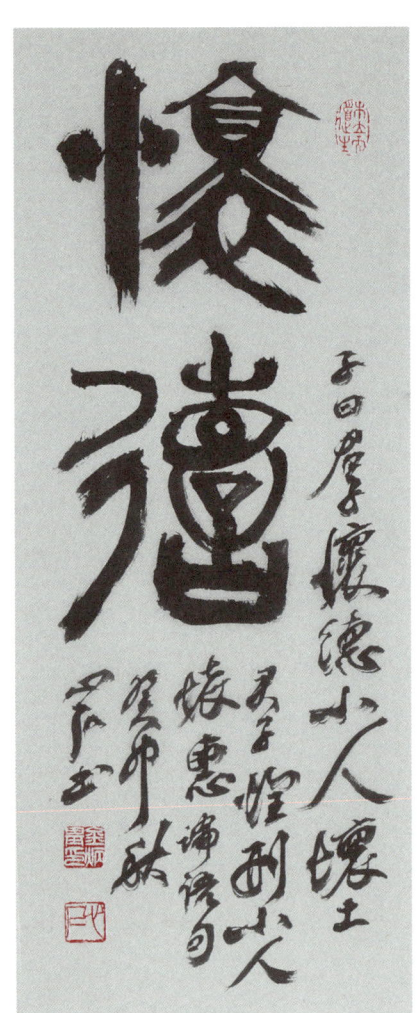

한때 일본에서 유행한
'소자수(少字數)'
서예를 모방하여
'懷德' 두 글자를
금문전서체로 거칠게
씀으로써 추상화의
분위기를 내보았다.

懷德
35×74cm

공자께서 말씀하셨다. "군자는 가슴에 덕을 품고 소인은 가슴에 땅(재물)을 품으며, 군자는 잘못했으면 형벌을 받을 생각을 하고 소인은 잘못을 저지르고도 혜택을 받을 궁리를 한다."

자 왈 군 자 회 덕 소 인 회 토 군 자 회 형 소 인 회 혜
子曰 君子懷德 小人懷土 君子懷刑 小人懷惠.

─「이인」 제11장

덕(德)은 곧 '득(得: 얻음)'이다. 나로 인하여 다른 사람이 뭔가 좋은 일을 얻는다면 그 '얻음'이 바로 덕인데, 그 덕은 언젠가는 내게로 돌아와 나의 '얻음'이 된다. 군자는 늘 가슴에 이런 덕을 품고 산다. 먼저 남에게 베푸는 이타적 삶을 사는 것이다. 이에 반해, 소인은 부의 상징인 땅을 많이 소유할 생각을 품고 산다. 군자는 작은 잘못에도 형벌을 받을 생각을 먼저 하는 반면, 소인은 죄를 짓고서도 누군가의 혜택으로 벌을 면할 궁리를 한다. 2500여 년 전, 공자의 말임에도 오늘날의 현실과 딱 들어맞는다. 그만큼 공자가 세상과 사람의 마음을 동시에 꿰뚫어 봤다는 뜻이다. 다른 한편으로 생각해 보자면 예나 지금이나 사람 사는 모습은 크게 달라진 게 없다는 뜻이리라.

가슴에 덕을 품고 살면 땅이나 돈이 자연스럽게 들어올 수 있지만, 늘 땅이나 돈만 품고 살면 덕은 물론 땅도 돈도 오히려 들어오지 않는다. 설령, 땅이나 돈이 많다고 해도 덕이 없으면 '수전노(守錢奴: 돈을 지키는 노예)'일 뿐이다. 덕은 없이 돈만 벌려고 허덕이고, 돈을 번 다음에는 덕은 베풀지 못한 채 돈만 지키다가 마치는 삶은 참 가여운 삶이다. 덕으로써 부를 빛나게 해야 아름다운 삶이다.

| 59 | 방어리이행 다원(放於利而行 多怨)
이익에다 마음을 두고 행동하면 원망을 많이 받는다 |

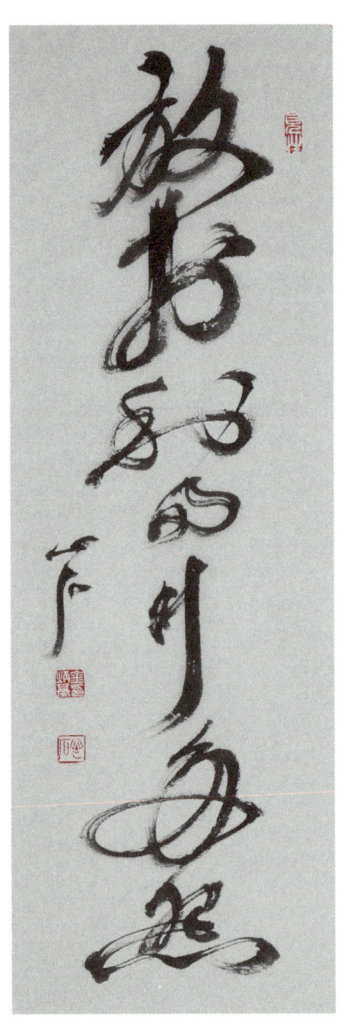

초서를 쓸 때면 자칫
방심하기 쉽다. 나는
초서일수록 방심을 금하려고
노력한다. 그래서 그런지
나의 초서는 초서임에도
정연한 면이 많은 편이다.

放於利而行 多怨
23×74cm

공자께서 말씀하셨다. "이익에다 (마음을) 두고 행동하면 원망을 많이 받는다."

<sub>자 왈 방 어 리 이 행 다 원</sub>
子曰 放於利而行 多怨.

-「이인」 제12장

    이익을 앞세우면 원망이 많아질 수밖에 없다. 그래서 공자를 계승한 맹자도 특별히 이익을 경계했다. 맹자가 양혜왕을 만났을 때 양혜왕은 "장차 무엇으로 이 나라를 이롭게 하시겠소?"라고 물었다. 그러자 맹자는 "왕께서는 하필 이로움을 말씀하십니까(何必曰利)? 인의仁義가 있을 뿐입니다"라고 답했다. 바른 정치는 이익보다 인의를 중시해야 함을 설파한 답이다. 여기서 '하필왈리何必曰利'라는 사자성어가 생겼다. 왕이 이익을 챙기면 신하나 백성도 당연히 이익에 눈이 멀어 하극상도 서슴없이 벌이게 될 것이라는 게 맹자의 설명이었다.

    인의를 홀시한 채, 이익에 함몰되면 원망이 많아져서 못할 짓이 없게 된다. 자식이 부모를 죽이고, 부모가 자식을 내다 버리고, 가진 자가 못 가진 자를 개·돼지로 보는 현상이 속출하게 된다. 지금 우리 사회가 그런 양상을 보이고 있다. 자본주의 사회에서는 이익을 추구할 수밖에 없다는 이유로 이익만을 향해 치달릴 게 아니라, 이익 사회일수록 인의를 중시하는 교육을 실시하고 그런 사회 분위기를 조성해야 한다. 인의가 없는 이익 사회는 '동물의 왕국'과 다를 바 없다. 설탕물처럼 단 '이익'이 살길처럼 보이지만 실은 갈증에 시달리다 죽는 길이다. '인의'만이 사는 길이다.

| 60 | 환소이립(患所以立)
**제 위치에 제대로 설 것을 걱정하라** |

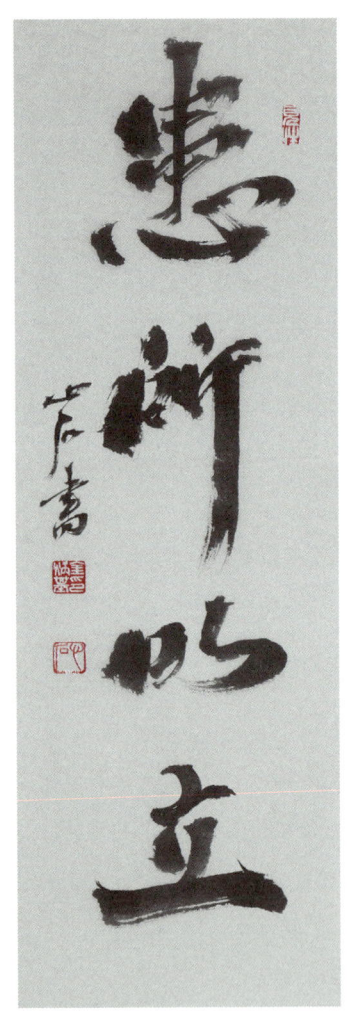

나는 추사 선생이 송나라 말기 서예가 장즉지(張卽之) 글씨의 영향을 받은 점이 있다고 생각한다. 장즉지와 추사 선생을 동시에 생각하며 쓴 작품이다.

患所以立
24×75cm

공자께서 말씀하셨다. "지위가 없는 것을 걱정하지 말고, 자기가 그 위치에 제대로 설 수 있을지를 걱정하며, 남이 나를 알아주지 않는 것을 걱정하지 말고, 남이 나를 알아줄 수 있도록 실상을 갖추기를 추구해야 한다."

<small>자 왈 불 환 무 위 환 소 이 립 불 환 막 기 지 구 위 가 지 야</small>
子曰 不患無位 患所以立 不患莫己知 求爲可知也.

—「이인」 제14장

"지위가 없음을 걱정하지 말고, 제 위치에 제대로 설 것을 걱정하며, 남이 나를 알아주지 않음을 걱정하지 말고 알 수 있게 되기를 추구하라." 자리만 꿰차고 있을 뿐 일은 못하고, 자랑할 게 없으면서도 과시욕만 강한 사람을 경계하는 말이다. 제 위치에 제대로 서고자 하는 사람이 바른 사람이다.

해당 분야마다 수십 년 동안 연구와 경험을 쌓아온 전문가가 있다. 전문가가 아니면 아무리 주어진 지위가 높아도 어중이떠중이기는 마찬가지다. 인사가 만사라고 했다. 제자리에 합당한 사람을 기용하는 것이 일을 성공으로 이끄는 최선책이고, 합당한 사람이란 늘 '제 위치에 제대로 설 것을 걱정하는 사람'이다. 흔히 '나눠 먹기' 식으로 사람을 기용하는 자들은 "뭐, 특별한 인재가 따로 있나? 다 맡겨주면 하게 돼 있어!"라는 터무니없는 배짱으로 자기 주변 사람에게 감투를 준다. '오국誤國' 즉 나라를 그릇되게 하는 범죄 행위다. 중국 당나라의 전성기를 이뤘던 현종이 양귀비에게 현혹된 이후, 양귀비의 오라비인 양국충을 비롯하여 양귀비의 측근들을 기용하다가 안록산의 난을 당하게 된 것이 '오국'의 대표적인 사례다. 인재를 기용하는 사람도, 기용되는 사람도 '제 위치에 제대로 설 것'을 걱정해야 나라가 산다.

## 61 일이관지(一以貫之)
### 한 가지로써 만 가지를 꿰뚫다

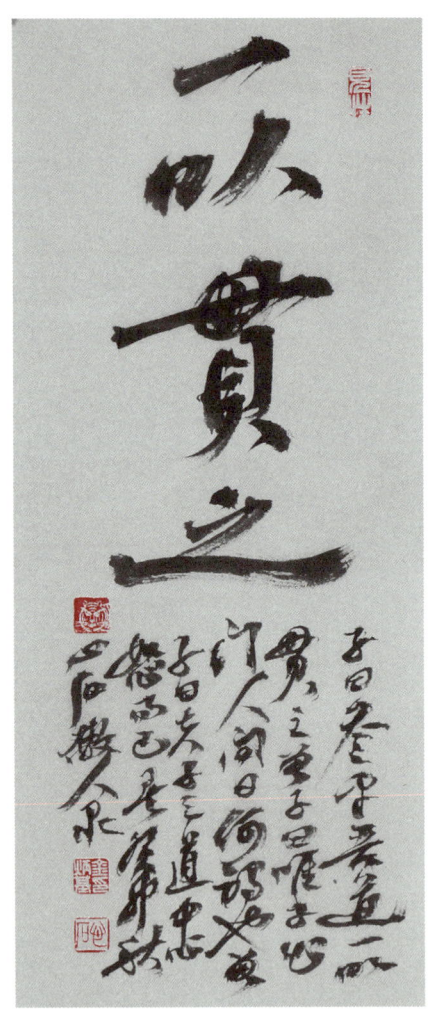

60번 작품과 같은 날, 같은 시간대에 쓴 작품이다.

一以貫之
23×77cm

공자께서 말씀하셨다. "삼아! 나의 도는 한 가지 이치로써 만 가지를 꿰뚫는 데에 있다." 증자가 "예, 그렇습니다" 하고 대답했다. 공자께서 나가시자 문인들이 증자에게 물었다. "무슨 뜻입니까?" 증자가 대답하였다. "선생님의 도는 충과 서일 뿐이라네."

<sub>자 왈 삼 호 오 도 일 이 관 지 증 자 왈 유</sub>
子曰 參乎 吾道一以貫之 曾子曰 唯
<sub>자 출 문 인 문 왈 하 위 야 증 자 왈 부 자 지 도 충 서 이 이 의</sub>
子出 門人問曰 何謂也 曾子曰 夫子之道 忠恕而已矣

-「이인」제15장

   공자가 제자 증삼(曾參: 증자)을 불러놓고서 "나의 도는 한 가지로써 만 가지를 꿰뚫는다"라고 말했다. 스승보다 46년이나 연하인 증자는 공손히 '예' 하고 대답했다. 옆에 있던 증자의 문인들은 공자가 말한 '한 가지'가 뭔지 묻지도 않고 "예"라고 대답만 하는 그의 스승 증자가 답답해 보였나 보다. 공자의 방을 나오자마자 "무슨 말씀이래요?" 하고 증자에게 물었다. 증자는 조용히 대답했다. "선생님(공자)의 도는 '충서<sup>忠恕</sup>'일 따름이다." 이심전심의 참교육이란 바로 이런 것이리라.

   '꿰뚫을 관'을 쓴 '관지<sup>貫之</sup>'는 '일관되게 적용한다'는 뜻이다. 공자는 매사에 '충서'를 일관되게 적용하는 것이 곧 자신의 도(道: 삶의 길)라고 했다. '충서'는 '충'과 '서'로 나누어 설명해야 그 뜻이 보다 더 명료해진다. '中+心'으로 이루어진 '忠'은 마음을 한 곳에 집중하여 '자기의 모든 것을 다하는 것'을 말한다. '如(같을 여)+心'으로 이루어진 '서<sup>恕</sup>'는 '제 마음같이'라는 뜻이다. 즉 상대의 마음을 '제 마음인 양 미루어 헤아리는 것'이다. 남의 마음을 헤아려 나의 정성을 다하는 '충서'로 일관하는 삶이 바로 성인<sup>聖人</sup>의 삶이다. 존경하며 본받아야 하리라.

141

| 62 | 견현사제(見賢思齊)
**어진 이를 보면 그와 같아질 것을 생각하라** |

60, 61번 작품과 같은 날, 같은 시간대에 쓴 작품이다. 쓰는 과정에서 문득 주희(朱熹)의 대자(大字) 서예 분위기도 가미되었다.

見賢思齊
24×69cm

공자께서 말씀하셨다. "어진 사람을 만나면 그와 가지런해질 것을 생각하고, 어질지 못한 사람을 보면 안으로 자신을 살핌으로써 그런 사람이 되지 않겠다는 반성을 하라."

子曰 見賢思齊焉 見不賢而內自省也.
<sub>자 왈 현현사제언 견불현이내자성야</sub>

—「이인」 제17장

'가지런할 제'라고 훈독하는 '齊'는 들쭉날쭉한 차이가 없음을 뜻하는 글자다. '제창<sub>齊唱</sub>'은 높낮이 음의 화음 없이 모두가 같은 음으로 노래하는 것이고, '합창<sub>合唱</sub>'은 높고 낮은 음이 하모니를 이루며 함께 노래하는 경우가 대부분이다. 애국가는 대개 마음을 모아 같은 음높이로 부르므로 '애국가 제창'이라고 한다.

공자는 "어진 사람을 만나면 그와 가지런해질(같아질) 것을 생각하고, 어질지 못한 사람을 보면 안으로 자신을 살핌으로써 그런 사람이 되지 않겠다는 반성을 하라"고 했다. 물론 자신이 만난 어진 사람보다 더 어진 사람이 되면 금상첨화이리라.

"사촌이 논을 사면 배가 아프다"는 말이 있다. 잘하는 사람을 좇아 배우기보다는 시기 질투부터 하는 인간의 심리를 그린 말이다. 어쩌면 시기 질투는 당연한 심사인지 모른다. 문제는 그다음이다. 군자는 시기심을 이내 접고 기꺼이 좇아 배우려 하는데 소인은 배우려는 노력은 안 하고 끝까지 시기하며 해코지를 하려 든다. 현자와는 달리 애국가마저도 '제창'하지 않고 삐딱하게 부르려 한다. 지식인 사회일수록 이런 시기 질투가 많다고 한다. B급 교수가 A급 교수에 대해 '견현사제' 하는 경우는 거의 없다는 세평이 있다. 공자님 말씀을 새겨들어야 할 것이다.

| 63 | 유필유방(遊必有方)<br>외유하되 반드시 가는 방향을 알려야 |
|---|---|

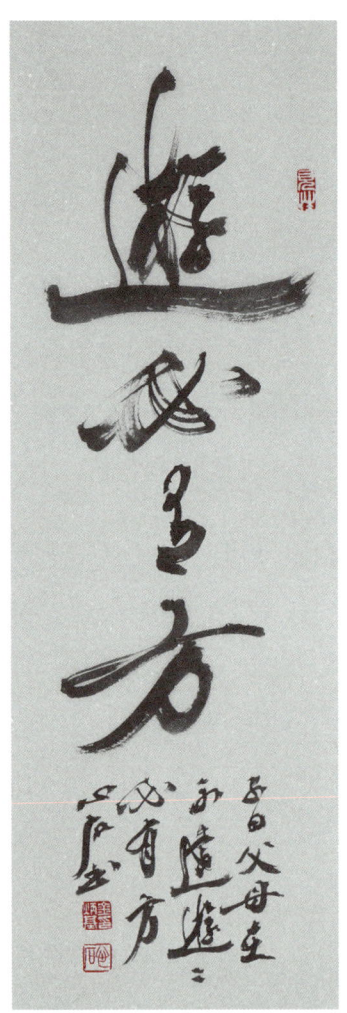

글자 수가 적은 작품이라서 관지를 아래에 썼다. 지나친 종세(縱勢)를 막기 위해 '遊'의 '辶' 부분을 의도적으로 길게 썼다.

遊必有方
23×71cm

공자께서 말씀하셨다. "부모가 계시거든 멀리 외유하지 않으며, 부득이 외유를 하게 되면 반드시 가는 곳을 알려라."

子曰 父母在 不遠遊 遊必有方.
<sub>자 왈 부 모 재 불 원 유 유 필 유 방</sub>

-「이인」 제19장

    양주동 선생이 작사한 "낳으실 제 괴로움 다 잊으시고…"로 시작되는 〈어머니 마음〉 노래의 제2절 가사는 "어려선 안고 업고 얼러주시고 자라서는 문 기대어 기다리는 맘…"으로 시작한다. 중국 전국시대 제나라 혼왕(湣王)은 연나라의 공격을 받자 도망하여 행방이 묘연해졌다. 혼왕을 모시던 신하 왕손가(王孫賈)의 어머니는 왕손가에게 "네가 아침에 나가서 늦게 돌아온다면 나는 문에 기대어 기다릴 테고, 밤이 되어도 돌아오지 않으면 거리까지 나가서 기다릴 테니 너는 어서 왕을 찾아라"라고 하였다. 여기서 '문간에 기대서서 자식이 돌아오기를 애타게 기다린다'는 뜻의 '의문지망(倚門之望)'이라는 사자성어가 생겼다.

    공자는 "부모가 계시거든 멀리 외유하지 않으며, 부득이 외유를 하게 되면 반드시 가는 방향(方)을 알려라"고 하였다. 가까이서 모시며 '혼정신성(昏定晨省: 아침저녁으로 부모님을 살피는 것)' 하라는 뜻도 있지만 부모는 자식이 멀리 떠나는 것 자체를 걱정하기 때문에 한 말이다. '이태원'에 간 줄도 모르고 있다가 참사 소식을 듣는 슬픈 일이 없도록 반드시 가는 곳을 말씀드리라는 의미인 것이다. '문 기대어 기다리는' 부모님 마음을 헤아려 반드시 가는 곳을 알려 드림으로써 효를 실천하고 근신(謹愼)해야 할 것이다.

145

### 64 삼년 무개어부지도(三年 無改於父之道)
### 아버지께서 걸어오신 길을 3년은 고치지 않아야

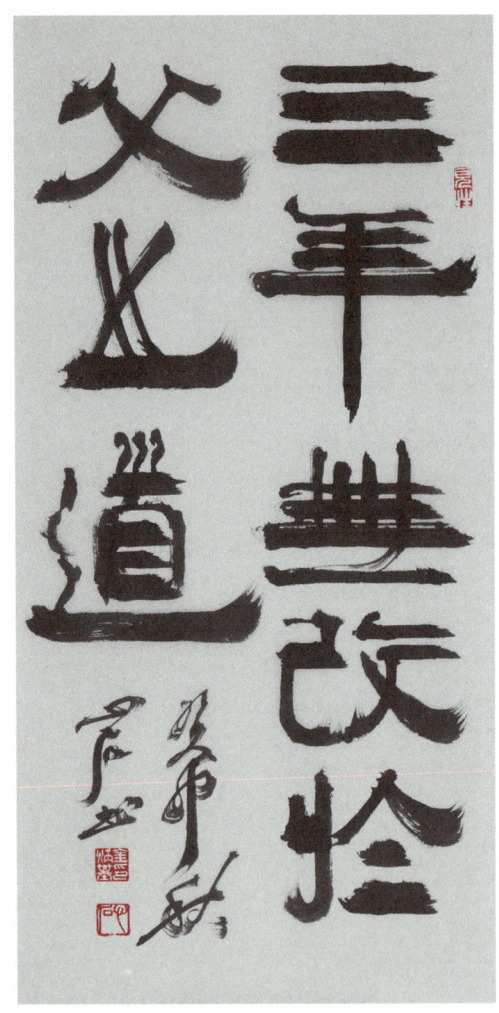

三年 無改於父之道
35×71cm

공자께서 말씀하셨다. "아버지가 돌아가신 후 3년 동안 아버지께서 걸어오신 길을 고치지 않아야 효라고 할 수 있다."

<sub>자 왈 삼 년 무 개 어 부 지 도 가 위 효 의</sub>
子曰 三年 無改於父之道 可謂孝矣.

-「이인」 제20장

내 고향 전북 부안에는 '성황산'이라는 산이 있다. 영락없이 누에가 길게 누운 형상이다. 중학교 동창 친구는 2학년 때 "성황산은 커다란 누에, 몇 잠을 더 자야 깨어나려나?"라는 시를 써서 상을 받았다. 우연히 '필향만리'를 본 그가 50여 년 만에 전화를 걸어왔다. 친구의 이름을 듣자마자 나는 그 시를 외워 들려주었다. 깜짝 놀라며 기억해 줘서 고맙다고 했다. 며칠 후, 전주까지 나를 찾아와 좋은 벼루 하나를 주고 갔다. "내 자식들은 그럴 리 없으리라고 믿지만, 주변을 보면 부모 사후 자식들이 값나가는 유품이나 부동산만 챙길 뿐, 비록 값은 안 나가지만 기념이 될 만한 유품은 전혀 챙기지 않고 다 버리더라고. 그래서 내 생전에 쓸 만한 물건은 그 물건을 사용할 만한 사람에게 다 주려고 하네…" 말하는 친구도 듣는 나도 마음이 씁쓸했다. 그래서 그랬을까? 공자는 "아버지께서 걸어오신 길을 3년은 고치지 않아야 효라고 할 수 있다"고 했다. 최소한 3년은 부모님께서 살아오신 흔적을 지우지 않고 기리는 마음을 가져야 효라고 할 수 있다는 뜻이다.

세상의 자식 된 자들아! 장례식은 결코 '치우기 까다로운 쓰레기를 말끔히 치우는 행사'가 아님을 저린 가슴으로 각성하도록 하자!

## 65 희구지정(喜懼之情)
### 한편으론 기쁘고 한편으론 두렵고

놀란 표정의 눈으로 형상화한 '懼' 자의 결구가 흥미롭다. 중국 원나라 서예가 조맹부의 『육체천자문』으로부터 결구를 취하고 그 내력을 세필로 기록했다.

喜懼之情
32×69cm

공자께서 말씀하셨다. "부모님의 연세를 알지 못해서는 안 된다. 한편으로는 기쁘고 한편으로는 걱정되기 때문이다."

<small>자 왈 부 모 지 년 불 가 부 지 야 일 즉 이 희 일 즉 이 구</small>
子曰 父母之年 不可不知也 一則以喜 一則以懼.

-「이인」 제21장

 공자는 일찍이 "부모님 연세는 알지 않아서는 안 된다. 한편으로는 기쁜 마음으로 부모님 연세를 알아야 하고, 다른 한편으로는 두려운 마음으로 알아야 한다"고 하였다. 부모님 연세를 앎으로써 여전히 건강하심을 기뻐하고 또 한편으로는 '벌써 노쇠하여 그 연세가 되었나?' 하는 두려운 마음을 가져야 한다는 뜻이다. 여기서 기쁜 마음과 두려운 마음을 동시에 느낀다는 의미를 담은 '희구지정'이라는 사자성어가 생겼다. 공자의 말에 대해, 주희는 "두려움을 느낌으로써 부모님의 남은 날을 아끼는 정성을 그만둘 수 없는 마음이 절로 생겨야 한다"는 주를 붙였다. 여기서 '부모님의 시간을 아껴드리는 정성'이라는 뜻의 '애일지성愛日之誠'이라는 사자성어가 나왔다.

 요즈음 대학생들에게 부모님 나이를 물으면 정확히 답하는 학생이 많지 않다. '60대 중반'이라는 식으로 대답하는 학생이 대부분이다. 부모님 연세를 늘 기억함으로써 '희구지정'을 가져야 한다. 송강 정철의 "어버이 살아신 제 섬기기를 다하여라. 지나간 후면 애닯다 어이하리. 평생에 고쳐 못할 일은 이뿐인가 하노라"라는 시조를 외우게 하던 교육은 어떤 이유에서인지 사라진 지 오래인 것 같다. 부활시키자고 말하면 뚱딴지일까?

## 66 치궁지불체(恥躬之不逮)
**몸이 미치지 못함을 부끄럽게 여기기에**

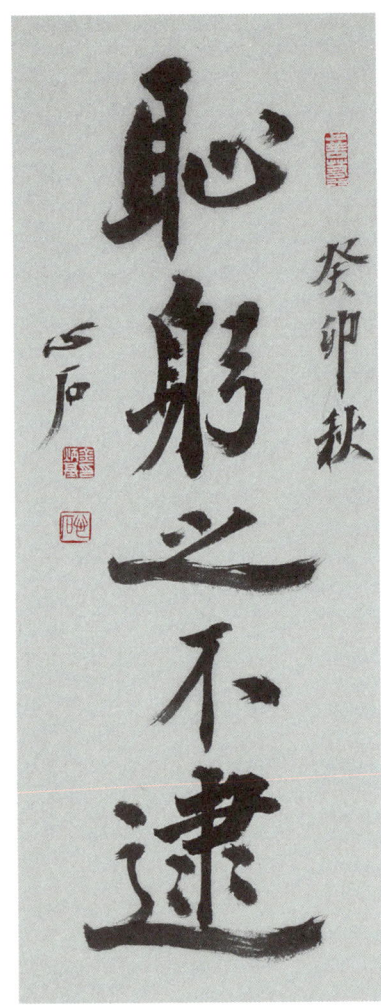

恥躬之不逮
24×66cm

공자께서 말씀하셨다. "옛사람들이 말을 앞세우지 않은 것은 몸소 실천이 따르지 못할 것을 부끄럽게 여겼기 때문이다."

<sub>자 왈 고 자 언 지 불 출 치 궁 지 불 체 야</sub>
子曰 古者言之不出 恥躬之不逮也.

―「이인」 제22장

"옛사람들이 말을 함부로 내놓지 않은 까닭은 행함이 (말에) 미치지 못할 것을 부끄러워했기 때문이다." 말만 앞세울 뿐 실천이 부족하여 스스로 한 말을 행하지 못하는 사람을 경계하기 위해 공자가 한 말이다.

'허풍선虛風扇'이라는 한자어와 '이(사람)'라는 의존명사가 결합한 '허풍선이'라는 말이 있다. '허풍선'은 숯불을 불어 피우는 손풀무로, 마치 아코디언처럼 풀무의 손잡이를 폈다 오므렸다 하며 바람을 내는 기구다. 이런 허풍선처럼 바람만 일으키며 호언장담豪言壯談할 뿐 실천이라고는 없는 사람을 일컬어 '허풍선이'라고 한다. "술 취한 사람 사촌 집 사 준다"는 속담 속의 술 취한 사람에 해당하는 뻥쟁이가 바로 허풍선이인 것이다.

말만 앞세울 뿐 몸이 미치지 못함을 조금도 부끄러워하지 않는 허풍선이를 믿을 사람은 아무도 없다. 요즈음 젊은 세대들은 웃음거리가 될 만한 허풍선이를 '우승 후보'라는 말에 빗대어 '웃음 후보'라는 말로 조롱한다고 한다. 선거철마다 실천 능력은 없으면서 말만 앞세우는 입후보자가 있다면 그런 사람이야말로 '웃음 후보'가 되고 말 것이다. 실천할 의지나 능력이 없으면 아예 말을 내놓지 않는 것이 부끄럽지 않게 사는 길이다.

| 67 | 눌어언이민어행(訥於言而敏於行)<br>**말은 더듬듯이 행동은 민첩하게** |

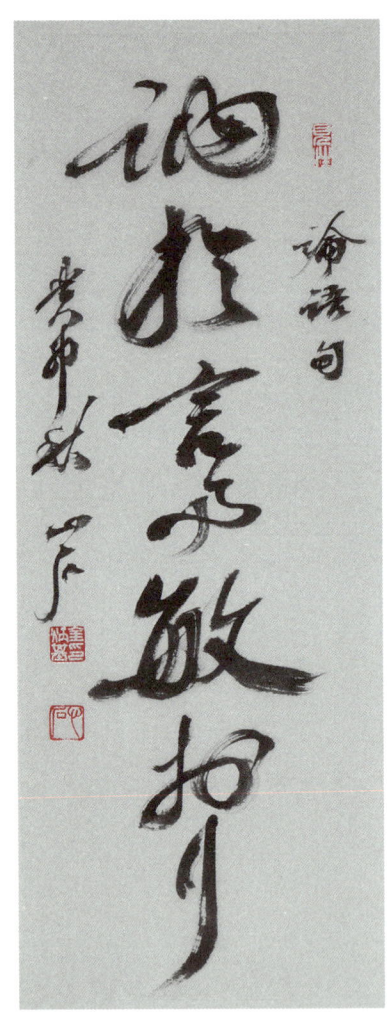

訥於言而敏於行
25×67cm

공자께서 말씀하셨다. "군자는 말에서는 더듬고 행동(실천)에서는 재빠르다."

子曰 君子 欲訥於言而敏於行.
<sub>자왈 군자 욕눌어언이민어행</sub>

-「이인」제24장

공자는 실천을 중시했다. 『논어』에 실린 말도 심오한 철학적 논리를 전개한 것보다는 생활 속의 '실천 윤리' 성격을 띤 것이 많다. 그렇다고 해서 '준수사항'만 나열해 놓은 건 아니다. 인仁과 예禮와 의義 등을 바탕으로 반드시 실천해야 할 이유를 쉬운 말로 밝혔다는 점이 오늘날 단순한 표어 형식의 '공중도덕'과 다르다. 인소견대(因小見大: 작은 것으로 인하여 큰 것을 보다)! 공자는 생활 속의 작은 문제로부터 이야기를 시작하여 큰 진리를 깨닫게 하는 교육 방법을 즐겨 사용하였다.

"말에서는 더듬고 행동에서는 재빠르게"라는 뜻의 "눌어언이민어행"도 평범한 것 같지만 큰 진리가 담겨 있는 말이다. 말을 차분히 생각해가며 더듬듯이 해야 하는 까닭은 섣불리 내뱉은 말이 재앙을 부르는 경우가 많기 때문이다. 당나라 말의 혼란기인 5대 10국 시절에 4개 왕조에서 10명의 황제를 섬기며 재상을 지낸 처세의 달인 풍도馮道는 '혀舌'라는 시에서 "구시화지문, 설시참신도 口是禍之門, 舌是斬身刀" 즉 "입은 재앙을 불러들이는 문이고, 혀는 자신의 몸을 베는 칼이다"라고 하였다. 말은 더듬듯이 행동은 민첩하게!

| 68 | 덕불고 필유린(德不孤 必有隣)<br>**덕은 외롭지 않아 반드시 이웃이 있다** |

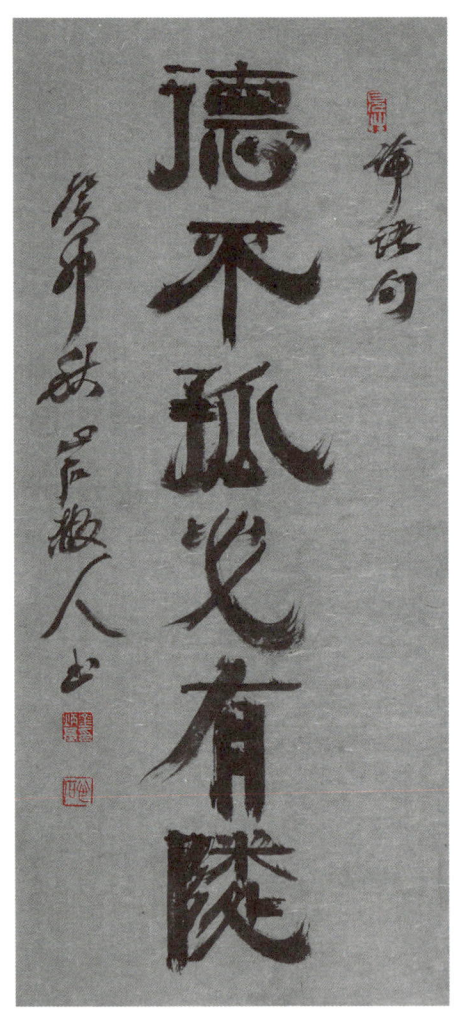

많은 사람들이 자주 서제로 택하는 유명한 구절이라서 채색한지를 사용하여 상투성을 반감시키고자 했다.

德不孤 必有隣
25×67cm

공자께서 말씀하셨다. "덕은 외롭지 않아 반드시 이웃이 있다."

子曰 德不孤 必有隣.
<sub>자왈 덕불고 필유린</sub>

―「이인」 제25장

덕<sup>德</sup>은 득(得: 얻음)이다. 내가 베풂으로써 남에게 덕이 되었던 것이 언젠가는 득이 되어 다시 내게로 돌아온다. 그래서 덕은 외롭지 않아 반드시 이웃이 있다. 『논어』에 나오는 많은 명구 중에서 특히 널리 알려진 명구다.

요즈음 지나친 개인주의가 만연하는 것 같다. 나만 잘 살면 된다는 생각, 심지어는 남을 죽여야 내가 산다는 생각이 팽배해 있다. 개인주의 사회라는 이유로 소통을 거의 안 하고 살기 때문에 이웃 사이에 서로 줄 것도 없고 받을 것도 없는 무관심의 썰렁한 분위기가 흐른다. 아예 덕이 자랄 공간이 없다.

김일로<sup>金一路</sup> 시인은 "주고받는 정이 설야<sup>雪夜</sup> 속에 훗해(따뜻하여) 등불이 부처런 듯 합장하는 저 모습"이라는 시를 쓰고, 그것을 다시 "정거정래인간난<sup>情去情來人間暖</sup>"이라는 한문 구절로 압축해 놓았다. "정이 오가면 인간 세상은 따뜻해지고"라는 뜻이다.

긴 겨울밤, 밤참으로 고구마를 삶거나 떡을 찌면 아이 손에 등불과 함께 밤참을 들려 이웃에 돌렸었다. '웬 떡'을 만난 가난한 이웃은 등불을 든 아이를 향해 합장하며 연신 고맙다는 인사를 한다. 아이는 어느새 부처가 된다. 이웃과 나누는 밤참 한 접시의 떡과 정이 아이를 부처님 마음을 갖도록 키우는 것이다. 덕불고 필유린!

| 69 | 사군삭사욕의(事君數斯辱矣)<br>**임금에게 자주 간하면 욕을 당하고** |

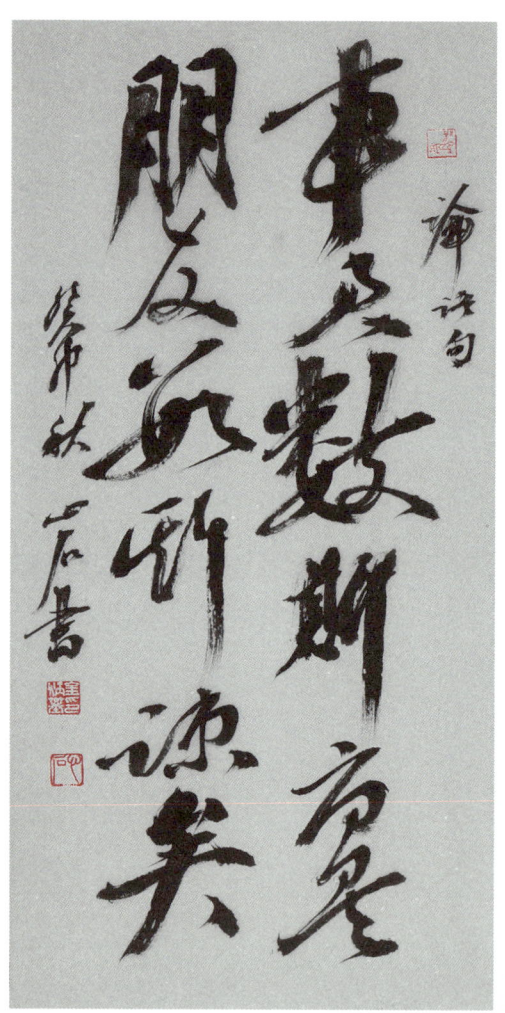

추사 선생의 행서체를
모방하여 썼다. 가끔
추사 선생을 흉내 내고
싶을 때가 있다.

事君數斯辱矣
35×73cm

공자의 제자 자유가 말하였다. "임금에게 자주 간하면 욕을 당하고, 친구에게 자주 충고하면 소원해진다."

子游曰 事君數 斯辱矣 朋友數 斯疏矣.

―「이인」제26장

공자의 제자 자유<sub>子游</sub>는 "임금을 섬기면서 자주 간언하면 욕됨을 당하고, 친구 사이에 자주 충고하면 멀어진다"고 했다. 받아들여지지 않는 간언이나 충고를 반복하면 말만 낭비하고 결국은 욕을 당하게 됨을 경계한 말이다.

"양약고구리어병 충언역이리어행良藥苦口利於病 忠言逆耳利於行" 즉 "좋은 약은 입에 쓰나 병에는 이롭고, 바른말은 귀에 거슬리지만 행실을 하는 데에는 이롭다"라는 말이 있다. 사마천『사기』의「유후세가(留侯世家: 유방의 신하인 장량의 전기)」에 나오는 말이다. 진시황의 호화 궁궐인 함양궁咸陽宮을 접수한 유방이 당시 궁중의 여자들과 진귀한 물건들에 미혹되어 본분을 잊고 환락에 빠지려 하자, 장량이 냉혹하게 직간하면서 한 말이다. 직간을 받아들였으니 망정이지 받아들이지 않았다면 장량은 분명 화를 당했을 것이다.

목숨을 걸 만한 일이 아니면 현재를 인정해주는 것이 곧 사랑이고 존경이다. 부부 혹은 친구 사이에 목숨 걸 일이 뭐가 있다고 날마다 충고를 빙자한 잔소리를 해대면 정이 붙을 공간이 없다. 정이 떠나버리면 충고가 다 무슨 소용이겠는가? 잔소리 후에 선심을 쓰듯 베푸는 '이해'보다는 은근히 바라보며 끄덕여 주는 '인정'이 오히려 사람을 변하게 한다. 효과 없는 지적질은 삼가야 하리라.

| 70 | **방유도불폐(邦有道不廢)**<br>**나라에 도가 있을 때 버려지지 않으면** |

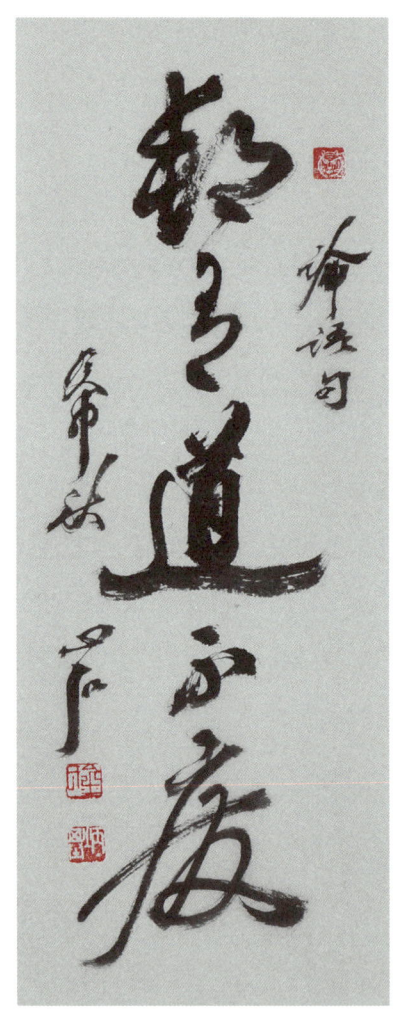

邦有道不廢
24×63cm

공자께서는 남용에 대해 "이 사람은 나라에 도가 있으면 버림을 받지 않고, 나라에 도가 없을 때라도 형벌을 면할 수 있을 것이다"라고 평하시고선 형의 딸을 그에게 시집보냈다.

<sub>자 위 남 용   방 유 도   불 폐   방 무 도   면 어 형 륙   이 기 형 지 자 처 지</sub>
子謂南容 邦有道 不廢 邦無道 免於刑戮 以其兄之子妻之.

-「공야장」제1장

공자는 제자 남용<sup>南容</sup>을 신뢰하여 "나라에 도가 있을 때에는 버림받지 않고, 나라에 도가 없을 때에는 형벌이나 죽임을 당하는 것을 면할 사람이다"고 칭찬하면서 형님의 딸을 그에게 시집보냈다. 도가 있는 나라 즉 정치가 바르게 행해지는 나라에서는 관직에 발탁되는 게 자랑스러운 일이지만 무도한 나라에서는 기용되는 게 오히려 수치스러운 일이다. 무도한 나라에서도 형벌과 죽임을 면한다면 현명한 사람이다. 말을 알아듣지 못하는 군왕을 상대로 바른말을 하다가 무모하게 희생당하는 어리석음에 빠지지 않았기 때문이다.

지난 정권 시절이 생각난다. 당시의 정치가 과연 도가 있는 정치였을까? 장·차관들은 다 자랑스럽게 발탁된 능력자일까? 무고하게 죄를 뒤집어쓴 사람은 없었을까? 거짓말과 막말 싸움이 난무했던 당시의 정치 현실을 되돌아보면 기용될 만한 인재도, 자리를 피하는 현자도 없었던 것 같다. 정의에 대한 개념이 불분명하고, 국가와 민족과 애국애족의 의미를 보는 가치관이 요동치다 보니 국민들은 혼란스러웠었다. 가치관의 혼란이 심하여 옳고 그름을 따지는 것을 오히려 비웃고, 오로지 자신에게 이로운 방향으로만 내달렸었다. 싸움이 날 수밖에 없는 상황이었다. 지난 시간도, 지금도, 앞으로도 경제 발전과 이익 창출도 필요하지만 '도<sup>道</sup>' 즉 바른 길을 세우는 일을 더 시급하게 여겨야 하리라.

| 71 | 언용녕(焉用佞)
**말재주를 어디에 쓰겠는가** |

서제의 글자 수가 적어서
관지를 아래에 썼다.
채색한지가 황색이다
보니 오히려 고풍스럽게
보인다.

焉用佞
23×70cm

어떤 사람이 "옹은 어질지만 말재주가 없습니다"라고 하니, 공자께서 말씀하셨다. "말재주를 어디에 쓰겠는가? 말주변은 남의 말을 막음으로써 자주 남에게 미움만 받는 원인이 되니 그가 어진지는 모르겠으나 말재주를 어디에 쓰겠는가!"

혹 왈 옹 야 인 이 불 녕 자 왈 언 용 녕 어 인 이 구 급 루 증 어 인 부 지 기 인 언 용 녕
或曰 雍也仁而不佞 子曰 焉用佞 禦人以口給 屢憎於人 不知其仁 焉用佞.

―「공야장」 제4장

어떤 사람이 공자의 제자 염옹(冉雍: 자는 仲弓)을 평하여 "어질지만 말재주가 없습니다"라고 하자, 공자는 "말재주를 어디에 쓰겠소? 약삭빠른 말재주로 다른 사람의 말을 자주 막곤 하면 미움만 살 뿐이오"라고 말했다.

'佞(아첨할 녕)'은 바르지 못한 말로 아첨하는 것을 뜻하는 글자이고, 아첨은 "남의 환심을 사거나 잘 보이려고 알랑거리는 것"을 말한다. 예나 지금이나 출세를 위해서는 이런 아첨이 필요하다는 생각을 하는 사람이 적지 않다. 실지로 정직한 사람의 미움 따위는 아랑곳하지 않고 비열한 아첨을 잘하는 사람이 출세하는 경우가 많다. 아첨의 가장 큰 문제는 다른 사람의 바른 말을 막아버린다는 점이다. 바른말이 막히면 사회나 국가는 당연히 병든다. 아첨은 나라를 망하게 하고 자신도 망하게 하는 큰 죄악인 것이다.

'냉난자지冷暖自知'라는 말이 있다. "뜨거운 물인지 찬물인지는 마셔본 사람이 가장 잘 안다"는 뜻이다. 아첨으로 부귀영화를 누리고 있지만 그게 떳떳하지 못한 비열한 짓이라는 점을 누구보다도 본인 자신이 가장 잘 알고 있다. 말재주를 부리며 네 발로 기듯이 아첨을 일삼는 간신이나 밀정은 스스로 길짐승이기를 자원한 셈이니 이미 사람이 아니다. 사람 아닌 사람의 말재주를 어디에다 쓰겠는가!

## 72 도불행 승부 부어해(道不行 乘桴 浮于海)
**도가 행해지지 않으니 뗏목을 타고 바다로 나갈거나**

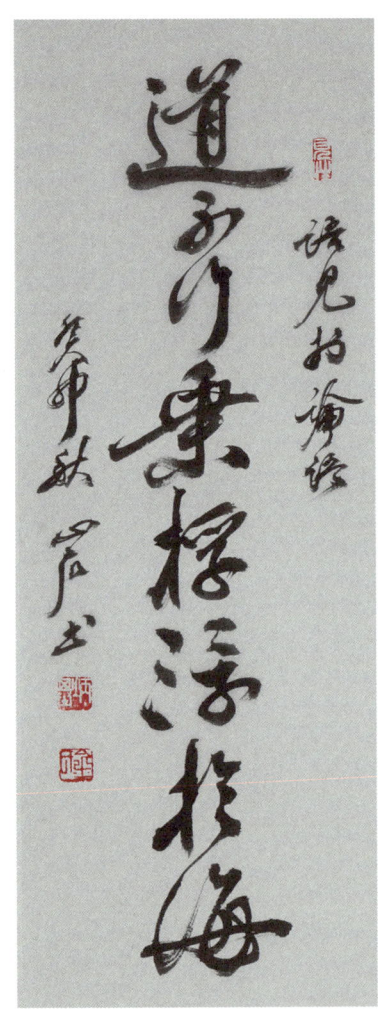

道不行 乘桴 浮于海
24×69cm

공자께서 말씀하셨다. "도가 행해지지 않으니, 뗏목을 타고 바다를 떠다니고 싶다. 나를 따를 사람은 아마도 자로일 것이다." 이 말을 들은 자로가 기뻐하자, 공자께서는 다시 "유(由: 자로의 본명)가 용맹을 좋아함은 나보다 나으나, 일을 잘 마름질하지는 못하는구나"라고 말씀하셨다.

子曰 道不行 乘桴 浮于海 從我者 其由與 子路聞之喜
子曰 由也 好勇過我 無所取材.

-「공야장」제6장

국가 사회에 부당불의한 일이 많으면 더러 '에라, 이민이나 가버릴까?' 하는 생각을 할 때가 있다. 공자도 그랬었나 보다. 그래서 "뗏목이라도 타고 바다로 나갈까? 아마 자로<sup>子路</sup>가 나를 따라 나설 것 같구나"라고 말했다. 이 말을 칭찬으로 들은 자로가 좋아라고 하자, 공자는 자로의 이름을 부르며 무모한 용기를 지적하였다.

이 구절에 대한 해석에는 이견이 있다. 뗏목을 타고 바다로 나갈 생각을 한 공자의 탄식으로 해석하는가 하면, 자로의 성급한 용기를 지적한 게 주안점이라는 의견도 있다. 우리나라 연구자들은 전자에 더 많은 관심을 둔다. 오늘날의 산동성 지역인 노나라 사람 공자가 뗏목을 타고 바다 건너 이민(?)을 갈 생각이었다면 그 대상 국가는 응당 우리나라일 테니 이 문장은 공자가 당시에 우리나라에서는 도가 행해지고 있음을 부러워한 말이라고 여기기 때문이다.

원대한 꿈을 안은 희망의 이민이 아닌 냉소적 도피로 조국을 떠난 사람은 어디로 떠난들 조국을 배반한 티를 낸다. 조국은 홧김에 배반할 대상이 아니다. 그래서 공자도 끝내 뗏목을 타지 않았다. 올림픽 때 아예 응원할 나라가 없이 사는 게 사는 것이겠는가!

163

## 73  부지기인야(不知其仁也)
### 그가 어진지는 모르겠구나

필획 수가 적은 서제라서 최대한 정갈하게 쓰려고 노력했다. 성글지 않게 보이는 결구와 포치가 마음에 든다.

不知其仁也
23×65cm

맹무백이 묻기를, "자로는 어진 사람입니까?" 하니, 공자께서 대답하셨다. "모르겠네."
또 물으니 공자께서 말씀하시기를, "자로는 천승의 나라에 그 군정을 다스리게 할 수는
있지만, 그가 어진지는 모르겠네"라고 하셨다.

孟武伯問 子路仁乎 子曰 不知也 又問
子曰 由也 千乘之國 可使治其賦也 不知其仁也.

―「공야장」제7장

'어질다'라는 평판은 단순히 한두 가지를 잘한다고 해서 들을 수 있는 게 아닙니다. 게다가 "어진 사람만이 다른 사람을 좋아할 수도 미워할 수도 있다"고 하였으니(『논어』「이인」편) 어진 사람임을 자부하는 사람이 아니고서는 다른 사람의 어짊과 어질지 못함을 함부로 평할 수 없다. 그래서 공자도 제자 유(由: 자로)와 구(求: 염유)와 적(赤: 공서화)이 어진 사람인지를 묻는 어떤 이의 질문에 대해 그들이 군정軍政을 맡아 처리한다거나, 고을 수령의 업무, 조정의 손님 접대 등은 잘할 수 있을 테지만 그들이 어진 인물인지는 잘 모르겠다는 답을 했다.

사실, '어짊'은 고사하고, 시비是非를 평가하는 일도 쉽지 않다. 솔로몬의 지혜가 아닌 바에야 누가 누구를 품평하겠는가. 중국 청나라 말기의 사상가 강유위康有爲는 "단견화개락 불언인시비但見花開落 不言人是非" 즉 "단지 꽃이 피고 지는 것이나 바라볼 뿐, 사람들의 시비에 대해서는 말하지 않으려네"라는 주련을 써 걸고서 남에 대한 품평을 삼가며 저술에 몰두했다고 한다.

요즈음 우리 사회는 '뒷담화'는 물론, 공개적 비판과 매도가 횡행하고 있다. 사람에 대한 평가는 공자도 '잘 모르겠다'고 답했음을 상기하며 남보다 자신을 먼저 돌아볼 일이다.

| 74 | 문일이지십(聞一以知十)
**하나를 들음으로써 열을 알다** |

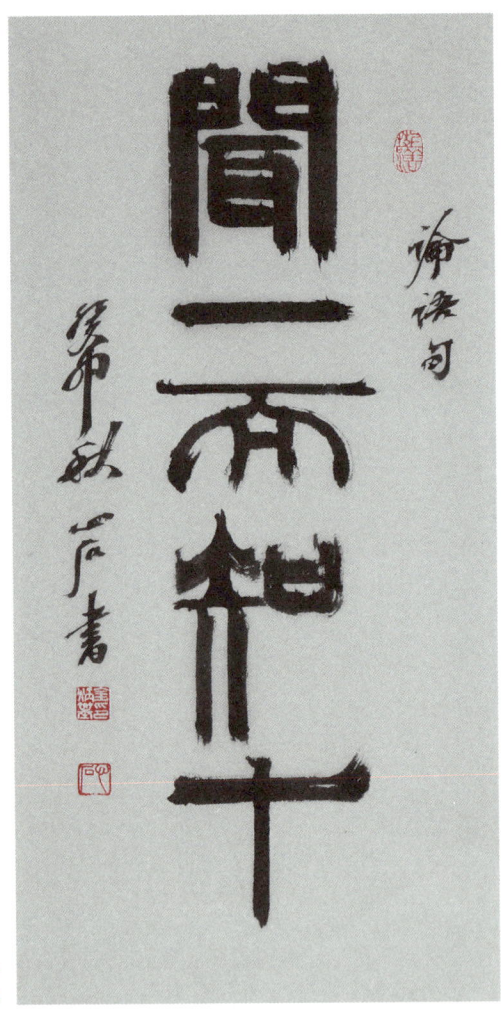

예서 필획으로
쓰면서 전서의 결구를
부분적으로 원용했다.

聞一以知十
34×72cm

공자께서 자공에게 물었다. "너와 안회는 누가 더 나으냐?" 자공이 대답하였다. "제가 어찌 감히 안회에게 견줄 수 있겠습니까? 안회는 하나를 들으면 열을 알고 저는 하나를 들으면 둘을 알 뿐입니다." 이에 공자께서는 "그래, 너는 안회만 못하다. 나는 네가 안회만 못함을 인정한다"라고 하셨다.

子謂子貢曰 女與回也孰愈 對曰 賜也 何敢望回 回也聞一以知十 賜也聞一以知二
子曰 弗如也 吾與女弗如也.

-「공야장」 제8장

공자가 자공에게 "너와 안회顔回 중 누가 더 나으냐?"고 물었다. 자공은 "제가 어찌 안회를 넘볼 수 있겠습니까? 안회는 하나를 들으면 열을 아는데 저는 하나를 들으면 겨우 둘을 알 정도입니다"라고 답했다. 여기서 각각 작은 재주와 큰 재주를 일컫는 '문일지이聞一知二', '문일지십聞一知十'이라는 사자성어가 나왔다. 자공의 답을 들은 공자는 "그렇지. 나도 네가 안회만 못함을 인정한다"고 했다. 언뜻 듣기에 자공을 완전히 무시한 말로 들리지만 실은 큰 애정으로 격려한 말이다. 안회보다 14세 어린 자공도 공자로부터 "지나간 것을 말해주니 다가올 것까지 아는구나(告往知來)"라는 칭찬을 들은 제자다. 이런 자공이 스스로 안회만 못하다며 매우 겸손한 답을 하자, 공자는 대견하게 여기며 "그래, 내 눈에도 네가 아직 안회만 못한 것 같구나"라고 하면서 선배 모범생을 들어 후배 제자를 면려勉勵한 것이다.

공자가 만약 오늘날 한국의 학교 선생님이었다면 아마 자공의 부모로부터 '학생 인격 모독'이라며 고소를 당했을 것이다. 속 깊은 격려는 아예 헤아리지도 못한 채, 입에 붙은 칭찬만 원하는 학부모가 고작 하는 일이라곤 그런 고소뿐이다. 빈 칭찬에 헛춤을 추는 코끼리가 가엽다.

## 75 후목 불가조야(朽木 不可雕也)
### 썩은 나무는 새길 수 없다

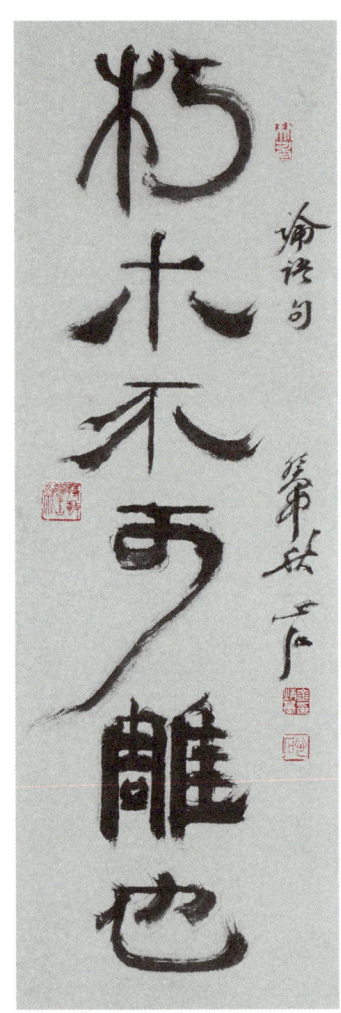

예서임에도 행서 결구를
가미하고, 죽간이나 백서의
분위기도 넣어 보았다. 나름
'득의지작(得意之作)'으로
생각한다.

朽木 不可雕也
24×76cm

제자 재여가 낮잠을 자자, 공자께서 말씀하셨다. "썩은 나무로는 무늬를 새길 수 없으며, 흙이 삭은 담장은 흙손질을 할 수 없다. 내가 너에게 무엇을 꾸짖겠느냐!"

재 여 주 침 자 왈 후 목 불 가 조 야 분 토 지 장 불 가 오 야 어 여 여 하 주
宰予晝寢 子曰 朽木不可雕也 糞土之墻不可杇也 於予與何誅.

―「공야장」제9장

공자보다 36세 어린 제자 재여(宰予)가 낮잠을 잤다. 공자가 호되게 꾸짖었다. "썩은 나무로는 조각을 할 수 없고, 흙이 삭은 담장은 흙손질을 할 수 없으니 내 너를 꾸짖을 필요도 없겠구나." 이어서 또 말했다. "나는 본래 다른 사람에 대하여 그 사람의 말을 듣고 그 행동을 믿곤 했었는데 이제부터는 말을 듣고서도 행동을 꼭 확인해야겠다. 너로 인해 내가 바뀌게 되었다." 온화한 분으로 여겼던 공자가 무서운 모습으로 다가오는 혹독한 꾸중이다. 젊은이의 게으름은 멀쩡한 사람을 썩은 나무나 삭은 흙처럼 망가뜨리기 때문에 이토록 호되게 꾸짖은 것이다.

혹자는 '그래도 그렇지, 꾸짖음이 너무 가혹하다'는 생각 끝에 중간에 '자왈(子曰)' 즉 공자가 이어서 말하는 두 번째 단락은 같은 날 재여에게 한 말이 아니라, 다른 때 다른 상황에서 한 말로 보기도 한다. 그런가 하면, 낮잠 좀 잤다고 공자가 그토록 심하게 꾸짖었을 리 없다면서 원문이 '주침(晝寢: 낮잠)'이 아니라, '화침(畵寢: 화려한 침실)'일 것이라며 재여의 사치스러운 생활 태도를 꾸짖은 것으로 풀이하기도 한다.

요즈음 우리 젊은이들은 "낮잠을 자고 싶어서 잤겠어요?"라고 항변할 만큼 많이 힘들다. 공자님의 나무람이 가혹하게 느껴지는 이유다.

| 76 | 욕 언득강(慾 焉得剛)
**욕심이 있으니 어찌 강할 수 있으랴** |

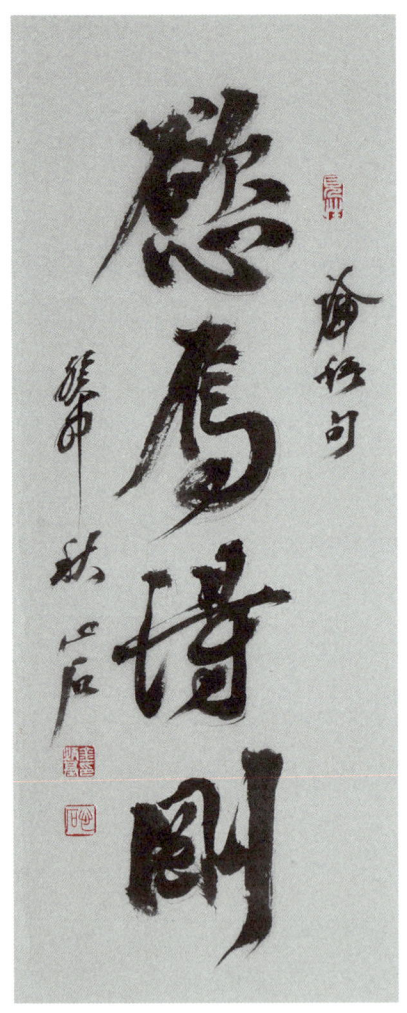

추사 선생의 필의를 모방해 보았다. 참으로 쉽지 않은 일임을 절감한다.

慾, 焉得剛
23×65cm

공자께서 "나는 아직 강직한 사람을 보지 못했다"고 하자, 어떤 사람이 "신정이 강직한 사람입니다"라고 하였다. 이에 공자께서는 "신정은 욕심이 많은 사람이니 어찌 강직할 수 있겠는가?"라고 말씀하셨다.

<sub>자 왈 오 미 견 강 자　혹 대 왈　신 정　자 왈　정 야 욕　언 득 강</sub>
子曰 吾未見剛者 或對曰 申棖 子曰 棖也慾 焉得剛.

―「공야장」 제9장

한자 자전은 '強'과 '剛'을 다 '굳셀 강'이라고 훈독한다. 그러나 두 글자는 쓰임이 다르다. '強'은 '弓(활 궁)'이 있으니 '활을 당기는 힘'처럼 주로 물리적으로 센 힘을 나타내고, '剛'은 '그물 망(岡=罔)+칼 도(刂=刀)'로 이루어진 글자로서 '칼로 끊어도 끊어지지 않는 그물의 강인함' 혹은 '얽힌 그물을 칼로 끊어버리는 결단'을 나타낸 글자다. 주로 정신적 강단<sup>剛斷</sup>을 표현할 때 사용한다.

어느 날, 공자가 진정으로 강단이 있는 사람을 못 봤다며 탄식하자, 어떤 사람이 "신정<sup>申棖</sup>이 있습니다"라고 답했다. 이에 공자는 "신정은 욕심이 있으니 어찌 강<sup>剛</sup>할 수 있겠는가!"라고 반문했다. 여기서 '욕심이 없어야 강하다'라는 뜻의 사자성어 '무욕즉강<sup>無慾則剛</sup>'이 나왔다.

삿된 욕심이 없는 사람이라야 끝까지 의로움을 지키는 강단을 발휘할 수 있다. 강단과 고집은 다르건만 사욕을 챙기는 사람은 자신에게 이롭겠다 싶으면 의로운 사람의 참된 강단을 잽싸게 고집으로 매도하며 자신의 꿍꿍이를 강단인 양 정당화한다. 민주주의와 정의를 지키는 확실하고 유일한 길은 '무욕의 강<sup>剛</sup>'을 알아보는 국민의 눈이다. 국민이 이런 눈을 갖추면 사욕으로 국정을 농단하는 무리들이 발을 붙이지 못할 것이다.

| 77 | 비이소급(非爾所及)<br>**네가 할 수 있는 바가 아니다** |
|---|---|

필획 수가 적은 글자 틈에 필획 수가 많은 '爾'가 끼여 있는 서제라서 '爾' 자의 결구를 해학적으로 구상해 보았다.

非爾所及
25×74cm

자공이 말했다. "저는 남이 저에게 하지 않았으면 하는 일은, 저도 남에게 행하고 싶지 않습니다." 공자께서 말씀하셨다. "사야! 그런 일은 네가 할 수 있는 일이 아니다."

子貢曰 我不欲人之加諸我也 吾亦欲無加諸人
子曰 賜也 非爾所及也.

―「공야장」 제11장

공자보다 44세나 어린 제자 자공이 말했다. "저는 남이 제게 가(加)하기를 원치 않는 일은 저도 남에게 가하지 않으려고 합니다." 그러자 공자는 "사(賜: 자공의 이름)야! 그건 네가 아직 할 만한 일이 아니다"라고 말했다. 더 정진해야 함을 북돋우며 독려한 것이다. 사람은 능력에 따라 당장이라도 할 수 있는 일이 있는가 하면, 지금은 능력이 부족하여 애써 노력해도 할 수 없는 일이 있다. 수준 따라 차근차근 하는 게 공부의 정도다.

요즈음 우리의 교육현장에는 '선행 학습'이 유행하고 있다고 한다. 1학년 과정도 못하면서 2학년 과정을 선행 학습하고, 중학교 과정도 모르면서 고등학교 과정을 선행 학습하는 과외를 받는다고 한다. 교육 효과가 있을 리 없다. '무조건 앞서가야 한다'는 부모의 욕심이 야기한 '애 잡는' 유행병일 뿐이다. 1990년대만 해도 교사가 학생에게 '네가 할 수 있는 일이 아니다'라며, 힘을 더 기르자고 말하면 오히려 감사하는 마음으로 스승의 말을 따랐던 것 같다. 그러나 요즈음은 그런 지도를 하는 교사는 당장 학부모로부터 '왜 내 자식 기죽이느냐?'는 항의를 받기 십상이란다. 비이소급! 허세 빼고 분수를 알아야 한다. 학생보다 학부모 교육이 더 절실한 상황이다.

| 78 | 미지능행 유공유문(未之能行 唯恐有聞)<br>아직 행하지 못했으면 더 들어 배우는 것을 두려워해야 |

未之能行 唯恐有聞
21×74cm

자로는 들은 것을 아직 능히 실행하지 못하는 상황에서는 행여 또다시 새로운 가르침을 들을까 두려워하였다.

<sub>자 로 유 문   미 지 능 행   유 공 유 문</sub>
子路有聞 未之能行 唯恐有聞.

−「공야장」제13장

공자의 제자 자로는 배우고서도 아직 실천하지 못한 상태에서 다른 가르침을 또 들을까 봐 두려워했다고 한다. 더러 지나치게 과감하여 스승으로부터 지적을 당하곤 한 자로였으니 실천력도 남달리 강했던 것 같다.

사람이 살아가는 데에는 그다지 많은 것이 필요하지 않다. 의식주에 소용되는 물건도 그렇지만 지혜로운 삶에 필요한 '말씀'도 실은 많이 필요하지 않다. 한 마디 말, 한 가지 진리라도 제대로 터득하여 '남의 말'로 듣는 데에 그치지 않고, '내 것'으로 소화하고 실천하는 삶이라야 알차고 행복하다. 좋은 말씀과 유익한 정보를 많이 듣겠다며 이곳저곳 허덕이듯이 돌아다니는 삶은 오히려 불행하다. 그래서 독일의 시인 카를 부세Carl Hermann Busse는 "산 너머 저쪽 하늘 멀리 행복이 있다기에 남의 말을 믿고서 행복을 찾아갔다가 눈물만 머금고 되돌아왔네"라고 읊었다.

잡다한 '검색'으로 허겁지겁 때우며 사는 삶이 아니라, 진지하게 '사색'하며 착실하게 실천하는 삶이라야 아름답다. 사색도 실천도 없이 챗봇의 생성만 기다리는 삶은 삭막하고 무의미하다. 지식을 '검색한다'는 게 무슨 의미인지조차 모르는 채 실천 없이 거푸 배우는 것을 오히려 두려워한 자로의 시대가 부럽다.

| 79 | 불치하문(不恥下問)<br>**아랫사람에게 묻는 것을 부끄러워하지 말라** |

추사 선생의 예서를 염두에 두고
창작했다. 수렴의 세(勢)보다는
확산의 세를 갖추려는 노력을
해야겠다.

不恥下問
24×69cm

자공이 공자께 묻기를, "공문자를 무엇 때문에 '문(文)'이라고 칭하여 시호(諡號)하였습니까?"라고 하니, 공자께서 말씀하셨다. "명민하면서도 배우기를 좋아하였으며, 아랫사람에게 묻기를 부끄러워하지 않았다. 이에 '문(文)'이라 시호한 것이다."

子貢問曰 孔文子 何以謂之文也 子曰 敏而好學 不恥下問 是以謂之文也.

―「공야장」 제14장

"아랫사람에게 묻는 것을 부끄러워하지 말라!" 『논어』에서 유래한 사자성어 중에서 특별히 유명한 사자성어다.

중국이나 한국에는 예로부터 훌륭한 인물의 사후에 나라에서 별호를 하사하는 제도가 있었다. 그런 별호를 시호諡號라고 한다. 이순신 장군의 충성과 무공을 기려 내린 '충무공忠武公', 문(文)을 이룬(成) 업적을 기려 율곡 선생께 내린 '문성공文成公' 등이 바로 시호다.

위나라 대부 공어孔圉를 기려 '문文' 자가 든 시호가 내려지자, 자공이 공자에게 "어찌하여 '文' 자를 넣어 시호하였습니까?"라고 물었다. 이에 공자는 "공어는 명민明敏하면서도 배우기를 좋아하고 아랫사람에게 묻기를 부끄러워하지 않았기 때문"이라고 답했다.

실력과 자신감이 있어야 아랫사람에게도 물으며 배운다. 어디까지 모른다고 해야 그나마 체면이 설지를 따져보느라 모른다는 말을 못하고 우물쩍대거나, 학생의 질문이 집요하다 싶으면 버럭 화를 내어 위기를 모면하는 교사나 교수는 참 불쌍하다. 모르면 차라리 학생과 함께 '검색'해 보는 것도 좋을 테지만 실력도 없고 자신감도 없는 교사·교수는 그런 용기조차 내지 못한다. 제자에게 묻는 스승, 손자에게 배우는 할아버지의 모습은 부끄럽기는커녕 얼마나 아름다운가!

| 80 | 구이경지(久而敬之)
**오래 되어도 공경하다** |

79번 작품과 같은 날, 같은 시간대에 제작한 작품이다.

久而敬之
24×69cm

공자께서 말씀하셨다. "안평중은 다른 사람과 사귀기를 잘하는구나. 사귄 지 오래 되어도 공경하니 말이다."

子曰 晏平仲 善與人交 久而敬之.
<sub>자왈 안평중 선여인교 구이경지</sub>

―「공야장」 제16장

공자는 제나라 대부였던 안평중<sup>晏平仲</sup>에 대해 "남과 사귀기를 참 잘하는구나. 오래 되어도 공경하니!"라며 칭찬했다.

흔히 '공경 경'이라고 훈독하는 원문 속의 '敬'은 대개 '주일무적<sup>主一無適</sup>' 즉 '하나를 주로 삼아 집중함으로써 그로부터 떠남이 없다'는 뜻으로 풀이한다. 그러므로 공자가 안평중을 평한 '구이경지'란 말은 "사귐이 오래 되어도 그 사람에게 집중하여 마음을 딴 데로 옮기지 않는다"는 뜻이다. 마음을 딴 데로 옮기는 것이 곧 배반이다. '구이경지'라야 배반이 없다.

"화호 화피난화골<sup>畵虎 畵皮難畵骨</sup>, 지인 지면부지심<sup>知人 知面不知心</sup>"이라는 말이 있다. "호랑이 겉가죽 무늬는 그릴 수 있어도 뼈는 그리기 어렵고, 사람 얼굴은 알아도 마음은 알 수 없다"는 뜻이다. 중국 명나라 때의 소설가 풍몽룡<sup>馮夢龍</sup>이 엮은 단편소설집『유세명언<sup>喩世明言</sup>』제1권에 나오는 말이다.

요즈음 우리 사회는 마음을 알 수 없는 배반이 횡행하고 있다. "어제의 동지가 오늘의 적!"이라는 말을 오히려 당연시하는 것 같다. 특히 정치판이 그렇다. '믿음'이 없다. 믿음이 없이는 함께 미래를 설계할 수 없고, 미래를 설계할 수 없으면 망한다. '구이경지'의 믿음 회복이 무엇보다 시급한 상황이다.

| 81 | 불념구악(不念舊惡)
**용서를 빈 옛 잘못은 되씹지 않아야** |

청년 시절 송나라 명필
황정견의 해행서를 많이
공부한 편이다. 무의식중에
황정견의 필획, 결구, 장법이
드러나곤 한다.

不念舊惡
24×69cm

공자께서 말씀하셨다. "백이와 숙제는 사람들의 지나간 악행을 마음에 두지 않았다. 이 때문에 원망하는 사람이 드물었다."

子曰 伯夷叔齊 不念舊惡 怨是用希.

－「공야장」제22장

공자는 은나라의 작은 제후국이었던 고죽국의 두 왕자 백이·숙제에 대해 "용서를 빈 옛 잘못을 되씹지 않았기에 원망하는 사람이 드물었다"고 평하였다. 은나라의 마지막 왕인 주紂왕은 주지육림酒池肉林의 향락에 빠져 잔혹한 정치를 했다. 마침내 제후들의 맹주인 서백西伯의 아들 희발喜發이 주왕을 몰아내고 주周나라를 세웠다. 바로 무왕이다. 이때 백이·숙제는 무왕이 주왕을 징벌한 뜻은 옳지만 신하로서 왕을 몰아내는 것은 잘못이라고 간했으나 무왕은 듣지 않았다. 이에 주周 땅의 곡식은 먹지 않겠다면서 수양산에 들어가 고사리만 꺾어 먹다가 죽었다. 훗날 '불사이군不事二君'의 충절을 지킨 인물로 추앙되었다. 이처럼 맑고 강직한 백이·숙제였지만 아무리 악한 짓을 한 사람이라도 일단 잘못을 뉘우치고, 고치고, 용서를 빌면 옛 잘못을 되씹어 탓하는 일이 드물었다.

대단한 정의를 실천하는 양 용서를 빈 옛 과오를 들먹이며 상처 위에 소금을 뿌리는 사람이 있다. 그건 결코 정의가 아니라 잔인한 만행이다. 자신은 돌아보지 않고 남 공격만 일삼는 정치인, 지난 일을 탓하는 치열한 부부싸움, 다 원망만 낳는 만행이다. 일본, 용서를 빌어라! 그때 우리는 '불념구악'하리니.

| 82 | 직(直) |
|---|---|
| | 곧다는 것은 |

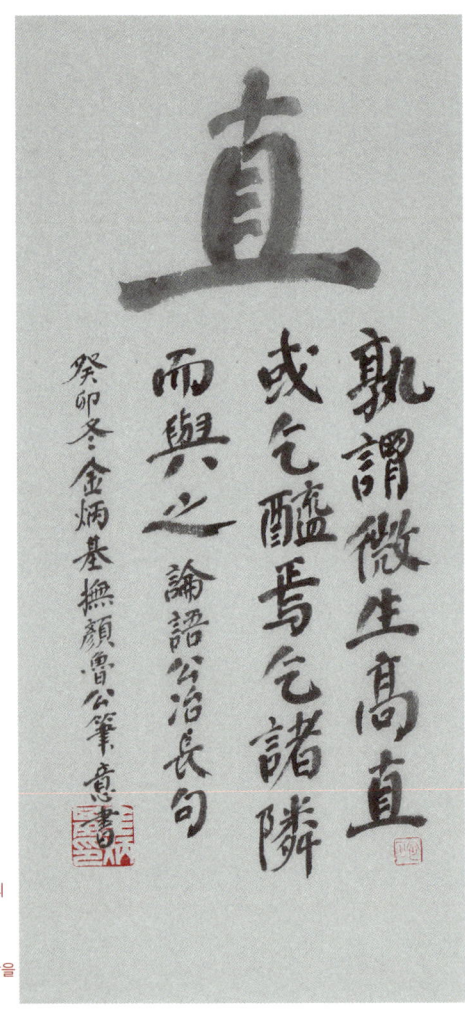

'直'을 특별히 강조하기 위해 강직하기로 유명한 서예가 안진경(顔眞卿)의 서체로 썼다.
주묵(朱墨)과의 조화를 생각하며 특별히 큰 인장을 찍었다.

直
33×67cm

공자께서 말씀하셨다. "누가 미생고를 정직하다 하는가? 어떤 사람이 식초를 빌리러 오자 그는 이웃집에 가서 빌려다 주었다."

子曰 孰謂微生高直 或乞醯焉 乞諸其鄰而與之.

-「공야장」제23장

노나라 사람 미생고微生高는 '곧은 사람'이라는 평판이 있었지만 공자는 "누가 미생고를 곧다고 하는가? 어떤 사람이 그의 집에 식초를 빌리러 왔을 때, 집에 식초가 없자 이웃집에서 빌려다 주었으니…"라고 말하며, 자기 집에 식초가 없음을 '이실직고以實直告'하지 않은 미생고를 곧은 사람이 아니라고 혹평했다. 미생고의 행위가 설령 친절을 베풀기 위함이었다 하더라도 그것은 '과공過恭' 즉 지나친 친절이다. 지나친 친절은 아첨과 다르지 않다. 공자가 미생고를 혹평한 이유다.

『유마경』에 "직심이 곧 도량(直心是道場)"이라는 말이 있다. 아집이나 허세에 의한 왜곡이 없이 있는 그대로를 볼 수 있는 마음이 곧 '직심'인데, 그런 직심을 가질 수 있다면 어디라도 다 도를 닦을 수 있는 곳이라는 뜻이다. 한 치의 거짓이나 왜곡 없이 남을 보고 또 나를 보는 직심이 곧 성인이나 부처로 가는 길이다. 그래서 소동파도 도연명에 대해 "배가 고프면 남의 집 문을 두드려 걸식도 하는" 직심을 실행하는 사람이라고 평하며 추앙했다. 탁발승의 탁발 또한 직심을 기르기 위한 방편이었을 것이다. 정치도 술책이 아니라 직심이어야 한다. '남의 집 식초를 빌려다 주는' 아첨과 위선의 정치가는 솎아내야 한다.

| 83 | 과이내자송(過而內自訟)<br>**잘못이 있거든 안으로 자신에게 소송하라** |

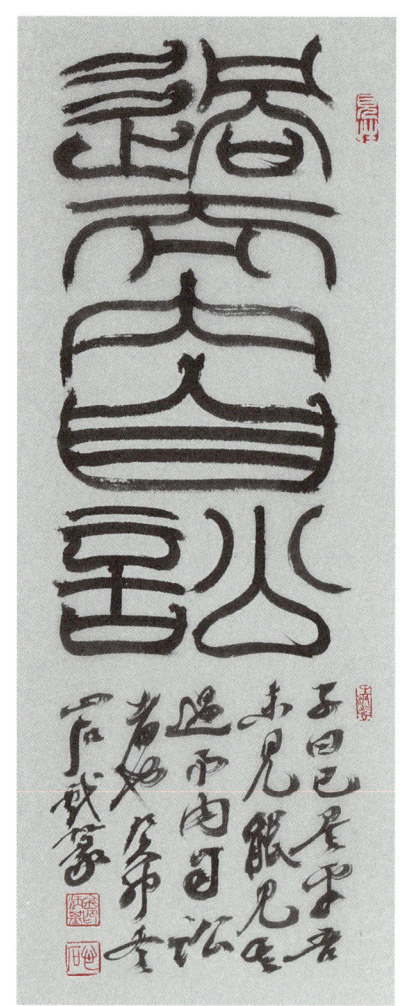

소전체 필획으로 전각에
사용하는 전서의 장법을
활용하여 작품을 구상했다.

過而內自訟
33×67cm

공자께서 말씀하셨다. "안타깝구나! 나는 아직 자신의 허물을 보고서 속으로 스스로를 소송하듯 하는 자를 보지 못하였으니."

子曰 已矣乎 吾未見能見其過而內自訟者也.

-「공야장」제26장

한자 '訟(송사할 송)'은 법원의 판단에 의해 구체적 '법률 상태'를 확정하거나 '사실 상태'를 강제로 집행하는 것을 목적으로 하는 법률적 절차인 소송訴訟'을 뜻하는 글자다. '訟'은 '言(말)+公'으로 이루어졌고, '公(공평할 공)'은 '사물을 공평하게 나눈다'는 뜻이다. 그러므로 '訟'은 '공평하게 판가름하여 말한다'는 뜻으로 사용하는 글자다. 따라서 '소송訴訟'은 공평한 판가름을 해주기를 하소연하는 것이고, '송사訟事'는 법적인 바른 판가름을 구하는 모든 행위를 포괄적으로 일컫는 말이다.

지금 우리나라는 온통 '송사訟事'판'인 것 같다. 걸핏하면 고소·고발이고, 툭하며 소송 제기다. 이익 앞에서 의로움은 깡그리 잊고 오직 이익만을 챙기다 보니 사회가 온통 싸움판이 된 것이다. 자기 논으로만 물을 끌어대는 '아전인수我田引水'의 이기주의가 팽배하여 자신의 잘못에 대해서는 마음속으로라도 소송할 생각이 전혀 없다. 공자가 살던 세상도 그랬었는지 공자도 "잘못에 대해 안으로 자신에게 소송하는 사람을 본적이 없다"고 한탄했다. 이제, 더 이상 한탄은 필요치 않다. 이익에 눈이 멀어 남만 잡으려 드는 싸움판을 성찰·반성·개선하는 노력을 해야 한다. 공멸을 면하려면.

## 84 호학(好學)
## 배우기를 좋아하다

추사 선생을 생각하며 쓴 작품이다.

好學
32×71cm

공자께서 말씀하셨다. "열 집이 사는 작은 마을에도 반드시 나처럼 충성스럽고 진실한 사람은 있겠지만, 나처럼 배우기를 좋아하는 사람은 없을 것이다."

자 왈 십 실 지 읍 필 유 충 신 여 구 자 언 불 여 구 지 호 학 야
子曰 十室之邑 必有忠信如丘者焉 不如丘之好學也.

—「공야장」제27장

　공자는 일찍이 "열 가구 안팎의 작은 마을에도 나만큼 충성과 신의를 갖춘 사람이 있을 것이다. 그러나 나처럼 배우기를 좋아하는 사람은 아마 없을 것이다"라고 하였다. 공자가 지나친 자부심으로 자기 자랑을 한 것처럼 들리지만, 실은 타인을 '면려(勉勵: 애써 노력하게 함)'하기 위해 한 말이다. 비록 충忠과 신信의 성품을 타고났다고 하더라도 배움이 모자라면 그런 충성과 신의는 퇴색하거나 변질되고 만다. 이에 공자는 끊임없이 배우는 노력을 해야만 시골 사람에 머무르지 않고 성인의 경지까지 나아갈 수 있음을 면려하기 위해 배우기를 좋아한 자신의 생활 태도를 강조하여 말한 것이다.

　공자는 "종일 밥도 안 먹고, 밤새 잠도 안 자며 사색해 봐도 얻는 게 없으니 배우는 것만 못하다(終日不食, 終夜不寢, 以思, 無益, 不如學也)"라고도 했다. 역시 배움을 강조한 말이다. 배움의 정도에 따라 사색과 창의력의 수준이 달라진다. 배우지 않은 '빈 머리'의 사색은 창의력으로 이어지지 않고, '검색'을 통해 임시로 채운 '풋머리'로는 양질의 창의력을 발휘할 수 없다. 즐겨 배워 '익힌 머리'라야 훌륭한 인품도 발현되고 뛰어난 창의력도 샘솟는다. 공자의 '호학' 정신을 받들어야 할 이유다.

| 85 | 불천노불이과(不遷怒不貳過) |
|---|---|
| | 성냄을 옮기지 않고 잘못을 되풀이하지 않다 |

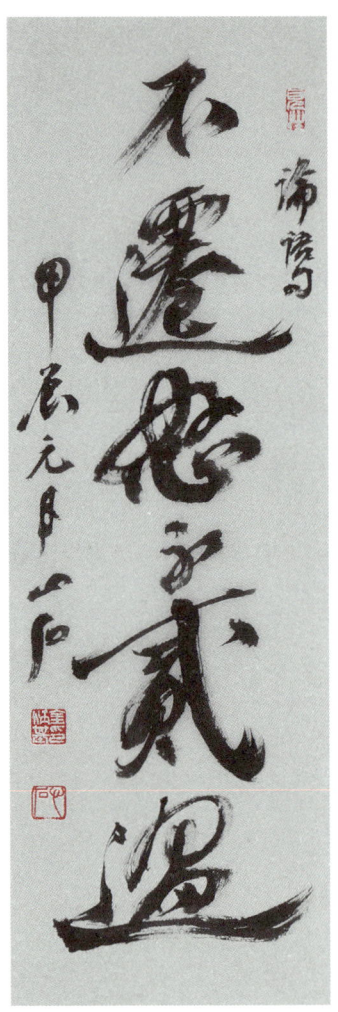

추사 선생의 행서 분위기를 모방하여 쓴 작품이다. 크게 못 미치지만 꾸준히 시도해 보고자 한다.

不遷怒不貳過
24×70cm

애공이 "제자 중에 누가 배움을 좋아합니까?"라고 묻자, 공자께서 대답하셨다. "안회라는 자가 배우기를 좋아하여 노여움을 남에게 옮기지 않고, 같은 잘못을 되풀이하지 않았는데, 불행하게도 명이 짧아 죽어서 지금은 없습니다. (근래에는) 배우기를 좋아한다는 사람을 듣지 못했습니다"라고 답했다.

<small>애 공 문　제 자 숙 위 호 학</small>
哀公問 弟子孰爲好學
<small>공 자 대 왈 유 안 회 자 호 학　불 천 노 불 이 과　불 행 단 명 사 의　금 야 즉 망　미 문 호 학 자 야</small>
孔子對曰 有顔回者好學 不遷怒 不貳過 不幸短命死矣 今也則亡 未聞好學者也.

-「옹야」 제2장

살다 보면 화가 치밀 때도 있고, 실수를 범할 때도 있다. 관건은 치민 화와 저지른 실수를 어떻게 마무리하느냐다. 마무리하는 태도에 따라 배워 닦기를 좋아하는 인격자와 그렇지 못한 사람이 확연히 구별된다.

노나라 애공이 공자에게 "제자 중에 누가 배우기를 좋아하느냐"고 묻자, 공자는 "안회顔回라는 제자가 배우기를 좋아하여 성냄을 옮기지 않고 잘못을 되풀이하지 않았었는데 불행히도 단명하여 지금은 그만한 제자가 없다"고 답하며 안회의 죽음을 아쉬워했다. 여기서 "성냄을 옮기지 않고 잘못을 되풀이하지 않다"라는 뜻의 유명한 6자성어 '불천노불이과'가 탄생했다.

노여움은 화를 나게 한 당장의 그 일에 대해서만 표해야 한다. '화장실 청소 좀 자주 하자'며 다투던 부부 싸움이 친정의 교육 수준을 들먹이고 시댁의 촌스러운 생활 습관을 지적하는 데로 옮겨 번지면 이혼을 부르는 큰 싸움이 될 수 있다. '양말 뒤집어 벗어놓는' 잘못 역시 거듭하다 보면 감당할 수 없는 큰 부부 싸움으로 번질 수 있다. "당신 하는 짓이 예나 지금이나 다 그렇지 뭐…." 파탄을 원치 않거든 입에 담지 말아야 할 말이다. '불천노불이과'는 우리 삶을 아름답게 하는 비결 아닌 비결이다.

| 86 | 주급이불계부(周急而不繼富)
위급함을 두루 도울 뿐, 부자에 부를 더하지 않아야 |

추사 선생을 생각하며 쓴
작품이다.

周急而不繼富
24×70cm

제자 자화가 공자의 심부름으로 제나라에 가게 되었다. 다른 제자 염유가 자화의 어머니를 위해 곡식을 줄 것을 청하자 공자는 "부(釜: 여섯 말 넉 되)를 주어라"고 하셨다. 더 줄 것을 청하자, 공자는 "경(庾: 열여섯 말)을 주라"고 하셨다. 염유는 이 말을 어기고 5병(秉)이나 되는 곡식을 주었다. 이에 공자께서 말씀하셨다. "적(赤: 자화의 본명)이 제나라로 떠날 때 살찐 말을 타고 가벼운 고급 가죽옷을 입었다는 얘기를 들었다. 내가 듣기로 '군자는 급한 곤궁함을 두루 주선하여 도울 뿐, 부유한 자에게 부를 또 이어주지는 않는다'고 하더라."

　　자　화　사　어　제　　염　자　위　기　모　청　속　　자　왈　　여　지　부　　청　익　　왈　여　지　유　염　자　여　지　속　오　병
子華使於齊 冉子爲其母請粟 子曰 與之釜 請益 曰 與之庾 冉子與之粟五秉
자　왈　　적　지　적　제　야　　승　비　마　의　경　구　　오　문　지　야　　군　자　주　급　불　계　부
子曰 赤之適齊也 乘肥馬衣輕裘 吾聞之也 君子周急不繼富.

-「옹야」 제3장

　　제자 자화<sup>子華</sup>가 공자의 심부름으로 제나라에 가게 되자, 다른 제자 염유가 당분간 홀로 계실 자화의 어머니를 위해 많은 곡식을 주자는 제안을 했다. 공자가 거듭 적당량을 제시했지만 염유는 결국 분에 넘치는 많은 곡식을 주었다. 이에 공자는 자화가 살찐 말을 타고 값비싼 고급 가죽옷을 입고서 길을 떠났다는 말을 들었다면서 세상에 전하는 "군자는 위급함을 두루 주선하여 도울 뿐, 부자에게 부를 더 이어주지는 않는다"는 말을 들어 염유를 은근히 꾸짖었다.

　　우리 사회는 더러 '부자 감세'가 문제로 거론되곤 한다. 부자 기업에게 감세 혜택을 주어 수출을 증대함으로써 외국 돈을 많이 벌어오면 결국 국민 전체가 부유해진다는 논리로 '부자 감세'의 필요성을 설명한다. 과연 그렇게 될까? 부자의 부를 이어주는 꼴이 되어 부자만 "살찐 말을 타고 값비싼 가죽옷을 입는(乘肥馬 衣輕裘)" 호사를 누리게 되는 것은 아닐까? 부자 감세는 자칫 가난한 사람을 허탈하게 할 수 있다.

　　'복지'가 과해도 문제다. 복지를 믿고 힘들여 일하려 하지 않기 때문이다. 일하지 않고서는 가난을 면할 수 없다. 그래서 "가난은 나라님도 못 구한다"는 속담이 있다. 가난한 자가 허탈함도 안 느끼고, 게으름 피울 생각도 안 하는 세금정책과 복지제도라야 사회가 건강하게 발전한다.

| 87 | 가사종정야여(可使從政也與)<br>**정치를 할 만하겠는가?** |

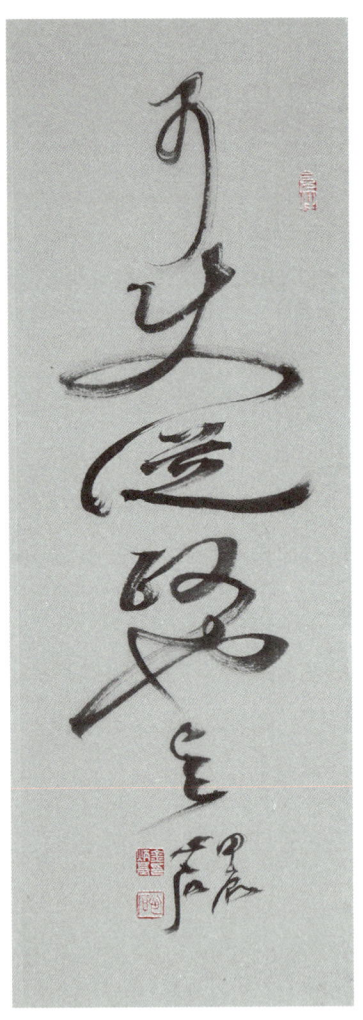

남의 서실에서 우연히
휘호하여 얻은 작품이다.
초서의 분위기는 좋으나
먹색이 너무 연하여
섬약한 느낌이 드는 게
아쉽다.

可使從政也與
24×73cm

노나라 대부 계강자가 공자에게 물었다. "중유는 정치에 종사하게 할 만합니까?" 공자께서 말씀하셨다. "중유는 과단성이 있으니 정치에 종사하는 데에 무슨 어려움이 있겠습니까?"

계 강 자 문 중 유 가 사 종 정 야 여  자 왈  유 야 과  어 종 정 호  하 유
季康子問 仲由可使從政也與 子曰 由也果 於從政乎 何有.

—「옹야」 제6장

---

노나라의 대부 계강자가 자로, 자공, 염유 등을 들어 그들이 정치를 할 만한 인물인지를 물었다. 이에 공자는 세 제자가 각기 과단성이 있고, 사리에 밝으며, 다재다능하다면서 "그들이 정치를 하는 데 무슨 문제가 있겠느냐"고 되물었다. 이들 제자는 장점 이전에 기본적인 인격이 갖추어져 있었으므로 공자는 그처럼 자신 있게 반문을 한 것이다.

한자 '政(정사 정)'은 '正(바를 정)+攵(칠 복)'으로 이루어진 글자로서 '치는(때리는=징벌하는) 수단을 이용해서라도 바로잡는다는 의미를 담고 있다. '治(다스릴 치)'는 '입(口=바른말)으로써 물길(氵=水)과 같은 순리를 말하여 세상을 다스린다'는 뜻이다. 그러므로 '정치政治'는 바른말로 순리를 행하고 더러 징벌도 사용하여 만백성을 다스리는 행위다. 그렇게 하려면 당연히 만백성의 스승이 될 만한 인품을 갖추어야 한다. '내성외왕內聖外王' 즉 '안으로 쌓은 성인의 인품과 덕이 밖으로 드러나면 곧 왕(지도자)'이 되는 것이니 정치인은 술수를 익히기에 앞서 인품 도야에 힘써야 한다.

공자가 자신 있게 "정치를 하게 할 만하다"고 평한 제자들처럼 인격과 장점을 갖춰 진실로 '정치를 할 만한' 인재가 우리나라 정치계에도 많이 등장하기를 바란다.

## 88 오필재문상의(吾必在汶上矣)
### 나는 반드시 문수 물가에 있을 것이오

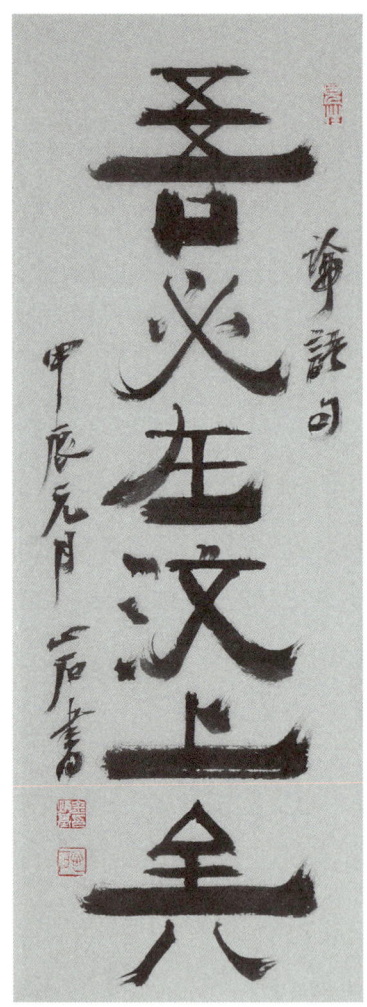

吾必在汶上矣
25×74cm

계씨가 민자건에게 사람을 보내어 비읍의 읍재가 될 것을 청하자, 민자건은 심부름 온 사람에게 말했다. "나 대신 내 말을 잘 해 주시오. 만약 다시 나를 부르러 온다면, 나는 반드시 노나라를 떠나 제나라의 문수 물가에 가 있을 것이오."

季氏使閔子騫 爲費宰
閔子騫曰 善爲我辭焉 如有復我者 則吾必在汶上矣.

-「옹야」 제7장

노나라의 실권을 장악한 권신인 대부 계씨(季氏)가 공자의 제자 민자건에게 노나라에 속한 '비(費)' 땅의 읍재(邑宰: 읍장)를 맡아달라는 전갈을 보내왔다. 민자건은 전갈을 전하러 온 사자에게 "나는 읍재 벼슬에 뜻이 없으니 그대가 돌아가서 말을 잘 전하게. 만약 나를 다시 부른다면 나는 노나라를 떠나 제나라의 문수(汶水) 물가로 은거해 버릴 것이오"라고 말하였다. 부정한 권력자 밑에서는 어떤 벼슬도 하지 않겠다는 의지를 표명한 것이다. 어지러운 나라에서 부귀를 누리는 사악한 권력의 부름을 거절하기란 쉽지 않은 일이다. 강직하게 거절하면 자칫 화를 입을 수 있고, 약하게 대하면 욕됨을 당할 수 있다. 이에 민자건은 차라리 다른 나라로 가서 은거를 할 각오로 벼슬 제안을 거절하는 강한 의지를 보인 것이다.

권력이라면 물불을 가리지 않고 줄을 서는 지난 정부의 우리나라에는 민자건과 같은 인물은 아예 없었던 것 같다. '직(直: 곧을 직)'한 사명감은 없고 오로지 '직(職: 직책 직)'만 탐하는 무리들이 화를 당할지, 욕을 당할지에 대한 가늠도 없이 그저 눈앞의 이익을 향해 불나비처럼 덤비고 싸우는 흉한 꼴을 보였다. 탐하는 자보다 오히려 피하는 사람 중에서 인재를 골라 세우는 국민의 안목이 절대적으로 필요하다. 바른 인재가 등용되어야 바른 나라가 된다.

| 89 | 명의부(命矣夫)
**운명인가 보구나** |

'命' 자를 길게 썼기에 작품의 주변에 작은 글씨로 해당 원문을 써넣음으로써 소(疏)와 밀(密)의 조화를 시도했다.

命矣夫
24×73cm

공자의 제자 염백우가 병에 걸리자, 공자께서 문병하러 가서서 창을 통해 그의 손을 잡고 말씀하셨다. "이런 병에 걸릴 리가 없는데! 운명인가 보구나! 이런 사람이 이런 병에 걸리다니! 이런 사람이 이런 병에 걸리다니!"

<sub>백 우 유 질   자 문 지   자 유   집 기 수 왈   망 지   명 의 부   사 인 야   이 유 사 질 야</sub>
伯牛有疾 子問之 自牖 執其手曰 亡之 命矣夫 斯人也 而有斯疾也.
<sub>사 인 야   이 유 사 질 야</sub>
斯人也 而有斯疾也.

―「옹야」 제8장

나이 차이가 일곱 살밖에 나지 않는 제자 염백우가 병에 걸려 자리에 누웠다. 문병한 공자가 창문 너머로 그의 손을 잡고서 안타깝게 말했다. "이런 몹쓸 병에 걸릴 리가 없는데… 운명인가 보구나! 이런 사람이 이런 병에 걸리다니!" 평소의 착한 행실로 봐서는 응당 축복을 받아야 할 사람이 몹쓸 병에 걸렸기 때문에 공자는 이처럼 운명을 탓한 것이다. 병을 일으키는 세균이나 바이러스의 실체를 모르던 그 시대에는 병을 운명으로 여길 수밖에 없었으리라.

20세기까지도 운명으로 여겼던 여러 병들이 이제는 더 이상 운명이 아니다. 현대 과학과 의학은 외부로부터 침입한 세균이나 바이러스를 찾아내어 박멸함으로써 운명이라 생각했던 전염병을 거의 다 퇴치했다. 외부의 침입자가 없이 내 안의 스트레스로 인해 스스로 나빠지는 병인 심장병, 고혈압, 당뇨 등도 나를 다스려 마음의 평화를 얻으면 극복할 수 있다는 지혜를 터득하면서부터 이 또한 대부분 내 '할 탓'이지 운명은 아니라는 생각을 하게 되었다. '100세 시대'인 지금, 병은 더 이상 운명이 아니기 때문에 병에 걸려도 민자건을 향한 공자의 탄식과 같은 슬픈 탄식은 듣기 어렵다. 내가 나를 잘 다스려 운명을 탓하는 어리석은 슬픔을 맞지 않도록 해야 할 것이다.

| 90 | **일단사일표음**(一簞食一瓢飮)<br>**한 바구니의 밥, 한 표주박의 물** |

一簞食一瓢飮
24×73cm

공자께서 말씀하셨다. "어질도다! 안회여! 한 바구니의 밥과 한 표주박의 물을 먹고 마시며 누추한 시골에 사는 근심을 사람들은 견뎌내지 못하는데, 안회는 그 즐거움을 바꾸지 않으니, 어질도다! 안회여!"

<sub>자 왈  현재   회 야  일 단 사  일 표 음  재 누 항  인 불 감 기 우  회 야 불 개 기 락  현 재   회 야</sub>
子曰 賢哉 回也 一簞食 一瓢飮 在陋巷 人不堪其憂 回也不改其樂 賢哉 回也.

―「옹야」 제9장

공자는 평소 특별히 아꼈던 제자 안회를 이렇게 칭찬하기도 했다. "사람들은 가난한 마을에 살면서 바구니 밥과 표주박 물로 살아가는 삶을 견디기 힘들어하는데, 안회는 오히려 그런 생활을 즐기고 있으니 현명하구나, 안회여!" 극찬이다. 여기서 안빈낙도(安貧樂道: 가난함을 편히 여기며 도를 즐기다)를 상징하는 '단사표음簞食瓢飮'이라는 사자성어가 나왔다. 현대를 사는 대부분의 사람들은 "가난하여 호의호식을 못하는데 그런 생활이 즐거울 게 뭐냐?"고 반문할 것이다. 그렇다면, 늘 호의호식하는 부자는 항상 즐겁고 행복할까? 아닐 것이다. 호의호식 뒤에 어떤 불행이 감춰져 있을 수도 있다.

따지고 보면, 사람이 사는 데에는 그다지 많은 것이 필요치 않다. 철 맞춰 입을 수 있는 옷 몇 벌과, 몸을 뉠 수 있는 잠자리와, 가족이 오순도순 함께 할 수 있는 평범한 밥상이면 행복은 이미 그 안에 와 있다. 그럼에도, 부자와 비교되는 상대적 빈곤감에 빠져 이미 다가와 있는 행복을 행복으로 느끼지 못하고 오히려 불만에 허덕이는 경우가 많다. '단사표음'으로도 만끽할 수 있는 '자행복自幸福'을 느끼지 못하는 사람은 천만금이 있어도 항상 허덕이며 불행하다. "행복은 언제나 마음속에 있는 것…"

| 91 | 중도이페 금여획(中道而廢 今女畫)
중간에 그만둔다고? 지금 너는 한계를 긋고 있구나 |

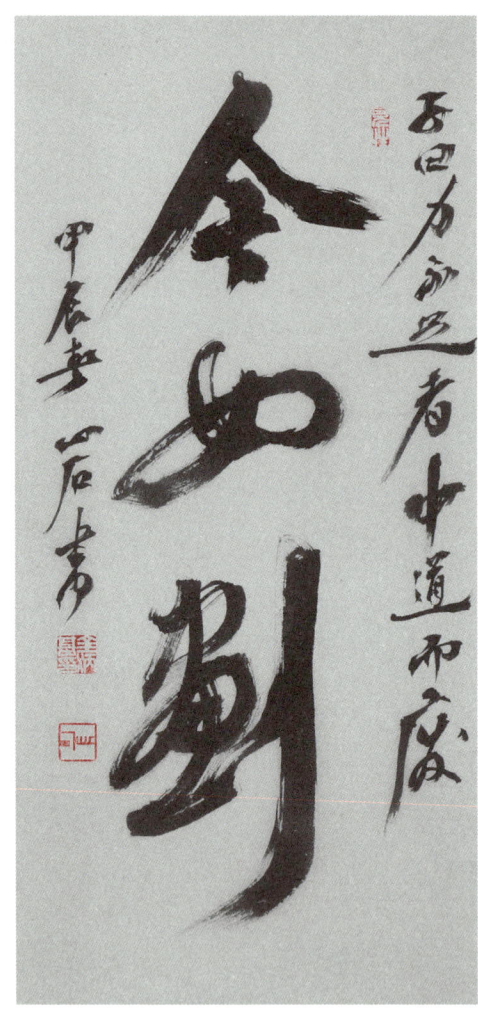

일필휘지로 얻은
작품이다. 필획에
허점이 많이 보인다.
더 공력을 쌓는 것 외에
다른 길이 없다.

今女畫(劃)
31×70cm

염구가 말하였다. "저는 선생님의 도를 좋아하지 않는 것은 아니지만, (제가 배우기에는) 힘이 부족합니다." 공자께서 말씀하셨다. "힘이 부족한 자는 중도에서 그만두는데, 지금 너는 스스로 한계를 긋고 있구나!"라고 하셨다.

冉求曰 非不說子之道 力不足也 子曰 力不足者 中道而廢 今女畫.
염 구 왈 비 불 열 자 지 도 역 부 족 야 자 왈 역 부 족 자 중 도 이 폐 금 여 획

-「옹야」제10장

제자 염구冉求가 "저는 스승님의 가르침을 좋아하지 않는 바가 아니나, (실천하기에는) 힘이 부족합니다"라고 고백했다. 이에 공자는 "힘이 부족하면 중간에 그만둘 수밖에 없는데 너는 지금 네 스스로에게 한계선을 긋고 있구나!"라고 말했다. 스스로 한계선을 긋는 한 아무것도 이룰 수 없다. 자신감을 가져야 한다.

자신감과 오만불손은 다르다. 못하는 이유를 남 탓으로 돌리는 게 오만불손이고, 자기 몫으로 여겨 끝까지 노력하는 게 자신감이다. 부처님은 "천상천하유아독존天上天下唯我獨尊!" 즉 "하늘 위, 아래에 오직 나 홀로 존귀하다"고 선언했다. 시인 이백은 "천생아재필유용天生我材必有用"이라고 외쳤다. "하늘이 나를 낼 제, 반드시 쓸 곳이 있었을 것이다"라는 자신감의 외침이다. 부처님과 이백만 존귀하고 쓰임이 있을까? 아니다. 우리 모두가 다 세상에 단 하나밖에 없으며 소중한 쓰임을 가진 존재들이다. 스스로 '부족하다', '못 한다' 하는 한계를 지어야 할 이유가 없다.

영화 〈노량〉에는 끝까지 적을 섬멸하고자 하는 이순신 장군의 '불획不劃' 정신이 담겼다. 〈명량〉은 더욱 강한 '불획'의 의지로 승리한 전쟁이다. "저에게는 아직 13척의 배가 있습니다." 이를 기억하고 배우자!

| 92 | **비공사 미상지어언지실(非公事 未嘗至於偃之室)**<br>**공적인 일이 아니면 집무실에 온 적이 없다** |

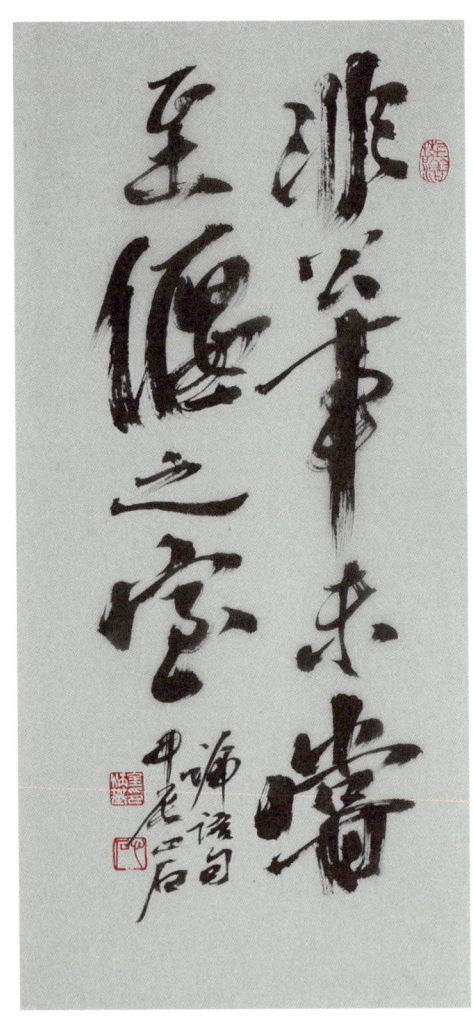

추사체를 모방하고
싶은 욕구에 5~6회
반복해서 썼지만
호랑이 그리려다 개를
그린 꼴이다.

非公事 未嘗至於偃之室
31×69cm

자유가 무성의 읍재가 되었을 때 공자께서 물으셨다. "너는 그곳에서 인물을 얻었느냐?" 자유가 대답하였다. "담대멸명이라고 하는 사람이 있습니다. 그는 지름길로 다니지 않고, 공적인 일이 아니면, 저 언(偃)의 집무실에 온 적이 없습니다."

子游爲武城宰 子曰 女得人焉爾乎
曰 有澹臺滅明者 行不由徑 非公事 未嘗至於偃之室也.

―「옹야」제12장

제자 자유(子游: 본명 언偃)가 무성武城의 읍재邑宰가 되었을 때, 공자가 "인물을 얻었느냐?"라고 물었다. 자유는 "'담대멸명'이라는 사람이 있는데 그는 지름길로 다니지 않고, 공적인 일이 아니면 저의 집무실에 온 적이 없습니다"라고 답하였다. 조급하지 않아야 지름길을 안 가고, 아부하지 않는 사람이라야 사적인 방문을 안 한다. 자유는 담대멸명을 그런 인물로 여겼기에 공자에게 서슴없이 소개한 것이다.

지름길을 택하지 않기도 어렵지만, 권력자를 향해 문전성시門前成市를 이루는 아부와 청탁이 상례인 세상에서 사적 방문을 안 하는 것은 더욱 어려운 일이다. 사적 만남을 통해 이루어지는 부정 청탁의 대가인 뇌물은 상습적으로 받다 보면 나중에는 무엇을 얼마나 받았는지 짐작조차 못하는 지경에 이르게 된다. 당나라 때 원재元載라는 사람은 뇌물로 받은 후추가 800섬이나 되었다고 한다. 후추 800섬을 어느 세월에 다 먹으려 했던 것인지 참 우매한 인간이다. 문제는 우리 사회에도 그런 사람이 있다는 점이다. 바른 정치가 이루어지려면 '사적 방문'을 일삼는 사람부터 과감하게 솎아내는 '윗선'의 청렴이 절대적으로 필요하다. 받지 않으면 오히려 두려워서 줄 엄두조차 내지 못하는 게 뇌물이다.

| 93 | 비감후야 마부진야(非敢後也 馬不進也)<br>감히 뒤에 선 게 아니라 말이 나아가지 않았을 뿐 |
|---|---|

非敢後也 馬不進也
35×70cm

공자께서 말씀하셨다. "맹지반은 드러내 자랑하지 않는 사람이구나! 후퇴할 때는 군대의 후미에서 방어하며 뒤처져 달리고서는 도성 문에 들어올 즈음에는 말에 채찍질하며 말하기를, '감히 뒤에 섰던 게 아닙니다. 말이 나아가지 않았을 뿐입니다'라고 하였으니."

자왈 맹지반 불벌 분이전 장입문 책기마왈 비감후야 마부진야
子曰 孟之反 不伐 奔而殿 將入門 策其馬曰 非敢後也 馬不進也.

―「옹야」 제13장

노나라의 대부 맹지반孟之反은 전쟁에 나갔다가 적에게 밀려 패주敗走하는 상황에서도 맨 뒤에서 끝까지 적을 막으면서 후퇴했다. 그러다가 성문 안으로 들어오기 직전에야 말에 채찍을 가하며 "내가 적과 끝까지 용감하게 싸우느라 뒤처진 게 아니고, 말이 내달리지 않았을 뿐이다"라고 말하였다. 아군을 보호하기 위해 뒤처져 싸우면서 퇴각하고서도 끝내 그 공을 자랑하지 않고, 말馬 탓으로 돌린 것이다. 공자는 맹지반의 그런 겸손을 높이 칭찬하였다.

세상에는 맹지반의 경우와는 정반대로 일은 다른 사람이 다 하고, 공적과 이익은 엉뚱한 사람이 취하는 경우가 많다. 조선 후기 우리나라에 들어온 중국 상인들이 길들인 곰을 데리고 곡예曲藝하여 돈을 버는 경우에 빗대어 발생한 속담, "재주는 곰이 부리고 돈은 왕 서방이 버는" 경우가 비일비재한 것이다. 요즈음 우리 사회에도 '맹지반' 같은 사람보다는 '왕 서방' 같은 사람이 훨씬 많은 것 같다. 일을 할 때는 뒷전에서 얼쩡거리기만 하다가 '사진을 찍을 때'는 가장 앞자리를 차지하는 경우가 많고, 아예 사진만 찍고 가버리는 꼴불견도 적지 않으니 말이다. 얼렁뚱땅 공功을 챙기는 경우를 청산하지 않는 한, '공정'을 외치는 목소리는 공허할 뿐이다.

| 94 | 수능출불유호(誰能出不由戶) |
|---|---|
|  | **누군들 문을 거치지 않고 나갈 수 있으랴** |

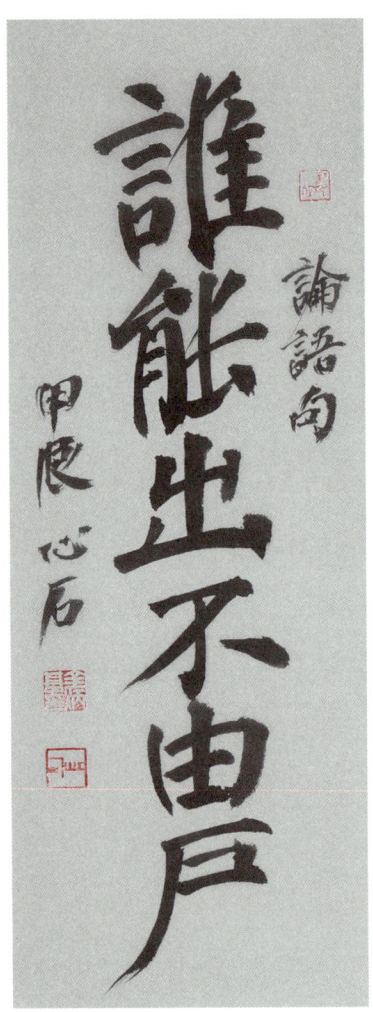

저수량(褚遂良)풍의 해서로 써 봤다. 같은 당해(唐楷)라도 저수량과 구양순이 판이함을 절감했다.

誰能出不由戶
35×70cm

공자께서 말씀하셨다. "누군들 문을 거치지 않고 나갈 수 있으랴. 그런데도 어찌하여 이 도를 경유하지 않으려 하는가?"

<sub>자 왈 수 능 출 불 유 호 하 막 유 사 도 야</sub>
子曰 誰能出不由戶 何莫由斯道也.

-「옹야」제15장

  담을 넘거나 부수는 불법을 행하지 않는 한, 누구라도 밖으로 나가려면 문을 거쳐야 한다. 들어올 때도 마찬가지다. 몸이 드나드는 문만 그런 게 아니라, 정신이 드나드는 마음의 문 또한 그렇다. 유가儒家 정신으로 세상을 보고자 하면 유가의 '문'을 통해 나가야 하기에, 공자는 "누가 능히 문을 거치지 않고 나갈 수 있으랴"라고 했다. 도가道家도 마찬가지이고, 불교나 기독교 또한 그렇다. 각자가 택한 문으로 들어가서 그쪽으로 난 길道을 걷다 보면 결국 문밖의 무한히 넓은 '보편'이라는 세계에서 다 만나게 된다.

  문제는 문을 찾지 못해 갇혀 있는 자의 폐쇄성이다. 송나라 스님 수단守端 선사는 '문을 뚫으려는 파리(蠅子透窓)'라는 시에서 이렇게 읊었다. "빛을 찾으려 창호 문종이를 뚫으려니 얼마나 힘들겠나? 부딪히고 또 부딪히다가 홀연히 들어올 때 문을 찾아내고선, 비로소 조금 전까지 눈이 멀었었음을 깨달았네(爲愛尋光紙上鑽 不能透處幾多難 忽然撞著來時路 始覺平生被眼瞞)." 폐쇄 불안을 떨치려 없는 문을 뚫으려는 광기를 부리지 말고, '드나드는' 문이 동일한 문임을 깨달아 문을 통해 길道로 나와 세상과 소통해야 한다. 폐쇄는 광란의 전쟁을 부르고 소통은 상생의 평화를 낳는다.

## 95 문질빈빈(文質彬彬)
### 문화적 꾸밈과 야생의 바탕이 잘 어울려 빛나다

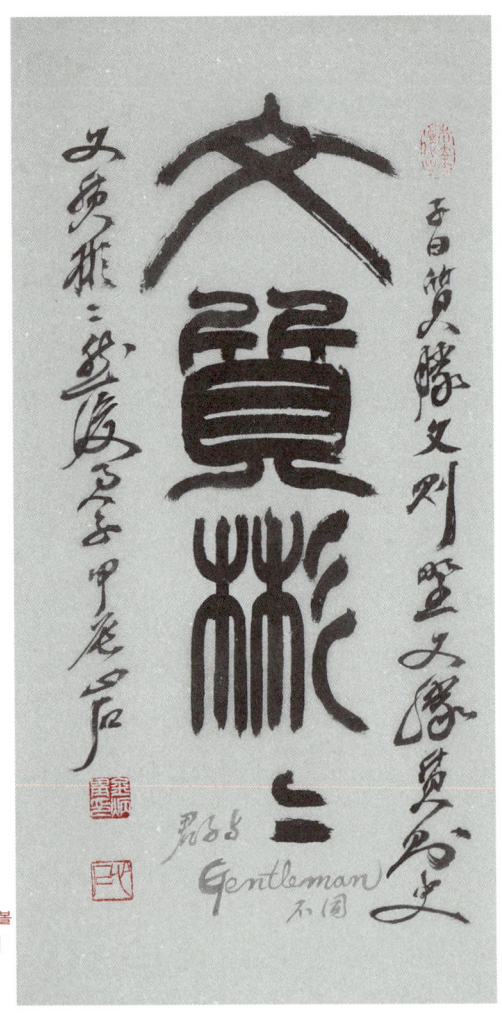

서예를 활용하여
아름다운 디자인을 해볼
생각으로 썼다. 하단에
영어로 관지를 쓴 점도
그런 이유에서다.

文質彬彬
34×68cm

공자께서 말씀하셨다. "질박함이 꾸밈을 이기면 촌스럽고, 꾸밈이 질박함을 이기면 겉만 화려하다. 문화적 꾸밈과 야생의 바탕이 빛나게 잘 어울린 뒤에야 군자이니라."

자 왈 질 승 문 즉 야 문 승 질 즉 사 문 질 빈 빈 연 후 군 자
子曰 質勝文則野 文勝質則史 文質彬彬 然後君子.

―「옹야」 제16장

'文(글월 문)'의 본래 뜻은 '무늬(꾸밈)'다. '化(화할 화)'는 '변화' 즉 A에서 B의 상태로 바뀌는 현상을 나타내는 글자다. 따라서 '문화<sup>文化</sup>'란 전에는 무늬(꾸밈)가 없는 야생<sup>野生</sup>이었던 것이 언제부터인가 인공의 무늬가 가해져 '무늬화'한 것을 이르는 말이다. 이러한 문화는 다양한 방면에서 누적·발전하며 역사<sup>史</sup>를 이루지만, 수천 년 전이나 지금이나 같은 모습인 '야생'은 발전이나 누적이 없고 역사도 없다. 야생의 '야<sup>野</sup>'는 변하지 않는 본'질<sup>本質</sup>이다. 그러므로 문<sup>文</sup>은 곧 사<sup>史</sup>이고, 야<sup>野</sup>는 곧 질<sup>質</sup>이다.

공자는 본바탕인 질<sup>質</sup>이 꾸밈인 문<sup>文</sup>보다 많으면 야성적이고, 이와 반대인 경우를 문화적이라고 하면서, 문화의 세련미와 야성의 질박미가 적절히 조화를 이룬 상태를 '문질빈빈'이라고 표현했다. 아울러, "'문질빈빈'한 연후에 비로소 군자다"라고 했다. '문질빈빈'은 공자 미학의 이상이자, 훌륭한 인품의 지향점인 것이다. '문질빈빈'은 역사와 야생의 조화라는 뜻에서 '사야<sup>史野</sup>'라고도 한다.

지나치게 문화적인 '세련'은 숨을 막히게 하고, 무례한 '질박'은 황당하게 한다. '문질빈빈'한 그대가 가장 아름다운 사람!

## 96 인지생야직(人之生也直)
**삶은 정직에 있으니**

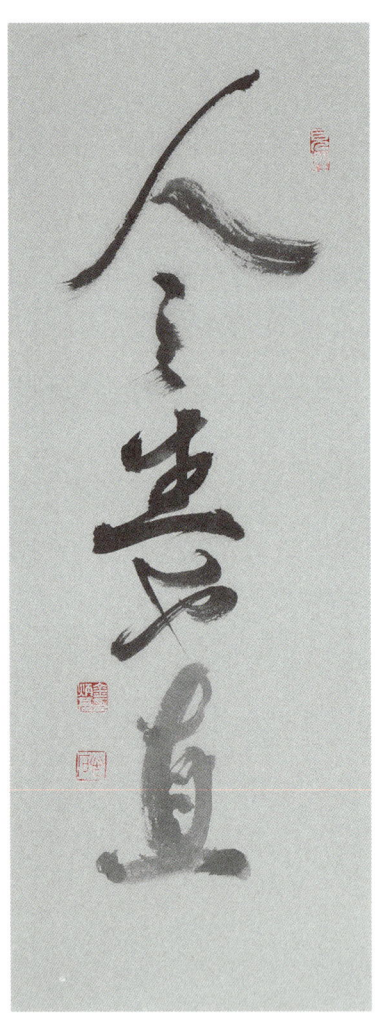

人之生也直
23×63cm

공자께서 말씀하셨다. "사람이 사는 이치는 정직이니, 정직하지 않은데도 살아 있는 것은 요행히 죽음을 면한 것일 뿐이다."

<small>자 왈 인 지 생 야 직 망 지 생 야 행 이 면</small>
子曰 人之生也直 罔之生也 幸而免.

-「옹야」 제17장

    공자는 "삶의 이치는 정직에 있으니 정직하지 않고서도 아직 살아 있는 사람은 요행히 죽음을 면한 것일 뿐이다"라고 말했다. 삶의 이치를 꿰뚫은 말이다. 살아 있는 몸은 한 치의 거짓도 없이 정직하게 반응한다. 좋은 음식을 먹으면 힘이 나고, 술을 마시면 취하고, 독약을 먹으면 죽는다. 술을 마셨는데도 취하지 않고 독약을 먹었는데도 죽지 않은 사람은 요행일 뿐, 정상적인 몸이 아니다. 살아 있는 정신도 마찬가지다. 정직하면 이웃과 더불어 행복하게 살고, 사악하면 이웃과 격리되어 '악마'로 지탄받으며 산다. 요행히 아직 죽지 않았을 뿐 이미 죽은 사람이나 다를 바 없다.

    요즈음도 완전히 벗어나지는 못했지만 지난날 우리 정치는 한 가지 사태를 두고서도 하는 말은 정반대인 경우가 참 많았다. 진실이 둘일 수는 없으니 어느 한쪽은 정직을 저버리고 거짓말로 국민을 호도하는 게 분명하다. 이런 정치인은 진즉에 사라졌어야 함에도 요행히도 아직 살아서 별별 추잡한 꼴을 다 벌이고 있다. 정직이 드러나면 요행은 떠나고 진짜 죽음이 찾아온다. 국민은 정직을 드러내는 송곳이다. 낭중지추(囊中之錐: 주머니 속의 송곳)! 아무리 감추려 해도 국민은 송곳처럼 정직을 드러나게 한다. 정직은 어쩌다 한 번씩 행하는 생색내기가 아니라, 일상이어야 하는 것이다.

| 97 | 지지자 호지자 락지자(知之者 好之者 樂之者)<br>아는 사람, 좋아하는 사람, 즐기는 사람 |

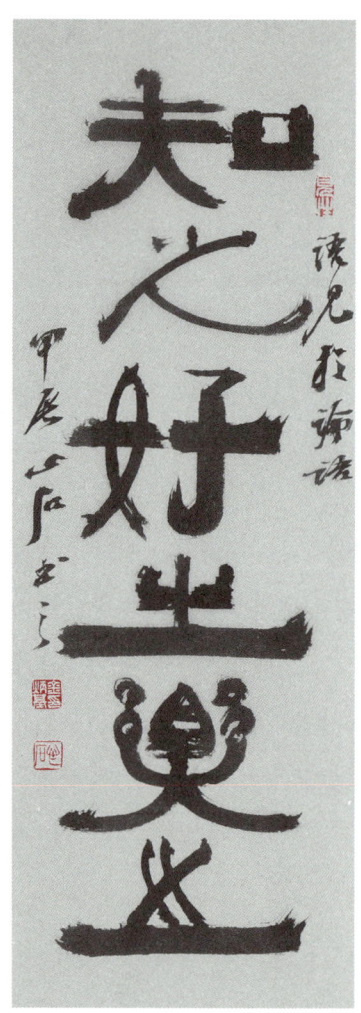

반복되는 '之' 자에 변화를 주기
위해 예서임에도 전서의 결구를
원용했다.

知之 好之 樂之
25×70cm

공자께서 말씀하셨다. "도를 아는 사람은 도를 좋아하는 사람만 못하고, 도를 좋아하는 사람은 도를 즐기는 사람만 못하다."

子曰 知之者 不如好之者 好之者 不如樂之者.
<sub>자왈 지지자 불여호지자 호지자 불여락지자</sub>

—「옹야」 제17장

공자는 "(그것을: 之) 아는 사람은 좋아하는 사람만 못하고, 좋아하는 사람은 즐거워하는 사람만 못하다"고 하였다. 여기서 어떤 일에 대한 호감도와 집중도를 차등 지어 표현하는 관용어 '아는 사람, 좋아하는 사람, 즐기는 사람(知之者, 好之者, 樂之者)'이라는 말이 나왔다. 주석가들의 설명을 종합해 보면, '지지자'는 그런 게 있는 줄을 아는 정도이고, '호지자'는 왠지 끌려서 자주 드나들지만 아직 제맛을 모르는 사람이며, '락지자'는 '세상에 이렇게 좋을 수가…' 하면서 푹 빠진 사람을 말하는 것으로 이해할 수 있다.

순자荀子는 배움을 '위인지학(爲人之學: 다른 사람을 위한 배움)'과 '위기지학(爲己之學: 자기를 위한 배움)'으로 나눠 설명하였다. 얼핏 듣기에는 '위인지학'이 남에게 봉사하는 좋은 배움으로 들리지만 실은 '남에게 보이기 위한 배움'이라는 부정적 의미이고, '위기지학'이 '자기 성장을 위한 진정한 배움'이라는 긍정적 의미다. '知之者'나 '好之者'는 아직 남에게 잘 보이기 위한 '위인지학'의 단계이고, '樂之者'라야 비로소 '위기지학'을 하는 사람이라고 할 수 있다. '검색'을 통해 이것저것 '知之'만 할 게 아니라, 하나라도 제대로 '樂之'하는 게 참다운 삶이리라.

| 98 | 경귀신이원지(敬鬼神而遠之)<br>**귀신은 공경하면서도 멀리해야** |

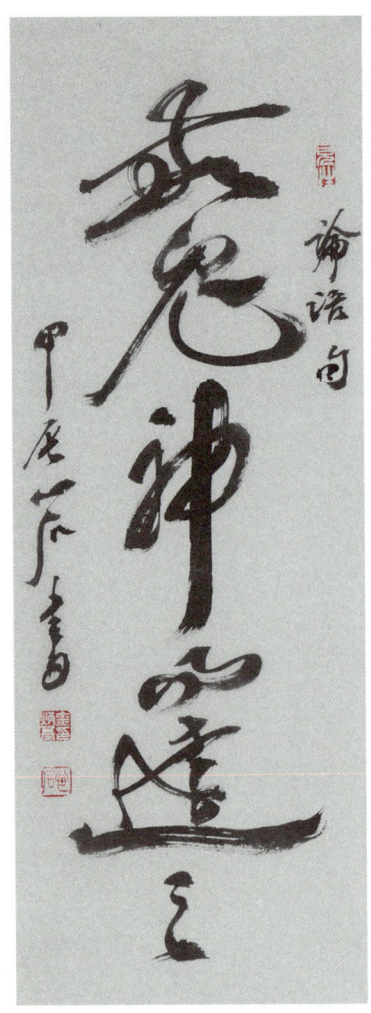

영화 〈파묘〉를 본 다음 날 썼다.
활달한 행초서를 구사하고 싶은
욕구를 가지고 쓴 작품이다.

敬鬼神而遠之
25×70cm

제자 번지가 지혜에 대해서 여쭙자 공자께서 말씀하셨다. "사람이 지켜야 할 의로움에 힘쓰며, 귀신은 공경하면서도 멀리하는 것이 지혜다."

樊遲問知 子曰 務民之義 敬鬼神而遠之 可謂知矣.

-「옹야」 제20장

　　한자문화권에서 귀신鬼神은 대개 '귀鬼'와 '신神'으로 나누어 본다. '귀'는 주로 생명체가 죽은 후의 현상을 설명할 때 쓰는 말이고, '신'은 하늘에 본래 존재하거나 사람이 오랜 수련을 거쳐 도달할 수 있는 신이神異한 능력의 상태를 표현할 때 사용한다. 제자 계로季路가 귀신 섬기기와 죽음에 대해 묻자, 공자는 "사람 섬기기를 못한다면 어찌 귀신을 섬길 수 있겠는가? 삶을 모른다면 어찌 죽음을 알겠는가?"(『논어』 「선진」 제11장)라고 답했다. 공자는 '지혜로움'에 대해 묻는 제자 번지에 대해서도 "사람이 지켜야 할 의로움을 힘써 지키고, 귀신을 공경하면서도 멀리하면 가히 지혜롭다고 할 만하다"고 답했다. 사람의 도리를 다하면 신은 응당 그에 합당한 도움을 주므로, 신의 존재를 믿어 공경하면서도 가까이 다가가 아첨하지 않는 것이 진정한 지혜라는 게 공자의 생각인 것이다.

　　사람 도리를 못하는 사람이 많아 사회가 어수선할수록 귀신을 앞세워 술수를 부리는 사람들이 많아진다. 그런 술수꾼들이 유명세를 타는 경우도 종종 있다. "지혜로운 사람은 귀신을 공경하면서도 멀리한다"고 한 공자의 말을 새겨들음으로써 사이비 술수에 속지 않아야 할 것이다. 하늘은 스스로 돕는 자를 돕는다.

| 99 | 선난이후획(先難而後獲)
**어려운 일을 먼저 하고 얻기를 나중에 하는 것** |
|---|---|

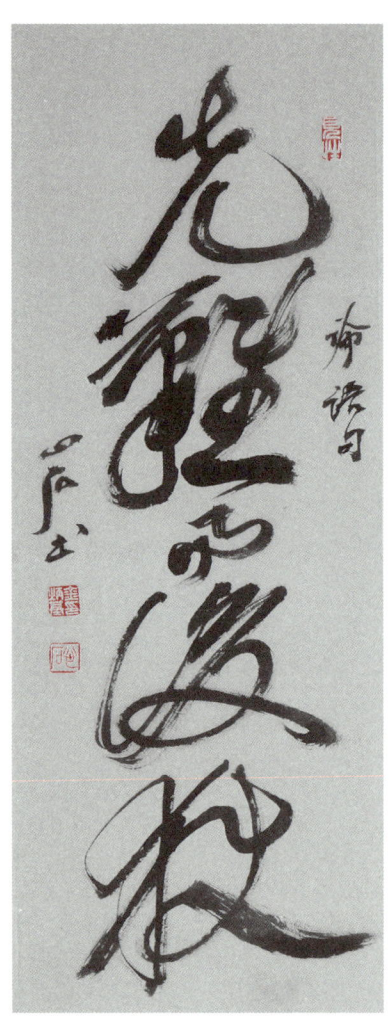

선인들이 구사한 얼기설기
얽힌 초서의 장법을
구사하고자 했으나 어림없다.
선인들에 비해 연습시간이
턱없이 부족했음을 느낀다.

先難而後獲
25×69cm

번지가 인에 대하여 물으니, 공자께서 말씀하셨다. "인자함을 행하는 사람은 먼저 어려운 일을 하고, 얻는 것을 뒤에 하니 이렇게 한다면 인이라 말할 수 있다."

번 지 문 인  자 왈  인 자 선 난 이 후 획  가 위 인 의
樊遲問仁 子曰 仁者先難而後獲 可謂仁矣.

-「옹야」제20장

    제자 번지樊遲가 인(仁: 어짊)에 대해서 묻자, 공자는 "어려운 일을 먼저 실행하고 이익은 나중에 챙기는 게 인이다"라고 답했다. 98번의 원문에 이어지는 구절이다. 여기서 '선난후획先難後獲'이라는 사자성어가 나왔다. 개인의 일뿐 아니라, 공공의 일도 남들이 꺼리는 일을 내가 먼저 나서서 솔선실행한다면 더더욱 어진 삶이 될 것이다.

    선거철마다 유세장에서는 '선민후사先民後私'라는 말이 자주 나오곤 한다. '국민의 이익을 우선시하고 개인의 사사로운 이익은 뒷전에 두겠다'는 뜻이다. 과연 그게 말처럼 쉬운 일일까? '필승'이 궁극의 목표인 선거에서는 양질로 포장한 악질 '사탕발림' 정책을 제시해서라도 우선 이기고 보자는 계산이 앞설 수 있는데 그런 사탕발림을 과감하게 버리는 것이 곧 진정으로 국민들을 위하는 '선민'이다. 그리고 '선난'으로 여겨야 할 큰 어려운 일이다. 그리고, 그런 어려운 일을 과감히 실행하는 것이 곧 공자가 말한 '선난후획'의 '인仁'이다.

    "꽃길만 가라"고 하는 것은 진정한 축복이 아니다. 어려운 일을 앞서 실행하도록 가르치고 또 권하는 것이 진정한 축복이다. 내 자식에게도, 선거철에 출마하는 입후보자들에게도 진정한 축복을 내리도록 해야 한다. 편한 '꽃길'이 가장 의미 없고 오히려 위험한 길임을 알게 해야 한다.

| 100 | 요산요수(樂山樂水)
**산을 즐기고 물을 즐기다** |

금문(金文) 전서의 분위기를
취하여 까칠하게 쓰고자 했다.

樂山樂水
25×70cm

공자께서 말씀하셨다. "지혜로운 사람은 물을 즐기고, 어진 사람은 산을 즐긴다. 지혜로운 사람은 움직이고 어진 사람은 고요하다. 지혜로운 사람은 즐겁게 살고 어진 사람은 오래 산다."

子曰 知者樂水 仁者樂山 知者動 仁者靜 知者樂 仁者壽.
<sub>자왈 지자요수 인자요산 지자동 인자정 지자요 인자수</sub>

―「옹야」제21장

"지혜로운 사람은 물을 즐기고, 어진 사람은 산을 즐긴다. 지혜로운 사람은 움직이고 어진 사람은 고요하다. 지혜로운 사람은 즐겁게 살고 어진 사람은 오래 산다." 공자가 한 명언 중의 명언이다. 이 말로부터 지자와 인자의 삶을 겸하라는 축원을 담은 사자성어 '요산요수樂山樂水'가 나왔다. '樂'의 발음은 3종이다. 음악音樂을 말할 때는 '악', 즐겁다는 뜻으로 쓸 때는 '락(낙)', 즐긴다는 뜻일 때는 '요'로 읽는다. 공자가 나열한 이미지 '지혜로운 사람=물=움직임=즐겁게/어진 사람=산=고요함=장수'로 가늠해 보면 지자知者와 인자仁者의 형상이 그려진다. 인과 지를 겸비한 '요산요수'의 인품이라면 더없이 좋으리라.

추사 선생은 "정좌처다반향초靜坐處茶半香初, 묘용시수류화개妙用時水流花開"라는 대련對聯 작품을 남겼다. "고요히 앉아 있는 곳, 차는 반쯤 우러나고 향도 막 피어오르고 / 지혜를 묘하게 쓸 때, 물은 흐르고 꽃도 피네"라는 뜻이다. '요산요수'에 대한 주석인 듯 인과 지의 조화를 표현한 명구다. 배낭을 멘 그대여! '요산요수'의 경지를 향해 오르자.

| 101 | 고불고 고재고재(觚不觚 觚哉觚哉)
**모난 그릇이 모나지 않으면 모난 그릇이겠는가** |

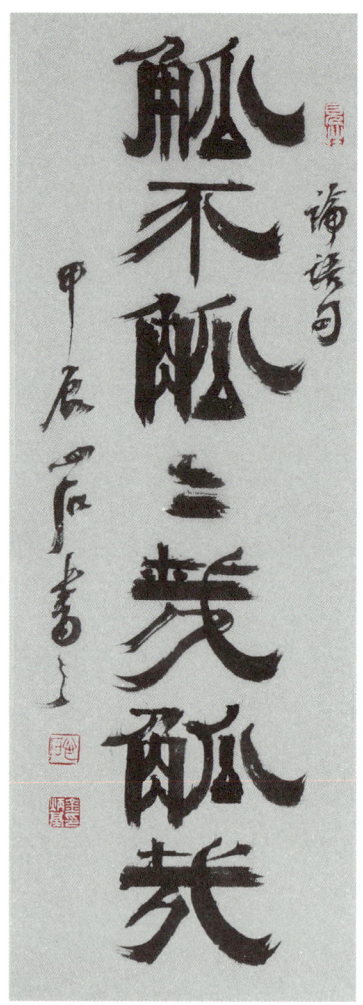

한정된 공간에 비교적 많은
글자를 넣느라 장법에 특별히
마음을 쓴 작품이다.

觚不觚, 觚哉觚哉
25×74cm

공자께서 말씀하셨다. "모난 그릇이 모나지 않으면, 모난 그릇이겠는가? 모난 그릇이겠는가?"

<ruby>子曰<rt>자 왈</rt> 觚不觚<rt>고 불 고</rt> 觚哉觚哉<rt>고 재 고 재</rt></ruby>.

- 「옹야」 제23장

29번에서 '군자불기<sup>君子不器</sup>' 즉 '군자는 한두 가지 능력이 아닌 전인적<sup>全人的</sup> 도량을 갖춘 인물'이라는 말을 했었다. 이런 군자에 반해, 그릇도 편협한 데다 그릇의 이름에 부합하지도 않아서 이름값을 못하는 사람을 공자는 모난 그릇에 비유하여 "모난 그릇이 모나지 않으면 모난 그릇이겠는가?"라는 말을 했다. 사람뿐이 아니다. 제도나 정책도 이름과 실제가 다르면 제대로 된 게 아니다. 그러므로 공자는 "정치를 맡게 되신다면 제일 먼저 무엇을 하시겠습니까?"라고 묻는 제자 자로에게 "반드시 이름을 먼저 바로잡고 각자 이름값을 하도록 하겠다"는 뜻을 밝혔다(「자로」 제3장). 아울러 "임금은 임금답고 신하는 신하다우며, 부모는 부모답고 자식은 자식다워야 한다"는 "군군신신 부부자자<sup>君君臣臣 父父子子</sup>"라는 명언도 남겼다(「안연」 제11장). 이것이 바로 공자의 유명한 '정명<sup>正名</sup>' 사상이다.

이름이 곧 실지다. 각자 이름값을 하고 살면 세상은 어지러울 일이 없다. 컴퓨터 파일도 내용과 부합하는 파일명이라야 뒤죽박죽되지 않는다. 이름값을 못하는 '높은 분'들이 하도 많은 세상이고 보니 누구를 탓할 엄두도 나지 않는다. 나는 조용히 내 이름값을 하고 사는지 반성하기로 한다.

## 102 박문약례(博文約禮)
**문화를 넓히되 예로써 간략히 하다**

博文約禮
23×64cm

공자께서 말씀하셨다. "군자는 문화에서 널리 배우고, 예로써 그것을 요약·실행할 수 있어야 도에 어긋나지 않을 것이다."

<sub>자 왈 군 자 박 학 어 문 약 지 이 례 역 가 이 불 반 의 부</sub>
子曰 君子博學於文 約之以禮 亦可以弗畔矣夫.

– 「옹야」 제25장

  배움에 뜻을 둔 사람이라면 당연히 '문(文: 문자로 쓰인 모든 문화)'을 널리 알고자 한다. 그러나 잡다하게 널리 알기만 할 뿐 요점을 꿰뚫어 생활에 적용할 수 없다면 바른 앎이 아니다. 그러므로 공자는 "군자가 문文에서 널리 배우고, 예로써 그것을 요약·실행할 수 있어야 도道에 어긋나지 않을 것이다"라고 말했다. 여기서 유명한 사자성어 '박문약례博文約禮'가 나왔다. 문화는 널리 배우는 것도 필요하지만 몸으로 체득하여 내 몸 자체가 마치 자연의 운행처럼 '스스로 그러하도록' 실천하는 '예禮'로 요약할 수 있어야 한다는 뜻이다.

  중국 청나라 때 시인 원매袁枚는 "서다이옹 고내멸등書多而雍 膏乃滅燈"이라고 했다. "책을 많이 읽었으되 막혀 있으면 기름이 오히려 등불을 끄는 격이다"라는 뜻이다. 불씨가 작으면 부은 기름에 치여 오히려 꺼져버리고, 지혜의 샘이 막히면 읽은 책이 오히려 편견이 되어 요점을 잡지 못하고 생각과 생활이 어수선해진다. 어수선하게 실천 조항이 많은 예법은 진정한 예禮가 아니다. 만 가지 사례를 하나로 꿰어 근본 원리로 요약한 예라야 편하게 실행할 수 있는 진정한 예다. '박문'하되 '약례'할 수 있어야 진정한 지식인이고 군자인 것이다.

| 103 | 박시제중(博施濟衆)<br>**널리 베풀어 여러 사람을 구제하다** |

能近取譬
23×72cm

자공이 말했다. "만일 백성들에게 널리 은혜를 베풀고, 많은 사람을 구제할 수 있다면 어떻겠습니까? 인(仁)이라고 할 수 있겠습니까?" 공자께서 말씀하셨다. "어찌 인을 일삼는 데에 그치겠느냐? 반드시 성인이라고 해야 할 것이다. 요임금이나 순임금도 오히려 그렇게 못한 것을 병통으로 여겼었다."

<sub>자 공 왈 여 유 박 시 어 민 이 능 제 중   하 여   가 위 인 호</sub>
子貢曰 如有博施於民而能濟衆 何如 可謂仁乎
<sub>자 왈 하 사 어 인 필 야 성 호 요 순 기 유 병 저</sub>
子曰 何事於仁 必也聖乎 堯舜其猶病諸.

– 「옹야」 제28장

제자 자공이 "널리 베풀어 여러 사람을 구제하면 어질다고 할 만합니까?" 하고 묻자, 공자는 "어찌 어질다고만 하겠느냐? 성스러운 경지다. 요·순 임금도 스스로 부족하다고 여겼던 부분이다"라고 말하였다. 여기서 '널리 베풀어 여러 사람을 구제한다'는 의미의 '박시제중'이라는 사자성어가 나왔다. 병원에 서예작품으로 더러 걸려 있는 구절이다.

베풀고서도 전혀 생색을 내지 않는 게 진정한 베풂이다. 그래서 예수님도 선행은 오른손이 한 일을 왼손이 모르게 하라고 했으며, 부처님도 드러나지 않게 촛불 하나 켠 것이 수천, 수만의 '무진등(無盡燈: 다함이 없는 등불)'이 되어 많은 사람들에게 행복의 빛을 주는 공덕이라야 '무량공덕<sub>無量功德</sub>'이라고 하였다. 나는 베푼 것을 기억하고 있는데 상대는 그만큼 베풀지 않으면 섭섭하다. 섭섭하면 사랑이 떠난다. 그러므로 기억하는 '생색'의 베풂은 베풀지 않음만 못하다. '박시제중'은 생색이나 이익이 아닌 사랑과 성스러움으로 이루어져야 한다. 그렇게 하다 보면 이익은 저절로 따라온다. 병원에 '博施濟衆'이라고 쓴 서예 작품이 많이 걸렸으면 좋겠다. "널리 베풀어 여러 사람을 구제"하려면 그만큼 의사 선생님의 수도 많아야 하지 않을까.

| 104 | 능근취비(能近取譬)
**능히 가까이서 비유를 취할 수 있다면** |

예서임에도 '譬'의 오른편 '辛'에
행서의 필의를 넣어 보았다.
작품에 생기가 더 도는 것 같다.

공자께서 말씀하셨다. "…가까운 데에서 취하여 비유할 수 있다면 인을 실천하는 방법이라고 할 수 있을 것이다."

子曰… 能近取譬 可謂仁之方也已.
<sub>자 왈   능 근 취 비  가 위 인 지 방 야 이</sub>

- 「옹야」제23장

공자는 "능히 가까이서 비유를 취할 수 있다면 그것이 곧 인(仁: 어짊)을 행하는 방법이다"고 했다. 가까이서 취한다는 것은 내가 하고자 하는 바로 남의 마음을 헤아리고, 나의 경험 사례를 들어 쉽게 설명한다는 뜻이다. 당연히 자신이 어진 삶을 살고 있어야 그런 헤아림과 경험 사례를 갖출 수 있다. '능근취비'는 곧 스스로 손발을 움직여 인을 실천하고 있음을 의미한다. 그래서 중국이나 한국의 옛 의서醫書에서도 마비되어 손발을 제대로 움직일 수 없는 상태를 '불인不仁하다'고 표현해 왔다.

'이기급인以己及人' 즉 자기로 말미암아 남을 헤아리고, 손발로 인을 실천하는 사람은 결코 뜬구름 잡는 이야기를 하지 않는다. 가까운 현실에서 진리를 찾아 깊은 울림을 주는 말을 한다. 실력이 있는 교육자는 쉬운 말로 감동을 주는 강의를 하고, 실력이 없는 교육자는 자신도 모르는 어려운 말만 나열한다. '영희는 철수와 동갑내기'라는 말만 할 뿐 끝내 몇 살인지를 가르쳐주지 못한다.

공자의 '능근취비'는 몸으로 보여준 부처님의 '현신설법現身說法'과 크게 다르지 않다. 세상에 부모나 스승 된 자는 응당 '능근취비'의 삶을 살아야 한다. '공부하라'는 잔소리 전에 먼저 책을 읽어야 하는 것이다.

| 105 | 술이부작 신이호고(述而不作 信而好古)<br>**기술할 뿐 지어내지 않고 믿어 옛것을 좋아하다** |
|---|---|

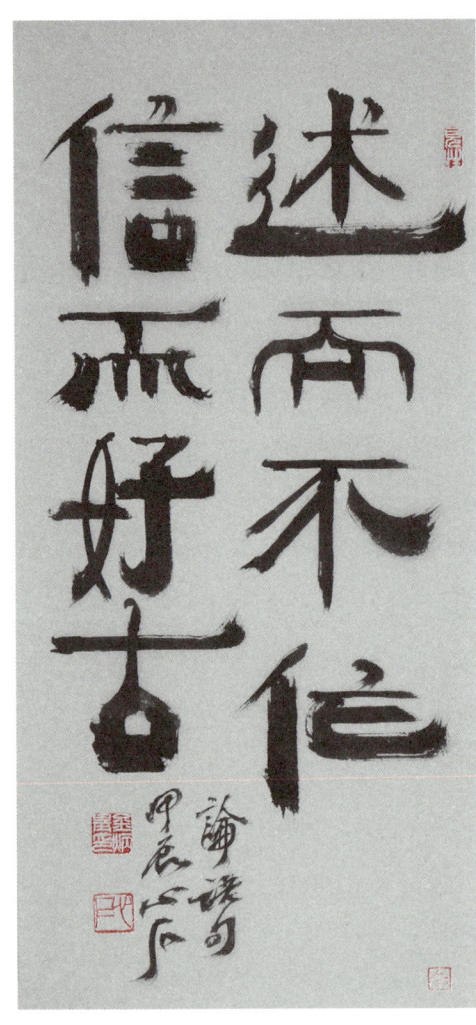

述而不作 信而好古
33×70cm

공자께서 말씀하셨다. "나는 옛것을 기술(記述)할 뿐 새로 지어내지 않고, 옛것을 믿어 좋아하는 나를 은근히 우리 상나라의 어진 대부인 노팽(老彭)에게 견주곤 한다."

子曰 述而不作 信而好古 竊比於我老彭.

- 「술이」 제1장

"앞선 시대 문화유산을 기술<sup>記述</sup>하여 후대에 전할 뿐 스스로 창작하려 들지 않고, 믿음을 가지고 옛것을 좋아한다." 공자 자신의 학문하는 태도를 밝힌 "술이부작, 신이호고"라는 말에 대한 번역이다. 공자는 선대 문화유산의 순후<sup>淳厚</sup>한 가치를 믿고 그것을 집대성하여 후대에 전하는 것을 자신의 소임으로 삼았다. 이에 창작하는 것을 오히려 불손함으로 여기거나 심지어는 망령된 행위로 여겼다. 오늘날 무척 강조하는 '창의교육'과는 적잖이 상반된 생각이다. 호기심 많은 인간이 망령되이 기이한 발명을 추구하다 보면 오히려 재앙을 부를 수 있다는 게 공자의 생각이었던 것 같다. 호기심과 창의력을 바탕으로 지나치게 발달한 오늘날의 과학이 오히려 인류에게 불안을 안기는 측면이 있다는 점을 생각하면, '술이부작'한 공자의 학문 태도가 한층 더 깊은 의미로 다가온다.

호기심을 못 이겨 '금단의 열매'인 선악과<sup>善惡果</sup>를 따먹음으로써 원죄를 짊어졌다는 현생 인류의 시원에 대한 이야기를 반추해 보면, 호기심이 창의력이 되고 창의력이 다시 대부분 자연을 거스르는 '과학의 발달'로 이어지는 현대 학문의 '연결고리'가 미상불 불안하기도 하다. 공자께서 말씀하신 '술이부작'의 의미를 깊이 생각해야 할 때다.

# 106 하유어아재(何有於我哉)
## 내게 뭐가 있단 말인가

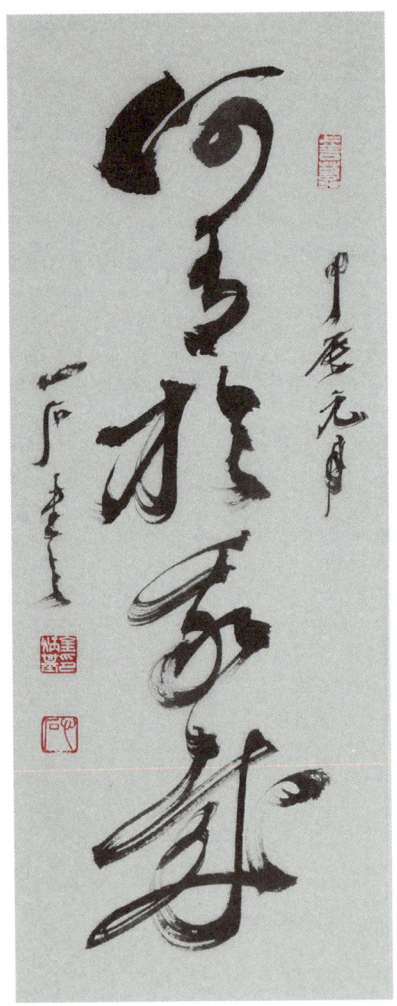

마지막 글자 '哉'의 세로로 내린 '구(鉤)' 필획을 왼편으로 치우쳐 긋지 않았더라면 더 좋았을 것이라는 아쉬움이 있다.

何有於我哉
24×64cm

공자께서 말씀하셨다. "묵묵히 마음속에 새기고, 배우기를 싫어하지 않으며, 남 가르치기를 게을리하지 않는 것 중에 어느 것이 나에게 있단 말인가!"

子曰 默而識之 學而不厭 誨人不倦 何有於我哉.

– 「술이」 제2장

수시로 '내게 뭐가 있단 말인가?', '내가 잘하는 게 뭐란 말인가?'라는 생각을 하는 사람은 겸손하다. 자학하며 기죽어 살라는 얘기가 아니다. 스스로 돌아보며 겸손하게 성찰하는 삶을 살자는 뜻이다. 공자 같은 성인도 "묵묵히 배우고, 배우면서 싫증내지 않으며, 다른 사람을 깨우쳐 주는 일을 게을리하지 않는 것 등, 이런 일 중에 내가 하나라도 잘하는 게 뭐가 있단 말인가?"라고 말하며 늘 자신을 돌아보고 반성했으니 말이다. 공자의 이런 반성으로부터 '학이불염(學而不厭: 배우기를 싫어하지 않음)', '회인불권(誨人不倦: 가르치기를 게을리하지 않음)'이라는 교육자의 필수 덕목에 대한 명언이 나왔다.

수년 전까지만 해도 각급 학교 현관에는 "학이불염 회인불권"이라는 명언을 쓴 서예 작품이 걸려 있는 경우가 많았다. 서예 작품 속의 이 구절을 날마다 음미하며, '과연 나는 잘하고 있을까?' 하고 성찰하는 교사가 많은 학교는 절로 아름답고 깊은 교육이 이루어지리라. 하나, 우리 교육이 무모하리만치 한자를 도외시하면서 이런 서예 작품이 거의 다 사라졌다. "學而不厭, 誨人不倦"이라는 서예 작품이 학교마다 다시 걸리는 세상이 되기를 간절히 기원한다. 한글은 한자를 함께 사용할 때 더욱 빛난다.

# 107 시오우야(是吾憂也)
**이것이 나의 걱정거리다**

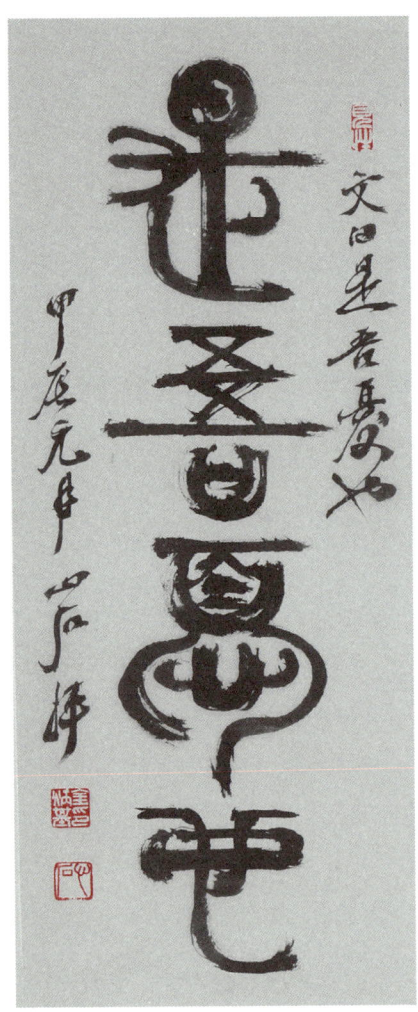

전서임에도 필획을 일부러 까칠하게 구사하여 청량한 분위기를 조성하고자 했다.

是吾憂也
25×74cm

공자께서 말씀하셨다. "덕이 닦여지지 않는 것, 배우고서도 외우지 못하는 것, 옳은 일을 듣고서도 그쪽으로 옮겨가지 못하는 것, 착하지 않은 부분을 고치지 못하는 것이 나의 걱정거리다."

자왈 덕지불수 학지불강 문의불능사 불선불능개 시오우야
子曰 德之不修 學之不講 聞義不能徙 不善不能改 是吾憂也.

— 「술이」 제3장

부족함을 걱정하는 사람은 겸손하고, 겸손한 사람은 발전한다. 그래서 공자도 늘 "덕이 닦아지지 못함과 배움이 강마(講磨: 강구하고 연마함)되지 않음, 의로움을 듣고서도 의로운 쪽으로 옮겨가지 못함과 착하지 않은 부분을 고치지 못하는 것 등이 다 내 걱정거리다"라고 말했다. 공자 같은 성인도 수시로 이런 말을 하며 자신을 성찰했으니 하물며 보통 사람에 있어서야!

중국 유가의 경전인 『예기禮記』의 「학기學記」편 첫 부분에는 "배운 후라야 부족함을 알고, 가르쳐본 후라야 모자람을 안다. 부족함을 알면 스스로 반성할 수 있고, 모자람을 알면 보강할 수 있다. 그러므로 배움과 가르침은 서로 보완하며 함께 성장하는 것이다"라는 구절이 있다. 유명한 사자성어 '교학상장(敎學相長: 배움과 가르침이 서로 보완하며 자람)'은 바로 이 구절로부터 나왔다. 부족함을 알아야 '교학상장'할 수 있기에 만세의 스승으로 추앙받는 공자도 늘 공부가 부족하고 실천이 부족함을 자신의 걱정거리로 여긴 것이다.

"무식하면 용감하다"는 속언이 있다. 배움이 부족하면 자기가 아는 것을 전부로 여겨 용감하게 말하고 과감하게 행동한다. 우리 국민의 걱정거리는 '윗분'들의 싸우는 모습에 지나치게 용감한 면이 있다는 점이 아닐까.

# 108 몽견주공(夢見周公)
## 꿈에라도 주공을 뵙고 싶구나

107번 작품과 같은 날, 같은 시간대에 썼다.

夢見周公
25×66cm

공자께서 말씀하셨다. "심하구나, 나의 노쇠함이여! 오래 되었구나, 꿈에 주공(周公)을 다시 못 뵌 지가."

子曰 甚矣 吾衰也 久矣 吾不復夢見周公.

- 「술이」 제5장

공자는 노년에 "심하구나, 나의 노쇠함이여! 오래 되었구나, 꿈에 주공을 다시 못 뵌 지가"라는 탄식을 했다. 주공은 주나라를 세운 문왕의 아들이자 무왕의 동생이다. 형 무왕이 죽자 어린 조카 성왕의 섭정攝政을 맡았으나 끝내 왕위를 넘보지 않고 성왕을 도와 문물제도를 정비하여 주나라를 반석 위에 올려놓았다. 공자는 주공의 이런 인품과 문화력과 영도력을 높이 추앙하며 그의 도를 실천·선양하고자 노력했다. 자나 깨나 주공 생각에 주공을 꿈속에서 만나기도 했다. 그런데 나이가 들자 실천력이 떨어지고 열정이 식은 탓인지 꿈에 주공이 나타나지 않았다. 이에 공자는 자신의 노쇠함을 한탄하며 꿈에 주공을 다시 뵐 수 있기를 염원하였다. 여기서 '몽견주공'이라는 사자성어가 나왔다. 주공과 같은 인물을 칭송하며 따르려는 의지를 표현한 성어다. 고려 말의 충신 정몽주鄭夢周 선생의 부모는 아예 자식의 이름을 '몽주'라고 지어 '몽견주공'의 소망을 담았다.

지금 우리에게는 꿈에 그려야 할 정치인이 있기나 한 것일까? 기념관은 그리워하거나 기릴 일이 확실할 때 지어야 지탄이 없다. 건축에 앞서 일부만이 아닌 대다수 국민이 꿈에 그릴 정도로 기념할 만한 인물인지를 검증해야 한다.

**109** 지도거덕의인유예(志道據德依仁游藝)
도에 뜻을 두고 덕에 근거하며 인에 의지하고 예에서 놀다

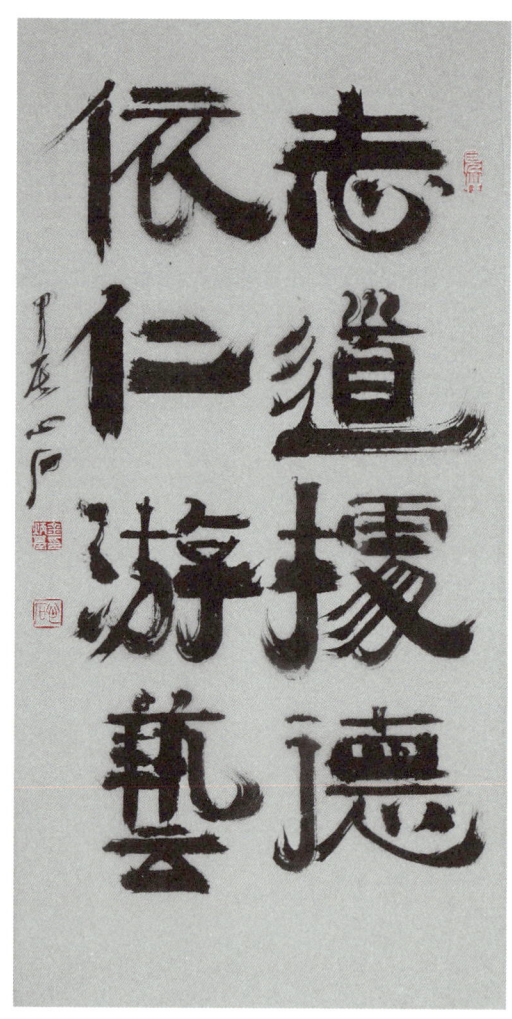

志道據德依仁游藝
35×66cm

공자께서 말씀하셨다. "도(道)에 뜻을 두고, 덕(德)에 근거를 두며, 인(仁)을 의지하고, 예(藝)에서 노닐어야 한다."

<sub>자 왈 지 어 도 거 어 덕 의 어 인 유 어 예</sub>
子曰 志於道 據於德 依於仁 游於藝.

- 「술이」 제6장

『논어』의 해당 원문은 구절마다 어조사 '어(於: …에)'가 끼여 있는 "지어도<sup>志於道</sup>, 거어덕<sup>據於德</sup>, 의어인<sup>依於仁</sup>, 유어예<sup>游於藝</sup>"다. 요즈음 말로 풀어 설명하자면, "인류 본연의 바른 길에 뜻을 두고<sup>志於道</sup>, 그런 도를 행하여 얻은 덕을 굳게 지키며<sup>據於德</sup>, 사욕을 떠나 인을 생활화하고<sup>依於仁</sup>, 예(禮: 매너), 악(樂: 음악), 사(射: 활쏘기-스포츠), 어(御: 말 부리기-운전), 서(書: 글쓰기-키보드 활용), 수(數: 수학-컴퓨터 조작) 등 생활에 필요한 각종 기능을 자유자재로 가지고 놀듯이 익혀야<sup>游於藝</sup> 한다"는 뜻이다. 공자는 형이상학적인 도, 덕, 인과 함께 형이하학적 실질 기능인 이를테면 매너, 음악, 스포츠, 운전, 컴퓨터 조작 등도 중시하여 이론과 실천, 이상과 현실의 조화를 추구한 것이다.

도, 덕, 인은 AI와 관계없이 인류 스스로 닦아야 할 '사람 몫'의 덕목이므로 AI에게 맡길 수도 없고 맡기지도 않는다. 그러나 '유어예<sup>遊於藝</sup>' 즉 '각종 예와 기능을 놀듯이 자유자재로 다루는 일'은 갈수록 AI에게 맡기는 추세다. 행복일까, 불행일까? 자식이 말한다. "어머님! 제가 다 해드릴 테니 어머님은 그저 편히 앉아 계세요!" 과연 효도일까. 그 어머님은 행복할까.

| 110 | 오미상무회언(吾未嘗無誨焉) |
|---|---|
| | 나는 일찍이 가르치지 않은 적이 없다 |

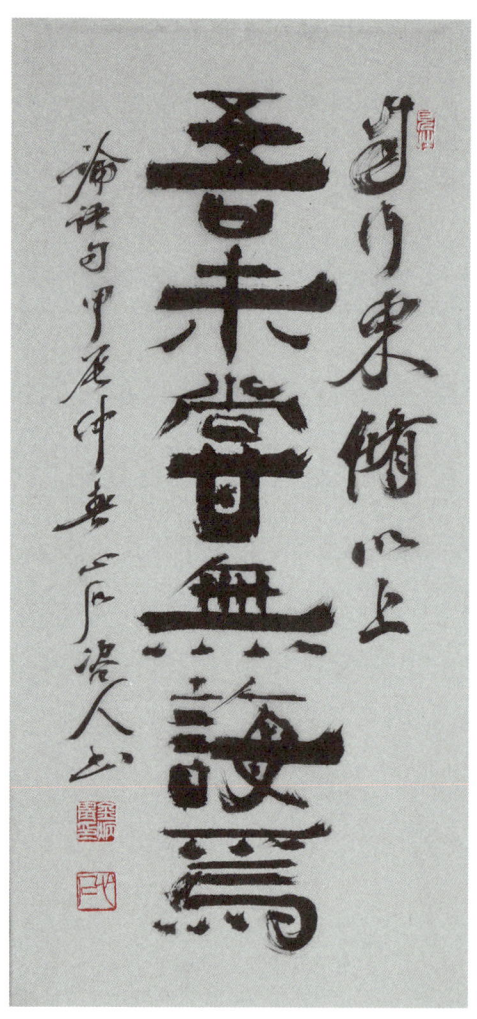

吾未嘗無誨焉
33×70cm

공자께서 말씀하셨다. "포(脯: 육포) 한 묶음 이상을 예물로 가지고 와서 배우기를 청하는 사람에게는 내가 일찍이 가르치지 않은 적이 없다."

<sub>자 왈 자 행 속 수 이 상 오 미 상 무 회 언</sub>
子曰 自行束脩以上 吾未嘗無誨焉.

— 「술이」 제7장

---

공자는 "스스로 찾아와 배움을 청하는 사람을 가르치지 않은 적이 없다"고 자부했다. 단 한 가지, "한 묶음 이상의 육포를 폐백<sup>幣帛</sup>으로 바치는 예를 다해야 한다"는 조건이 있었다. '폐백'은 주로 "혼례 때 신부가 구고(舅姑: 시아버지, 시어머니)로 받들어 모시겠다는 다짐의 예를 올리기 위해 준비하는 특별 음식"을 말하지만, 넓은 의미에서는 어떤 예이든, 예를 갖출 때 준비하는 예물을 통칭하여 폐백이라고 한다. 공자는 학생을 받아들여 가르치되 '스스로 찾아와야' 하고, '최소한의 예물을 바쳐야 한다'는 조건을 엄격히 지키게 했다. 사람은 누구라도 선을 향하고자 하는 본성을 타고났으므로 잘 가르쳐서 착한 본성을 드러나게 해야 한다는 신념으로 교육에 임했지만 "학생이 스스로 예를 갖춰 찾아와서 배워야지 스승이 가서 가르치는 법은 없다"는 입장을 견지한 것이다. 배움에 대한 갈증이 없으면 교육 효과도 없다는 생각과 함께 예를 갖추는 것 자체가 배움의 시작이라는 것이 공자의 생각인 것이다.

학생은 배우려 하지 않는데 교사가 오히려 학생을 향해 "공부하시지요!"라고 애타게 비는 과잉 교육은 효과가 반감할 수밖에 없다. '학생 중심' 교육과 함께 '선생님의 권위'도 깊이 헤아려야 할 때다.

| 111 | 불부야(不復也)
**되풀이하지 않으리** |

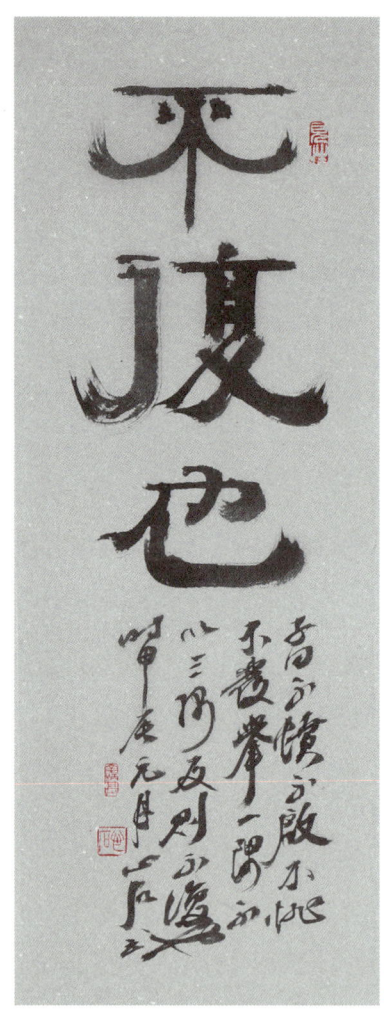

不復也
23×68cm

공자께서 말씀하셨다. "스스로 깨우치고자 애태우지 않으면 깨우침의 문을 열어주지 않고, 깨우친 것을 표현하지 못해 안달하지 않으면 말해주지 않는다. 네 모퉁이 중에 한 모퉁이에 대해 말해주었는데도 나머지 세 모퉁이를 알아채지 못하면 더 이상 가르침을 되풀이하지 않는다."

<small>자 왈 불 분 불 계 불 비 불 발 거 일 우 불 이 삼 우 반 즉 불 부 야</small>
子曰 不憤不啓 不悱不發 擧一隅 不以三隅反 則不復也.

– 「술이」 제8장

공자는 자신의 교육 방침을 이렇게 말하곤 하였다. "<u>스스로 깨우치고자 애태우지 않으면 깨우침의 문을 열어주지 않고, 깨우친 것을 표현하지 못해 안달하지 않으면 말해주지 않는다. 네 모퉁이 중에 한 모퉁이에 대해 말해주었는데도 나머지 세 모퉁이를 알아채지 못하면 더 이상 가르침을 되풀이하지 않는다.</u>" 스승의 동기 유발도 중요하지만 학생 자신의 학습 의지와 분발심을 무엇보다도 강조한 교육 방침이다.

'맨땅에 헤딩'이라도 해야 한다는 도전 의식이 없는 학생을 상대로 확고한 방침이 없이 '맨땅에 헤딩'이나 하는 식의 무모한 교육은 "쇠귀에 경 읽기"가 되고 만다. 문제는 현재 우리의 공교육 현장이 적잖이 이런 양상을 띠고 있다는 점이다. 고등학교 교실에 가보면 수업시간에 아예 잠을 자는 학생이 적지 않다고 한다. 학습을 포기한 학생도 있고, "학원에 가서 양질의 교육을 받아야 하므로 학교 수업시간에는 미리 자둬야 한다"는 건방진 생각으로 그렇게 대놓고 자기도 한단다. 교사는 학생의 반발과 학부모의 항의가 두려워 깨울 엄두도 내지 못한다고 한다. 슬픈 현실이다. "얘들아! 선생님은 되풀이하지 않는다. 정신 똑바로 차리고 들어!" 교사는 당당히 이렇게 말하고, 학생은 정신을 바짝 차리는 교실이어야 하는데.

## 112 상자지측 미상포야(喪者之側 未嘗飽也)
### 상을 당한 사람 곁에서는 배불리 먹지 않았다

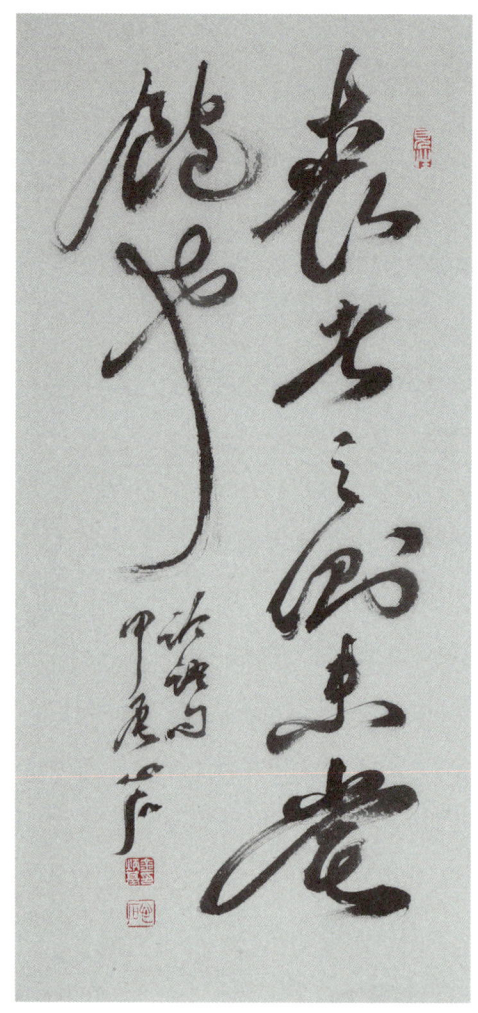

초서보다는 행서가 훨씬 쓰기 어렵다는 점을 절감한 작품이다. 착실히 내공을 쌓는 공부만이 해결책이다.

喪者之側 未嘗飽也
32×70cm

공자께서는 상을 당한 사람 곁에서는 일찍이 배불리 잡수신 적이 없다. 공자께서는 조문 가서 곡을 하신 날에는 노래를 부르지 않으셨다.

子食於有喪者之側 未嘗飽也 子於是日 哭則不歌.
자 식 어 유 상 자 지 측 미 상 포 야 자 어 시 일 곡 즉 불 가

- 「술이」 제9장

공자는 작은 일도 소홀히 하는 법이 없었고, 제자들 또한 그런 스승의 일거수일투족을 꼼꼼히 살피고, 따라 배우며 기록했던 것 같다. 그래서 『논어』는 읽을 때마다 소박하면서도 깊은 생활 철학의 맛을 느끼곤 한다. 상가에 문상하는 공자의 모습을 제자들은 "선생님께서는 상을 당한 사람 곁에서는 일찍이 배불리 잡수신 적이 없다"고 기록하였다. 소소한 듯 중요한 이야기다.

문상을 할 때는 경건한 마음으로 망자께 마지막 인사를 하고, 상주들의 슬픔을 위로해야 한다. 그런데 요즈음 풍습이 경박해지다 보니 문상하러 가서도 포식하고 음주하며 큰소리로 즐겁게 떠드는 사람이 있다. 심지어는 상주도 술자리에 어울려 거나해지는 경우도 있다. 상주를 위로하기 위해 국어사전에도 없는 '호상好喪'이라는 말을 만들어 "고통스럽게 앓지 않고 장수하셨으니 '호상'이라 할 만하네. 너무 슬퍼 마시게"라는 식으로 더러 사용했던 것을 상주 본인이 '호상' 운운하며 나불대는 경우도 있다. 부모의 죽음이 '좋은 죽음'이라니? 패륜에 가까운 무례다.

죽음을 슬퍼하지 않고 쓰레기 치우듯 상을 치르면 생명의 소중함을 망각하게 된다. 생명을 경시하는 사회에서는 내 생명도 경시된다. 상가에서 포식하며 즐기는 것은 자신의 생명을 경시하는 행위다.

| 113 | 용지즉행 사지즉장(用之則行 舍之則藏)
**써주면 행하고, 버리면 감춘다** |

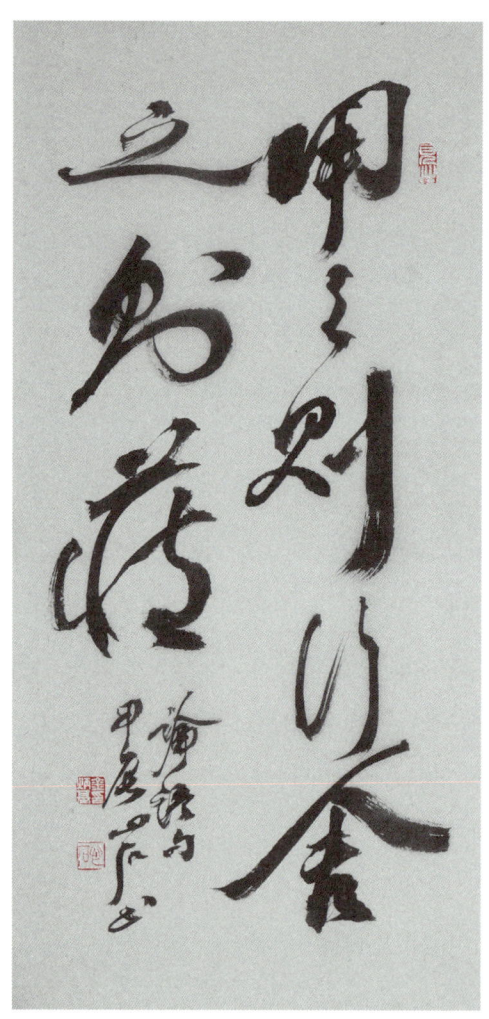

用之則行 舍之則藏
32×68cm

공자께서 안연에게 말씀하셨다. "세상에서 써 주면 나아가 도를 행하고, 세상에서 버려지면 물러나서 은둔하는 것은 오직 나와 너만이 그렇게 할 수 있을 것이다."

자 위 안 연 왈    용 지 즉 행    사 지 즉 장    유 아 여 이 유 시 부
子謂顏淵曰 用之則行 舍之則藏 惟我與爾有是夫.

-「술이」제10장

누구라도 능력을 갖춘 사람은 쓰임을 당하여 능력을 발휘할 수 있기를 바란다. 불운하여 쓰이지 못하면 어떻게 해야 할까? 능력을 거두어 감추고 조용히 사는 게 아름답고 평화로운 삶이다. 그런데 그게 쉽지 않다. 쓰이지 못한 사람 대부분은 어떻게 해서라도 다시 쓰임을 당하고자 아등바등 연줄을 대어 사정하기도 하고 뇌물을 바치기도 한다. 이런 사람이 만약 쓰임을 당하게 되면 '본전' 생각에 다른 사람으로 하여금 아등바등 자신에게 매달리게 하며 뇌물도 받는다. 세상이 혼탁해질 수밖에 없다.

공자는 나아가고 물러남에 자유로웠다. 그래서 가장 아끼는 제자 안연을 향해 "써주면 행하고, 버리면 감추는 일은 나와 너만이 할 수 있을 것 같구나"라고 말했다.

쓰임을 당하면 자리에 앉기 전에 먼저 자신에게 정말 그만한 능력이 있는지를 살펴야 하고, 버림을 받았다면 능력을 거두어 감추고 조용히 물러나야 한다. 설령, 사용자가 자신의 능력을 알아보지 못했기 때문이더라도 매달리지 말아야 한다. 눈이 먼 자에게 등용된들 어차피 뜻을 펼 수 없기는 매한가지일 테니 말이다. 선거철마다 추하게 아등바등하는 사람을 국민들은 이미 다 알고 있다. 다음 선거에서 또 아등거린다면 국민이 먼저 심판할 것이다.

| 114 | 삼월부지육미(三月不知肉味)<br>석 달 동안 고기 맛을 느끼지 못했다 |

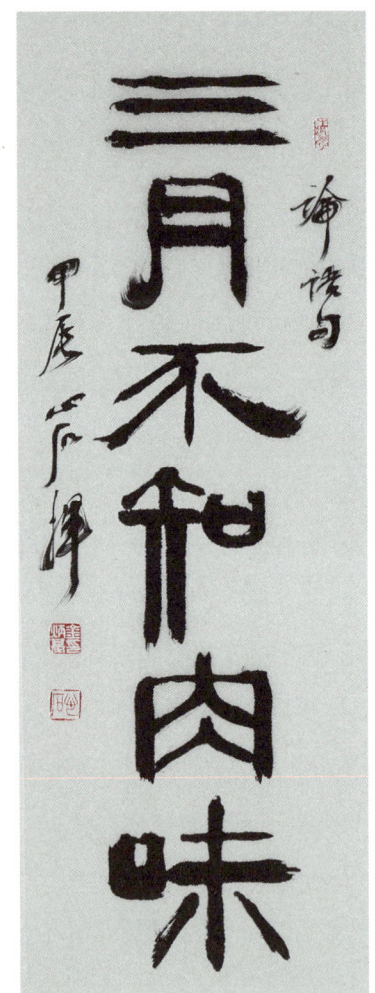

필획 수가 적은 서제라서 마치
전체가 한 글자인 양 동일한
분위기를 띠도록 필획과 장법을
구사했다.

三月不知肉味
25×74cm

공자께서 제나라에 계실 때 순임금의 음악인 소(韶)를 들으시고, 이 음악을 배우는 석 달 동안 고기 맛을 모를 정도로 심취하셨다. 그러면서 말씀하시곤 하셨다. "순임금이 만든 음악이 이 정도 경지에 이른 줄은 미처 생각하지 못했다."

자 재 제 문 소 　 삼 월 부 지 육 미 　 왈 　 불 도 위 락 지 지 어 사 야
子在齊聞韶 三月不知肉味 曰 不圖爲樂之至於斯也.

– 「술이」 제13장

49번에서 공자는 순임금 시대의 음악 '소'에 대하여 "진미진선盡美盡善한 음악"이라고 평했음을 말했었다. 그런데 공자는 "나는 '소'를 듣고서 감동한 나머지 석 달 동안 고기 맛을 느끼지 못했다"고 하면서 "음악이 이 정도에 이를 줄은 생각지도 못했다"며 감탄하기도 했다. 여기서 절대 매혹을 뜻하는 '삼월부지육미'라는 말이 나왔다.

중앙일보 김호정 기자는 『더 클래식』에서 "임윤찬의 쇼팽은 '음표'보다는 '음표 사이의 시간에 대한 연주에 가깝다"고 했다. 또 정경화 바이올린 연주의 '땅'이 아니라, '따앙' 하는 것처럼 들리는 매력적 시그니처에 대해 "정확하고 무뚝뚝하게 무찌르는 게 아니라…"라는 설명을 붙였다. 서예에도 적용할 수 있는 이 적실한 표현을 나는 아직 찾지 못했었기에 김호정 기자의 이 표현에 크게 공감했다.

'소'도 '사이'를 연주하는 '무찌름' 없는 음악이었을 것이다. "지악무성至樂無聲" 즉 "지극한 음악은 소리가 없다"는 말이 있다. '사이'에서는 소리가 나지 않는다. 무찌를수록 불필요한 소리가 크다. 정경화, 임윤찬 등 우리 음악가들로 인해 이 세계에 '韶'를 듣던 순임금 시대의 평화가 왔으면 좋겠다.

| 115 | 반소사음수 곡굉이침지(飯疏食飮水 曲肱而枕之)<br>거친 밥 먹고 물 마시고 팔을 베고 누웠어도 |

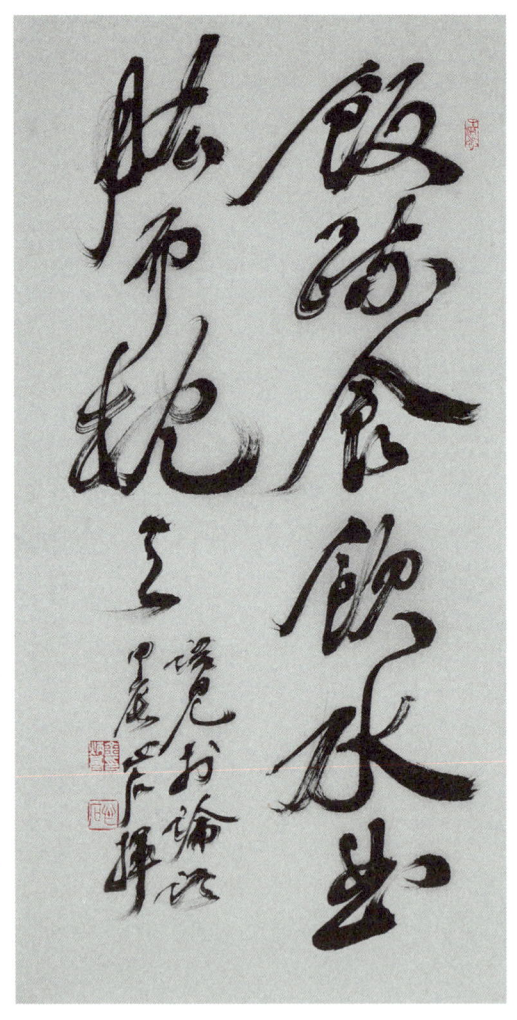

수차례 반복해서 썼으나 속기(俗氣)를 떨쳐내지 못한 작품이다. 꾸준한 임서의 필요성을 절실히 느끼게 하는 작품이다.

飯疏食飮水
曲肱而枕之
31×68cm

공자께서 말씀하셨다. "거친 밥을 먹고 물을 마시며 팔을 구부려 베고 자더라도 즐거움이 그 안에 있으니 의롭지 못한 방법으로 얻은 부귀는 나에게 뜬구름과 같다."

<small>자 왈 반 소 사 음 수   곡 굉 이 침 지   낙 역 재 기 중 의   불 의 이 부 차 귀   어 아 여 부 운</small>
子曰 飯疏食飮水 曲肱而枕之 樂亦在其中矣 不義而富且貴 於我如浮雲.

– 「술이」 제15장

공자의 말씀은 변변치 못한 먹거리와 불편한 잠자리 자체가 좋다는 게 아니라, 설령 그런 열악한 환경에 놓인다 하더라도 마음을 바꿔 의롭지 못한 부귀를 탐내지 말자는 다짐의 말이다. 여기서 우리의 민요나 유행가에 더러 나오는 "나물 먹고 물 마시고 팔을 베고 누웠어도 대장부 살림살이 이만하면 족하리라…"라는 말이 나왔다. 한문 원문 그대로 "반소사음수' 하고 '곡굉이침지'라도…"라고 노래 부르기도 한다. '안빈낙도安貧樂道'를 대변하는 말로 쓰이고 있다.

가난했던 어린 시절, 아버지를 도와 땔나무 하러 갔을 때 삼베 보자기에 싼 점심밥을 반만 먹고 아들에게 내주며 "내는 밥 생각이 없다. 늬 먹거라. 조석(朝夕: 아침저녁 끼니)은 굶더라도 점심만 먹으면 산데이"라고 하시던 아버지 말씀. 어른이 된 후에야 '점심'이 아니라, '정심(正心: 바른 마음)'이었음을 깨닫고서 가슴으로 울었다는 어느 교사의 얘기가 울진의 서예가 신상구의 작품집 『당신 앞에 서성거린 내가 미워서』에 실려 있다. 도둑질해서 자식 호의호식시키려 말고 '정심'을 먹이도록 하자.

| 116 | 낙역재기중의(樂亦在其中矣)
**즐거움은 그 안에 있나니** |

樂亦在其中矣
21×71cm

공자께서 말씀하셨다. "나물 먹고, 물 마시고 팔을 구부려 베개 삼아도 즐거움이 그 안에 있으니, 의롭지 못한 방법으로 얻은 부귀는 나에게 뜬구름과 같다."

子曰 飯疏食飲水 曲肱而枕之 樂亦在其中矣 不義而富且貴 於我如浮雲.

- 「술이」 제15장

115번에서 "거친 밥 먹고 물 마시며 팔 구부려 베고 자더라도 즐거움이 그 안에 있다"고 한 공자의 말에 대해 얘기했었다. 가난도 즐거움으로 여기면 "즐거움이 그 안에 있다"는 뜻이다. 아무리 시련이 커도 그 시련 안에 이미 희망이 자리하고 있고, 아무리 슬퍼도 그 슬픔 안에 이미 기쁨이 마련되어 있다. 겨울이 끝나서 봄이 오는 게 아니라, 겨울 안에 이미 봄이 자리하고 있는 것이다.

중국의 5대 10국 시절에 네 왕조에서 10명의 황제를 섬기며 재상을 지낸 처세의 달인 풍도馮道는 「천도(天道: 하늘의 뜻)」란 시에서 "단지 좋은 일만 행할 뿐, 앞길에 대해 물으려 말라. 겨울이 가면 얼음은 녹기 마련이고, 봄이 오면 풀은 절로 돋아난다(但知行好事, 莫要問前程. 冬去冰須泮, 春來草自生)"라고 읊었다. 다윗 왕의 고사 "이 또한 지나가리라"라는 구절을 떠올리지 않더라도 '단지행호사但知行好事'! 좋은 일만 하려 마음먹으면 마음 안에 이미 즐거움과 기쁨이 자리하게 되는 것이다.

진즉부터 자신의 삶 속에 자리하고 있는 행복을 누리지 못하고 항상 '먼 산 바라기'만 하고 있는 사람아! 행복은 산 너머에 있는 게 아니라, 바로 내 발밑에 있음을 알도록 하자.

| 117 | 부지로지장지(不知老之將至)
**늙음이 다가옴을 알지 못하네** |

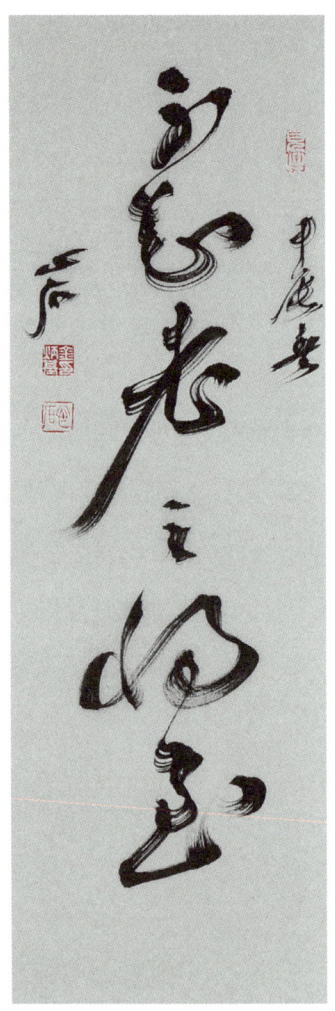

한 기운으로 맥(脈)이 이어지는
'일기아성(一騎呵成)'을 꿈꾸며
휘호한 여섯 글자다.

不知老之將至
22×62cm

섭공이 자로에게 공자가 어떤 사람이냐고 물었으나 자로는 대꾸도 하지 않았다. 이에 공자께서 말씀하셨다. "너는 왜 나에 대해 '분발하면 먹는 것도 잊으며, 늘 스스로 즐거워 근심을 잊고 살기 때문에 장차 늙음이 다가오는 것조차 알지 못하는 사람'이라고 답하지 않았느냐?"

葉公問孔子於子路 子路不對
子曰 女奚不曰 其爲人也 發憤忘食 樂以忘憂 不知老之將至云爾.

— 「술이」 제18장

초나라 섭현葉縣의 태수인 심저량沈諸梁이 본분을 잊고 '공公' 자를 붙여 '섭공'이라 자칭했다. 그런 심저량이 시답잖은 말로 공자의 제자 자로에게 스승인 공자에 대해서 물었다. 자로가 대꾸도 하지 않았다. 이에 공자는 자로를 향해 "너는 왜 나에 대해 '분발하면 먹는 것도 잊으며, 늘 스스로 즐거워 근심을 잊고 살기 때문에 장차 늙음이 다가오는 것조차 알지 못하는 사람'이라고 답하지 않았느냐?"고 했다. 심저량으로 하여금 공자의 인품과 경지를 알게 하여 조금이라도 본받도록 할 걸 그랬다는 의미가 담긴 말이다. 공자는 자신의 생활 태도를 누구에게라도 떳떳하게 내보이고 또 설명해 줌으로써 사람들에게 깨우침을 주고자 한 것이다. 여기서 세월을 잊은 채 매일 자신의 삶에 충실한 사람을 이르는 '부지로지장지'라는 말이 나왔다.

나무꾼이 본분을 잊고 신선들의 바둑 놀음 구경에 몰두하다가 허송세월한 일을 빗댄 "신선놀음에 도낏자루 썩는 줄 모른다"는 말은 부정적 의미를 담고 있지만, '부지로지장지'는 자신의 일에 몰두하느라 더러 먹는 것도 잊을 정도로 시간 가는 줄 모르는 경우를 표현한 긍정적인 말이다. 몰두하는 일, 즐거운 마음을 가짐으로써 '부지로지장지'하는 사람이 만년 청년이다.

## 118 아비생이지지자(我非生而知之者)
**나는 태어나면서부터 안 사람이 아니다**

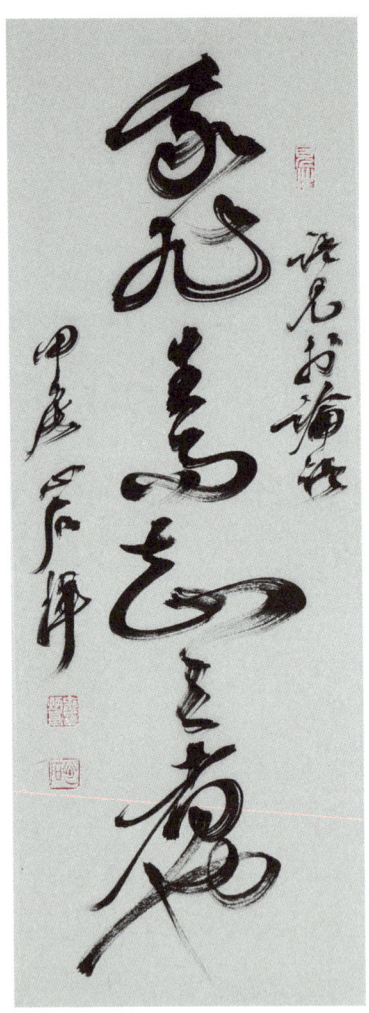

我非生而知之者
23×67cm

공자께서 말씀하셨다. "나는 태어나면서부터 모든 것을 아는 사람이 아니다. 옛것을 좋아하여 부지런히 탐구해 온 사람이다."

子曰 我非生而知之者 好古敏以求之者也.

- 「술이」 제19장

사람은 누구라도 자기보다 월등한 능력을 가진 사람 앞에서 주눅이 들어 '저렇게 타고난 사람이 있으니… 난 안 돼'라는 비관적 생각을 할 수 있다. 공자 당시에도 공자의 박학다식함을 부러워하며 공자를 태어나면서부터 안 '생이지지자生而知之者'로 여기는 사람이 있었나 보다. 공자는 사람들의 이런 인식을 부정하며 "나는 태어나면서부터 안 사람이 아니다. 다만, 옛것을 좋아하고 배울 게 있을 때마다 집중하여 탐구하는 사람일 뿐이다"라고 하였다.

남의 소질이나 노력은 헤아리지 않고 성과만 부러워하면 불행을 자초한다. "추국춘란각유시秋菊春蘭各有時"라는 말이 있다. "가을 국화와 봄 난초가 각기 피는 철이 다르다"는 뜻이다. 덧붙여 나는 "북송남죽별소처北松南竹別所處" 즉 "북쪽의 소나무와 남쪽의 대나무는 자라는 환경이 다르다"는 말도 하고 싶다. 사람마다 타고난 소질과 처한 환경이 다를 뿐, 태어나면서부터 뭐든지 다 잘하는 사람이 따로 있는 건 아니다. 토끼를 따라잡으려 할 게 아니라 거북이는 거북이에게 맞는 일을 해야 한다. 돈을 잘 번다는 이유로 무조건 의사가 되려고 해서도 안 된다. 의사라서 다 돈을 잘 버는 것도 아니고, 돈을 잘 번다고 해서 반드시 행복한 것도 아닐 테니 말이다.

| 119 | 자불어괴력난신(子不語怪力亂神)
**괴이함, 폭력, 난잡함, 미신에 대한 말을 하지 않다** |

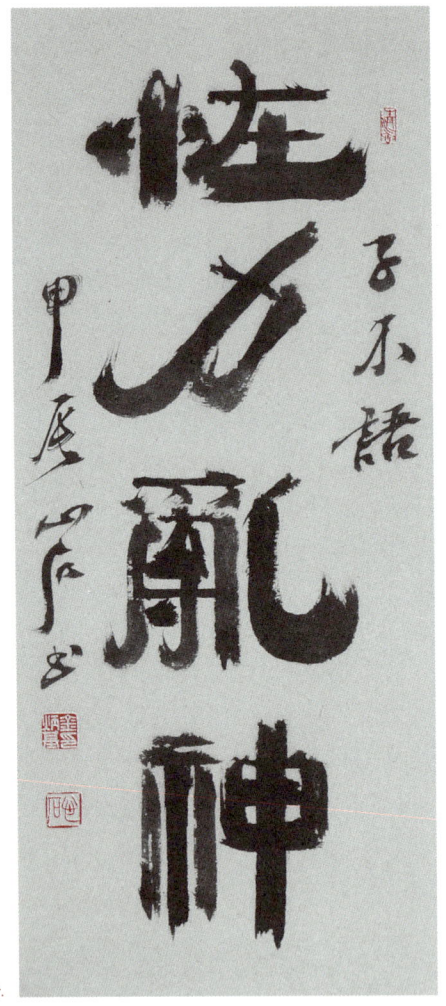

서제의 뜻에 걸맞도록
괴이한 분위기를 살리려
했으나 뜻을 이루지 못했다.

子不語怪力亂神
25×59cm

공자께서는 괴이한 일과, 무리하고 사납게 힘을 쓰는 일과, 어지러운(난잡한) 일과, 귀신에 대해서는 말씀하지 않으셨다.

子不語怪力亂神.
<sub>자 불 어 괴 력 난 신</sub>

- 「술이」 제20장

'숨 막히는 액션과 서스펜스의 연속, 스릴 만점.' 흥행에 성공한 영화에 따라 붙는 찬사다. 성공한 영화는 대부분 '괴력난신' 즉 상상 밖의 괴이한 이야기, 폭력적인 언행, 난잡하게 얽힌 인간관계, 믿기 어려운 귀신 이야기 등이 많다. 흥행을 위해 제작자들은 '괴력난신'의 강도를 가능한 한 높이려 하고, 스릴에 맛 들린 사람들은 갈수록 강한 스릴을 요구한다. '괴력난신'이 극점을 향해 치달릴 수밖에 없다.

공자는 이 점을 예견하고, 극점을 향해 치닫는 '괴력난신'의 이야기는 사람의 마음을 악하게 할 수 있음을 염려하여 아예 '괴력난신'을 입에 담지 않고자 한 것이다. 이런 공자의 영향으로 중국에서는 소설, 희곡 등 '이야기 문학'의 발달이 늦었다. 대신 사람의 순후한 정서 함양을 돕는다고 여긴 시가 크게 성했다. 이야기를 선호한 서양이 셰익스피어와 같은 극작가를 낳은 데 반해, 중국에서는 이백, 두보와 같은 시인이 배출된 것이다. 물론, 시라고 해서 다 순후한 것도 아니고, 이야기라고 해서 다 '괴력난신'인 것은 아니리라. 다만, 지나치게 자극적인 '이야기' 문화가 팽배한 지금, '괴력난신'을 그토록 경계한 공자의 생각을 되새길 필요는 있을 것이다. '막장'에 이르지 않으려면.

| 120 | **삼인행 필유아사언(三人行 必有我師焉)**<br>**세 사람이 가면 그중에 반드시 나의 스승이 있다** |

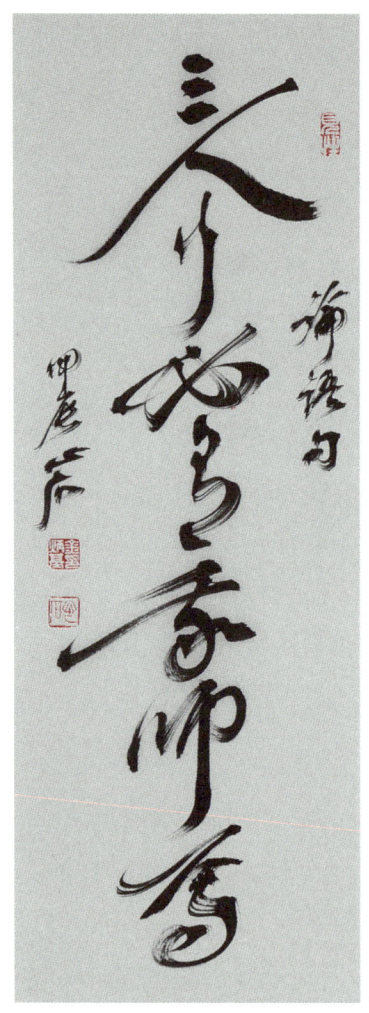

필획의 수가 적은 서제이기에
'三人行' 세 글자 사이의 공간이
많이 겹치는 포치를 해 보았다.

三人行 必有我師焉
23×67cm

공자께서 말씀하셨다. "세 사람이 함께 가다 보면 그중에 반드시 나의 스승이 있을 것이다. 그 선한 점을 가려서 따르고, 그 선하지 못한 점은 거울로 삼아 고쳐야 한다."

子曰 三人行 必有我師焉 擇其善者而從之 其不善者而改之.

— 「술이」 제21장

'타산지석(他山之石: 다른 산의 돌)'이란 말이 있다. '자신의 보석을 빛나게 갈기 위해서는 다른 산의 숫돌이 필요하다'는 뜻이다. '남의 사례를 통해 자신을 연마한다'는 의미로 사용되는 사자성어다.

남과 잘잘못을 비교하기 위해서는 나를 포함하여 최소한 세 사람이 필요하다. 나보다 잘하는 사람과도 비교해 보고, 나보다 못한 사람과도 비교해 봐야 나를 알 수 있기 때문이다. 그래서 공자는 '삼인행' 즉 세 사람이 함께 길을 가는 상황을 설정한 후, "나보다 나은 사람으로부터는 나은 점을 배우고, 나보다 못한 사람을 통해서는 '나는 그렇게 하지 않으리라'는 성찰의 마음을 갖도록 하라"는 뜻에서 "세 사람이 함께 가다 보면 그중에 반드시 나의 스승이 있을 것이다"라는 말을 하였다. 세 사람은 단지 3명이 아니라, 실은 '함께 길을 가는 사람 누구라도'라는 뜻인 것이다.

서로 어울려 살기 위해서는 처지를 바꿔 상대방의 입장을 헤아리는 '역지사지易地思之'를 해야 한다. '역지사지' 하는 사람이 모이면 서로가 서로에게 '스승'이 되고, 역지사지를 안 하면 서로 원수가 된다.

| 121 | 득견유항자 사가의(得見有恒者 斯可矣)
**항심이 있는 사람만 만날 수 있어도 좋겠다** |

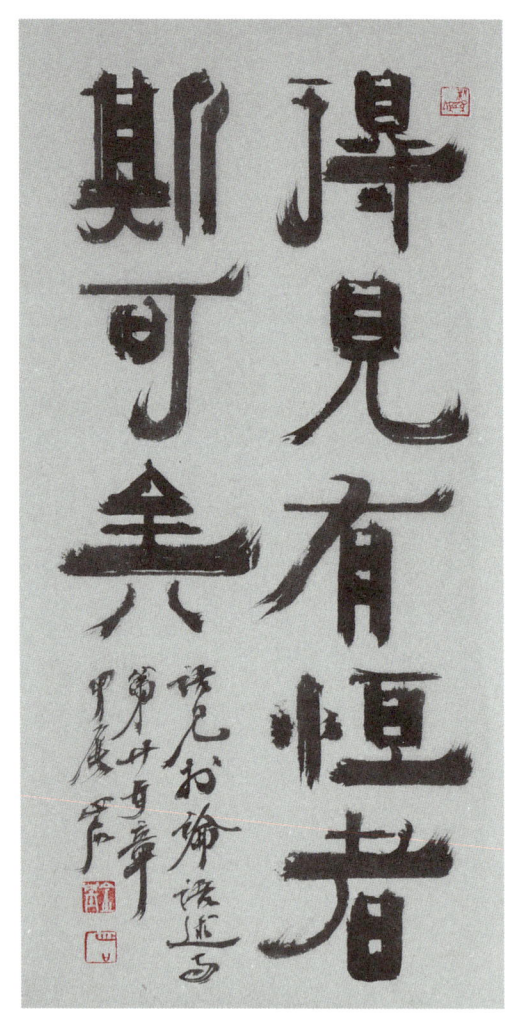

得見有恒者 斯可矣
34×73cm

공자께서 말씀하셨다. "성인(聖人)을 내가 만나볼 수 없다면 군자라도 만나볼 수 있으면 좋겠다. 선한 사람을 내가 만나볼 수 없다면, 항심이 있는 사람만 만날 수 있어도 좋겠다. 없으면서 있는 체하며, 비었음에도 가득 찬 체하며, 작음에도 큰 체하면, 항심이 있기 어렵다."

<sub>자 왈 성 인 오 부 득 이 견 지 의 득 견 군 자 자 사 가 의</sub>
子曰 聖人 吾不得而見之矣 得見君子者 斯可矣
<sub>자 왈 선 인 오 부 득 이 견 지 의 득 견 유 항 자 사 가 의</sub>
子曰 善人 吾不得而見之矣 得見有恒者 斯可矣
<sub>망 이 위 유 허 이 위 영 약 이 위 태 난 호 유 항 의</sub>
亡而爲有 虛而爲盈 約而爲泰 難乎有恒矣.

- 「술이」 제25장

"성인을 만날 수 없다면 군자만이라도 만나면 좋겠고, 선인善人을 만날 수 없다면 항심을 가진 사람이라도 만날 수 있었으면 좋겠다." 공자의 희망사항이다. 공자의 시대는 천자를 무시하고 군웅이 할거하는 분란이 심했다. 하늘의 뜻을 받들어 세상을 바르게 이끌 성인도 없었고, 재능과 덕망이 출중한 군자도 없었다. 인仁에 뜻을 두고 악을 행하지 않는 선인善人도 드물었고, 변덕 없는 항심을 가진 인물마저도 찾기가 쉽지 않았다. 이에 공자는 '항심이 있는 사람만이라도 만날 수 있었으면 좋겠다'는 푸념을 한 것이다.

한자 '경敬'과 '항恒'은 다 토박이말 '한결같음'의 뜻을 함유하고 있다. '경'은 한 가지 일에 집중하여 한결같은 상태이고, '항'은 언제나 변함없는 한결같음이다. '언제나 너만을 사랑해!'에서 '언제나'가 '항'이고 '너만을'이 '경'인 것이다.

난세에는 이익을 좇아 수시로 마음을 바꿈으로써 '경'심은 물론, '항'심을 저버리는 모리배들이 득실댄다. 공자의 탄식이 깊어진 이유다. '어제의 동지가 오늘의 적'이라는 말이 당연시되는 지금의 우리 사회는 또 어떤가? 항심이 중시될 리 없다. 항심을 '눈치 없는 답답함'으로 매도하지나 않았으면 좋겠다.

## 122 조이불망 익불사숙(釣而不網 弋不射宿)
**낚되 그물질하지 않고, 잠자는 새를 쏘지 않았다**

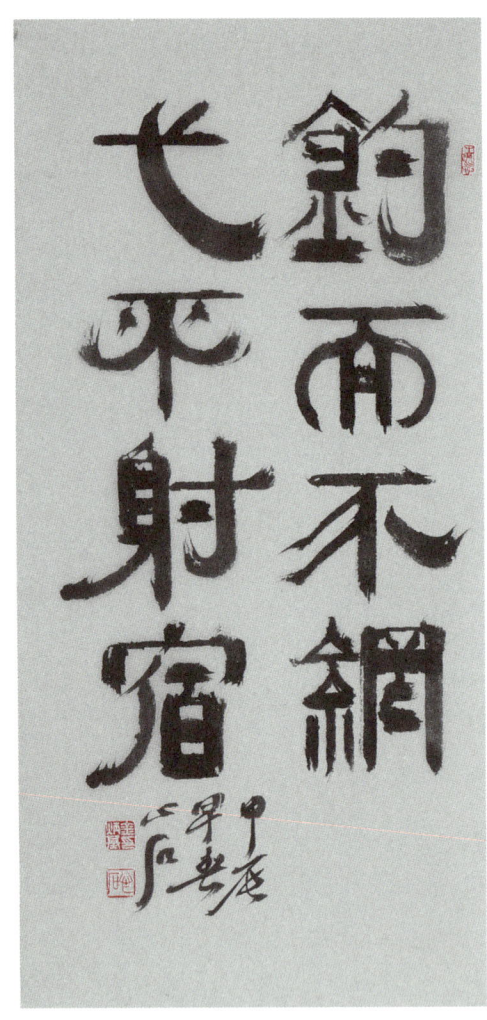

釣而不網 弋不射宿
34×67cm

공자께서는 낚시질을 하셨지만, 그물질은 하지 않았고, 잠자는 새는 주살로 쏘아 잡지 않으셨다.

<small>자 조 이 불 망 익 불 사 숙</small>
子釣而不網 弋不射宿.

– 「술이」 제26장

『논어』에는 공자의 생활 모습에 대한 기록이 적지 않다. "낚되 그물질하지 않으셨고, 잠자는 새를 주살로 쏘지 않으셨다"는 구절도 그런 예다. 낚되 그물질하지 않았다는 것은 '무차별 남획'을 안 했다는 뜻이고, 잠자는 새를 쏘지 않았다는 것은 '기습공격'을 하지 않았다는 뜻이다. 무차별 남획은 잔인한 살상이고, 기습공격은 비겁한 살생이다. 공자는 일상의 식생활과 제사 등을 위해 어쩔 수 없이 다른 생물을 포획해야 할 때도 차마 해서는 안 될 일을 안 함으로써 '측은지심'의 '인仁'을 실천하고자 한 것이다.

공자의 뒤를 이은 맹자도 "못에 촘촘한 그물을 넣지 않으면 물고기나 자라 등이 먹고 남을 만큼 번식하고, 때에 맞게 벌목하면 재목을 쓰고 남을 만큼 숲이 울창해진다"고 했다. '무차별 남획'과 '기습공격'에 대한 자연의 보복에 직면한 인류가 지금이라도 깊이 새겨들어야 할 말이다. 환경 보호는 사람으로서 차마 하지 못할 일을 하지 않는 어진 마음을 회복하는 것으로부터 시작해야 한다. 옛 어른들은 한 밥상에 닭고기와 달걀 요리를 함께 올리는 것도 나무라셨다. 어미인 닭과 새끼인 달걀을 함께 삶는 것을 차마 못할 일로 여겼기 때문이다. '인仁'을 잃는다면 과학이며 경제가 다 무슨 소용이겠는가.

| 123 | 다문 택기선자이종지(多聞 擇其善者而從之)
많이 듣고서 좋은 것을 선택하여 따르라 |

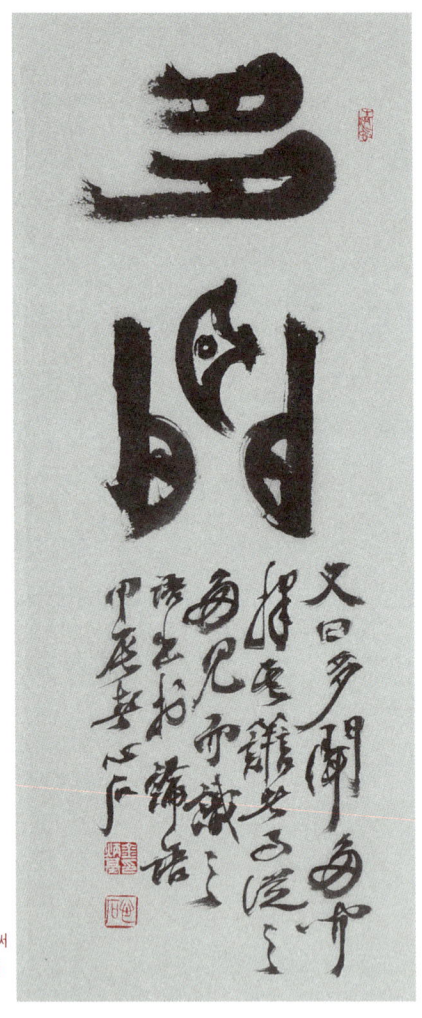

'聞'의 결자를 도치시킴으로써 이색적 분위기를 연출하고자 했다.

多聞 擇其善者而從之
23×65cm

공자께서 말씀하셨다. "대개는 알지 못하고도 행동하는데 나는 그러한 일이 없다. 많이 듣고서 좋은 것을 선택하여 따르고, 많이 보고서 그것을 기억해 두기 때문이다. 그렇게 하는 것이 알고서 행하는 차선의 방법이다."

<sub>자 왈 개 유 부 지 이 작 지 자 아 무 시 야 다 문 택 기 선 자 이 종 지 다 견 이 식 지 지 지 차 야</sub>
**子曰 蓋有不知而作之者 我無是也 多聞擇其善者而從之 多見而識之 知之次也.**

– 「술이」 제27장

    공자는 자신의 삶을 돌아보며 제자들을 향해 "나는 알지 못하면서 행동하는 일이 없었다. 많이 듣고서 그중 좋은 것을 골라 따르려고 했으며, 많이 보고서 기억해 두곤 했는데 그것도 알기 위한 차선의 방법이다"고 하였다. 공자는 무모한 행동이나 창작을 경계하고, 남의 말을 진중하게 들으며, 남의 행동을 진지하게 살핌으로써 자신의 지식과 지혜를 넓히고 그 지식과 지혜를 바탕으로 행동한 것이다. '만세<sup>萬世</sup>의 사표<sup>師表</sup>' 즉 '영원한 스승의 표상'으로 추앙받는 공자도 이처럼 어설피 행동하거나 창작하기보다는 남의 사례를 듣고 보기를 중시했으니 하물며 보통 사람에 있어서야!

    요즈음 우리 사회 지도자 중에는 심지어 무식·무능하다는 편잔을 들으면서도 남의 말을 듣지 않고 끝끝내 자신의 말만 앞세우는 인물이 적지 않다. 얇은 지식으로 새로운 '깜짝 쇼'를 벌이려 할 뿐 아니라, 상대방의 이야기를 듣는 시간은 갖지 않고 자기 말만 앞세우는 일방적 독주를 단행하기 때문에 분열과 갈등이 더 심해지고 있다. 이런 분들에게 당호(堂號: 거처하는 집 이름)를 하나 지어주고 싶다. 귀이헌<sup>貴耳軒</sup>. 말하는 입보다는 듣는 '귀를 귀하게 여기는 집'이라는 뜻이다. '귀이헌'에 살면서 '귀이헌(귀헌=귀한)' 인물로 거듭나기를 빈다.

## 124 불보기왕(不保其往)
### 지난 잘못을 마음에 담아 되뇌지 말라

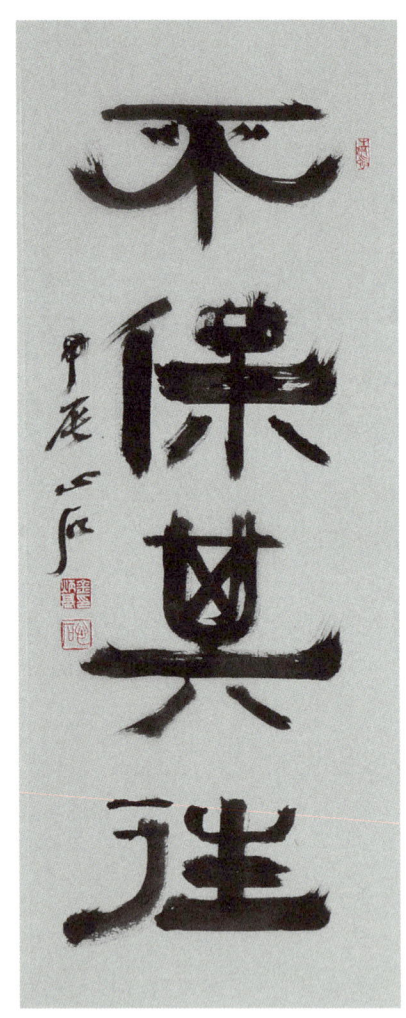

不保其往
23×65cm

호향 사람들은 함께 얘기를 나누기가 어려울 정도로 풍속이 사나웠는데, 호향의 한 어린이가 공자님을 뵈러 오자 만나주거늘, 문인들이 이상하게 생각하였다. 공자께서 말씀하셨다. "깨끗해지고자 찾아왔다면 그 깨끗함으로 나아가려는 마음만 받아들이면 된다. 지난 잘못을 마음에 담아두고 되뇔 필요가 무엇이겠느냐?"

<small>호 향 난 여 언  동 자 견  문 인 혹  자 왈  인 결 기 이 진  여 기 결 야  불 보 기 왕 야</small>
互鄕難與言 童子見 門人惑 子曰 人潔己以進 與其潔也 不保其往也.

–「술이」제28장

공자님 당시에 호향<sup>互鄕</sup>이라는 마을이 있었다. 그곳 사람들은 악<sup>惡</sup>에 깊이 물들어 있어서 선<sup>善</sup>에 대해 이야기하기조차 쉽지 않았다. 그런데 그 지역 소년이 공자를 찾아와 뵙자, 제자들이 '뭣 땜에 저런 녀석을 만나시는 게지?' 하며 의아해했다. 이에 공자는 "깨끗해지고자 찾아왔다면 그 깨끗함으로 나아가려는 마음만 받아들이면 된다. 지난 잘못을 마음에 담아두고 되뇔 필요가 무엇이겠느냐?"라고 말하였다. 여기서 뉘우친 지난 잘못은 마음에 담아두지 않아야 한다는 뜻의 '불보기왕'이라는 사자성어가 나왔다.

사람은 누구나 잘못을 저지를 수 있다. 잘못을 뉘우치지 않는다면 용서하지 않아야겠지만 뉘우친다면 확 트인 가슴으로 화끈하게 용서해야 한다. 용서를 비는 사람의 지난 잘못을 용서하지 않고 계속 되뇌는 것은 앞서 잘못한 그 사람의 잘못보다 더 큰 죄를 범하는 행위다. 모든 인간관계 특히 부부 사이의 불화는 돌아보며 탓하는 데에서 싹트고, 미래를 내다보며 허덕이는 데에서 깊어진다. "그때 당신이 그렇게 했기 때문에 우리가 망한 거야"로 시작하여 "흥! 어느 세월에 순이네처럼 부자가 되겠어?" 등은 이혼을 자초하는 위험한 대화다. 뒤돌아보며 탓하지 말고, 앞 내다보며 허덕이지 말자.

| 125 | 아욕인 사인지의(我欲仁 斯仁至矣)
**내가 인(仁)을 행하고자 하면 인은 이미 내게 와 있다** |

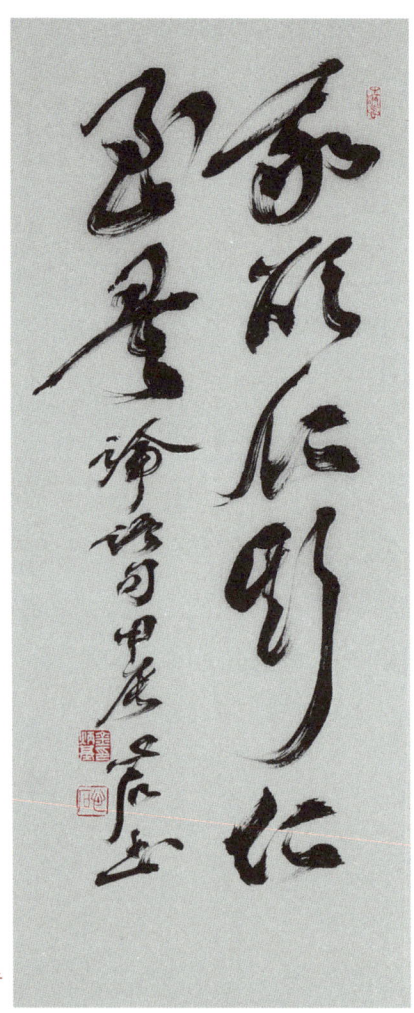

한 기운으로 흐르는 초서를 염두에 두고 창작한 결과 어느 정도 뜻을 이룬 것 같다.

我欲仁, 斯仁至矣
26×61cm

공자께서 말씀하셨다. "인(仁)이 멀리 있다고 여기는가? 내가 인을 행하고자 하면 인은 이미 내게 와 있다."

子曰 仁遠乎哉 我欲仁 斯仁至矣.
자 왈 인 원 호 재 아 욕 인 사 인 지 의

- 「술이」 제29장

영화 〈파묘〉에는 관 뚜껑이 열리자, 악귀가 금세 미국으로 날아가 자손을 죽이려 하는 장면이 있다. 이처럼 악귀든 성령이든 귀신은 시공을 초월하여 순간적으로 이동한다고 한다. '한국에서 돌아가신 부모님의 제사를 미국에서 지낸들 부모님이 어떻게 미국까지 오시랴'라는 생각을 할 수 있지만, 신은 내가 생각하는 그 순간에 이미 내 곁에 와 있다고 한다. 내가 기도하고 발원하는 순간, 예수님도 부처님도 이미 내 곁에 와 있는 것이다. 살아 있는 사람의 정신도 내가 그이를 생각하는 순간, 내 곁에 와 있다고 한다. 우리가 항상 주님, 부처님을 향해 기도하고 그리운 사람을 그리워해야 하는 이유다.

간절히 원하는 것은 모든 게 다 기도다. '인(仁: 어짊)'을 행하고자 하는 마음이 간절하다면 그 간절함 자체가 이미 기도이며 모든 기도는 이루어진다. 그래서 공자도 "인이 멀리 있단 말인가? (아니다) 내가 인을 행하고자 하면 인은 곧 내 곁에 와 있다"고 했다.

과학의 발달로 인하여 사람들은 마음도 행복도 다 과학으로 밝혀내어 증명할 수 있다는 생각을 할지 모르나 행복은 과학으로 증명하는 게 아니라, 간절히 구하는 '마음에 있는 게 아닐까? 어짊, 사랑, 자비가 항상 내 곁에 머물도록 늘 기도하자.

| 126 | 필사반지 이후화지(必使反之 而後和之)<br>**반드시 반복하게 한 후에 함께하다** |
|---|---|

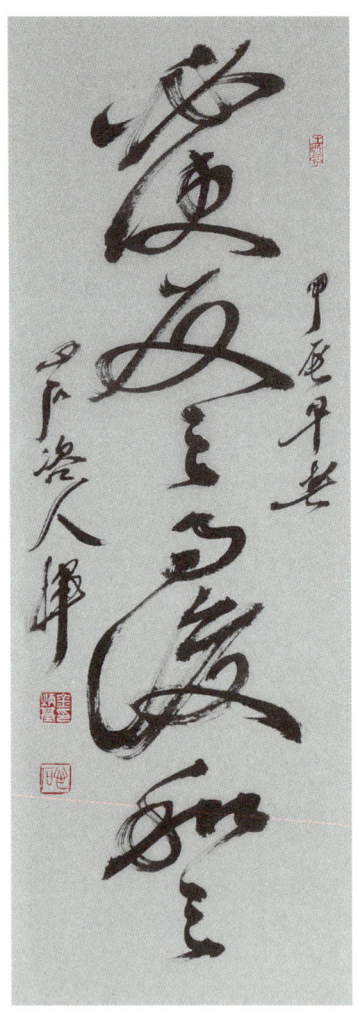

각 글자 사이에 필세는 연결되는
성싶은데 연결이 물 흐르듯
유려하지 못한 아쉬움이 있다.

必使反之 而後和之
23×68cm

공자께서는 남과 더불어 노래를 부르실 때 상대방이 잘하면 반드시 다시 부르게 하시고 함께 따라 부르셨다.

子與人歌而善 必使反之 而後和之.

– 「술이」 제31장

'악동예이樂同禮異'라는 말이 있다. 음악은 '동(同: 함께 동)' 즉 관계의 평등화와 일체화를 위한 것이고, 예의는 '이(異: 달리 이)' 즉 관계의 차별화를 위한 것이라는 뜻이다. 평소 스승님과 나를 차별 지어 높이 모시는 게 '예禮'의 정신이고, 함께 축구 경기장에 갔을 때는 어깨동무하고 한목소리로 응원가를 부르는 게 '악樂'의 공능인 것이다. 공자는 예도 중시했지만 함께 누리는 음악도 무척 중시했다. 상대가 노래를 잘하면 반드시 반복하여 부르게 하고, 따라 배우면서 함께 불렀다. 맹자도 왕을 향해 "혼자 음악을 즐기는 것과 여러 사람과 함께 즐기는 것 중 어느 게 더 즐거울까요(獨樂樂 與人樂樂 孰樂)?"라고 말하며 음악을 백성과 함께 즐길 것을 권하였다. 그러면서 왕이 음악을 즐기는 것 자체를 백성이 원망하며 싫어하는 경우를 최악의 상황으로 보았다.

"보내고 한 세월을 방황할 동안, 창문엔 달빛조차 오지를 않네." 김지향 작사의 가곡 '기다림'의 일부분이다. 함께할 사람이 없는데 달이 다 무슨 소용! "여보! 요새 핫한 신곡 뭐 있어? 당신이 먼저 불러 봐, 내가 따라 부를게." 이처럼 바라보는 두 눈에서 사랑이 뚝뚝 떨어지는 부부라면 어떨까. 함께 노래 부르는 곳이 곧 천국인 것이다.

| 127 | 구지도 구의(丘之禱 久矣)<br>나의 기도는 오래되었다 |

필획의 굵기 차이를 비교적 크게
둠으로써 역동적인 분위기를
조성하고자 했다.

丘之禱 久矣
23×64cm

공자의 병환이 위중해지자, 자로가 천지신명에게 빌기를 청하였다. 공자께서 물으셨다. "병을 낫게 해달라고 기도한 사례가 있는가?" 자로가 대답하였다. "'옛 제문에 하늘과 땅의 신에게 빌었다'는 말이 있습니다." 공자께서 말씀하셨다. "사실, 나의 기도는 오래되었다."

子疾病 子路請禱 子曰 有諸 子路對曰 有之 誄曰 禱爾于上下神祇
子曰 丘之禱久矣.

– 「술이」 제34장

    공자가 병에 걸렸다. 제자 자로子路가 기도를 하자고 했다. 그러자 공자는 "병을 낫게 해달라고 기도한 사례가 있는가?" 하고 물었다. 자로가 "'옛 제문에 하늘과 땅의 신에게 빌었다'는 말이 있습니다"라고 답했다. 그러자 공자는 "기실, 나의 기도는 오래되었다"고 말했다. 기도란 평소 선하게 살도록 도와달라고 빎으로써 신의 가호를 받는 것이지, 병이 난 후에야 부랴부랴 병을 낫게 해달라고 비는 게 아니라고 생각했기 때문에 공자는 '선하게 살게 해달라'는 기도는 진즉부터 해왔다는 뜻으로 "나의 기도는 오래되었다"고 말한 것이다.

    중국 속담에 "평시불소향 임시포불각平時不燒香 臨時抱佛脚"이라는 말이 있다. "평소에는 향을 피우지도 않다가 일을 당하면 부처님 다리를 붙잡고 사정한다"는 뜻이다. 일을 당해서야 부랴부랴 하는 기도는 진정한 기도가 아니다. 자연이나 사람을 상대로 차마 해서는 안 될 짓을 안 하는 게 선하게 사는 것이고, 차마 못할 짓을 혹시라도 저지르지 않게 해달라고 하늘을 향해 늘 비는 게 진정한 기도다. 공자는 이런 기도를 진즉부터 해온 것이다. 오늘날 국민을 갈라치기하며 마이크에 대고 죽일 듯이 소리 지르는 일부 종파의 기도가 과연 기도일까.

| 128 | 여기불손야 녕고(與其不孫也 寧固)
불손하기보다는 차라리 고루하리라 |
|---|---|

두 글자밖에 안 되는 서제이므로 좀 더 웅장하게 쓸 수도 있었을 텐데 확산의 기세가 부족한 점이 아쉽다.

與其不孫也 寧固
22×69cm

공자께서 말씀하셨다. "사치스러우면 불손하고 검소하면 고루하나, 불손하기보다는 차라리 고루한 것이 낫다."

<sub>자 왈 사 즉불 손 검 즉고 여 기 불 손 야 녕 고</sub>
子曰 奢則不孫 儉則固 與其不孫也 寧固.

– 「술이」 제35장

'孫'은 본래 '손자 손'이라고 훈독하는 글자이지만 한자는 음이 같은 경우에 서로 빌려 쓰는 경우가 많기 때문에 '遜(겸손할 손)'을 '孫'으로 쓰기도 한다. '寧'은 '편안 녕'으로 훈독하며, '안녕安寧'이라는 뜻을 가진 글자이지만 부사로 사용될 때는 '차라리 녕'으로 훈독한다.

난세에는 못된 사람들이 활개를 친다. 공자의 시대도 난세였다. 불손하게 날뛰는 사람도 많았고, 검소가 지나쳐 고루固陋한 사람도 있었다. 이런 상황에서 공자는 "사치하면 불손하고 검소하면 고루할 수 있는데, 불손하기보다는 차라리 고루한 게 낫다"고 했다. 불손을 고루함보다 더 나쁘게 본 것이다.

현대는 '있어 보이도록' 자신을 포장하는 시대라고 한다. 촌스러운 고루함보다는 세련된 양 포장한 불손함, 심지어 '갑질'이 더 '있어 보이고' 낫다는 생각이 만연해 있다. 그러나 성공한 사람, 특히 오래도록 인기를 누리는 연예인을 보면 하나같이 고루할지언정 불손하지 않다. 불손보다는 고루가 낫다는 증거다. 불손함의 대가로 코를 다쳐본 사람이 하는 쓸쓸한 고백이 "겸손은 어려워!"다. 성공은 다른 게 아니다. 주변에 사람이 모이는 게 성공이다. 불손한 '날티'보다는 차라리 고루한 '촌티'가 사람을 모으는 힘이 더 강하다.

| 129 | 군자탄탕탕 소인장척척(君子坦蕩蕩 小人長戚戚)<br>군자는 평탄하여 너그럽고, 소인은 늘 징징댄다 |

웅장하면서도
정갈한 분위기를
살리고자
노력했다.

君子坦蕩蕩 小人長戚戚
35×62cm

공자께서 말씀하셨다. "군자는 평탄하여 너그럽고, 소인은 늘 징징댄다."

子曰 君子坦蕩蕩 小人長戚戚.
<sub>자 왈 군 자 탄 탕 탕 소 인 장 척 척</sub>

- 「술이」 제36장

군자는 자연의 순리를 따르기 때문에 불안하지 않고 늘 평탄하여 안정되고 너그럽다. 이에 반해, 소인은 번다한 세상일이나 돈에 얽매여, 끌려 다니며 일하는 노예 혹은 돈을 지키는 수전노처럼 살기 때문에 늘 불안하고 걱정이 많다. 소인은 많이 갖고서도 항상 부족하고, 별일도 안 하면서 쫓기듯이 살기 때문에 매일같이 징징댈 수밖에 없다.

마음의 여유를 갖겠다며 떠난 여행에서도 군자는 가능한 한 유유자적, 자연에 몸을 맡김으로써 자연의 청량함과 편안함을 만끽하는데, 소인은 '하나라도 더 봐야겠다'는 욕심에 사로잡혀 여행도 쫓기듯이 허덕이며 다닌다. 심지어는 자연 속의 기이한 돌을 떼어오거나 화초를 캐올 욕심에 눈을 희번덕이기도 한다. 백두산도 한강도 내 것이고, 몽블랑도 센 강도 다 내 것인데 뭘 그리 허덕이며 다 봐야 하고 돌멩이 하나라도 캐 와야 하는지….

'와유오악臥遊伍嶽'! 누울 와, 놀 유, 다섯 오, 큰 산 악. 집 안에 누워서도 오악에 노닐 수 있는 평탄함과 여유를 갖자. 희번덕이고 징징대며 떠밀리고 쫓기는 삶이 공자가 말한 소인의 '장척척'이고, 마음으로 오악을 굽어보는 평화와 여유가 곧 군자의 '탄탕탕'이다. 등기부 없는 온 우주가 실은 다 내 것임을 알자.

## 130 위이불맹(威而不猛)
### 위엄이 있되 사납지 않아야

곧은 필획 위주의 예서에 '而'자 한 글자를 굽은 필획으로 결자(結字)함으로써 분위기가 일변했다.

威而不猛
23×58cm

공자께서는 온화하면서도 엄숙하시고, 위엄이 있으면서도 사납지 않으시고, 공손하면서도 편안하셨다.

<small>자 온 이 려  위 이 불 맹  공 이 안</small>
子溫而厲 威而不猛 恭而安.

– 「술이」 제37장

"선생님께서는 온화하시면서도 엄하고, 위엄이 있되 사납지 않으셨으며, 공손하면서도 편안하셨다." 제자들이 기록한 공자의 평소 모습이다.

비슷한 것 같지만 완전히 다른 두 개념을 혼동하지 않아야 현명한 사람이다. 온화함과 엄하지 않음이 다르고, 위엄이 있는 것과 사나움을 부리는 것이 판이하며, 공손한 것과 안절부절못하는 것이 분명히 다르건만 지혜롭지 못한 사람은 이들 양자 사이의 관계를 수시로 혼동하고 착각한다. 지난 정부 우리 사회의 지도층들이 다분히 그런 혼동과 착각을 범했던 것 같다. '엄정대응', '선제타격'만 외칠 뿐 온화한 배려가 없고, '강력조치'하겠다며 사납게 으름장을 놓을 뿐 위엄이 없으며, 외교에서는 공손이 지나쳐 안절부절못하는 행태마저 보이는 경향이 있었다.

이른바 '요순시대'의 요임금과 순임금은 임금의 옷을 입고 서 있기만 해도 천하가 다스려졌다고 한다(垂衣裳而天下治). 온화하면서도 엄하고, 위엄이 있되 사납지 않으며, 최적의 공손이 몸에 익어 절로 우러나왔기 때문에 그런 다스림이 이루어진 것이다. 이제 우리 지도자들도 불필요하게 으름장을 놓는 '엄정대응', '강력조치', '선제타격' 등 '떠벌리는' 사나움을 접고, '다문 입'의 숙고로 진정한 위엄을 갖추기를 염원해 본다.

## 131 용이무례즉란(勇而無禮則亂)
**용감할 뿐 예의가 없으면 난동이다**

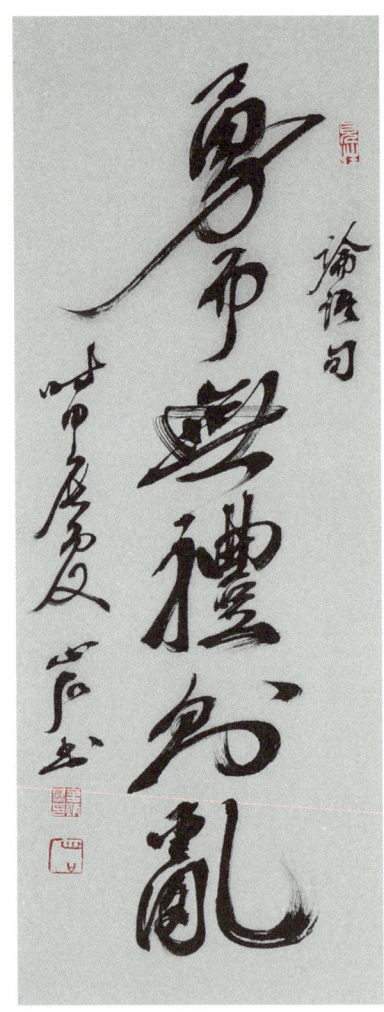

勇而無禮則亂
26×67cm

공자께서 말씀하셨다. "공손하면서도 예가 없으면 수고롭고, 삼가되 예가 없으면 두려워하고, 용감할 뿐 예가 없으면 난을 일으키고, 곧을 뿐 예가 없으면 각박해진다."

<sub>자 왈 공 이 무 례 즉 로  신 이 무 례 즉 사  용 이 무 례 즉 란  직 이 무 례 즉 교</sub>
子曰 恭而無禮則勞 愼而無禮則葸 勇而無禮則亂 直而無禮則絞.

— 「태백」 제2장

공자는 예禮와 악樂으로 교화함으로써 누구나 인간답게 사는 세상을 만들고자 했다. "공손할 뿐 예를 모르면 수고롭고, 삼갈 뿐 예를 모르면 두려우며, 용감할 뿐 예를 저버리면 난동이 되고, 정직하되 예를 모르면 성급해진다"는 말도 예의 효용과 실천 방법을 명확히 밝힌 공자의 명언이다. 예를 모르면 바짝 긴장하여 필요 이상으로 공대하고 조심하느라 수고롭고 두렵기까지 하며, 예를 모르는 용감함은 난동이 되고, 정직을 말한다는 이유로 예를 무시하면 성미 급한 소인배가 되고 만다는 게 공자의 생각인 것이다.

예는 사람을 억지로 통제하기 위해 누군가가 갑자기 제정한 것이 아니고, 인류가 상호 존중하며 사는 가장 편한 방식이라고 여긴 것들이 역사 속에서 모아져 이루어진 것이다. 그러므로 예는 본래 편한 것일 뿐 결코 수고롭거나, 두려운 게 아니다. 예는 배를 자유자재로 떠가게 하는 물과 같다. 예를 모르는 사람은 맨땅에서 배를 끄는 것만큼이나 삶이 힘들다.

지금 우리 사회는 함께 추구할 가치로서의 예 자체가 무너지고 있는 것 같다. 삶은 '각자도생'의 난투극이라는 인식이 암암리에 만연하고 있다. 최근 예를 무시한 채 용감하게 싸우기만 하는 어지러운 정치가 우리를 이처럼 사납게 한 게 아닐까?

| 132 | 독어친 즉민흥어인(篤於親 則民興於仁)<br>친한 이에게 도탑게 하면 백성들이 인에서 일어나리라 |

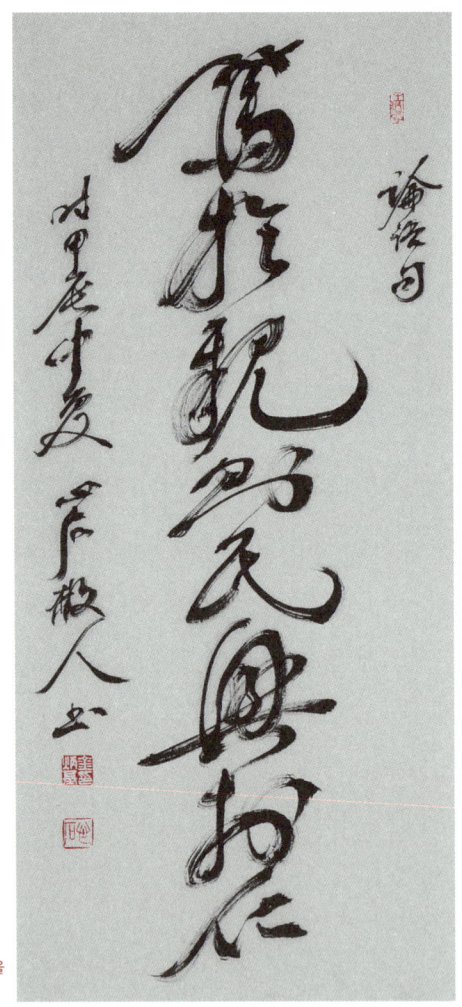

왼편 삐침 필획이
비교적 긴 것은 송나라
명필 황정견체의
'장날획(長捺劃)'에 연원을
두고 있다.

篤於親 則民興於仁
30×68cm

공자께서 말씀하셨다. "… 군자가 친척들을 후하게 대하면 백성들이 인(仁)에서 흥기하고, 옛 친구를 버리지 않으면 백성들이 야박해지지 않는다."

<sub>자 왈 군 자 독 어 친 즉 민 흥 어 인 고 구 불 유 즉 민 불 투</sub>
子曰 君子篤於親則民興於仁 故舊不遺則民不偸.

- 「태백」 제2장

박애<sup>博愛</sup>에 대한 사전적 풀이는 '인격 존중과 평등에 바탕을 둔 인종·종교·습관·국적 등을 초월한 인간애'다. 페스탈로치나 프뢰벨의 교육 이념, 톨스토이의 평화주의 등 서양의 사상은 주로 박애에 바탕을 두고 있다고 한다. 이에 비해 한자문화권의 사상은 '독어친' 즉 '친한 사람을 도탑게(친하게)' 여기는 데에 뿌리박고 있으며 특히 혈연관계를 중시한다. 이에 한자문화권의 '독어친'을 서양의 '박애'에 비해 편협한 사랑으로 오해하기도 한다. 그러나 '독어친'은 가장 친한 혈연관계인 부모와 자식 사이의 친함을 중히 여기는 마음으로부터 시작하여 궁극에는 박애에 이르자는 것이지 혈연만 중시하자는 게 아니다. "친한 이를 도탑게 대하면 백성들의 일상이 인<sup>仁</sup>에서 일어나고, 오랜 친구를 버리지 않으면 민심이 각박해지지 않는다"고 한 공자의 말도 '독어친'을 바탕으로 결국엔 박애를 실현하자는 것이다.

젊은이들이여! 효를 '나때' 마시며 '틀딱거리는' 꼰대들의 얘기로 듣지 않아야 세상이 밝아져서 아이를 낳아 키우는 게 불안한 일로 생각되지 않을 것이오. 어른들이시여! '익애'가 아닌 '자애'로 가르칠 때 박애도 구현되어 젊은이들이 맘 놓고 사는 평화로운 세상이 될 것이외다. 篤於親! 친한 이를 친하게 대하는 게 인류의 근본이다.

| 133 | 여림심연 여리박빙(如臨深淵 如履薄氷)<br>깊은 못에 다다른 듯이 엷은 얼음을 밟는 듯이 |

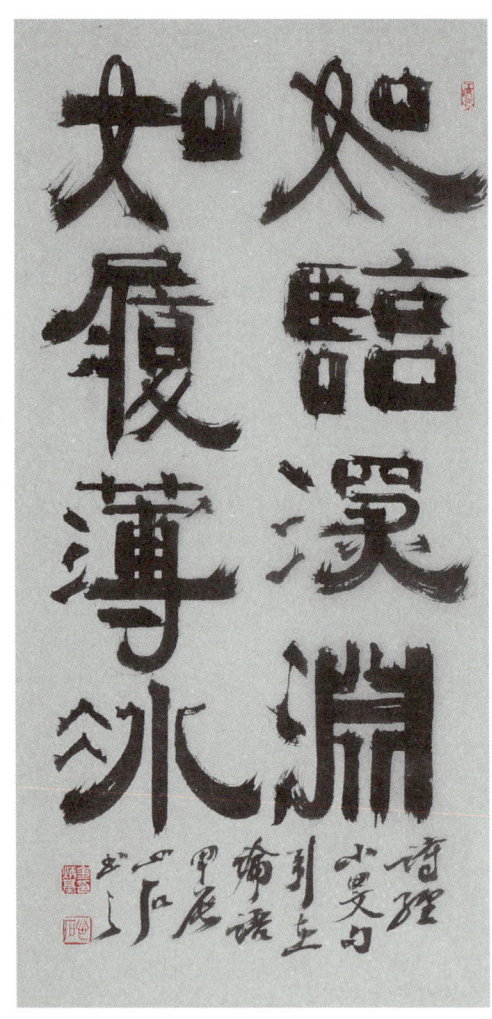

如臨深淵 如履薄氷
35×70cm

증자(曾子)가 병이 위중하자, 제자들을 불러놓고 말했다. "나의 발을 펴보고 내 손을 펴보아라. (온전하지 않니?) 『시경』에 이르기를 '두려워하고 조심하여 깊은 못에 다다른 듯이 엷은 얼음을 밟는 듯이 하라'고 하였으니, 죽음에 임한 지금에야 나는 (부모가 주신 내 몸을 다칠까 봐 하는 근심에서) 벗어난 줄을 알겠다. 제자들이여!"

<sub>증 자 유 질 소 문 제 자 왈 계 여 족 계 여 수 시 운 전 전 긍 긍 여 림 심 연 여 리 박 빙</sub>
曾子有疾 召門弟子曰 啓予足 啓予手 詩云 戰戰兢兢 如臨深淵 如履薄氷
<sub>이 금 이 후 오 지 면 부 소 자</sub>
而今而後 吾知免夫 小子.

— 「태백」 제3장

우리가 자주 인용하는 "신체발부 수지부모" 운운하는 말은 『효경』의 한 구절로서 해당 문장은 다음과 같다. "털, 살갗까지 신체의 모든 것은 부모로부터 받은 것이므로(身體髮膚 受之父母) 손상하지 않는 것이 효의 시작이고, 몸가짐을 바르게 하여 도를 행하고 후세까지 이름을 날림으로써 부모를 드러내는 것이 효의 끝맺음이다(立身行道 揚名於後世 以顯父母 孝之終也)."

공자의 제자 증자는 임종에 제자들에게 온전한 자신의 신체를 내보이며, 『시경』의 한 구절을 인용하여 (부모님께서 주신 몸을 훼상할까 봐) "전전긍긍<sup>戰戰兢兢</sup>하기를 깊은 못에 다다른 듯이, 엷은 얼음을 밟는 듯이 조심했다"고 말했다. 그러면서 "임종에 이른 지금에야 그런 전전긍긍에서 벗어날 수 있게 되었다"고 고백했다.

'신외무물<sup>身外無物</sup>'이라는 말이 있다. "몸이 없으면 아무것도 없다"는 뜻이다. 부모님을 위해서도 자신을 위해서도 몸을 다치지 않아야 함은 물론, 더욱 튼튼하도록 노력해야 한다. 몸과 마음은 둘이 아니다. 선을 행하고 가치를 창조하려는 마음이 좋은 에너지가 되어 튼튼한 몸을 만든다. 가치 창조가 없이 좋은 먹거리와 운동에만 집착하며, 몸만 튼튼히 가꾼다면 동물과 다를 바 없다. 가치를 지향하며 건강한 몸으로 조심조심 열심히 살기!

## 134 출사기 사원비배의(出辭氣 斯遠鄙倍矣)
### 내놓는 말의 기운은 비루함과 어긋남으로부터 멀어야

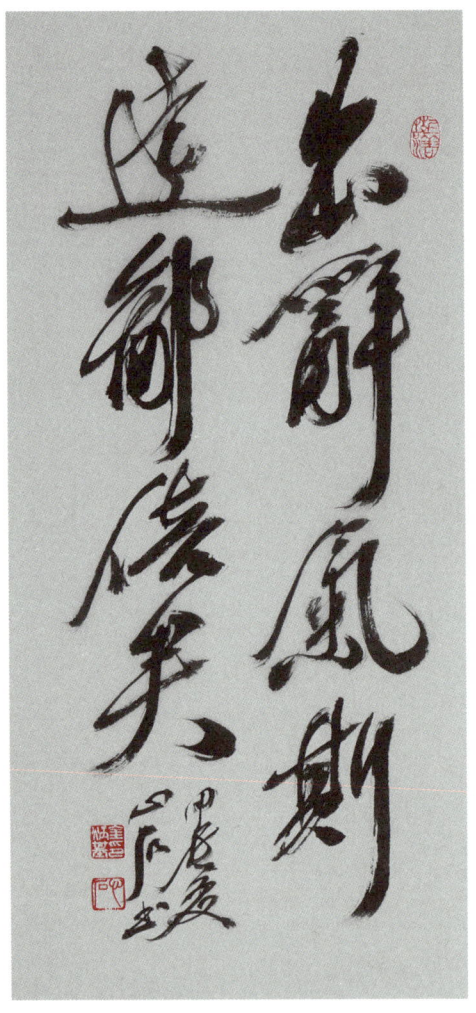

아직 적응하지 못한 새 붓으로 쓴 탓에 무리한 힘이 들어 있다.

出辭氣 斯遠鄙倍矣
32×73cm

증자의 병이 심해지자 노나라의 대부 맹경자가 병문안을 왔다. 증자가 말했다. "새도 죽을 때가 되면 울음이 슬퍼지고, 사람도 죽음에 이르면 말이 선해지는 법이라오(내가 지금 하는 말은 어느 때보다도 선할 것이오. 잘 들어 두시오). 군자가 귀히 여겨야 할 도는 크게 세 가지라 할 수 있소. 용모는 사납거나 거만하지 않아야 하며, 안색은 믿음이 절로 드러나도록 갖추고, 말은 (내용이 사리에 어긋나지 않아야 할 뿐 아니라) 어투나 어기도 비루하지 않아야 합니다."

증 자 유 질  맹 경 자 문 지  증 자 언 왈  조 지 장 사  기 명 야 애  인 지 장 사  기 언 야 선
曾子有疾 孟敬子問之 曾子言曰 鳥之將死 其鳴也哀 人之將死 其言也善
군 자 소 귀 호 도 자 삼  동 용 모  사 원 포 만 의  정 안 색  사 근 신 의  출 사 기  사 원 비 배 의
君子所貴乎道者三 動容貌 斯遠暴慢矣 正顏色 斯近信矣 出辭氣 斯遠鄙倍矣.

— 「태백」 제4장

임종이 가까운 증자를 노나라의 권신 맹경자孟敬子=孟孫가 문병하자, 증자가 말했다. "새도 죽을 때가 되면 울음이 슬퍼지고, 사람도 죽음에 이르면 말이 선해지는 법이라오. 내가 지금 하는 말은 어느 때보다도 선할 것이오. 잘 들어 두시오. 군자가 귀히 여겨야 할 도道는 크게 세 가지라 할 수 있소. 용모는 사납거나 거만하지 않아야 하며, 안색은 믿음이 절로 드러나도록 갖추고, 말은 내용이 사리에 어긋나지 않아야 할 뿐 아니라 어투나 어기도 비루하지 않아야 합니다."

독일 철학가 발터 벤야민은 복제품이 아닌 원작 예술작품의 흉내 낼 수 없는 고고한 '분위기'를 '아우라Aura'라는 말로 표현했다. 군자는 군자다운 '아우라'를 갖춰야 한다는 게 증자의 뜻이리라.

벤야민은 복제로 인한 원작의 아우라가 붕괴되는 것을 안타까워하고 또 경계했다. 지금 우리 사회의 지도층에는 '원작 군자'의 아우라를 갖춘 인물이 거의 없는 것 같다. 용모와 행동은 복제된 착함만 흉내 내고, 말은 내용도 없이 비루하기 그지없는 가운데 소소한 업무에 매달려 말다툼만 일삼고 있는 경우가 많다. 이제 우리의 지도자 모두 비루한 말다툼은 청산하고 군자의 아우라를 갖추기를 기대해 본다.

| 135 | 유약무 실약허(有若無 實若虛)<br>있어도 없는 듯이 꽉 찼으면서도 빈 듯이 |

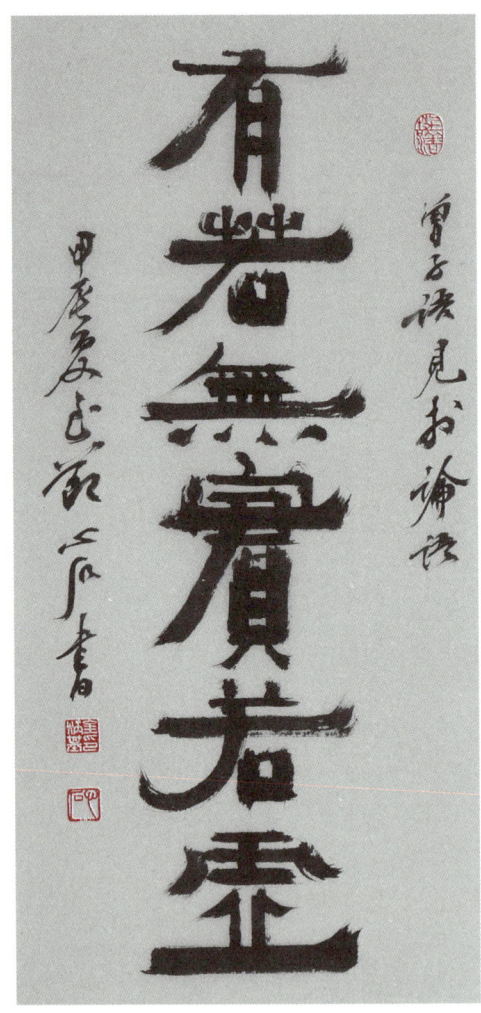

추사 선생의 예서 필의를 모방해 보려고 노력하였으나 잘 써야겠다는 조바심이 앞선 것 같다.

有若無 實若虛
34×74cm

증자가 말하였다. "능하면서 능하지 못한 이에게도 묻고, 아는 게 많으면서도 적은 이에게도 물으며, 있어도 없는 듯, 꽉 찼으면서도 빈 듯, 남이 자신에게 잘못을 범해도 지나치게 따지지 않는 것 등을 옛날에 나의 벗 안연은 일찍부터 잘 실천했었다."

曾子曰 以能問於不能 以多問於寡 有若無 實若虛 犯而不校
昔者吾友嘗從事於斯矣.

– 「태백」 제5장

공자의 제자 증자는 일찍 죽은 선배 안연을 회상하며 다음과 같이 말했다. "능하면서 능하지 못한 이에게도 묻고, 아는 게 많으면서도 적은 이에게도 물으며, 있어도 없는 듯, 꽉 찼으면서도 빈 듯, 남이 자신에게 잘못을 범해도 지나치게 따지지 않는 것 등을 참 잘하는 친구였다." 평소 안연은 실속 없이 떠벌리기보다는 속이 꽉 찬 실천을 하면서도 항상 부족한 듯이 겸손했기 때문에 이런 칭송을 들었다.

중국을 개혁·개방으로 이끈 등소평(鄧小平: 덩샤오핑)이 1980~1990년 무렵에 내건 외교 방침은 '도광양회韜光養晦'였다. 감출 도, 빛 광, 기를 양, 어둘 회. '빛을 감춘 채 어둠 속에서 기른다'는 뜻으로, 드러나지 않게 힘을 기르겠다는 의지의 표현이다. 그렇게 '도광양회'한 중국은 호금도(胡錦濤: 후진타오) 집권 초기부터 '화평굴기和平崛起' 즉 '평화롭게 우뚝 선다'는 대외전략을 선포했다. 안연처럼 '있어도 없는 듯이, 꽉 찼으면서도 빈 듯이' 겸손하게 실력을 쌓은 후에 무서운 저력으로 G2로 등장한 것이다.

동해에서 석유가 솟으면 좋지! 그런데 산유국이 될 때 되더라도 아직은 '유약무 실약허'로 도광양회해야 하지 않을까? 무엇이든 결과를 확인하기 전에 미리 설레발칠 일은 아닌 것 같다.

| 136 | 임대절이불가탈(臨大節而不可奪)<br>큰 절개를 지켜야 할 때 그 절개를 빼앗을 수 없어야 |

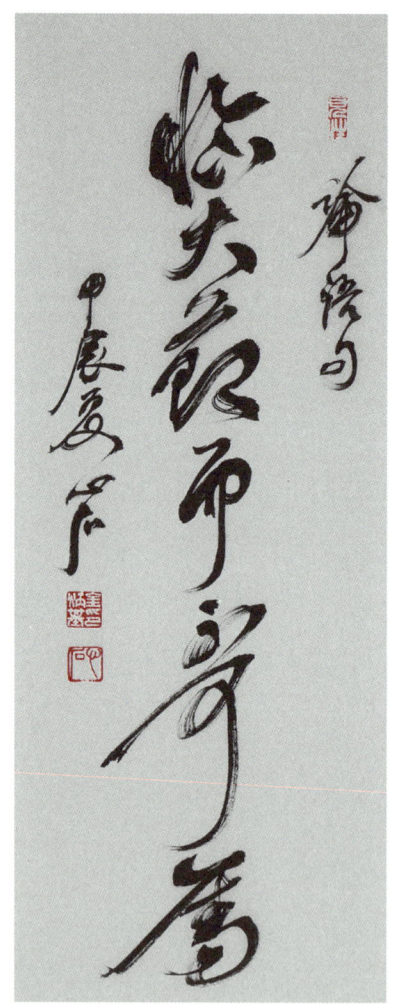

臨大節而不可奪
26×68cm

증자가 말하였다. "어린 임금을 맡길 만하고, 왕과 멀리 떨어져 있어도 수행해야 할 명령을 보낼 만하며, 큰 절개를 지켜야 할 때에 그 절개를 빼앗을 수 없다면 군자다운 사람일까? 군자이다."

<sub>증 자 왈 가 이 탁 육 척 지 고  가 이 기 백 리 지 명  임 대 절 이 불 가 탈 야  군 자 인 여  군 자 인 야</sub>
曾子曰 可以託六尺之孤 可以寄百里之命 臨大節而不可奪也 君子人與 君子人也.

– 「태백」 제6장

증자는 공자보다 46세나 어린 제자임에도 현명하고 절개도 강한 인물이었던 것 같다. 그는 "어린 임금을 맡길 만하고, 왕과 멀리 떨어진 곳에서 수행해야 하는 임무를 믿고 위탁할 만하며, 큰 절개를 지켜야 할 때에 그 절개를 빼앗을 수 없어야 군자라고 할 수 있다"고 했다. 국어사전은 절개를 '신념, 신의 따위를 굽히지 않고 굳게 지키는 꿋꿋한 태도'라고 풀이하고 있다.

끝까지 절개를 지켰으면 좋겠지만 혹독한 고문 앞에서 어쩔 수 없이 절개를 꺾은 사람은 이해하고 용서할 수 있다. 그러나 자신의 이익을 위해 신념과 신의를 저버림으로써 절개를 빼앗긴 사람은 용서할 수 없다. 일제강점기에 자진하여 절개를 꺾고 자원하여 일제의 앞잡이를 한 사람을 용서할 수 없는 이유다.

'멍텅구리' 노래를 지어 중생을 일깨운 경봉 큰스님은 '멍텅구리'를 더러 '명통구리<sup>明通求利</sup>'로 풀이하곤 했다고 한다. 밝을 명, 통할 통, 구할 구, 이로울 리. '이익을 구하는 데에만 밝게 통달한 사람'을 멍텅구리로 본 것이다. 신념과 신의는 없고, 다만 이익을 좇아 자리를 옮기는 일부 '구케의원' 같은 부류가 곧 '멍텅구리'인 셈이다. 절개는 결코 옛 얘기가 아니다. 멍텅구리가 되지 않기 위해 지금도 지켜야 할 살아 있는 덕목이다.

| 137 | 임중이도원(任重而道遠)<br>**책임은 무겁고 길은 머네** |

가로로 길게 세력을 뻗치는
횡세(橫勢)의 작품을 시도해
보았다. 나름 의도를 실현한
작품인 것 같다.

任重而道遠
25×66cm

증자가 말하였다. "선비는 도량이 넓고 의지가 굳세지 않으면 안 된다. 책임은 무겁고 갈 길은 멀기 때문이다. 인(仁)으로써 자신의 임무를 삼으니 무겁지 않은가? 죽은 뒤에야 끝나니 멀지 않은가?"

<sub>증 자 왈  사 불 가 이 불 홍 의  임 중 이 도 원  인 이 위 기 임  불 역 중 호  사 이 후 이  불 여 원 호</sub>
曾子曰 士不可以不弘毅 任重而道遠 仁以爲己任 不亦重乎 死而後已 不亦遠乎.

– 「태백」 제7장

증자는 "선비는 도량이 넓고 의지가 굳세지 않으면 안 된다. 책임은 무겁고 갈 길은 멀기 때문이다"고 했다. 여기서 '책임은 무겁고 갈 길은 멀다'는 뜻의 사자성어 '임중도원<sup>任重道遠</sup>'이 나왔다. 할 일도 많고, 책임의식도 강한 지사적<sup>志士的</sup> 인물에 대해 사용하는 말이다.

충남 부여군 규암면 부산<sup>浮山</sup> 기슭에는 '대재각<sup>大哉閣</sup>'이라는 비각이 있다. 병자호란 때 청나라에 볼모로 끌려갔다 돌아온 이경여<sup>李敬輿</sup>가 올린 설욕의 북벌 상소문에 대한 효종의 응답 중에 "지통재심 일모도원<sup>至痛在心, 日暮途遠</sup>" 즉 "마음엔 아직 호란을 설욕하지 못한 지극한 아픔이 있는데, 날은 저물고 길은 멀구나!"라는 구절이 있었다. 훗날 송시열이 이 구절을 써서 이경여의 아들 민서<sup>敏敍</sup>에게 준 것을 민서의 아들 이명<sup>頤命</sup>이 할아버지가 낙향하여 살던 부산 기슭의 돌에 새기고, '크도다!'라는 뜻을 담은 비각 '대재각'을 지은 것이다. 날은 저물고 갈 길은 멀다! '임중이도원'에 다름 아닌 효종의 '큰 한탄'이다.

오늘의 우리 정치인들 중에도 '날은 저물고 갈 길은 멀다'는 '큰 뜻'을 가진 인물이 많기를 바란다. 군사력만을 평화로 여기지 않고, 무지한 용감함을 힘으로 믿지 않아야 비로소 '큰 뜻'이 서리라.

## 138 흥어시 입어례 성어악(興於詩 立於禮 成於樂)
### 시에서 마음을 일으키고 예에서 사람답게 세우며 음악에서 완성한다

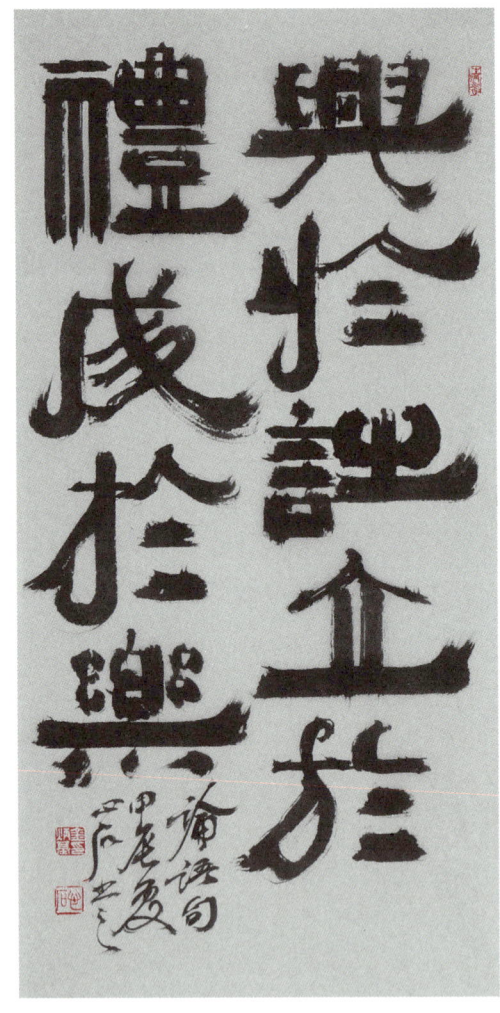

興於詩 立於禮 成於樂
25×74cm

공자께서 말씀하셨다. "시(詩)에서 사람의 마음을 일으키고, 예(禮)에서 사람답게 세우며, 음악에서 사람을 완성한다."

子曰 興於詩 立於禮 成於樂.

― 「태백」 제8장

살아 있는 사람은 선악, 희비 등 마음의 움직임이 있기 마련이고, 그것을 표정과 말로 드러낸다. 마음의 움직임을 자연의 질서에 맞춤으로써 사람 사이의 질서를 지키는 게 예(禮)이고, 예 안에서 자연스럽게 흘러나오는 평화가 곧 음악이다. 그래서 공자는 "시에서 사람의 마음을 일으키고, 예에서 사람답게 세우며, 음악에서 사람을 완성한다"고 했다.

정(情)의 흥기가 곧 시심(詩心)인데 요즈음 사람들은 사회의 한 톱니바퀴로 살다 보니 시심을 가질 겨를이 없다. 시심이 동하지 않다 보니 감정이 더욱 메말라 예가 화석화(化石化)하고, 예가 화석화하다 보니 평화로운 고품격 노래가 흘러나오지 않는다. 순후하지 못하고 '막 노는' 느낌의 노래만 만연하는 경향이 짙다. 요즈음 유행가를 듣다 보면 당나라 말기 시인 두목(杜牧)의 "술 파는 여인들은 나라 망하는 줄도 모르고, 강 건너편에서 음란한 노래를 부르고 있네(商女不知亡國恨 隔江猶唱後庭花)"라는 시가 자꾸 떠오르는 것은 나만의 기우일까?

중앙일보의 '시조 백일장'과 '시조 외우기' 경연이 시심을 일깨우는 역할을 하길 바란다. 초등학교에서는 성인 가요가 얼씬 못하고, 밝고 맑은 동요만 흘러나오기를 바란다. '가곡 부르기' 운동으로 시와 예와 악을 동시에 살렸으면 좋겠다.

| 139 | 인이불인 질지이심 란야(人而不仁 疾之已甚 亂也)<br>어질지 못함을 탓함이 너무 심하면 어지러워진다 |

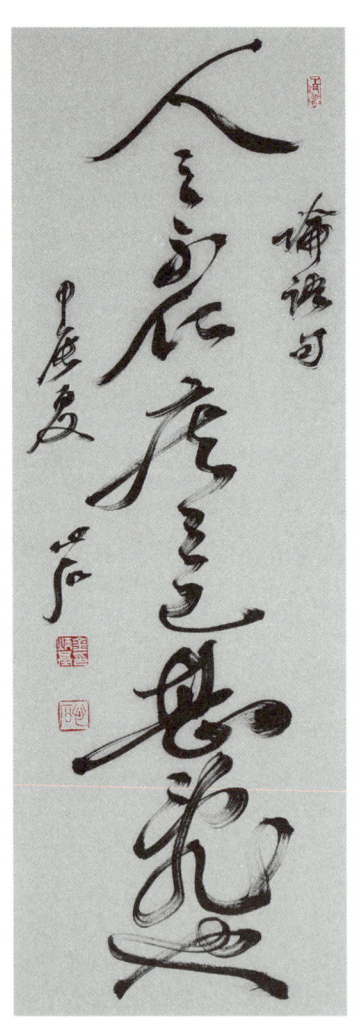

人而不仁 疾之已甚 亂也
22×69cm

공자께서 말씀하셨다. "용맹을 좋아하면서, 자기 분수를 잊은 채 가난만 싫어하면 난동이 되고, 다른 사람의 어질지 못함을 미워하는 정도가 너무 심해도 사회가 어지러워진다."

<small>자 왈 호 용 질 빈 란 야 인 이 불 인 질 지 이 심 란 야</small>
子曰 好勇疾貧 亂也 人而不仁 疾之已甚 亂也.

— 「태백」 제10장

공자는 "용맹을 좋아하면서, 자기 분수를 잊은 채 가난만 싫어하면 난동이 되고, 다른 사람의 어질지 못함을 미워하는 정도가 너무 심해도 사회가 어지러워진다"고 했다. 사회가 불안해지는 이유를 꿰뚫은 말이다. 분수를 잊은 채 용맹스럽게 이익만 챙기면 난동이 되고, 자신의 허물은 돌아보지 않은 채 상대의 잘못만 칼같이 꼬집어 성토함으로써 쥐를 모는 고양이 위세를 부리면 궁지에 몰린 쥐가 돌아서서 덤비는 난리가 벌어질 수밖에 없다.

얼핏 듣기엔 '법과 원칙'이 참 공정하고 좋은 것 같아도 실은 '법대로 하는' 사회가 가장 불행한 사회다. 만약 칼자루를 쥔 사람 맘대로 '법과 원칙'을 선택적 적용이라도 한다면 최악의 상황이 된다. '법과 원칙'을 앞세우기보다는 순후한 인심과 따뜻한 사회 분위기를 조성하는 것이 '정치(政治=正治)' 즉 '바른 다스림'의 기본이다. '엄정대응', '강력조치'를 외치기 전에 '강력조치'를 당하는 것을 부끄럽게 여기는 착한 인심을 회복하는 정치를 해야 한다. 지난 정부처럼 북한을 압박하는 것을 '압도적 우위'에 의한 '평화'로 여기는 것도 퍽이나 위험한 발상이다. 물이 너무 맑으면 고기가 살지 못하고, 엄벌은 엄벌 이상의 역효과를 잉태한다는 점을 깊이 인식해야 할 것이다.

## 140 | 방무도 부차귀언 치야(邦無道 富且貴焉 恥也)
## 나라에 도가 없을 때 부귀를 누리는 것은 부끄러운 일

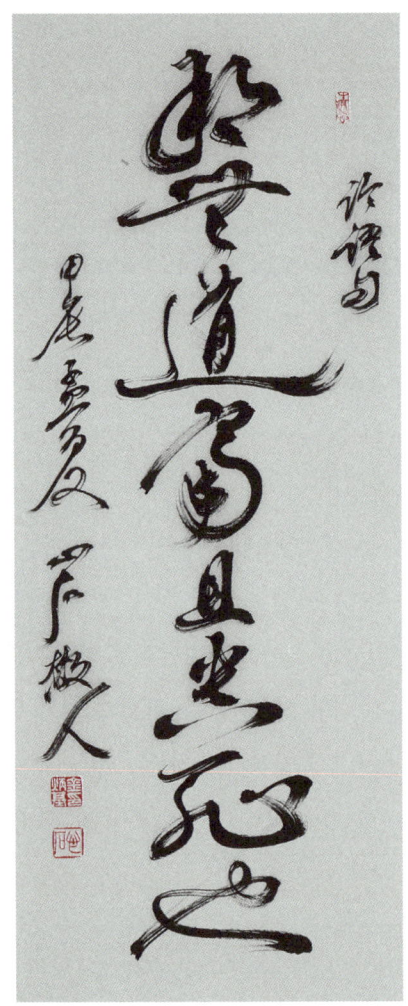

邦無道 富且貴 恥也
27×67cm

공자께서 말씀하셨다. "… 나라에 바른 도가 행해질 때에는 가난하고 천하게 사는 것이 부끄러운 일이고, 도가 행해지지 않을 때에 부와 귀를 누리는 것은 부끄러운 일이다."

子曰 邦有道 貧且賤焉恥也 邦無道 富且貴焉恥也.
<sub>자 왈 방 유 도 빈 차 천 언 치 야 방 무 도 부 차 귀 언 치 야</sub>

– 「태백」 제13장

조선시대에 성중엄<sup>成重淹</sup>이란 분이 있었다. 연산군의 폭정에 맞서다가 유배되었고, 31세에 능지처참당한 인물이다. 훗날 신원<sup>伸冤</sup>·복권됨으로써 본가는 물론, 시신을 수습하여 전북 부안에 장사 지낸 외손 집안까지 '가문의 영광'을 누렸다. 나라에 도가 없을 때 부귀를 누리는 것을 부끄럽게 여기며 불의에 항거했기 때문에 후대에 '가문의 영광'을 맞은 것이다.

공자는 "나라에 바른 도가 행해질 때는 가난하고 천하게 사는 것이 부끄러운 일이고, 도가 행해지지 않을 때는 부와 귀를 누리는 게 오히려 부끄러운 일이다"고 했다. 바른 세상에서 비천하게 사는 것은 자신의 노력 부족 탓이니 부끄러운 일이고, 무도한 세상에서도 부귀영화를 누린다면 비열한 권모술수로 사는 것일 테니 더 부끄러운 일이다.

연전에 채 상병 사건을 비롯한 여러 사건에 대한 특검 문제로 공방이 뜨거웠던 적이 있다. 공·방하는 양자 중 어느 한쪽은 분명 진실을 알고 있을 테지만 지금까지 누려온 부귀영화를 계속 누리기 위해 권모술수만 부릴 뿐 진실을 말하지 않았었다. 그런 어지러운 통에도 여전히 누리는 권세가 장차 가문의 '영광'이 될까, '치욕'이 될까? 권불십년<sup>權不十年</sup>! 정의롭지 않은 권세가 물거품처럼 사라진 자리에는 '치욕'만 남게 될 것이다. 죽기를 각오하고 진실을 말하는 자는 오히려 산다. 국민과 역사가 지켜주기 때문이다. '양심선언'은 언제라도 해야 한다.

### 141 교차린 기여 부족관야(驕且吝 其餘 不足觀也)
**교만한 데다 인색하기까지 하면 나머지는 볼 게 없다**

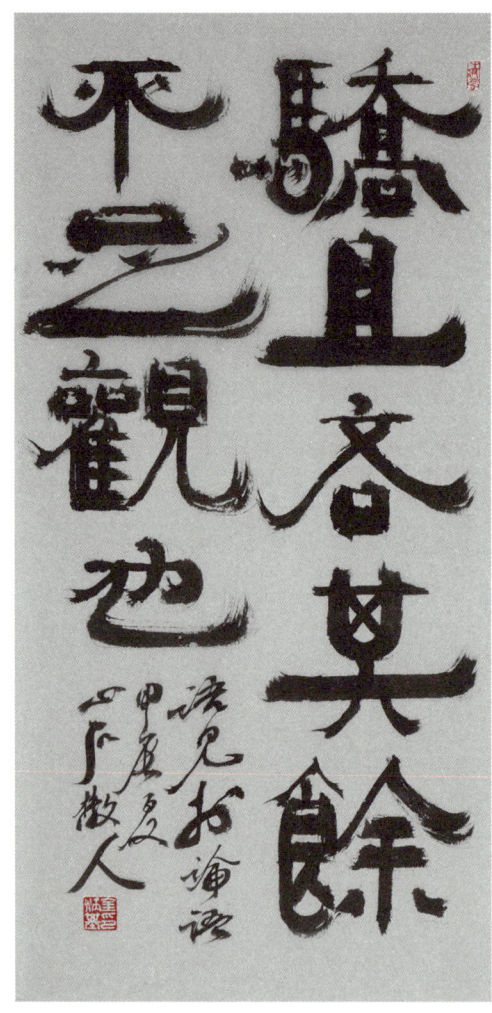

驕且吝 其餘 不足觀也
25×74cm

공자께서 말씀하셨다. "설령 주공과 같은 뛰어난 재능을 가졌다고 하더라도 교만한 데다 인색하기까지 하다면 나머지는 볼 게 없다."

子曰 如有周公之才之美 使驕且吝 其餘 不足觀也已.
<sub>자 왈 여 유 주 공 지 재 지 미 사 교 차 린 기 여 부 족 관 야 이</sub>

– 「태백」 제11장

'驕(교만할 교)'는 '馬(말 마)+喬(높을 교)'의 구조로서 말<sup>馬</sup> 등에 높이<sup>喬</sup> 앉아 거드름을 빼는 교만한 처신 즉 '잘난 체하고 뽐내며 건방짐'을 뜻하는 글자다. '吝(인색할 인)'은 '文(꾸밀 문)+口(입 구)'로 이루어진 글자로서 그럴듯한 말로 입<sup>口</sup>만 꾸미는<sup>文</sup> '립 서비스'에 능할 뿐, 베푸는 거라곤 없는 인색함을 나타낸 글자다. 인색<sup>吝嗇</sup>은 돈을 지나치게 아끼고 야박하다는 뜻이다.

교만과 인색 중 하나만 범해도 못된 인간일진대 더욱 못된 인간은 교만과 인색을 겹으로 부리며 미운 짓만 한다. 이에 공자도 "교만한 데다 인색하기까지 하면 나머지는 볼 게 없다"고 한 것이다.

자랑이 지나치면 교만이 된다. 아내, 자식 등 '사람 자랑'은 그래도 이해할 여지가 있지만, '돈 자랑'은 그저 꼴사나울 뿐이다. 게다가 밥 한 끼 사는 일이 없이 인색하기까지 하다면 더 이상 볼 게 없는 인간이다. 백금매옥 천금매린<sup>百金買屋 千金買隣</sup>! "100금으로 집을 사고, 1000금으로 이웃을 산다"는 뜻이다. 교만하고 인색하면 아무리 호화주택에 살아도 불쌍한 외톨이일 수밖에 없다. 몸은 낮추고 지갑은 자주 열면 이웃과 더불어 사는 행복이 넝쿨째 굴러들어 오리라.

**142** 삼년학 부지어곡 불이득야(三年學 不至於穀 不易得也)
3년을 공부하고서도 녹봉에 뜻을 두지 않는 사람을 얻기란 쉽지 않다

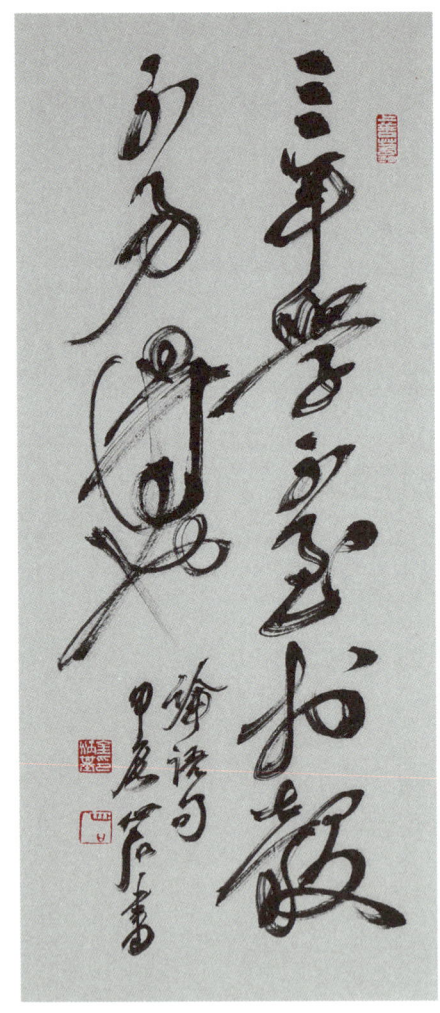

三年學 不至於穀 不易得也
31×71cm

공자께서 말씀하셨다. "3년을 공부하고서도 곡식(녹봉)에 뜻을 두지 않는 사람을 얻기란 쉽지 않다."

<small>자 왈 삼 년 학 부 지 어 곡 불 이 득 야</small>
子曰 三年學 不至於穀 不易得也.

— 「태백」 제12장

『천자문』에 '학우등사<small>學優登仕</small>'라는 구절이 있다. '배움이 넉넉해지면 벼슬길에 오른다'는 뜻이다. 한자문화권에서는 배움의 목적을 벼슬에 두는 경우가 많았다. 부귀영화를 탐해서가 아니라, 관직을 맡아 공부한 것을 바탕으로 세상을 잘 다스림으로써 '나라를 평화롭게 하고 백성을 편안하게 하는 것<small>安社稷濟蒼生</small>'을 지식인의 책임으로 여겼기 때문이다. 그러므로 진정한 선비는 배움이 부족한 상태로 관직에 나아가는 것을 무척 경계했다. 설익은 식견으로 국정을 그르치거나 백성을 오도하지 않기 위해서다. 그러나 예나 지금이나 서둘러 벼슬을 하려는 사람은 많아도 차분히 더 높은 공부를 하려는 사람은 많지 않은 것 같다. 그래서 공자도 "3년을 공부하고서도 녹봉에 뜻을 두지 않는 사람을 얻기란 쉽지 않다"고 한 것이다.

요즘 대학 교육은 아예 '진지한 학문'보다는 '발 빠른 취업'을 목표로 삼고 있다. 기초학문은 홀시하고 취업에 유리한 응용학문만 지원하는 추세다. "3년을 공부하고서도 녹봉에 뜻을 두지 않고" 진지하게 학문을 연구하는 사람이 오히려 바보 취급을 받는다. 취업도 필요하지만 국가 경쟁력의 원천인 순수학문에 힘써야 미래를 보장할 수 있다. "우선 먹기는 곶감이 달다"는 생각을 버려야 할 때다.

| 143 | 무의 무필 무고 무아(毋意 毋必 毋固 毋我)
억측하지 말 것, 독단하지 말 것, 고집하지 말 것,
자만하지 말 것 |

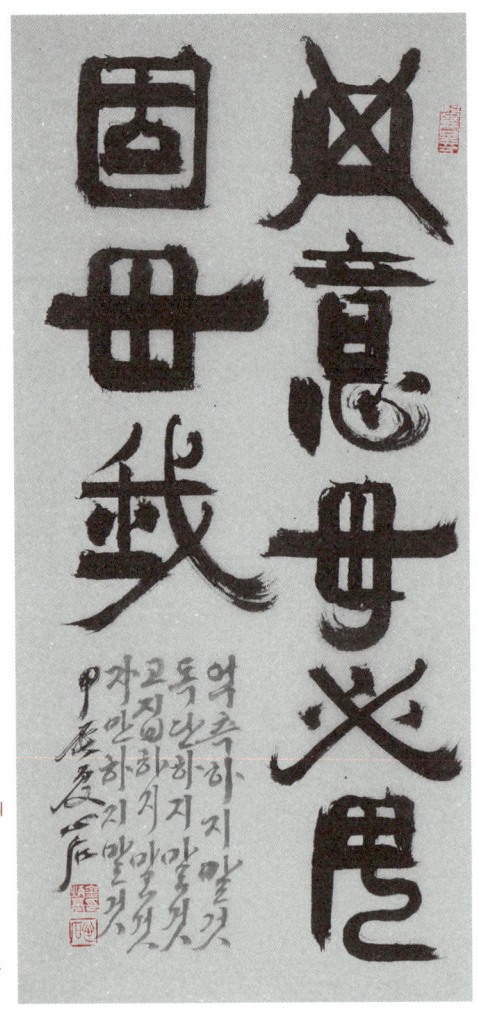

'4毋'를 쓴 작품인데 '毋'의 결구를 다 달리했다. 관상자의 이해를 돕기 위해 한글 해석을 주묵으로 덧붙이고 낙관은 청색 인주를 사용하여 시각적 효과를 높였다.

毋意 毋必 毋固 毋我
35×74cm

공자는 네 가지 마음이 전혀 없으셨다. 억측하지 말 것, 독단하지 말 것, 고집하지 말 것, 자만하지 말 것.

子絶四 毋意毋必毋固毋我.

-「자한」제4장

'절사絶四'라는 말이 있다. '끊을 절(絶)'을 쓰는 '절사'는 공자께서 '뚝 끊으신 네 가지' 즉 무의, 무필, 무고, 무아를 일컫는 말이다. '어미 모母'와 완전히 다른 글자인 '毋'는 '말 무'라고 훈독하는데 뭔가를 강하게 금지함을 뜻하는 글자다. '意(뜻 의)', '必(반드시 필)', '固(굳을 고)', '我(나 아)', 이 네 가지를 하지 말자는 '절사'를 우리말로 번역하기가 쉽지 않다. 성균관대 전광진 교수는 "억측하지 말 것, 독단하지 말 것, 고집하지 말 것, 자만하지 말 것"이라고 풀이했다. 쉽게 이해할 수 있는 번역이라고 생각한다. 억측하여 독단하고, 독단을 끝까지 고집하면서도 자신이 최고라고 자만하는 사람은 어떻게 해볼 도리가 없는 '독소 덩어리'다. 독소는 끊어내야 한다. 그래서 공자도 절사를 말한 것이다.

12번에서 "당단부단 반수기란當斷不斷 反受其亂"이란 말을 한 적이 있다. "응당 끊어야 할 것을 끊지 않으면, 도리어 난(재앙)을 당하게 된다"는 뜻이다. 자신의 억측과 독단과 고집과 자만은 끊으려 하지 않고 남 탓만 하는 사람이 많은 세상이다. 절사! 재앙을 되받은 후에야 후회하지 말고 끊어내야 할 것은 지금 당장 끊어내자.

| 144 | 소야천 고다능비사(少也賤 故多能鄙事)<br>젊은 시절 빈천했기 때문에 비천한 일도<br>대부분 할 수 있게 되었다 |

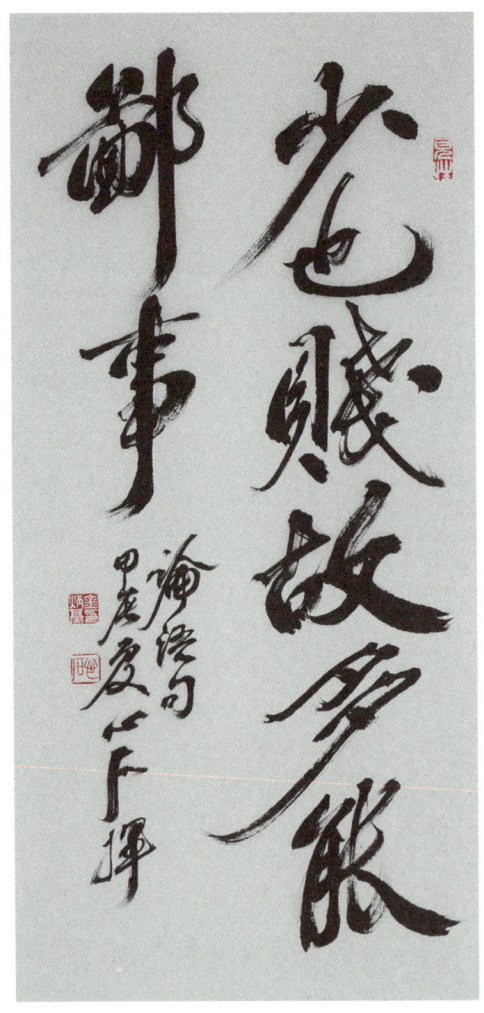

청년 시절에 익힌
중국 송나라 명필
황정견(黃庭堅)의
필의가 다분히 드러난
작품이다.

少也賤 故多能鄙事
33×68cm

태재가 자공에게 물었다. "공자는 성자이신가? 어쩌면 그리도 잘하시는 것이 많으신가?" 자공이 말하였다. "선생님은 진실로 하늘이 풀어놓으신 성인이실 테고, 또한 잘하시는 게 많으십니다." 공자께서 이 말을 들으시고 말씀하셨다. "태재가 나를 제대로 아는구나! 나는 젊었을 때 미천했기 때문에 비천한 일도 대부분 잘한다. (그렇다면) 군자는 잘하는 일이 많아야 하는가? 많지 않아도 된다."

大宰問於子貢曰 夫子聖者與 何其多能也 子貢曰 固天縱之將聖 又多能也
子聞之曰 大宰知我乎 吾少也賤 故多能鄙事 君子多乎哉 不多也.

— 「자한」 제6장

수년 전 일이다. 전시장 디스플레이를 위해 남학생 알바를 구했다. 벽이 비교적 말랑한 소재인 데다가 평소 편하게 사용하는 작은 전시장이어서 족자로 표구한 작품의 끈 부분을 손가락 잡이가 있는 압정으로 고정시키기만 하면 작품을 걸 수 있는 상황이었다. 한 학생이 사다리를 잡아주고 다른 학생이 올라가서 압정을 박았다. 벽이 말랑하지만 그래도 힘을 좀 주어야 압정을 박을 수 있었다. 몇 차례 힘을 써보더니 "손가락이 아프고 힘들다"며 장갑을 달라고 했다. 이어서 망치를 달라고 했다. 장갑 낀 손으로 망치 손잡이를 멀리 잡고 압정을 두드리다 보니 압정이 박히기는커녕 빗맞아 튀어 달아났다. 결국은 내가 올라가 손으로 꾹꾹 눌러 박았다.

이 학생을 흉보거나 탓하자는 게 아니다. 상당수 우리 젊은이들의 현실이 이러함을 직시하자는 뜻에서 장황한 얘기를 했다. 자녀들을 너무 편하고 풍요롭게 키우고 있는 건 아닌지 돌아볼 때다. 육체노동 일자리는 외국 노동자들에게 다 내주고, 우리 젊은이들은 일자리가 없다며 아우성을 치고 있다. 젊은이들은 왜 육체노동을 그리도 기피하게 됐을까? "나는 젊었을 때 빈천했기 때문에 비천한 일도 대부분 잘할 수 있게 되었다"는 공자의 말을 새겨봐야 할 때다.

| 145 | 공공여야(空空如也)<br>**텅 빈 듯** |

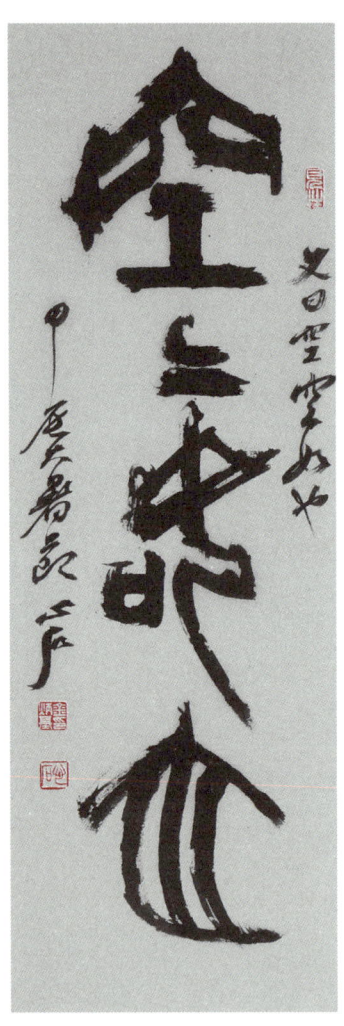

까칠한 전서 필획으로
현대적인 조형을 시도했다.

空空如也
25×72cm

공자께서 말씀하셨다. "내가 아는 것이 있는가? 아는 것이 없다. 다만 비천한 사람이라도 누구든 나에게 묻는 사람이 있으면 그가 비록 머리가 텅텅 비어 있다 하더라도 나는 시종(시작과 끝), 본말(근본과 말단) 등 양쪽 끝을 들어서 다 설명해줄 뿐이다."

<sub>자왈 오유지호재 무지야 유비부문어아 공공여야 아고기양단이갈언</sub>
子曰 吾有知乎哉 無知也 有鄙夫問於我 空空如也 我叩其兩端而竭焉.

– 「자한」 제7장

중국어의 '쿵쿵루예 kōng kōng rú yě'는 『논어』에서 비롯된 말이다. 한자로 쓰면 '空空如也<sup>공공여야</sup>'다. '공(空: 빌 공)'은 '텅 비었다'는 뜻이고, '여야<sup>如也</sup>'는 형용사나 부사 혹은 동사 뒤에 붙여 우리말로 치자면 '~한 듯이', '~한 것처럼'이라는 뜻으로 사용하는 말이다. 그러므로 '공공여야'는 '텅 빈 듯이'라는 뜻이다.

공자는 설령 머리가 '공공여야' 즉 '텅 빈' 사람이라도 질문을 해오면, 묻는 내용의 처음과 끝을 들어서 소상하게 설명해 주곤 하였다. 참된 교육자의 태도다. 교육자는 깊고 넓은 실력도 있어야 하고, 열심히 가르치고자 하는 성실성과 열정도 있어야 한다. 공부를 좀 못하는 말썽꾸러기라도 진심과 성실로 가르치면 결국 선생님을 따라온다. 그런데 요즘엔 선생님들이 진심과 성실을 발휘할 엄두를 내지 못하는 것 같다. 물론 선생님 탓인 경우도 있겠지만, 대부분은 학부모의 등쌀과 그런 학부모의 조종을 받는 학생의 무례함에 기가 질려서 아예 진심과 성실을 포기하는 경우도 많다고 한다. 학생보다 학부모 교육이 더 시급한 상황인 것 같다. 잘난 체 설칠 뿐 실제로는 '공공여야'인 학부모가 자중해야 교육이 제대로 서게 될 것이다.

| 146 | 봉조부지 하불출도(鳳鳥不至 河不出圖)
**봉황새는 오지 않고 황하에서는 그림이 안 나오니**

기본적으로는 예서인데
전서의 필획과 결구,
부분적으로는 행서의
결구를 많이 원용하여
새로운 조형을
시도했다.

鳳鳥不至 河不出圖
34×73cm

공자께서 말씀하셨다. "봉황새는 오지 않고 황하에서는 그림이 안 나오니, 나도 이제 그만인 것 같구나."

자 왈 봉 조 부 지 하 불 출 도 오 이 의 부
子曰 鳳鳥不至 河不出圖 吾已矣夫.

- 「자한」 제8장

용산 대통령실 청사 문머리에 봉황새가 마주하고 있는 무늬가 있다. 대통령 휘장徽章이다. 대통령을 상징하는 봉황 무늬는 역대 정부에서 줄곧 사용해 오다가 노무현 대통령 취임식 때 태극무늬와 무궁화, 신문고 모양을 본떠 만든 새 휘장을 사용하면서 일부 변화가 생기기도 했고, 봉황 무늬는 제왕적 권위를 연상케 한다는 논란이 일기도 했다.

봉황은 중국 전설상의 성군인 순임금 때에 나타났다고 하며, 하도河圖는 황하에서 나온 용마龍馬의 등에 그려진 그림으로서 복희씨 시절에 나왔다고 한다. 모두 천하를 잘 다스릴 성군의 출현을 예고한다는 신령스러운 동물이다. 공자는 자신의 생전에 봉조(봉황)나 하도가 나타나기를 염원했다. 성군이 출현함으로써 성군을 도와 자신의 정치적 이상을 펴고자 했기 때문이다. 그러나 끝내 성군이 나타날 조짐은 보이지 않았다. 이에 공자는 "나는 이미 글렀구나! 봉황이 오지 않고 하도가 나타나지 않으니!"라고 탄식했다.

난세에는 "백마 타고 오는 초인"을 기다리기도 하고, 봉황의 먹이인 "벽오동 심은 뜻"을 노래하기도 한다. 평화를 갈망하는 민중의 뜻이다. 아직도 대통령 엠블럼으로 사용하고 있는 봉황 무늬를 보며 국민들은 오늘도 평화로운 화합의 시대를 염원하고 있다.

| 147 | 앙지미고 찬지미견(仰之彌高 鑽之彌堅)<br>우러러보면 더욱 높고 뚫어 보면 더욱 단단하시니 |

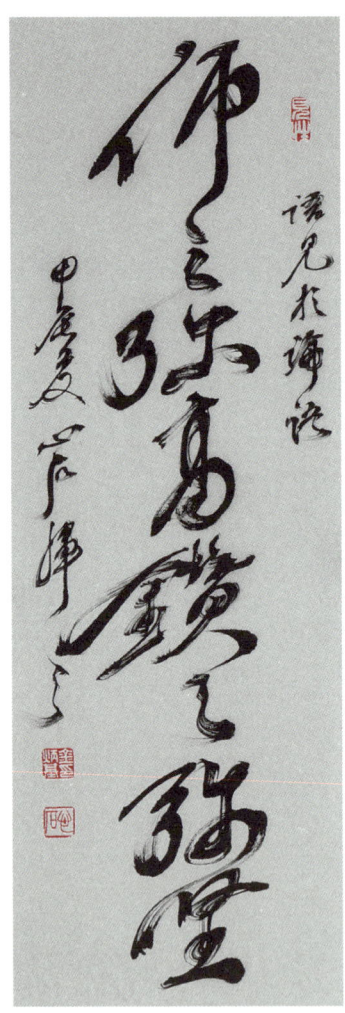

仰之彌高 鑽之彌堅
25×74cm

안연이 한숨을 쉬며 탄식하면서 말했다. "선생님의 도는 우러러볼수록 더욱 높고, 뚫어 볼수록 더욱 단단하시네. 바라보면 앞에 계시는가 싶더니 홀연히 뒤에 서 계시도다!"

<sub>안 연 위 연 탄 왈   앙 지 미 고   찬 지 미 견   첨 지 재 전   홀 언 재 후</sub>
顔淵喟然歎曰 仰之彌高 鑽之彌堅 瞻之在前 忽焉在後.

— 「자한」 제10장

    지금은 고리타분한 말로 들리겠지만, 옛 어른들은 스승의 그림자도 밟지 않아야 한다고 가르쳤다. 필자도 유년 시절부터 그런 말을 들으며 자랐다. 그래서였는지 대만 유학 시절에 어쩌다 지도 교수님과 함께 길을 갈 때면 감히 나란히 서지 못하고 한 걸음 뒤서서 걷곤 했다. 그런 나를 대견하게 여기신 지도 교수님은 대만 학생들에게 "한국 학생의 예의를 본받으라"는 말씀을 하신 적도 있다. 겸연쩍었지만 퍽 뿌듯했었다.

    공자의 애제자인 안연은 스승에 대해 "우러러볼수록 더욱 높고, 뚫어 볼수록 더욱 단단하셔서… 비록 따라 배우고자 하나 어디로부터 시작해야 할지 모르겠다"고 고백했다. 스승에 대한 지극한 존경이다. 그런데 지금 우리네 학교에는 존경은커녕 선생님을 '막 대하는' 풍조가 날로 심해지고 있다. 학부모가 선생님을 옥죄는 경우도 적지 않다. 학생 인권도 보호해야 하지만, 단지 선생님이라는 이유만으로도 의무적(?) 존경을 표하게 하여 선생님의 권위를 인정해야만 바른 교육, 참다운 교육이 이루어진다. 스승의 권위가 무너지면 백약 처방의 교육도 무효다. 공자와 안연의 사제관계를 우리의 교육현장에서 실현할 수는 없을까? 학생 교육과 함께 학부모 교육이 이루어지고 교사 연수도 내실 있게 이루어져야 할 것이다.

## 148 여사어도로호(予死於道路乎)
**내가 설마 거리에서 죽기야 하겠느냐**

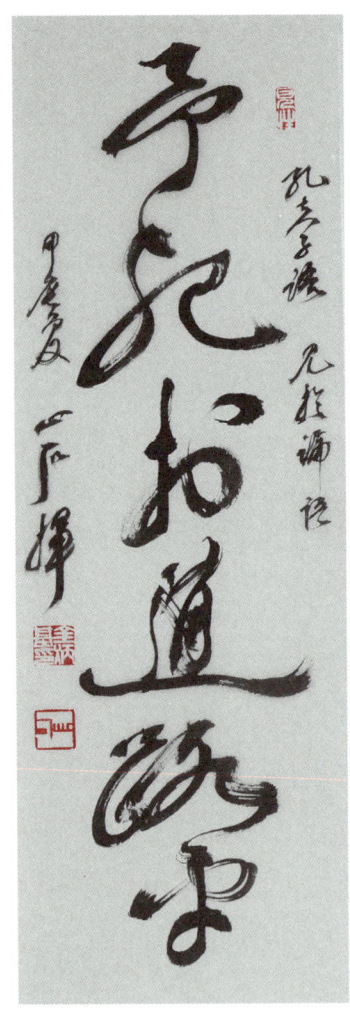

予死於道路乎
25×74cm

공자께서 병이 심해지자, 자로가 자신의 문인들을 공자의 가신(家臣)으로 삼아 병시중을 들게 하였는데, 병환이 좀 덜하시자 말씀하셨다. "오래되었구나, 자로가 거짓을 행함이. 나는 내 신분으로 보아 가신이 없어야 하는데 가신을 두었으니, 내가 누구를 속인 것인가? 하늘을 속였구나. 또한 내가 가신의 손에서 죽기보다는 차라리 제자인 너희들 손에서 죽는 것이 낫지 않겠는가? 또한 내가 비록 거창한 장례를 치르지는 못한다 하더라도 설마 거리에서 죽기야 하겠느냐?"

子疾病 子路使門人爲臣 病間曰 久矣哉 由之行詐也 無臣而爲有臣 吾誰欺 欺天乎 且予與其死於臣之手也 無寧死於二三子之手乎 且予縱不得大葬 予死於道路乎.

-「자한」제11장

갈수록 장례문화가 간략해지는 것 같다. 공경과 애도는 줄고, 절차도 '요식행위'화하는 것 같다. 그러다 보니 일부 부유층 노인들은 사후의 소홀한 장례를 염려하여 자신의 장례 절차와 묘비를 세우는 일까지 유언한다고 한다.

"노상행인구사비路上行人口似碑"라는 말이 있다. "지나가는 행인의 입이 곧 비문이다"라는 뜻이다. 『오등회원伍燈會元』 권17의 말이다. 무덤 앞을 지나는 사람들이 하는 망자에 대한 평 한 마디가 망자의 삶을 가장 정확히 표현한 진짜 비문이니, 생전에 선행으로 좋은 평을 얻어야지 죽은 후에 미사여구를 돌에 새긴들 무슨 소용이냐는 뜻이다.

공자의 병이 깊어지자 제자 자로가 자신의 문인을 가신家臣으로 삼아 스승의 장례를 치를 준비를 했다. 그러자 공자는 "나는 가신을 둘 지위에 있지 않은데 가신을 두려 하다니!"라고 꾸짖으며 "내가 설마 거리에서 죽기야 하겠느냐?"고 했다. 공자는 존엄한 죽음을 바랄 뿐, 분에 넘치는 장례는 원치 않은 것이다.

자손은 반드시 장례를 공경하는 마음으로 엄숙하게 치러야겠지만, 망자 스스로 호화 장례를 유언할 일은 아닌 것 같다. 평소의 삶이 장례의 품위는 물론 사후의 평가를 이미 결정해뒀을 테니 말이다. 성실하고 아름답게 살다가 '떠날 때는 말없이' 떠나야 하리라.

## 149 아대가자야(我待賈者也)
### 나는 제값을 기다리고 있는 사람이다

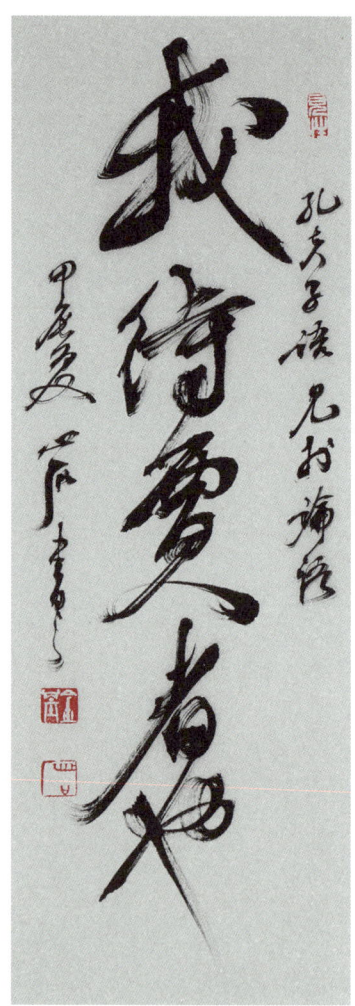

我待賈者也
23×65cm

자공이 말하였다. "여기에 아름다운 옥이 있다면, 그것을 상자에 넣어 감추어서 보관하시겠습니까? 좋은 값을 받고 파시겠습니까?" 공자께서 대답하셨다. "팔아야지! 팔아야지! 나는 제값을 기다리고 있는 사람이다."

<sub>자 공 왈 유 미 옥 어 사 온 독 이 장 저 구 선 가 이 고 저</sub>
子貢曰 有美玉於斯 韞匵而藏諸 求善賈而沽諸
<sub>자 왈 고 지 재 고 지 재 아 대 가 자 야</sub>
子曰 沽之哉沽之哉 我待賈者也.

– 「자한」 제12장

이 세상 모든 물건은 다 제값을 지니고 있다. '무가지보<sup>無價之寶</sup>'가 있는가 하면 아예 값을 매길 수조차 없는 악재<sup>惡材</sup>도 있다. 사람의 이름에도 값이 있다. 이름값이 높은 인재는 그 이름값을 알아보는 사람에 의해 높은 이름값으로 모셔져야 한다. 제갈량이 유비로 하여금 '삼고초려<sup>三顧草廬</sup>'를 하게 한 것은 이름값을 제대로 받기 위해서다. 진심으로 존경하는 비싼 값을 치러야 함부로 대하지 않고 자신의 의견을 존중해 주기 때문이다.

공자도 자신의 값을 제대로 쳐줄 군왕을 기다리고 있었다. 그래서 "아름다운 옥을 궤에 넣어두시겠습니까? 좋은 값에 파시겠습니까?" 하고 묻는 자공의 말에 대해 "팔아야지! 나는 제값을 기다리고 있는 사람이다"고 한 것이다. 그러나 불행하게도 공자는 제값을 쳐주는 군왕을 만나지 못했다.

포부를 안고 최선을 다할 각오로 값을 기다리고 있는 사람을 제값에 모셔 오는 게 현명한 지도자다. 값을 안 쳐줘도 좋으니 써주기만 해주시라고 달라붙는 모리배를 '제 사람'으로 여기는 자가 곧 '혼군<sup>昏君</sup>'이고 '암군<sup>暗君</sup>'이다. 다 '어두운 군주'라는 뜻이다. 각자가 이름값을 하고, 또 하게 하는 세상이 바른 세상이다. 제값을 기다리고 있는 인재를 발탁해야 나라가 산다.

| 150 | 군자거지 하루지유(君子居之 何陋之有) |
|---|---|
|  | **군자가 사는데 무슨 누추함이 있으리오** |

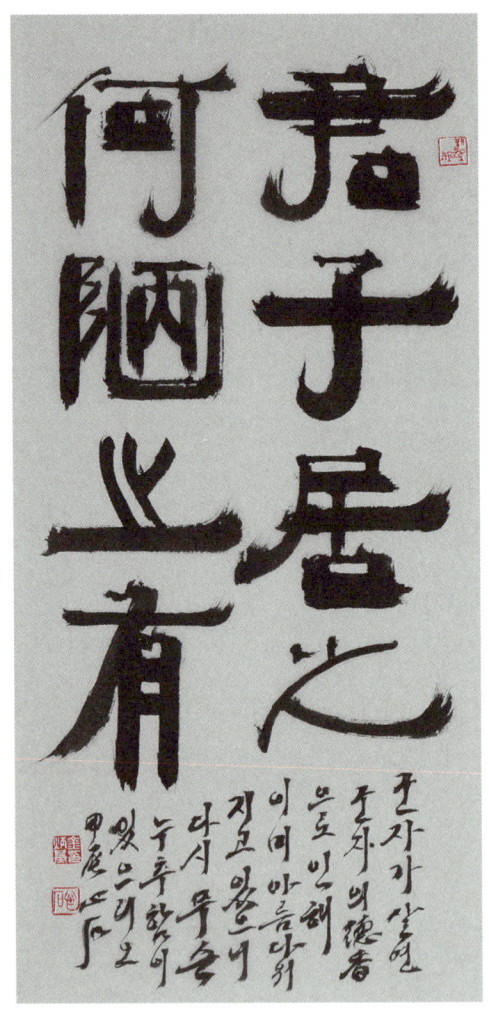

필획에 볼륨 차이를
많이 둠으로써 보다 더
생동감이 있는 글씨를
쓰고자 했다.

君子居之 何陋之有
35×74cm

공자께서 조국 노나라가 어지러움을 한탄하며 변방 아홉 오랑캐 땅에 가서 살려고 하시자, 어떤 사람이 말하였다. "그곳은 누추할 텐데 어찌 사실 수 있겠습니까?" 공자께서 대답하셨다. "군자가 거기에 살게 되면 무슨 누추함이 있겠는가?"

子欲居九夷 或曰 陋如之何 子曰 君子居之 何陋之有.
<sub>자 욕 거 구 이 혹 왈 누 여 지 하 자 왈 군 자 거 지 하 루 지 유</sub>

- 「자한」 제13장

세차를 못한 차로 손님 마중을 나갔다. 차에 탄 손님이 "차가 참 깨끗하네요"라고 말한다. 정말 차가 깨끗해서 하는 말인지, 아니면 차가 깔끔하지 못함을 에두른 말인지 짐작이 안 간다. 나는 말했다. "군자승차 하루지유<sup>君子乘車 何陋之有</sup>?" '이미 군자께서 승차하셨으니 어찌 차에 누추함이 있으리오!'라는 뜻이다. 손님과 함께 껄껄 웃었다.

어느 날, 공자는 조국 노나라가 어지러움을 한탄하며 "변방 아홉 종족의 나라에 가서 살까 보다"라고 했다. 누군가가 응대했다. "누추할 텐데요?" 그러자 공자는 "군자가 사는데 무슨 누추함이 있겠소?"라고 되물었다. '군자는 누추한 곳에 사는 것을 괘념치 않는다'는 뜻이 아니라, '이미 군자가 거처하게 되었는데 다시 무슨 누추함이 있겠소?'라는 뜻의 반문이다. 공자가 사는 그날부터 군자인 공자의 덕향<sup>德香</sup>으로 인해 더 이상 누추한 곳일 수 없다는 자부심에 찬 말인 것이다. 나는 공자의 이 말을 빌려 "이미 군자께서 승차하셨으니 어찌 차에 누추함이 있으리오"라고 말함으로써 손님을 군자로 치켜세움과 동시에 내 차의 청결하지 못함도 변명한 것이다. 그러고선 말을 알아들은 손님과 함께 껄껄댄 것이다. 군자거지, 하루지유! 군자가 사는 곳이 곧 낙원이다.

## 151 아송 각득기소(雅頌 各得其所)
### '아(雅)' 시와 '송(頌)' 시가 각기 제자리를 얻었다

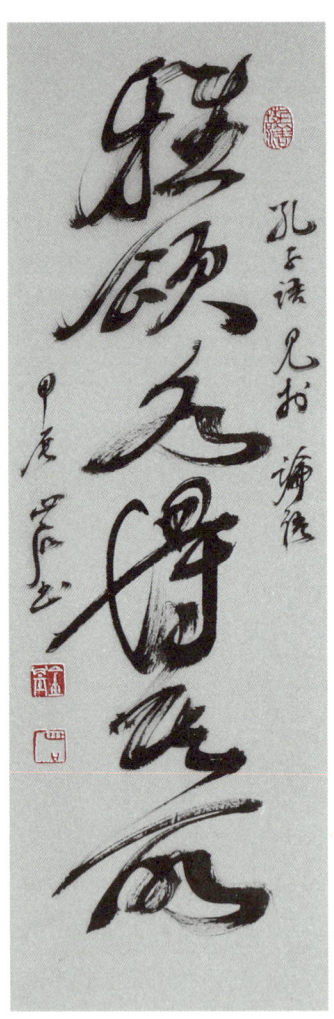

雅頌 各得其所
25×74cm

공자께서 말씀하셨다. "내가 위나라에서 노나라로 돌아온 뒤에 음악이 바르게 되어 「아」 시와 「송」 시가 각기 제자리를 얻었다."

子曰 吾自衛反魯然後 樂正 雅頌 各得其所.

- 「자한」 제14장

약 2000~3000년 전 중국 고대 사회에서 불렸던 노래 가사를 모은 시가집이 『시경詩經』이다. 원래는 『시』라고만 했으나 훗날 유가의 경전으로 존중되면서 『시경』이라고 부르게 되었다. 『시경』에 수록된 시는 크게 세 가지 체재 즉 ① 민간에서 발생한 민요에 해당하는 「풍風」 ② 대내외 잔치에 쓰인 연회 음악 「아雅」 ③ 제사 음악인 「송頌」 등으로 분류해 왔다.

공자는 정치적 포부를 펴기 위해 14년 동안 계속한 '주유천하(周遊天下: 각 나라를 돌며 왕에게 유세함)'를 마치고, 68세에 고국 노나라로 돌아온다. 이때부터 교육에 전념하면서 『시』를 정리하여 교재로 삼기도 했다. 이에 "내가 위나라로부터 노나라로 돌아온 후에 「아雅」 시와 「송頌」 시가 각각 제자리를 잡게 되었다"고 했다.

시와 노래는 그 시대를 그대로 반영한다. 평화로울 때는 곡조도 가사도 순후하고, 불안할 때는 자극적인 곡조와 사특한 가사가 유행한다. 지금의 우리 사회, 노래는 난잡하고 상벌의 기준은 문란한 것 같다. 학부모 눈치 보느라 상도 벌도 제대로 못 주는 교육! 교육으로 흥한 나라, 자칫 교육으로 망할까 염려된다. 학교에서는 노래부터 동요와 가곡이 제자리를 잡게 해야 할 것이다.

| 152 | 서자여사부(逝者如斯夫)<br>흘러가는 것이란 이와 같구나 |

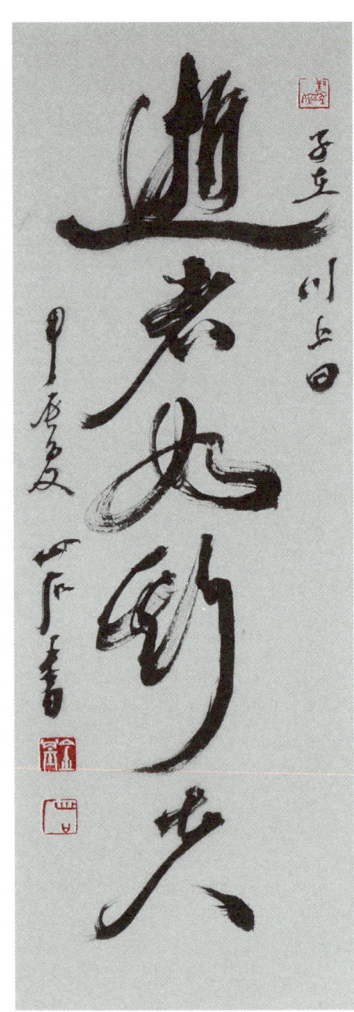

逝者如斯夫
24×69cm

공자가 시냇가에서 말씀하셨다. "가는 것이란 이 물과 같구나! 밤낮으로 그치지 않으니."

子在川上曰 逝者如斯夫 不舍晝夜.
<sub>자 재 천 상 왈  서 자 여 사 부  불 사 주 야</sub>

– 「자한」 제16장

"선생님께서는 냇가에 서서 흘러가는 물을 바라보시며 '흘러가는 것이란 이와 같구나! 밤낮을 가리지 않으니'라고 말씀하셨습니다." 공자의 언행을 기록한 제자의 말이다. 『논어』의 여러 구절 중에서도 특히 유명한 구절이니 원문을 외워두면 좋으리라. "자재천상왈 서자여사부 불사주야<sub>子在川上曰 逝者如斯夫 不舍晝夜</sub>."

흘러가는 것이 어디 물뿐이랴. 흐르는 물만큼이나 쉼 없이 흐르는 게 곧 시간이다. 공자는 흐르는 물에 시간을 빗대어, 흘러 소진<sub>消盡</sub>해가는 인생을 한탄한 것이다. 삶은 소진 즉 조금씩 사라져가는 것들에 대한 아쉬움의 연속이다. 사랑하는 부모님의 기력이 소진해지고, 나의 체력 또한 소진해가고, 총명했던 기억력이 소진해가고… 그렇게 흘러가고 소진해가는 것들을 어찌 붙잡을 수 있으랴! 물, 바람, 구름, 저 흘러가는 것들이 모두 나의 스승이다. 나만은 안 흘러가겠노라고 버틸 게 아니라, 물 따라 바람 따라 구름 따라 나도 흘러가도록 놓아두어야 한다. 다만 흘러 보내지 말아야 할 것은 '사람을 사랑하는 마음'이다. 사람은 가도 사랑은 남는 것. 모든 사랑하는 사람의 마음을 다 안고서 물처럼 바람처럼 흘러가는 인생은 얼마나 아름다운가! 구름에 달 가듯이 가는 나그네.

| 153 | **위산일궤(爲山一簣)**<br>**산을 완성하는 것은 한 삼태기의 흙이다** |

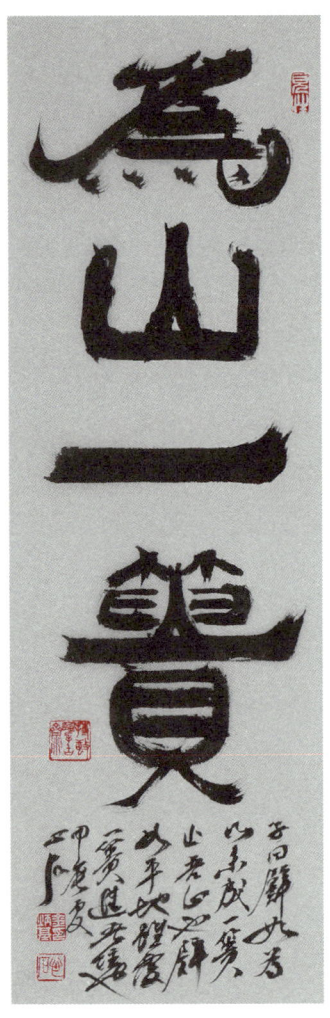

예술에서는 너무 착한 것이
오히려 흠이 될 때가 있다.
이 작품도 그런 사례다.

爲山一簣
24×75cm

공자께서 말씀하셨다. "산을 쌓음에 비유하자면 한 삼태기의 흙이 모자라 산을 이루지 못함도 내 탓이고, 평지에 비유하자면 한 삼태기를 더하여 산을 이룸도 내 할 탓이다.

子曰 譬如爲山 未成一簣 止吾止也 譬如平地 雖覆一簣 進吾往也.
<sub>자왈 비여위산 미성일궤 지오지야 비여평지 수복일궤 진오왕야</sub>

- 「자한」 제18장

---

짚신 장사를 하는 부자父子가 있었다. 아버지로부터 배운 기술로 똑같이 삼은 짚신임에도 아버지가 삼은 짚신은 시장에서 매번 10전을 받는데 아들이 삼은 짚신은 7전밖에 못 받는 것이었다. 아들은 그 비결을 알지 못했다. 아버지가 임종에 이르자 아들은 비결을 다급하게 물었다. 그러자 아버지는 "털, 털, 털"을 서너 번 외치더니 눈을 감고 말았다. 아들은 아버지가 삼은 짚신은 마지막 지푸라기 '털(보풀)'까지 잘 다듬어 완성도를 높였음을 발견하고선 마침내 10전을 받는 비결을 터득했다고 한다. 구전해오는 이야기다.

공자는 "산을 쌓음에 비유하자면 한 삼태기의 흙이 모자라 산을 이루지 못함도 내 탓이고, 평지에 비유하자면 한 삼태기를 더하여 산을 이룸도 내 할 탓이다"고 하였다. 한 삼태기가 완성도를 결정함을 설파한 말이다. 이에 필자는 공자의 말을 줄여 '산을 만드는 것은 결국 마지막 한 삼태기의 흙에 달려 있다'는 뜻으로 '위산일궤'라고 썼다.

끝까지 최선을 다하여 '공功'을 이루는成 것이 곧 '성공成功'이다. 짚신의 털을 다듬는 것도, 한 삼태기의 흙을 더하거나 더하지 않는 것도 다 내 탓이다. 한 삼태기를 더하지 않아서 산을 이루지 못하는 아쉬움이 남는 삶이 되지 않도록 해야 할 것이다.

## 154 후생가외(後生可畏)
### 젊은이를 두려워하자

질박하고 편안한 느낌이 들게 쓰려고 했다. 작품의 질박함을 살리기 위해 관지도 간단하게 '心石' 두 글자만 썼다.

後生可畏
24×75cm

공자께서 말씀하셨다. "후생(젊은 후배)은 두려워할 만한 존재다. 장차 주역으로 다가올 그들이 지금의 우리만 못할 것을 어찌 알겠는가(속단할 수 있겠는가)! (당연히 그들이 우리보다 나을 테지만) 만약 그들이 40, 50세가 되어서도 잘한다는 소문이 들리지 않는다면, 이 또한 두려워할 만한 대상이 아니다."

<sub>자 왈 후 생 가 외 언 지 래 자 지 불 여 금 야 사 십 오 십 이 무 문 언 사 역 부 족 외 야 이</sub>
子曰 後生可畏 焉知來者之不如今也 四十五十而無聞焉 斯亦不足畏也已.

– 「자한」 제22장

1980년대 초까지만 해도 장작이나 연탄을 땔감으로 비축할 때면 어른들은 "'후생가외'니라, 연탄이나 장작도 늦게 들여온 놈이 위에 쌓이지 않느냐?"라고 하시며 늦게 태어난 젊은이가 먼저 태어난 어른을 딛고 위로 올라설 수 있음을 비유로 설명했다. 후배에게 추월당하지 않고 정진할 것을 면려하는 비유였다. 지금은 우리 사회가 워낙 한자를 기피하다 보니 '후생가외'라는 말을 사용하기는커녕 뜻을 아는 사람도 거의 없는 것 같다. 깊은 의미가 담긴 좋은 말이니 지금이라도 익혀 사용함이 옳으리라.

후생가외! '시간과 체력이라는 재산을 가진 후생(젊은이)을 두려워하자'는 뜻이다. 경쟁의 대상으로 여겨 적대시하자는 게 아니라, 젊은이에게 뒤지지 않도록 정진함과 동시에 젊은이를 격려하며 인재가 되기를 축원하자는 의미로 쓰는 말이다. 그런데 '무한 경쟁시대' 운운하면서부터 '후생가외'라는 사자성어에서 후생에 대한 격려와 축원의 뜻은 사라지고 불안한 경쟁심만 남게 된 것 같다. 불행한 시대다. 아름다운 삶은 'Best 1'을 향한 줄서기가 아니라, 'Only 1'을 향한 자기완성이다. 정진을 통한 자기완성과 함께 후배에 대한 격려와 축복도 너그럽게 할 수 있는 아름다운 '후생가외'를 실천하도록 해야 할 것이다.

| 155 | 개지역지위귀(改之繹之爲貴)
**고치고 실마리를 찾는 것이 귀중하다** |

적극적으로
장법의 다양화를
시도한 작품이다.

改之繹之爲貴
35×61cm

공자께서 말씀하셨다. "올바른 말을 따르지 않을 수 있겠는가? 잘못을 고치는 것이 귀한 것이다. 완곡하게 정성껏 해주는 말을 좋아하지 않을 수 있겠는가? 실마리를 찾는 것이 귀하다. 기뻐하기만 하면서 실마리를 찾아내지 않고, 따르기만 하면서 고치지 않는 사람은 나도 어찌할 수 없다."

<small>자 왈 법 어 지 언 능 무 종 호 개 지 위 귀 손 여 지 언 능 무 열 호 역 지 위 귀</small>
子曰 法語之言 能無從乎 改之爲貴 巽與之言 能無說乎 繹之爲貴
<small>열 이 불 역 종 이 불 개 오 말 여 지 하 야 이 의</small>
說而不繹 從而不改 吾末如之何也已矣.

-「자한」제23장

공자가 말했다. "바른 말을 해주면 따를 생각을 안 하는 사람이 누가 있겠느냐? 하나, 실제로 따라 고치는 것이 귀중하다. 친절한 말로 설명해 주면 좋아하지 않을 사람이 누가 있겠느냐? 하나, 설명의 단서를 파악하는 것이 더 귀중하다."

사람들은 좋은 말을 듣고서 따라 고칠 생각을 한 것만으로도 스스로를 대견하게 여기며, 큰 깨달음을 얻었다고 생각하는 경우가 많다. 그러나 실천을 안 하면 깨달음은 아무런 소용이 없다. 누군가가 친절한 말로 설명해 주면 역시 큰 배움을 얻은 양 기뻐한다. 그러나 친절한 설명이라는 배려에 감사할 뿐 설명해준 말의 단서를 제대로 잡지 못하면 아무런 의미가 없다. 능히 실천하고 단서를 제대로 잡는 데에 배움의 진정한 의미와 가치가 있다.

좇아 따르는 척만 할 뿐 따르지 않고, 이해한 척 끄덕일 뿐 실마리가 오리무중인 사람은 지적<small>知的</small> 거품을 조장하여 오히려 도덕과 지식을 우롱하는 '사기꾼'이 된다. 이런 사기꾼들은 '아무 말 대잔치'에서 우승을 다투곤 한다. '아무 말 대잔치'가 성하는 세상은 도덕과 진리는 무너지고 말만 난무한다. '손바닥으로 하늘 가리기', '귀 막고 종 훔치기'도 서슴지 않는다. 잘못은 고치고 문제는 실마리를 찾는 세상이 바른 세상이다.

## 156 불기불구(不忮不求)
### 괜히 미워 해치려고도 않고 문득 부러워 탐내지도 않아야

不忮不求
24×65cm

공자께서 말씀하셨다. "값싸고 해진 솜옷을 입고서, 여우나 담비 가죽으로 만든 값비싼 갓옷을 입은 자와 함께 서 있으면서도 부끄러워하지 않는 사람은 자로일 것이다. 『시경』 「웅치(雄雉)」장에 '남을 해치려고도 않고 남의 것을 탐하지 않으면 어찌 선하지 않겠는가?'라는 구절이 있다." 자로가 이 말씀을 평생 동안 외우려 하니, 공자께서 말씀하셨다. "너 정도 수준이라면 어찌 이 정도의 도를 선하게 여겨 만족할 수 있겠느냐?"

子曰 衣敝縕袍 與衣狐貉者 立而不恥者 其由也與 不忮不求 何用不臧
子路終身誦之 子曰 是道也 何足以臧.

— 「자한」 제26장

외출복이라고는 한두 벌뿐이라서 A는 매번 그 차림인데 부자 친구는 만날 때마다 명품 옷이 바뀐다. 처음엔 부럽다가 차츰 미워진다. 차려입은 명품 옷에 커피라도 쏟는 일이 발생했으면 좋겠다. 어느 날 다른 친구를 만났더니 그 친구가 엊그제 부자 친구가 입었던 비싼 옷을 말끔하게 차려입고 나왔다. 웬 옷? "부자 친구가 '난 이 옷 싫어졌다'면서 주었다"고 한다. 바짝 욕심이 생겼다. A도 그 친구에게 잘 보여서 명품 옷을 얻어 입어야겠다는 생각을 했다. 커피라도 쏟았으면 좋겠다고 생각한 마음이 '忮(해칠 기)'이고, 그 친구에게 잘 보여서 얻어 입어야겠다는 생각이 '求(욕심 낼 구)'다. 제자 자로는 해진 솜옷을 입고서도 담비 가죽옷을 입은 친구 앞에서 부끄러움도 부러움도 전혀 없었다. 공자는 그런 자로를 『시경』에 나오는 "불기불구"구를 들어 칭찬했다. 자로는 좋아서 스승께서 칭찬한 말인 "불기불구"를 평생 동안 외울 양으로 뻐겼다. 공자가 타일렀다. "그 정도의 말을 어찌 최선의 도라고 할 수 있겠니? 더욱 분발해야지!"

불기불구! 확고한 자기 신념만이 시기도 아부도 없는 진정한 자유와 마음의 평화를 준다. 친구의 명품 앞에서 쭈뼛거릴 이유, 하나도 없다.

| 157 | 세한연후 지송백지후조(歲寒然後 知松柏之後彫)
추운 때라야 소나무, 잣나무가 시들지 않음을 알 수 있다 |

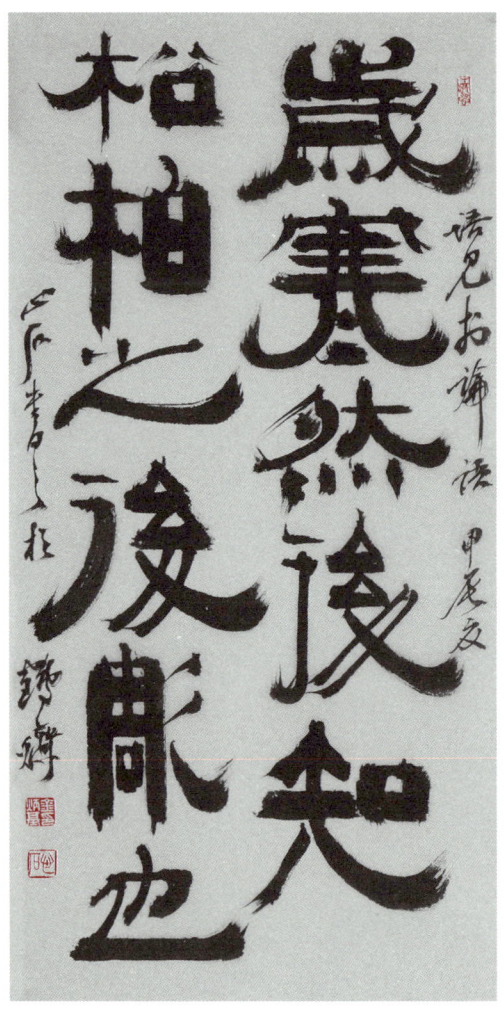

좁은 면에 많은 글자를 쓰기 위해 장법상의 '소밀(疏密)'을 특별히 고려하여 창작한 작품이다.

歲寒然後
知松柏之後彫
35×73cm

공자께서 말씀하셨다. "세월이 추운 때가 되어야 소나무, 잣나무가 시들지 않음을 알 수 있다."

子曰 歲寒然後 知松柏之後彫也.

— 「자한」 제27장

명필 추사 김정희 선생은 누명을 쓰고 제주도에 귀양 갔다. 귀양 초기엔 더러 위문을 오는 사람이 있더니만 세월이 흘러 '추사는 이제 끝났다'는 상황이 되자, 아무도 찾아오지 않았다. 제자 이상적李尙迪만이 중국에서 구입한 책과 서화용품 등을 싸들고 추사를 찾아왔다. 감동을 받은 추사는 『논어』의 이 구절을 들어 "추워진 연후에야 소나무, 잣나무가 시들지 않음을 알 수 있다'고 하더니, 네가 바로 소나무, 잣나무처럼 변함없는 사람이구나!"라고 칭찬하며, 허름한 집 한 채와 소나무와 잣나무 각 두 그루씩 그린 그림을 선물했다. 그게 바로 오늘날 국보 180호로 지정된 「세한도歲寒圖」다. 훗날 「세한도」는 일본인의 손에 넘어갔다가 서예가 손재형의 끈질긴 노력으로 다시 한국으로 돌아왔다. 이 또한 감동적 사연이다.

"세한연후 지송백지후조"! 외워둠 직한 구절이다. 말은 '후조後彫' 즉 '뒤에 시든다'고 했지만 실은 소나무, 잣나무는 끝내 시들지 않는다. 절개와 의리의 상징이다. 절개와 의리는 버리고 이익에 빠져 허덕이는 삶은 소금물로 갈증을 풀려 하는 삶과 다르지 않다. 추사는 세한도의 한 모서리에 이런 도장을 새겨 찍었다. 장무상망長毋相忘! 오래도록 서로 잊지 말자.

> **158** 지자불혹 인자불우 용자불구(知者不惑 仁者不憂 勇者不懼)
> 지자는 미혹되지 않고, 인자는 근심하지 않으며,
> 용자는 두려워하지 않는다

'知, 仁, 勇' 세 글자에 초점을 맞추기 위해 청색의 채색 먹을 사용했고, 거듭되는 '者' 자는 생략했다.

知者不惑 仁者不憂 勇者不懼
25×74cm

공자께서 말씀하셨다. "지자는 미혹되지 않고, 인자는 근심하지 않으며, 용자는 두려워하지 않는다."

<small>자 왈 지 자 불 혹 인 자 불 우 용 자 불 구</small>
子曰 知者不惑 仁者不憂 勇者不懼.

– 「자한」 제28장

한자가 천대받지 않던 1980년대 이전만 해도 대학이나 관공서 등에 세워진 상징물에 한자로 '知, 仁, 勇' 세 글자를 새겨 넣은 경우가 적지 않았다. "아는 자(知者)는 미혹되지 않고, 어진 자(仁者)는 걱정하지 않으며, 용감한 자(勇者)는 두려워하지 않는다"는 공자의 말에서 한 글자씩 따다 쓴 것이다. 지자는 사리를 꿰뚫어 보기 때문에 미혹되지 않고, 인자는 사욕을 이겨냄으로써 하늘 즉 자연의 이치를 따르기 때문에 근심이 없으며, 용자는 도덕과 의리를 지킬 만한 기운이 있기 때문에 두려움이 없다는 게 공자의 생각이다.

청나라 사람 원매袁枚는 "책을 많이 읽었으되 막혀 있으면 기름이 오히려 등불을 끄는 격이다(書多而雍 膏乃減燈)"라고 했다. 읽은 책의 노예가 되어 아집에 사로잡힌 사람은 결코 지자가 아니고, 사욕을 탐하는 사람은 인자가 아니다. 불의에 맞서 버틸 힘이 없는 사람은 용자가 못 된다. 지, 인, 용. 결코 쉽지 않은 덕목이다. 그래서 전에는 돌에라도 새겨두고 보면서 실천을 다짐하곤 했었는데 지금은 그런 조형물마저 없다. 너나없이 오직 이익에 미혹되고, 다칠까 걱정하며, 갈 곳을 몰라 두려워하는 인생을 살고 있다. 지, 인, 용의 실천, 가장 평화로운 삶이다.

| 159 | 하원지유(何遠之有) **어찌 멂이 있겠는가** |

何遠之有
34×73cm

『시경』의 일시(逸詩) 중에 "아름다운 꽃이여! 펄펄 날리는구나. 어찌 그대를 생각지 않으랴만 집이 너무 머오이다"라는 구절이 있다. 이 시를 두고 공자께서 말씀하셨다. "생각하지 않는 것이다. 그리움에 어찌 멂이 있겠는가!"

唐棣之華 偏其反而 豈不爾思 室是遠而 子曰 未之思也 夫何遠之有.

- 「자한」 제30장

일부분만 전하는 『시경』의 일시 중에 "아름다운 꽃이여! 펄펄 날리는구나. 어찌 그대를 생각지 않으랴만 집이 너무 머오이다"라는 시가 있다. 이에 대해 공자는 "생각하지 않는 것이다. 그리움에 어찌 멂이 있겠는가!"라고 평했다. 진정으로 그리워한다면 멀다 해서 못 찾아갈 리가 없을 테니 멀다는 것은 핑계이고, 실은 그리워하지 않는다는 게 공자의 풀이인 것이다. 공자는 사랑에도 통달했던 것 같다. 진정한 사랑에는 핑계를 댈 틈이 바늘구멍만큼도 없음을 꿰뚫어 보았으니 말이다.

"하늘이 땅에 이었다, 끝 있는 양 알지마소, 가보면 멀고 멀고 어디 끝이 있으리오. 임 그린 저 하늘 위에 그릴수록 머오이다…" 시조 시인 이은상이 작사한 가곡 「그리움」의 제2절이다. 그리움이 뻗치는 그 가없는 거리를 물리적으로 계산하여 멀다고 생각하는 순간, 순수하고 아름다운 먼 그리움은 사라지고 만다. 1년에 단 한 번 만나지만 어떤 핑계도 없이 마음은 항상 네게 있는 견우와 직녀의 그리움은 애가 타도 오히려 행복한 그리움이다. 하나, 하늘 끝보다도 더 먼 곳 북한 땅. 이산가족의 그리움에는 실제로 '멂'이 있다. 내 잘못 아닌 불의의 사고로 자식을 잃은 부모에게도 먼 그리움이 있다. 핑계마저 댈 수 없이 먼.

| 160 | 불시불식(不時不食)<br>**때가 아니면 먹지 않다** |

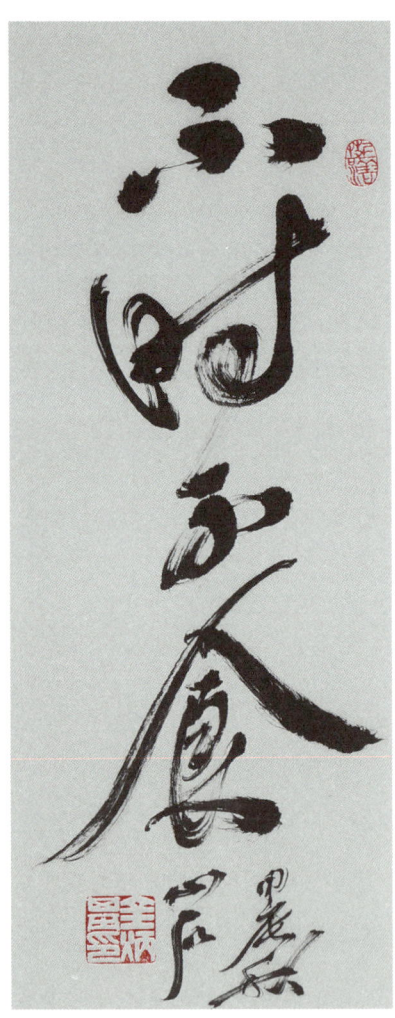

不時不食
26×69cm

공자께서는 밥은 거칠지 않은 것을 싫어하지 않으시고, 회는 가늘게 썬 것을 싫어하지 않으셨다. 쉰밥과 상한 생선, 부패한 고기를 먹지 않으셨고, 빛깔이 나쁜 것과 냄새가 나쁜 것을 먹지 않으셨으며, 요리를 잘못한 것과 제철에 나지 않는 것을 먹지 않으셨다. 자른 것이 바르지 않으면 먹지 않으시고, 격에 맞는 장을 얻지 못하면 먹지 않으셨다.

食不厭精 膾不厭細 食饐而餲 魚餒而肉敗 不食 色惡不食 臭惡不食 失飪不食 不時不食 割不正 不食 不得其醬 不食.

— 「향당」 제8장

『논어』 중 「향당鄕黨」에는 공자의 의식주 일상생활을 기록한 글이 많다. 「향당」 제8장에는 공자가 음식을 먹지 않는 8가지 사례를 든 부분이 있는데, 그중에는 "때가 아니면 먹지 않는다不時不食"라는 말도 있다. 전통적인 해석에 따르면 '불시' 즉 '때가 아닌' 음식이란 '제철이 아닌' 식재료다. 공자는 철이 일러서 설여문 곡식이나 과일을 먹지 않았다고 해석해 온 것이다. 그러나 최근 일부 연구자들은 '불시'의 '시'를 '제시간'으로 풀이하여 공자는 규칙적인 식사를 했지, 아무 때나 먹기를 삼갔다고 풀이하기도 한다. 그런데 언급된 8가지 사례 중 7가지는 식재료의 상태에 관한 것임을 감안한다면 '불시'의 '시'는 '제시간'이라는 습관의 의미이기보다는 '제철'이라는 상황으로 보는 게 본뜻일 것이다.

요즈음 우리는 전자든 후자든 '불식'할 때가 없이 늘 먹는 '늘식'을 하는 것 같다. 온상 재배가 일반화하여 과일이든 채소든 제철이 없고, 도처에 음식점과 주전부리가 널려 있어서 때 아닌 때에 먹는 경우가 너무 많다. 새 과일을 남보다 먼저 먹어보겠다는 사치성 식욕을 가진 친구나, 매일 야참을 찾는 친구를 향해 근엄하게 한마디 해보자. 어허! '불시불식'이라 했거늘.

## 161 육수다 불사승사기(肉雖多 不使勝食氣)
### 비록 고기를 많이 먹더라도 밥 기운을 이기게 하지 않다

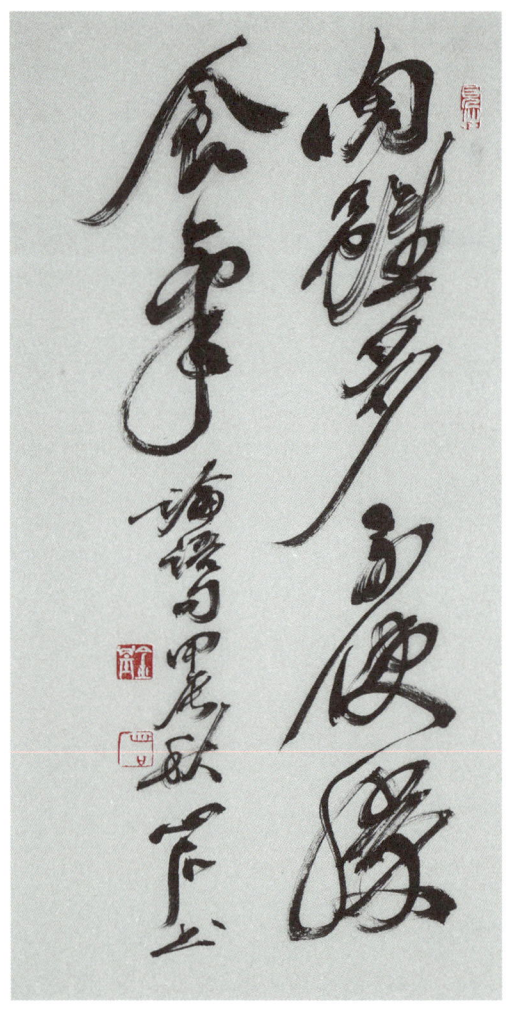

肉雖多 不使勝食氣
30×67cm

비록 고기가 많더라도 밥 기운을 이기게 하지 않으시고, 술은 일정한 양이 없으셨으나 어지러운 지경에 이르지는 않으셨다. 시장에서 사온 술과 포를 먹지 않으셨고, 생강 먹는 것을 거르지 않으셨으며, 많이 먹지 않으셨다. 나라의 제사를 돕고 받은 고기는 그날 밤을 넘기지 않으셨고, 집에서 제사 지낸 고기는 3일을 넘기지 않으셨으며, 3일이 지난 것은 먹지 않으셨다. 음식을 먹을 때는 말씀하지 않으셨고, 잠자리에 누웠을 때도 말씀하지 않으셨다. 비록 거친 밥이나 나물국이라도 반드시 고수레를 하고 먹었으며, 이때 반드시 엄숙하고 경건하였다.

肉雖多 不使勝食氣 唯酒無量 不及亂 沽酒市脯 不食 不撤薑食 不多食 祭於公
不宿肉 祭肉 不出三日 出三日 不食之矣 食不語 寢不言 雖疏食菜羹 瓜祭 必齊如也.

– 「향당」 제8장

　공자는 비록 고기를 많이 먹더라도 밥 기운을 이기게 하지는 않았다. 여기서의 '식食'은 '먹다'라는 동사로 쓰인 게 아니고 '밥'이라는 명사로 쓰였기 때문에 '밥 사'로 훈독한다. 공자는 고기를 편식하지 않고 식물성과 동물성의 조화로운 식사를 실천한 것이다.

　최근 고기 소비가 날로 늘면서 생태계에 심각한 부작용이 나타나고 있다고 한다. 면적에 비해 많은 가축을 사육하다 보니 초원은 망가져 흙바람이 일고, 초원이 망가지니 기후는 이상 현상을 보이고 있다. 연한 살코기를 얻기 위해 가둬 놓은 채 철분 공급을 제한하는 송아지 사육, 제대로 서 있을 공간도 없는 닭 사육… 인류의 죄악상을 적나라하게 보여주는 현장 같다. 잡아먹을 때 잡아먹더라도 사는 동안은 제대로 살게 해야 하는 게 인류로서 갖춰야 할 최소한의 양심이 아닐까? 축사에 갇혀 종일 지루하게 우두커니 서 있기만 하는 소의 외침이 들리는 것 같다. "저 힘 좀 쓰게 해주세요! 불평 안 할 테니 제발 밖에 나가 일 좀 하게 해주세요!"

　자연 속에서 얻은 한 톨의 쌀, 한 점의 고기라도 낭비 없이 조화롭게 섭취하는 절제된 식생활이 인류와 자연을 공생하게 할 것이다. 고기 굽은 불판 앞에서 '육수다 불사승사기'라는 공자님 말씀을 상기했으면 좋겠다.

**162** 유주무량 불급란(唯酒無量 不及亂)
술은 양을 제한하지 않되 어지러운 상태에는 이르지 않다

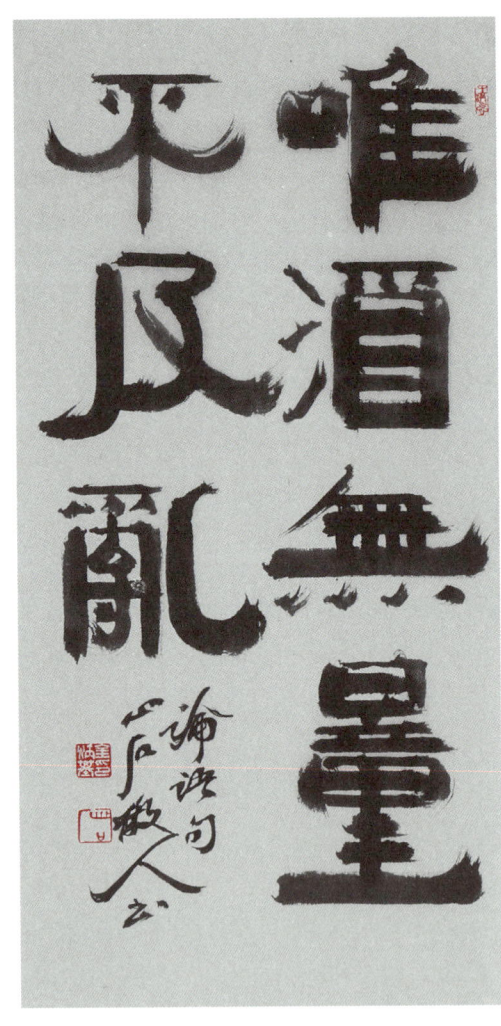

唯酒無量 不及亂
35×67cm

비록 고기가 많더라도 밥 기운을 이기게 하지 않으시고, 술은 일정한 양이 없으셨으나 어지러운 지경에 이르지는 않으셨다….

<ruby>肉<rt>육</rt>雖<rt>수</rt>多<rt>다</rt></ruby> <ruby>不<rt>불</rt>使<rt>사</rt>勝<rt>승</rt>食<rt>사</rt>氣<rt>기</rt></ruby> <ruby>唯<rt>유</rt>酒<rt>주</rt>無<rt>무</rt>量<rt>량</rt></ruby> <ruby>不<rt>불</rt>及<rt>급</rt>亂<rt>란</rt></ruby>.

― 「향당」 제8장

공자는 술을 금기시하지 않았다. 오히려 만남의 기쁨을 더하는 음식으로 여겼다. 그래서 "…적절히 마시되 어지러운 지경에만 이르지 않으면 된다…"고 했다. "어지러운 지경에 이르지 않는다"는 것은 취하여 정신을 놓는 일은 물론, 술기운에 편승한 혈기를 내보여도 안 됨을 경계하는 말이리라.

'난亂'한 지경에 이르지 않도록 술을 적절히 마신다는 것은 참 어려운 일이다. 흥이 흥을 부르고, 술이 술을 끌어서 결국은 어지러운 지경에 이르는 경우가 허다하다. 그래서 술을 경계하는 말도 참 많다. "주중불언진군자酒中不言眞君子" 즉 "술 마시는 중에 말을 삼가는 게 진짜 군자다"라는 말도 있고, 아예 술을 "벌성지광약伐性之狂藥" 즉 '내 본성을 쳐내어 미치게 하는 약'으로 여겨 경계하기도 했다.

이 문장에 구두점을 새롭게(?) 찍고 현토를 새로 붙여, "유주무량이니 불급이면 난이라" 즉 "술은 한량없이 마실 테니, 나의 주량에 미쳐 주지 않으면 시끄러우리라"라고 하시며 호탕하게 술을 드시던 가까운 어른이 계셨었다. 어지러움에 이르지 않도록 절제도 잘하시는 편이었지만 결국 장수는 못하셨다. 음주에는 '절제'라는 면허가 필요하다. 무면허 음주는 패가망신으로 가는 지름길이기 때문이다.

## 163 상인호 불문마(傷人乎 不問馬)
### "사람이 다쳤느냐?" 하시고 말에 대해서는 묻지 않았다

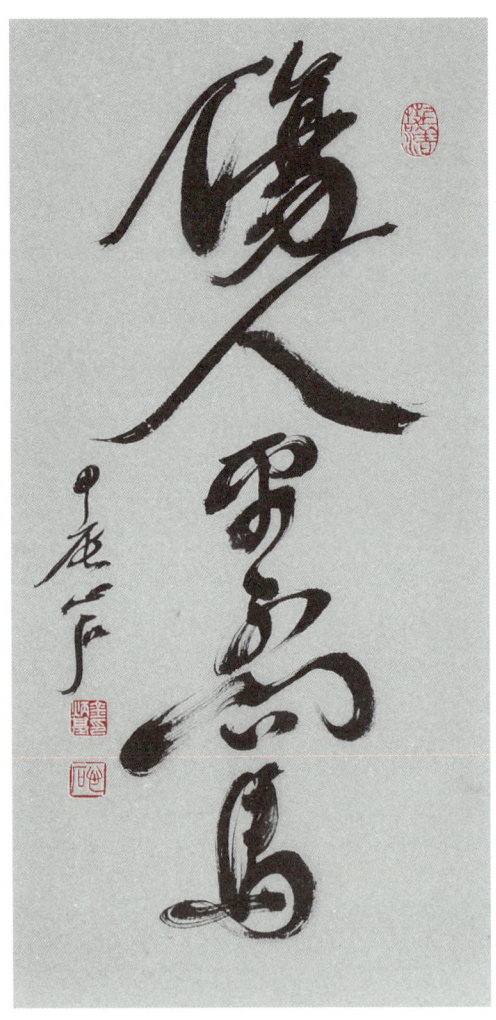

傷人乎 不問馬
26×57cm

마구간이 불탔다. 공자께서 조정에서 퇴근하자마자 물으셨다. "사람이 다쳤느냐?" 그러고는 말(馬)에 대해서는 묻지 않으셨다.

<sub>구 분 자 퇴 조 왈 상 인 호 불 문 마</sub>
廏焚 子退朝曰 傷人乎 不問馬.

- 「향당」 제12장

   돌발 사태 앞에서 불쑥 튀어나오는 한 마디가 평소 인품을 대변한다. 운전 중 순간적으로 튀어나오는 험한 욕설이 대표적 사례다. '운전대를 잡으면 누구나 그래'라며 자기 합리화할 일이 아니다. 고쳐야 할 나쁜 버릇이다.

   공자의 집 마구간에 불이 났다. 소식을 접한 공자는 황급히 "사람이 다쳤는가?"라고 물을 뿐, 말에 대해서는 묻지 않았다. 말보다 사람을 먼저 챙긴 공자의 인품이 순간에 드러났다. 설마 그럴 리 없겠지만, 오늘날 누군가의 마사<sup>馬舍</sup>에 불이 났다면 "아이고! 내 말! 혹 그 명마 다친 데 없니?"라며 말을 먼저 챙길 사람이 있을 것 같다는 생각이 드는 건 나만의 비정한 억측일까? 재산 가치를 따져서 명마를 먼저 챙기려는 속셈이 작용하는 사회는 불행하다. 노동자의 목숨보다 내 공장의 기계 설비를 더 중히 여기는 사회에 다름 아니기 때문이다. 남의 목숨 경시는 자기 목숨 위협으로 되돌아옴을 알아야 할 것이다.

   돌발 사태 때 무엇을 먼저 챙기느냐가 인품 가늠의 척도다. '숙습난방<sup>熟習難防</sup>'이란 말이 있다. "몸에 익은 버릇은 (불쑥 튀어나오는 것을) 방지하기 어렵다"는 뜻이다. 사람보다 돈을 더 중히 여기는 사고가 숙습이 돼버리면 어느 순간 악마가 되는 것을 막기 어려울 것이다.

## 164 차중 불내고 부질언 불친지(車中 不內顧 不疾言 不親指)
### 차 안에서는 두리번거리지도, 빠르게 말하지도, 손가락질도 안 하셨다

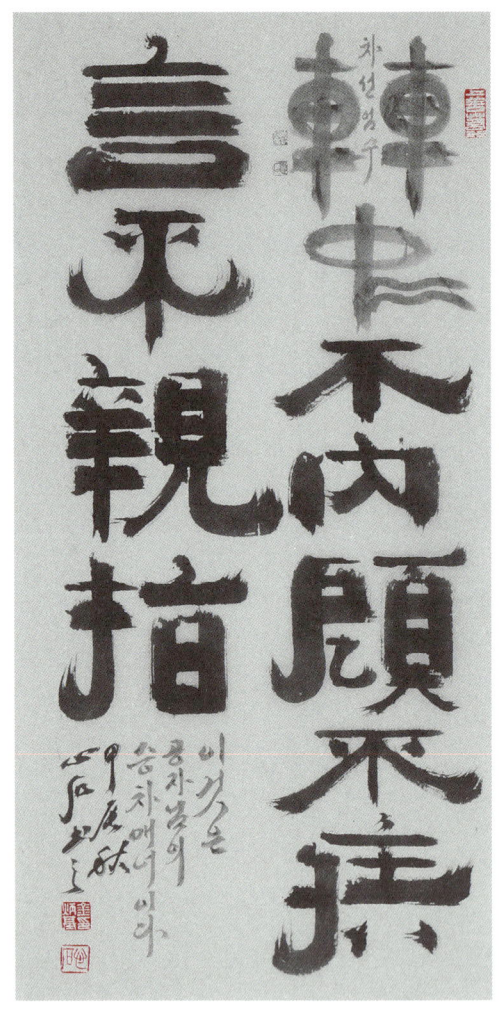

청색과 홍색의 채색 먹을 사용하여 해학적 표현을 하였기에 관지 부분도 청색으로 처리하여 균형을 맞췄다.

車中 不內顧
不疾言 不親指
35×72cm

공자께서는 수레에 오르실 때에 반드시 바르게 서서 수레 손잡이 줄을 잡으셨다. 차 안에서는 두리번거리지도, 빠르게 말하지도, 손가락질도 하지 않으셨다.

升車 必正立執綏 車中 不內顧 不疾言 不親指.
<sub>승 차 필 정 립 집 수 차 중 불 내 고 부 질 언 불 친 지</sub>

– 「향당」 제16장

동승한 사람의 언행은 운전자에게 큰 영향을 준다. 차 안을 두리번거리거나 소리를 지르거나 다급한 듯이 빠르게 말하면 운전자는 깜짝 놀라고, 저기를 보라며 손가락질을 하면 한눈을 팔게 된다. 사고를 유발하는 위험한 행동이다. 자동차보다 훨씬 속도가 낮은 마차를 타고서도 공자는 뒤쪽을 돌아보거나, 빠르게 말하거나, 손가락질을 하는 등 산만한 행동을 하지 않았다. 마부에게 영향을 주지 않으려 각별히 조심한 것이다. 당시 마차를 모는 일은 6예藝 중의 하나로 칠 만큼 중요한 기술이자 예의였다. 공자는 승차 매너를 철저히 지킨 것이다.

혹자는 감옥과 병원을 도를 닦기 좋은 곳으로 여겼다는데 운전할 때도 도를 닦는 마음으로 해야 한다. 운전을 태권도나 유도처럼 '운전도運轉道'라고 칭했으면 좋겠다. 운전은 분노도 삭히고 잡념도 떨치고 오직 운전에만 집중해야 하기 때문에 단순한 기술이 아니라 '도道'로 여김이 마땅한 것이다. 운전대를 잡는다는 것은 나는 물론 남의 생명에도 영향을 미치는 상황에 처함과 다름이 아니니 의사보다도 더 신중해야 한다. 운전이 '운전도'를 닦는 수도가 되어야 하는 이유다. 운전자든 동승자든 차 안에서는 두리번거림, 빠른 말, 손가락질 등 산만한 언행을 않도록 하자.

| 165 | 오종선진(吾從先進) |
|---|---|
| | **나는 앞 선배들을 따르리라** |

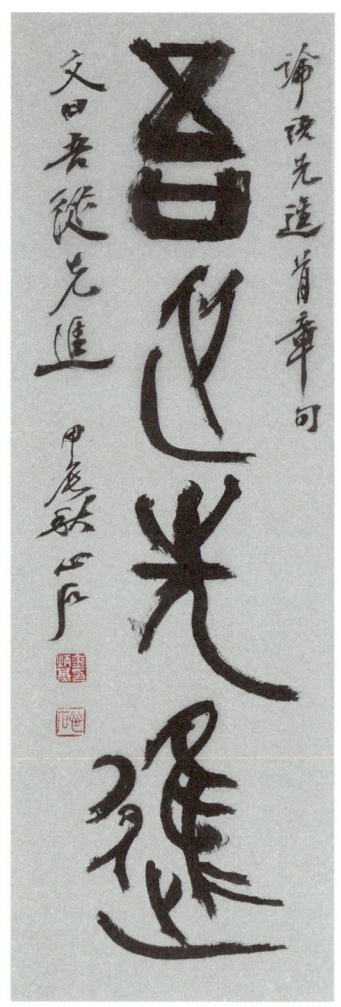

금문 전서의 특징을 살리고자
노력했다.

吾從先進
23×72cm

공자께서 말씀하셨다. "앞서 산 사람들의 예절과 음악에는 촌스러운 면이 있고, 뒤에 사는 우리의 예절과 음악에는 마치 군자인 듯 세련된 면이 있다. 둘 중 하나를 택하라 하면 나는 앞선 시대의 촌스러운 예절과 음악을 좇으리라."

<sub>자 왈 선 진 어 례 악 야 인 야 후 진 어 례 악 군 자 야 이 용 지 즉 오 종 선 진</sub>
子曰 先進於禮樂 野人也 後進於禮樂 君子也 如用之則吾從先進.

– 「선진」 제1장

어쩌다 1960~70년대 흑백TV 속 패션이나 공연 장면을 보면 적잖이 촌스러움을 느낄 때가 있다. 공자도 그 시대에 이미 그런 점을 느꼈는지 "앞서 산 사람들의 예절과 음악에는 촌스러운 면이 있고, 뒤에 사는 우리의 예절과 음악에는 마치 군자인 듯 세련된 면이 있다. 둘 중 하나를 택하라 하면 나는 앞선 시대의 촌스러운 예절과 음악을 좇으리라"고 말했다.

후대의 문화일수록 앞 시대보다 발달하여 편리하고 세련되기 마련이다. 특히 요즈음은 새 문화가 싹트고 새로운 문명의 이기가 출시되는 간격이 너무 짧아서 채 1년도 안 된 문화가 '구식'이 되는 경우가 허다하다. 그런데 공자는 세련되어 보이는 '신식'을 제쳐두고 왜 앞 시대 구식의 예절과 음악을 따르고자 했을까? 이유는 '야野'에 있다. 즉 지나치게 문화·문명적인 것보다는 야성의 질박함을 더 가치 있게 여겼기 때문인 것이다.

발달한 디지털 문화를 누리는 우리도 구식 아날로그 문화에 짙은 향수를 느낄 때가 있다. 그러면서도 몸에 달라붙은 '발전'이라는 관성 때문에 그 시절로 돌아가지 못하고 힘겨운 경쟁 속에서 앞으로 나아가기만 하는 팍팍한 삶을 살고 있다. 공자가 '선진先進'의 '야野'를 좇고자 한 이유를 돌아볼 때다.

## 166 삼부백규(三復白圭)
### '백규' 구절을 하루 세 번씩 반복하여 읽다

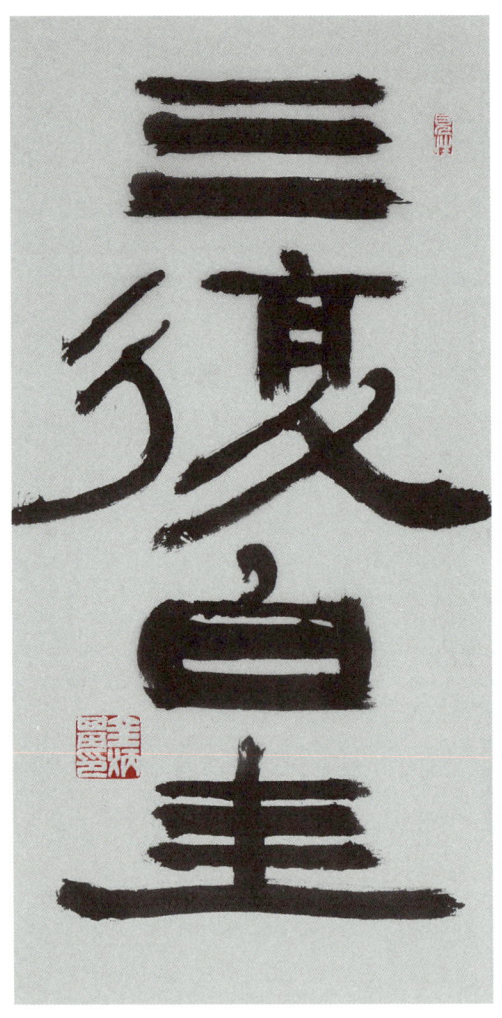

「석문송(石門頌)」
석각의 필의를
원용하였다.

三復白圭
36×69cm

남용이 『시경』의 「억(抑)」편 '백규'장을 하루 세 번씩 반복하여 읽으니, 공자께서 형의 딸을 그에게 시집보냈다.

南容 三復白圭 孔子以其兄之子 妻之.
<sub>남 용 삼 부 백 규 공 자 이 기 형 지 자 처 지</sub>

– 「선진」 제5장

　공자는 시를 모아 교육 교재로 삼기도 했다. 그게 바로 『시경』이다. 「억(抑: 빈틈없음)」이라는 시에는 "백규지점, 상가마야, 사언지점 불가위야<sub>白圭之玷, 尙可磨也, 斯言之玷 不可爲也</sub>"라는 구절이 있다. "흰 옥으로 만든 홀<sub>笏</sub>에 있는 티는 갈아 없앨 수 있지만, 말의 티는 어찌할 수 없네"라는 뜻으로 말을 조심할 것을 강조하는 구절이다. 제자 남용<sub>南容</sub>은 매일 이 구절을 세 번씩이나 반복해 외움으로써 스스로 말조심할 것을 다짐하곤 했다. 이에 공자는 남용을 신뢰하여 조카사위로 삼았다.

　죄인에게 먹였던 사약의 주원료인 비상<sub>砒礵</sub>은 비소가 주성분인 독약이다. 중국 강서성 신주<sub>信州</sub>에서 생산되므로 '신석<sub>信石</sub>'이라고도 불렸다. 그런데 '信(믿을 신)'은 '亻(人)+言'으로 이루어졌으므로 '信石'을 '인언석<sub>人言石</sub>'이라고도 불렸다. 급기야 '인언<sub>人言</sub>'은 독약 '비상'의 별칭이 되었다. 당연히 '인언' 즉 '사람의 말'이 비상보다 더 독한 독약이 될 수 있다는 뜻을 내포하게 되었다. 실지로 유언비어와 오보 등 말로써 사람을 죽이는 경우가 얼마나 많은가! 사람의 말이 독약이다. 남용처럼 '백규' 구절을 세 번 이상 외우는 수련을 하자.

| 167 | 미능사인 언능사귀(未能事人 焉能事鬼)
사람을 섬기지 못하면서 어찌 귀신을 섬길 수 있으랴 |

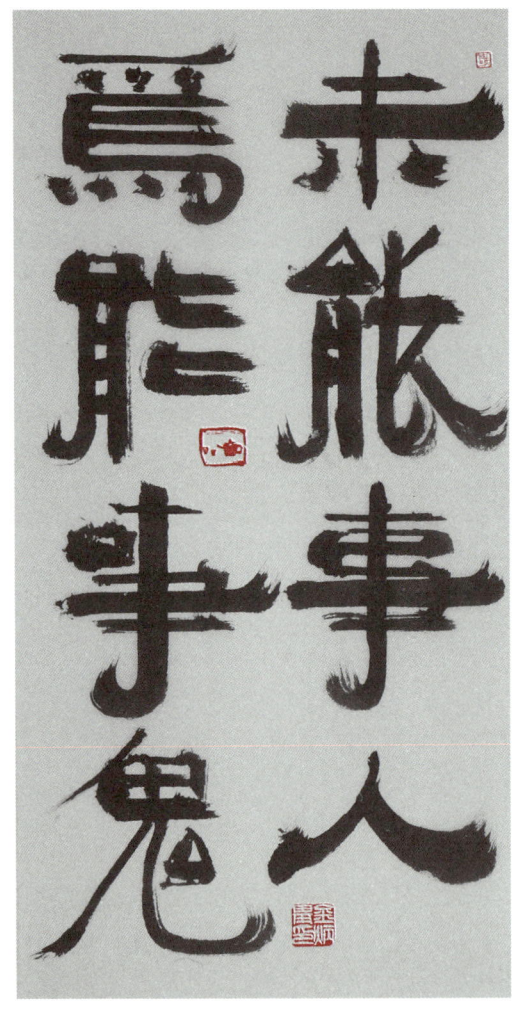

未能事人, 焉能事鬼
35×71cm

자로가 귀신을 섬기는 일에 대해 물으니, 공자께서 말씀하셨다. "사람을 섬기지 못하면서 어찌 능히 귀신을 섬길 수 있으랴." (자로가 다시 물었다.) "감히 죽음에 대해 여쭙겠습니다." 공자께서 말씀하셨다. "삶에 대해서도 알지 못하면서, 어찌 죽음에 대해 알 수 있겠느냐?"

<small>계 로 문 사 귀 신　자 왈　미 능 사 인　언 능 사 귀　감 문 사　왈　미 지 생　언 지 사</small>
季路問事鬼神 子曰 未能事人 焉能事鬼 敢問死 曰 未知生 焉知死.

― 「선진」 제11장

공자는 '하나(기본)'를 잘해야만 '열(응용)'도 잘할 수 있다고 여겼다. '하나'에 해당하는 가장 친한 부모와 자식 사이에 효를 행하지도 자애를 베풀지도 않는다면, '열'에 해당하는 다른 사람 누구에게도 진정한 어젊을 베풀 수 없다고 생각한 것이다. 이런 생각의 연장선상에서 공자는 "사람을 섬기지 못하면서 어찌 능히 귀신을 섬길 수 있으랴"라고도 했다. 눈앞의 가까운 이웃에게는 매몰차면서 보이지도 않는 멀고 높은 곳의 신을 섬기며 욕심껏 소원을 비는 것은 신을 바르게 섬기는 길이 아니라고 본 것이다. 늘 만나는 사람을 섬길 수 있는 사람만이 신도 섬길 자격이 있다는 게 공자의 생각인 것이다.

젊은 시절, 수억 원을 들여 조선시대 유명 스님의 비석을 새로 세우려는 계획을 자랑하는 어느 큰 절의 주지 스님 말 끝에 참 눈치 없게도 "큰 비석을 세운다고 그 고승께서 기뻐하실까요? 고아원이나 양로원을 돌보는 게 더 큰 공덕이 아닐까요?"라고 말한 적이 있다. 진중하지 못했던 점은 반성하지만 크게 잘못한 말은 아니었다고 생각한다. 신을 섬기는 것은 곧 사람끼리 평화롭게 살겠다는 약속이자, 영성靈性을 회복하겠다는 다짐이다. 사람 섬기기와 영성 회복에 소홀하다면 시주와 헌금이 다 무슨 소용이겠는가.

## 168 은은 행행 간간(誾誾 行行 侃侃)
### 온화하고 실천적이며 강직하다

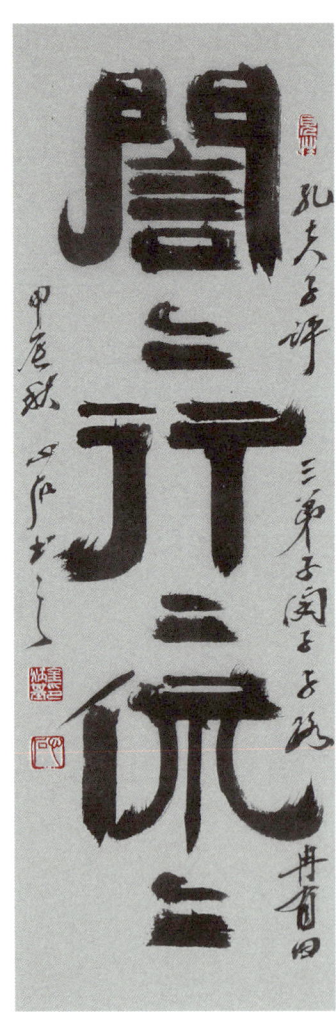

첩자(疊字)는 예로부터 생략부호로 표기해왔는데 서예에서는 이 부호 또한 필선(筆線)이나 필흔(筆痕)이 아닌 필획(筆劃)으로 표현해야 한다.

誾誾 行行 侃侃
24×71cm

민자건은 선생님을 곁에서 모실 적에 온화하였고, 자로는 군세었으며, 염유와 자공은 강직한 모습이었으니 공자께서 즐거워하셨다. 공자께서 말씀하셨다. "자로와 같은 사람은 자기의 수명대로 죽지 못할 듯하다."

<small>민 자 시 측 은 은 여 야   자 로   행 행 여 야   염 유 자 공   간 간 여 야   자 락</small>
閔子侍側 誾誾如也 子路 行行如也 冉有子貢 侃侃如也 子樂
<small>약 유 야 부 득 기 사 연</small>
若由也 不得其死然.

- 「선진」 제12장

『논어』에는 제자들이 공자를 모시는 태도에 대한 기록도 많다. 스승을 모실 때, 민자건은 온화했고 자로는 실천적이었으며 염유와 자공은 강직했다. 제자들의 이런 모습을 보며 공자는 즐거워했다(樂). 혹자는 원문이 '즐거울 락樂'이 아니라 '자字'였을 것으로 여겨 각각의 태도에 맞게 '자(字: 관례 때 지어주는 또 하나의 이름)를 지어주셨다'라고 해석하기도 한다.

'誾(온화할 은)'은 말소리(言)가 문(門) 안에 있는 형상의 글자이니 조용하고 온화한 태도를 표현한 말이고, '行(다닐 행)'은 글자 그대로 행동으로 실천함을 묘사한 말이다. 侃(굳셀 간)은 대개 '신(亻=信)+川(내 천)'으로 구성된 글자로 여겨 '믿음이 냇물처럼 이어질 정도로 강직하다'는 뜻으로 풀이한다. 각기 특성과 장점이 있는 제자들을 바라보는 스승 공자의 따뜻한 눈길이 느껴지는 구절이다. 다만 공자는 자로가 지나치게 행동적인 점을 보면서 제 명에 죽지 못할까 봐 염려하기도 했다.

장점이 넘친다면 그 장점을 잘라다가 단점을 보완하는 '절장보단折長補短'의 노력으로 공자가 세 제자의 장점으로 여긴 은은, 행행, 간간을 다 갖출 수 있다면 얼마나 좋을까? 이 구절을 쓴 서예 작품을 걸어두고 보면서 늘 그 뜻을 음미하다 보면 그런 장점을 두루 갖추게 되지 않을까?

355

| 169 | 하필개작(何必改作)
하필 새로 만드는가 |

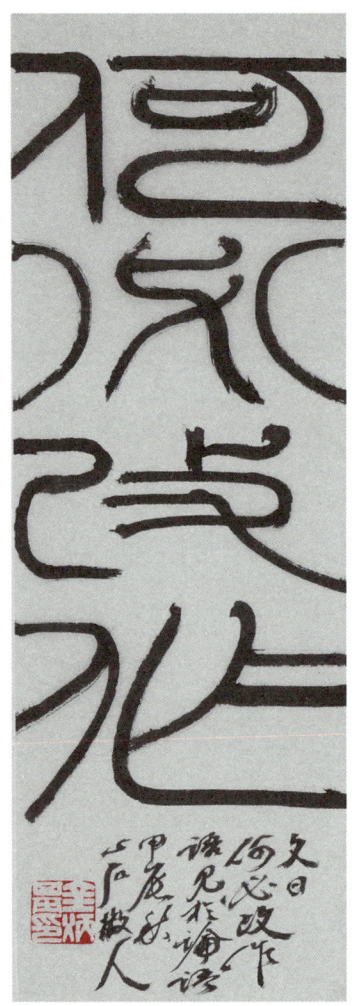

전각(篆刻) 방식의
포치를 응용하여 소전체
작품을 구성했다.

何必改作
24×74cm

노나라 사람이 장부(창고)를 고쳐 짓자, 공자의 제자 민자건이 "옛것을 수리하여 사용하면 될 걸, 기필코 새로 지어야 한단 말인가?"라고 하였다. 공자께서 이 말을 듣고 말씀하셨다. "이 사람 민자건은 평소 말이 없지만, 말을 했다 하면 반드시 도리에 맞는구나."

노 인 위 장 부 민 자 건 왈 잉 구 관 여 지 하 하 필 개 작
魯人爲長府 閔子騫曰 仍舊貫如之何 何必改作
자 왈 부 인 불 언 언 필 유 중
子曰 夫人不言 言必有中.

- 「선진」 제13장

노나라 사람이 '장부長府'라는 창고를 짓자, 공자의 제자 민자건이 "옛것을 수리하여 사용하면 될 걸, 기필코 새로 지어야 한단 말인가?"라고 말했다. '改'는 흔히 '고칠 개'라고 훈독하지만 여기서의 '개작改作'은 '고쳐 짓는다'는 뜻이 아니라, '새로 짓는다'는 뜻이다. 민자건의 말을 전해 들은 공자는 "민자건, 이 사람은 차라리 말을 안 할지언정, 했다 하면 반드시 들어맞는 말을 하곤 한다"며 칭찬했다.

요즈음 우리는 뜯어내버리는 게 너무 많다. 옷이며 신발이며 가재도구며 집이며… 절실한 필요에 의해 새로 사고 새로 짓는 경우도 있지만, 아직 멀쩡한 데도 단지 유행이 지났다는 이유만으로 내다버리고 뜯어내고선 또 사고 새로 짓는 경우가 참 많다. 그게 다 지구 자원 고갈과 환경오염으로 이어진다는 생각을 하면 '인류는 죄를 받을 수밖에 없겠다'는 생각이 들곤 한다. 그럼에도 심지어는 '소비가 미덕'이라며 자꾸 사고 버리고 또 짓는다. '새로움'과 '발전'이라는 이름의 호랑이 등에 탄 '기호상인騎虎上人'이 되었다. 만족을 모르는 채 더 편리한 새것을 탐내느라 호랑이 등에 얹혀 불안에 떨며 내달리고 있는 우리네 삶이 끝 가는 곳은 어디일까? '하필개작'이리오.

| 170 | 승당의 미입어실(升堂矣 未入於室)<br>당(堂)에 올랐도다 아직 방(室)에 들지 못했을 뿐 |

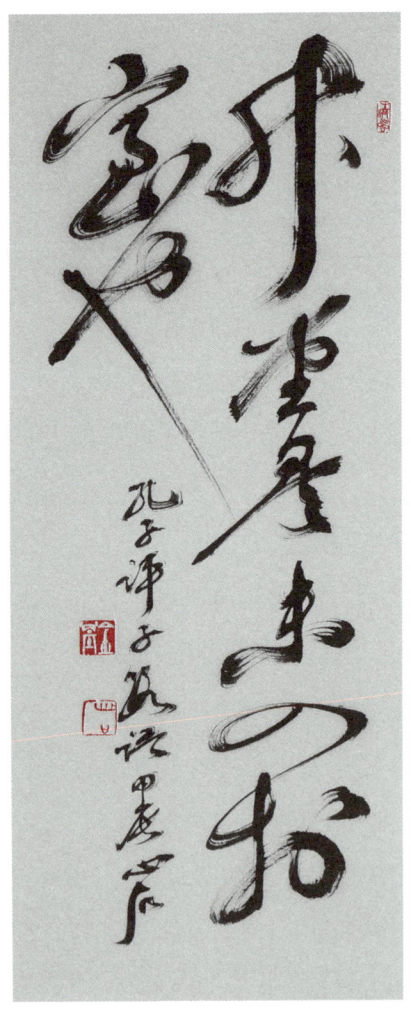

升堂矣 未入於室
27×68cm

(자로가 비파를 타는데 그 소리가 조화롭지 못했는지) 공자께서 말씀하셨다. "자로의 비파를 어찌 나 공구의 문안에서 타는고?" 문인들이 공자의 (불만족한 마음을 담은) 말씀으로 인해 자로를 공경하지 않자, 공자께서 말씀하셨다. "자로의 수준은 대청마루에는 올랐으나 아직 방에는 들어오지 못하였다."

子曰 由之瑟 奚爲於丘之門 門人不敬子路 子曰 由也 升堂矣 未入於室也.

– 「선진」 제14장

제자 자로가 공자 앞에서 적잖이 으스대며 비파를 연주했다. 그야말로 '공자 앞에서 문자를 쓴' 것이다. 공자가 말했다. "어허! 이 실력으로 어찌 내 앞에서 연주를 한단 말인가?" 곁에 있던 다른 제자들이 덩달아 자로를 깔보았다. 그러자 공자가 정색을 하고 말했다. "자로는 당에 올랐다. 아직 실에 들지 못했을 뿐"이라고.

중국 전통 가옥은 맨 앞에 문과 문간채를 배치하고, 그다음 정원 건너에 배치한 게 '당堂'이다. 주로 손님맞이 대청으로 사용한다. 다시 뜰을 지나 세 번째 열부터는 사적 공간인 '실室' 혹은 '방房'을 둔다. '오실(娛室: 깊숙한 방)', '규방(閨房: 부녀자의 방)' 등이 바로 그런 공간이다. 학문이나 예술의 경지를 이런 가옥 구조에 비유하여 막 대문에 들어선 초보 수준을 '입문入門'이라 하고, 웬만큼 터득한 높은 수준을 '입실入室'이라 하며, 입문과 입실의 중간 단계를 '당'에 오른 정도라는 뜻에서 '승당升堂'이라 한다. 바로 자로가 이른 수준이다.

승당자가 입실의 경지에 이른 양 자만해도 안 되고, 입문자가 승당 수준에 이른 선배를 깔봐서도 안 된다. 천하도처유상수天下到處有上手! 가는 곳마다 나보다 상수, 고수가 있음을 알아야 한다.

| 171 | 과유불급(過猶不及)
**지나침은 못 미침과 같다** |

過猶不及
23×64cm

자공이 여쭈었다. "자장과 자하는 누가 더 어집니까?" 공자께서 말씀하셨다. "자장은 지나친 편이고, 자하는 미치지 못하는 편이다." 자공이 다시 묻기를, "그렇다면 자장이 낫습니까?"라고 하니, 공자께서 말씀하셨다. "지나침은 미치지 못한 것과 같다."

<sub>자 공 문  사 여 상 야 숙 현  자 왈  사 야 과  상 야 불 급</sub>
子貢問 師與商也孰賢 子曰 師也過 商也不及
<sub>왈 연 즉 사 유 여  자 왈 과 유 불 급</sub>
曰 然則師愈與 子曰 過猶不及.

– 「선진」 제15장

제자 자공이 공자께 "자장과 자하 둘 중에서 누가 더 낫습니까?" 하고 여쭈었다. 공자는 "자장은 지나치고, 자하는 못 미친다"고 답했다. 자공이 "그렇다면 자장이 낫다는 것입니까?" 하고 다시 여쭈었다. 공자는 "지나침은 못 미치는 것과 같으니라"라고 말했다. 여기서 유명한 사자성어 '과유불급'이 나왔다.

한때 "쇠고기 사주는 사람을 주의하세요! 대가 없는 쇠고기는 없습니다. 순수한 마음은 돼지고기까지예요"라는 말이 유행했다. 지나치다 싶은 비싼 접대 뒤에는 청탁, 유혹 등 딴 마음이 있을 수 있음을 지적한 '명언'이다. 반면에 너무 헐한 음식 접대는 섭섭함을 야기할 수 있다. 지나침은 무리를 낳고, 모자람은 섭섭함을 낳는다. 그래서 '과유불급'이다.

'군자지교담여수 君子之交淡如水'. '군자의 사귐은 담담하기가 물과 같다'는 말이 있다. 달고 짜릿하고 시원한 음료가 갈증을 풀어주는 것 같지만 실은 단맛으로 인해 더 갈증을 부추긴다. 갈증을 푸는 것은 '맹물'이듯 군자의 사귐도 맹물처럼 담담하다. 그게 진심이다. 호들갑은 지나침이고, 매정한 무관심은 부족함이다. 과유불급! 그저 '무던하게' 살 일이다. 학의 다리가 너무 길어도 볼썽사납고, 오리 다리가 너무 짧아도 불편하다.

| 172 | 명고이공지가야(鳴鼓而攻之可也)<br>**북을 울리며 공격해도 괜찮다** |
|---|---|

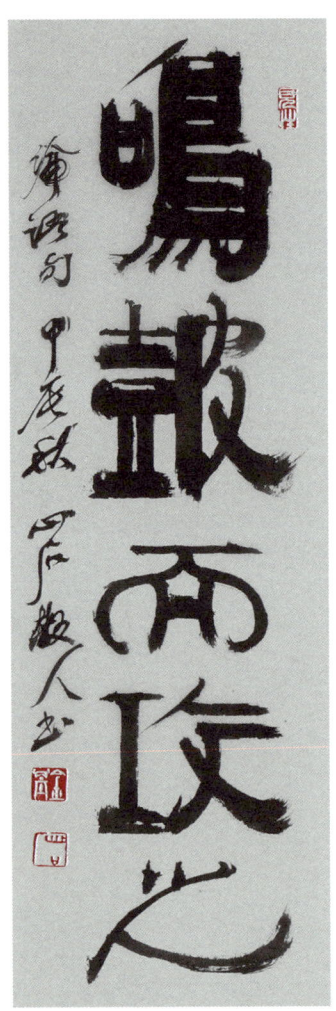

주변으로부터 더러 '김병기체'라는
평을 받는 서체다. 과분한
평이다. 다만, 청나라 서예가
이병수(伊秉綬)와 조선의 추사
선생을 늘 생각하며 새로움을
시도하곤 한다.

鳴鼓而攻之可也
23×73cm

계씨가 주공보다 부유했음에도, 계씨의 가신을 맡은 염유가 계씨를 위해 세금을 많이 거둬들여 재산을 더 늘려주었다. 이에 공자께서 "(염유는) 나의 문도가 아니니, 제자들아! 북을 쳐서 그의 잘못을 꾸짖어도 괜찮다"라고 말씀하셨다.

계 씨 부 어 주 공   이 구 야 위 지 취 렴 이 부 익 지   자 왈   비 오 도 야   소 자   명 고 이 공 지 가 야
季氏富於周公 而求也爲之聚斂而附益之 子曰 非吾徒也 小子 鳴鼓而攻之可也.

― 「선진」 제16장

　공자의 제자도 엉뚱한 실수를 하는 경우가 있었다. 염유<sup>冉有</sup>는 공자보다 29세 어린 제자로서 나름 인정을 받았다. 『논어』에 15회 등장하는 인물이다. 그런 염유가 노나라의 권신 계씨<sup>季氏</sup>의 가신으로 있을 때, 세금을 무리하게 거둬 천자보다도 부자인 계씨의 부를 더 늘려주는 일을 했다. 이 소식을 들은 공자는 즉시 제자들을 향해 "염유는 우리 일원이 아니로구나, 얘들아! 북을 울리며 그를 공격해도 괜찮다"라고 했다. 여기서 '명고공지(鳴鼓攻之: 북을 울려 공격하다)'라는 사자성어가 나왔다. 북을 울리는 까닭은 더 많은 사람들을 모은 자리에서 잘못을 공격하기 위함이다. 당연히 목소리도 커야 한다. 여기서 '목소리로 친다(공격하다, 토벌한다)'는 뜻을 가진 '성토<sup>聲討</sup>'라는 말이 나왔다. 지금도 시위의 현장에는 어김없이 북도 있고, 함성도 있다. '명고공지'하고, '성토'하기 위해서다.

　염유는 깜빡 권력에 휩쓸려서 그런 실수를 했을 테지만, 공자는 그 실수를 용납하지 않고 준엄한 꾸지람을 내렸다. 오늘날 우리 정치인과 관료 중에는 '염유의 실수'를 '실수'가 아닌 '일상'으로 대놓고 벌이는 사람들이 적지 않은 것 같다. 공자의 꾸지람보다 더 준엄한 국민의 심판이 절실한 상황이다.

| 173 | 이도사군 불가즉지(以道事君 不可則止)<br>도(道)로써 군주를 섬기다가 불가하면 멈춘다 |

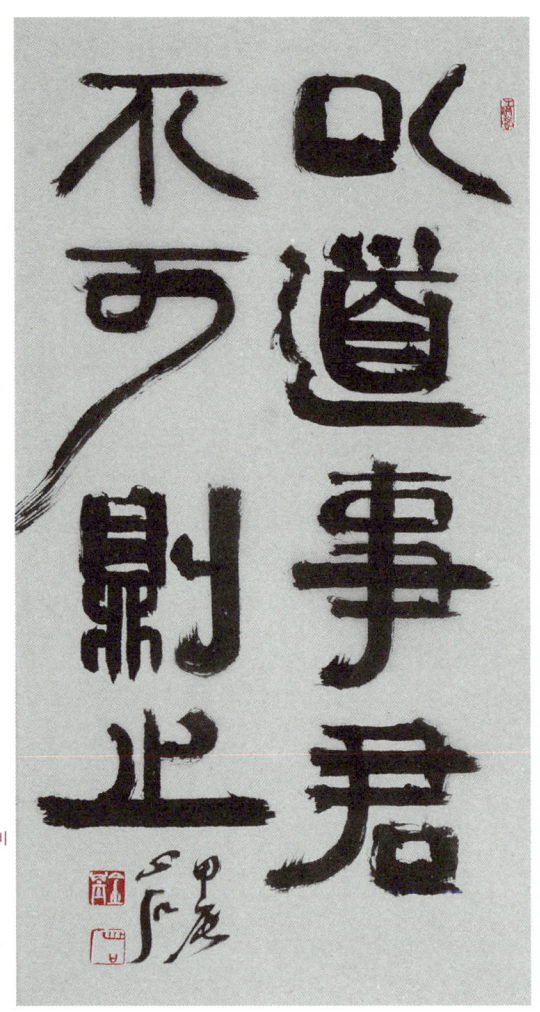

고구려 광개토태왕비 서체를 원용했다. '可'의 필획은 예서 필획을 사용하면서 결구는 행서 결구를 취해서 변화를 시도했다.

以道事君 不可則止
35×68cm

공자께서 말씀하셨다. "… 대신이란 도로써 군주를 섬기다가 더 이상 섬길 수 없는 지경에 이르면 그만두는 법이오. 오늘날의 중유와 염구는 숫자만 채우고 있는 구신(具臣)일 뿐이오." 그러자 계자연이 물었다. "그렇다면 시키는 대로 따르기만 하는 사람입니까?" 이에 공자께서 말씀하시기를 "아버지와 임금을 시해하는 따위의 일은 또한 따르지 않을 것이오"라고 하셨다.

子曰 所謂大臣者 以道事君 不可則止 今由與求也 可謂具臣矣
曰 然則從之者與 子曰 弑父與君 亦不從也.

– 「선진」 제23장

노나라의 권신 계씨가 공자의 제자인 자로와 염유를 가신家臣으로 삼자, 계씨의 아들 계자연이 공자에게 "자로와 염유는 대신大臣이지요?"라고 물음으로써 비아냥거리며 자랑한다. 이에 공자는 "대신이란 도로써 군주를 섬기다가 더 이상 섬길 수 없는 지경에 이르면 그만두는 법이오. 그들은 구신具臣일 뿐이오"라고 답했다.

'육사신六邪臣'이란 말이 있다. 구실도 못하면서 수만 채우고 있는 '구신具臣', 아첨하는 '유신諛臣', 간사한 '간신奸臣', 모함을 일삼는 '참신讒臣', 반역을 도모하는 '적신賊臣', 나라를 망치는 '망국신亡國臣' 등 여섯 부류의 사악한 신하를 이르는 말이다.

군주는 신하에게 달렸다. 대신이 많으면 현군이 되고, 육사신이 많으면 암군이 된다. 대신은 힘을 다해 암군을 말리다가 끝내 말을 듣지 않으면 말리기를 멈추고 직을 떠난다. 버리고 떠나는 것으로나마 암군의 반성을 꾀하기 위해서다. 돌이켜 생각해 보면, 지난 윤석열 정권 시절의 우리나라에는 대신에 해당하는 인물이 있기나 했을까 하는 생각이 들곤 한다. 대부분 육사신六邪臣 부류였다는 생각이 드는 것은 나만의 오판일까? 대통령 지지율이 20% 이하인 때에는 대통령 곁을 떠남으로써라도 대통령의 그릇된 생각을 말리는 공직자가 있었어야 할 텐데 그런 사람은 없었던 것 같다. 결국 윤석열 정권은 무너졌다. 다시는 이런 일이 없어야 할 것이다.

## 174 욕호기 풍호무우 영이귀(浴乎沂 風乎舞雩 詠而歸)
기수에서 목욕하고 무우에서 바람을 쐬고 읊조리면서 돌아오겠습니다

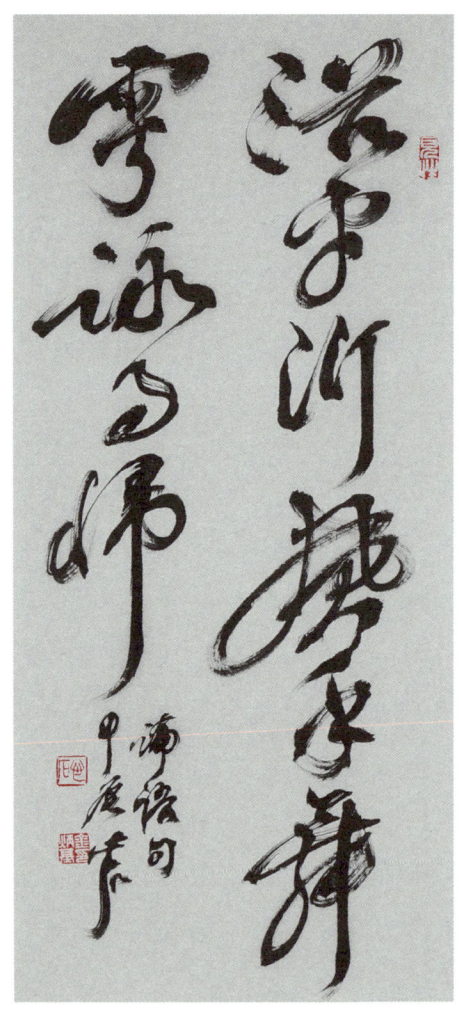

浴乎沂 風乎舞雩 詠而歸
31×69cm

공자께서 "점아, 너는 어떻게 하겠는가?"라고 하시니, … 증점이 말하였다. "늦은 봄철에 봄옷으로 갈아입고 어른 대여섯 명, 아이 예닐곱 명과 함께 기수에 가서 목욕하고 무우 언덕에서 시원한 바람을 쐬고 시를 읊조리면서 돌아오겠습니다." 공자께서 한숨 쉬듯 감탄하시며 말씀하시기를, "나는 점과 함께하고 싶다"라고 하셨다.

點爾何如 曰 莫春者 春服旣成 冠者五六人 童子六七人 浴乎沂
風乎舞雩 詠而歸 夫子喟然嘆曰 吾與點也.

— 「선진」 제25장

어느 날 공자는 몇몇 제자들에게 각자의 뜻을 말하게 했다. 자로가 냉큼 나서서 먼저 말하고 이어서 염구, 공서화가 말했는데 이들은 다 제 역량을 벗어난 정치적 포부를 털어놓았다. 반가운 답이 아니었다. 마지막으로 증점(曾點: 증자의 아버지)이 "저는 늦봄에 새로 지은 봄옷을 입고서 마음에 맞는 친구 대여섯 명과 심부름 할 만한 어린 학동 예닐곱 명과 더불어 기수에 가서 목욕을 하고, 무우舞雩에 가서 바람을 쐰 다음에 흥얼흥얼 노래를 읊조리며 돌아오고 싶습니다"라고 답했다. 공자는 "증점이라면 능히 그리 할 수 있을 것"이라며 기뻐했다. 중국에서는 공자 이전부터 관직에 나아가는 것보다 자연 속에서 유유자적하는 삶을 오히려 높이 평가해 왔기에 공자는 증점을 대견스럽게 여긴 것이다. 증점이 토로한 이 말은 『논어』 중에서도 특히 유명한 구절이며, 이후 '욕기수浴沂水', '풍무우風舞雩', '영귀詠歸' 등은 세속에 얽매이지 않는 은자적 삶을 대변하는 말이 되었다.

은거하려면 조용히 떠날 것이지, 요란한 '기자회견'을 하는 경우가 있다. 1년도 안 되어 세상으로 도로 나올 사람이다. 도심에 살아도 가끔 증점과 같은 소풍을 할 수 있다면 제왕도 부러워할 행복을 느끼는 진정한 은자이리라.

| 175 | 극기복례 천하귀인(克己復禮 天下歸仁)
사욕을 극복하여 예를 회복하면
온 세상이 어짊으로 귀결되리라 |

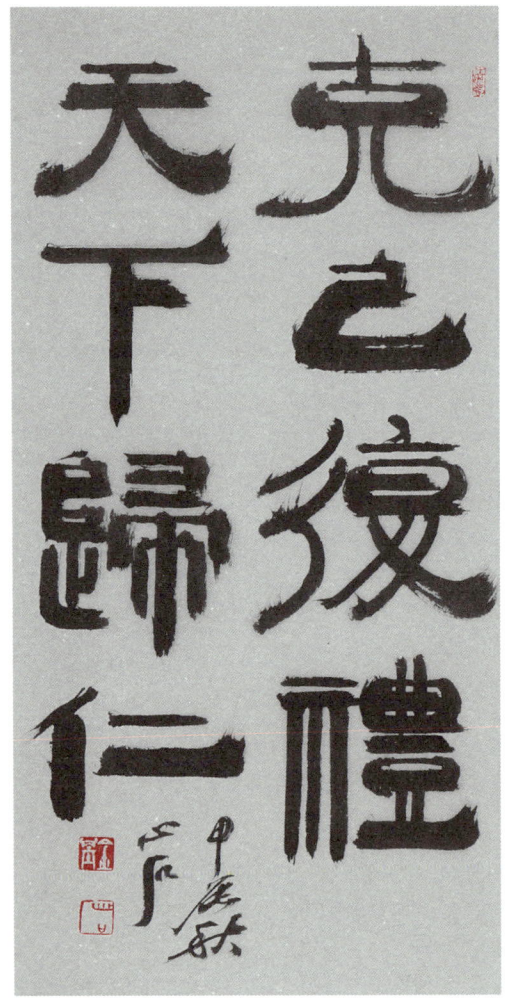

克己復禮 天下歸仁
35×70cm

안연이 인에 대해 물으니 공자께서 말씀하셨다. "자기를 이겨내고 예를 회복하는 것이 인을 하는 것이다. 하루라도 자기를 이겨내고 예를 회복한다면 천하 사람들이 모두 인으로 돌아갈 것이다."

<sup>안 연 문 인  자 왈  극 기 복 례 위 인  일 일 극 기 복 례  천 하 귀 인 언</sup>
顔淵問仁 子曰 克己復禮爲仁 一日克己復禮 天下歸仁焉.

– 「안연」 제1장

제자 안연이 '인(仁: 어짊)'에 대해 묻자, 공자는 "'극기복례'가 곧 인을 '하는' 길이니 사람마다 하루 만이라도 '극기복례'한다면 천하가 다 인으로 귀결될 것이다"라고 답했다. '克'은 대개 '이길 극'이라고 훈독하는데 내면에 '능히 … 할 수 있다'라는 뜻을 품고 있다. '자기 자신(self)'이란 뜻으로 사용되는 '己(몸 기)'는 '사사로운 욕심'이란 의미로 쓰이는 경우가 많다. '復(회복할 복)'은 '원래 상태를 회복한다'는 뜻이다. '예(禮)'는 '매너 manner'나 '에티켓 etiquette'만을 뜻하는 글자가 아니라, '하늘 이치의 인간 생활화'를 의미하는 글자다. 즉 '스스로 그러하게' 운행하는 자연의 이치에 맞춰 인간이 해야 할 바를 규범화하고 명문화한 것을 이르는 말이 '예'인 것이다. 그러므로 '극기복례'는 '능히 사사로운 욕심을 이겨내어 자연의 순리를 따르는 덕성을 발휘하는 것'을 말한다. 공자는 그렇게 하는 것이 곧 '인'을 실천하는 요결이라고 생각했다.

자연은 곧 '태초의 말씀'이다. 태초의 말씀은 '들으라'는 말씀이지, 우리더러 '하라'는 말씀이 아니다. 자연은 결코 사람 마음대로 정복할 대상이 아니다. 태초로부터 지금까지 이어온 자연의 말씀을 듣는 겸손이 곧 '극기복례'인 것이다.

# 176 사물(四勿)
### 예가 아니면 보지도 듣지도 말하지도 행하지도 말라

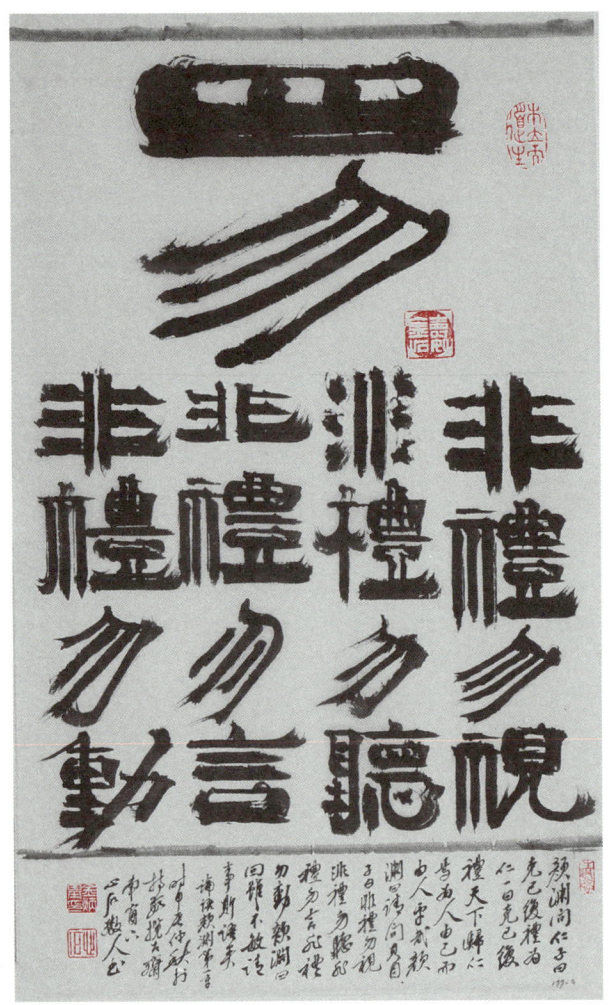

4개의
항목으로 된
서제에 걸맞은
새로운 포치를
시도하였다.

四勿
35×74cm

안연이 말하기를, "그것(극기복례)의 조목에 대하여 여쭙고 싶습니다"라고 하니, 공자께서 말씀하셨다. "예가 아니면 보지 말며, 예가 아니면 듣지 말며, 예가 아니면 말하지 말며, 예가 아니면 행동하지 않는 것이다." 안연이 말하기를, "제가 비록 영민하지는 않으나 이 말씀을 실천하도록 하겠습니다"라고 하였다.

<sub>안 연 왈    청 문 기 목    자 왈    비 례 물 시    비 례 물 청    비 례 물 언    비 례 물 동</sub>
顔淵曰 請問其目 子曰 非禮勿視 非禮勿聽 非禮勿言 非禮勿動
<sub>안 연 왈    회 수 불 민    청 사 사 어 의</sub>
顔淵曰 回雖不敏 請事斯語矣.

— 「안연」 제1장

제자 안연이 '사욕을 극복하여 예禮를 회복하는(극기복례)' 방법에 대해서 묻자, 공자는 "예가 아니면 보지도 듣지도 말하지도 행하지도 말라"고 했다. 이게 곧 '하지 말라'는 뜻을 가진 '말 물(勿)'자 4개가 든 문장 "비례물시<sup>非禮勿視</sup>, 비례물청<sup>非禮勿聽</sup>, 비례물언<sup>非禮勿言</sup>, 비례물동<sup>非禮勿動</sup>"이다. 흔히 '사물' 혹은 '사물잠<sup>四勿箴</sup>', '사잠<sup>四箴</sup>'이라고 칭한다.

"예가 아니면 보지도 듣지도 말하지도 행하지도 말라"니! 요즈음 사람들은 이런 말을 들으면 '어휴~ 답답해서 어떻게 사냐?'는 생각을 먼저 할 것이다. 예를 '규제'로 여기기 때문에 답답함을 토로하는 것이다. 그러나 예는 본래 자연에 순응하며 가장 편하게 살기 위한 질서일 뿐 규제가 아니었다. 봄에 새싹을 보호하는 마음으로 유소년을 보호하고, 가을의 낙엽에서 느끼는 측은함으로 노인을 돌보는 것 등이 바로 자연의 질서를 따르는 예인 것이다. 그런데 자연의 질서를 무시하고 파괴하면서부터 예는 무너지고, '사물잠'은 모두 규제가 되고 말았다. 내가 내 멋대로 살면 남도 제멋대로 산다. 충돌이 일어날 수밖에 없다. 각자 사물잠을 지키는 것이 가장 자연스럽고 편한 개인의 삶과 평화로운 사회를 이루는 길이다.

## 177 기소불욕 물시어인(己所不欲 勿施於人)
**내가 하고자 하지 않는 바를 남에게 시키지 말라**

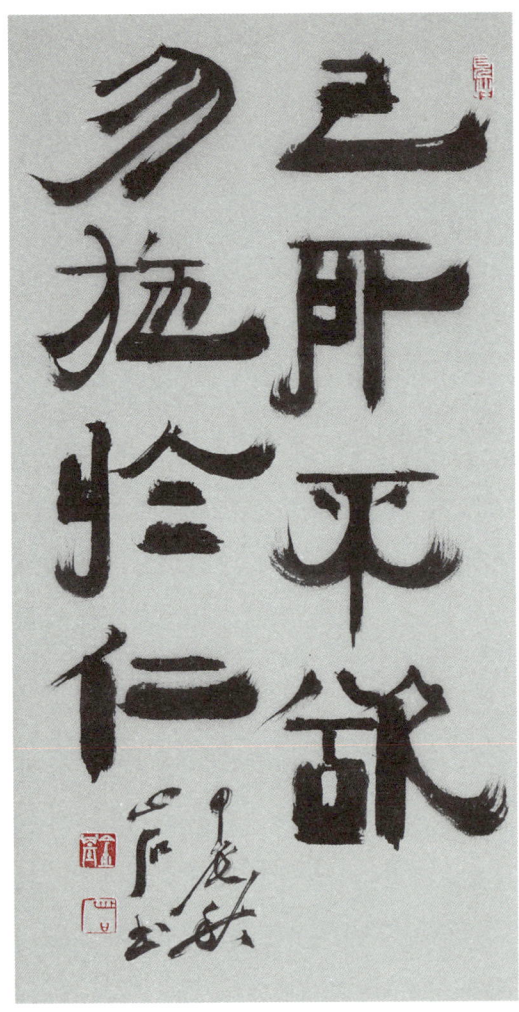

己所不欲 勿施於人
34×70cm

중궁이 인에 대해 묻자, 공자께서 말씀하셨다. "문 밖을 나서서는 큰 손님을 뵌 듯이 하고, 백성을 부릴 때는 큰 제사를 지내듯이 하며, 자신이 하고 싶지 않을 일을 남에게 베풀지 말아야 한다. 이렇게 하면 나라에 있을 때에도 집 안에 있을 때에도 원망을 듣지 않을 것이다." 중궁이 말하기를, "제가 비록 영민하지는 않지만 이 말씀을 따라 실천하겠습니다"라고 하였다.

<sub>중 궁 문 인  자 왈  출 문 여 견 대 빈  사 민 여 승 대 제  기 소 불 욕  물 시 어 인  재 방 무 원  재 가 무 원</sub>
仲弓問仁 子曰 出門如見大賓 使民如承大祭 己所不欲 勿施於人 在邦無怨 在家無怨
<sub>중 궁 왈  옹 수 불 민  청 사 사 어 의</sub>
仲弓曰 雍雖不敏 請事斯語矣.

— 「안연」 제2장

제자 중궁이 '인仁'의 실천에 대해 묻자, 공자는 "밖에서 남과 사귈 때는 큰 손님을 대하듯이 공경을 다하고, 백성들을 부릴 때는 제사를 받들 듯이 조심스럽게 하라"고 하면서 이런 당부도 했다. "내가 하고자 하지 않는 바를 남에게 시키지 마라." 여기서 8자성어 "기소불욕 물시어인"이 나왔다. 『논어』 중에서도 특히 널리 알려진 구절로 '입장을 바꿔 생각하라'는 뜻의 '역지사지易地思之'와 통용할 수 있는 말이다.

'잡초'라는 이유로 논밭의 풀을 뽑아 뿌리가 하늘을 향하도록 뒤집어 놓는다. 생명인 잡초에 대해 '차마 못할 짓'을 한 게 분명하지만 잡초 제거를 너무 당연시하다 보니 '역지사지'의 미안한 마음을 전혀 갖지 않게 되었다. 어쩔 수 없이 제거하더라도 순간이나마 '역지사지'의 미안한 마음으로 잡초에 대해서도 '기소불욕 물시어인'의 '인'을 실천하려는 마음을 가질 때, 사람 사는 세상이 평화로워질 것이다.

지금 우리는 '내게 방해가 되는 것은 무조건 다 제거하고, 내가 싫은 일은 남에게 떠넘기라'라는 식의 무서운 교육을 하고 있지 않은지 되돌아볼 때다. '기소불욕 물시어인'은 결국 남이 아닌 나와 내 자식을 평화롭게 살게 하는 길임을 알아야 할 것이다.

## 178 인자 기언야인(仁者 其言也訒)
### 어진 사람은 그 말하는 것을 참는다

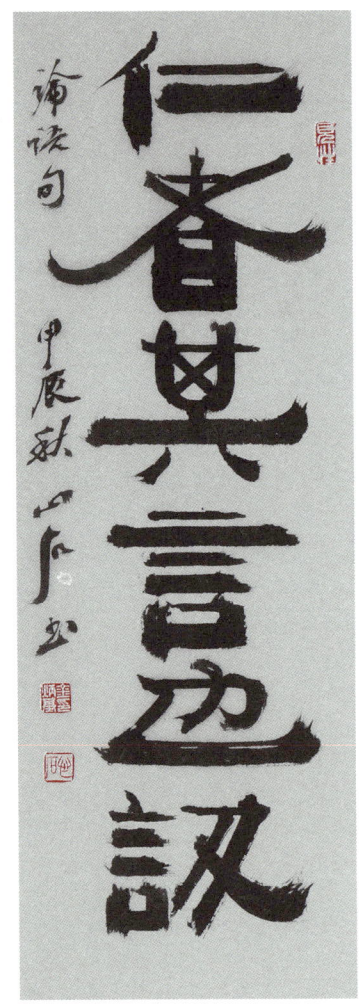

仁者 其言也訒
23×68cm

사마우(司馬牛)가 인에 대해 묻자, 공자께서 말씀하셨다. "어진 사람은 말하는 것을 참는다." 사마우가 말하기를, "말을 함부로 하지 않으면 인이라 이를 수 있겠습니까?"라고 하자, 공자께서 말씀하셨다. "일을 실행하기란 어려운 것인데 어찌 미리 말을 함부로 할 수 있겠느냐?"

사 마 우 문 인  자 왈  인 자  기 언 야 인  왈  기 언 야 인  사 위 지 인 의 호
司馬牛問仁 子曰 仁者 其言也訒 曰 其言也訒 斯謂之仁矣乎
자 왈  위 지 난  언 지 득 무 인 호
子曰 爲之難 言之得無訒乎.

- 「안연」 제3장

'칼날 인, 벨 인'이라고 훈독하는 '刃'은 '칼 도(刀)' 옆에 '점(ヽ)'을 찍음으로써 서슬 퍼런 칼의 예리한 기운을 나타낸 글자다. '刃+心'으로 이루어진 '忍(참을 인)'은 '마음에 칼날을 들이댄 양 경계하여 나쁜 방향으로 치달리려는 마음을 참는다'는 뜻이고, '言+刃'으로 구성된 '訒(말 참을 인)'은 '입에 칼을 겨눠서라도 말을 참는다'는 뜻이다.

"말하기 좋다 하고, 남의 말을 말 것이/ 내가 남의 말 하면, 남도 내 말 하는 것이/ 말로써 말 많으니, 말 말까 하노라." 김천택이 엮은 『청구영언』에 수록된 작자 미상의 시조다. '말'을 아홉 번이나 반복한 익살스러운 표현 안에 큰 교훈이 담겼다. '구시화문口是禍門' 즉 '입이 재앙을 부르는 문이다'라는 말이 있다. "만언만중 불여일묵萬言萬中 不如一黙" 즉 "만 마디 말을 하여 만 번 다 적중하더라도 한 번의 침묵만 못하다"는 말도 있다. 말을 참을 줄 알아야 어진 사람이고, 어진 사람은 산처럼 무거운 믿음을 준다. 그래서 '인자요산(仁者樂山: 어진 사람은 산을 좋아한다)'이다. 나만 아는 비밀스러운 표현으로 말조심을 다짐하기 위해 벽에 검둥개 사진을 한 장 붙여보자. 침묵에 도움이 될 수 있을 것이다. 黑(검을 흑)+犬(개 견)=黙(침묵 묵). 검둥개는 침묵이다.

375

> **179** 내성불구 하우하구(內省不疚 何憂何懼)
> 반성하여도 허물이 없는데 무얼 걱정하고 무얼 두려워 하겠는가

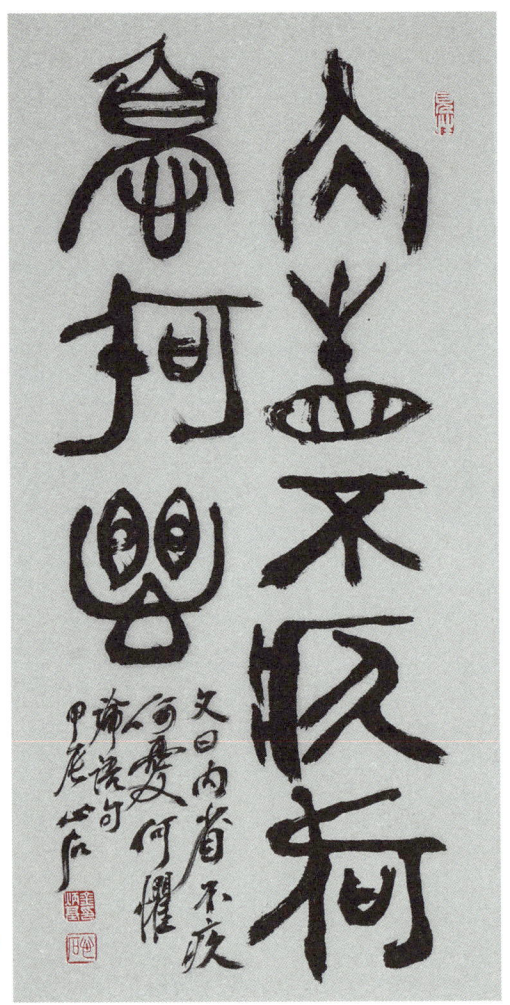

청동기에 주조된 금문(金文)의 결구와 장법을 원용했다. 까칠한 느낌의 필획을 구사하고자 했으나 쉽지 않다.

內省不疚 何憂何懼
31×70cm

사마우가 군자에 대해 물으니, 공자께서 말씀하셨다. "군자는 근심하지 않고 두려워하지 않는다." 사마우가 말하기를, "근심하지 않고 두려워하지 않으면 군자라 일컬을 수 있다고요?"라고 되물으니, 공자께서 말씀하기를, "안으로 반성하여 허물이 없는데 무엇이 걱정이고 무엇이 두렵겠느냐?"라고 하셨다.

司馬牛問君子 子曰 君子不憂不懼 曰 不憂不懼 斯謂之君子矣乎
子曰 內省不疚 夫何憂何懼.

– 「안연」 제4장

　제자 사마우가 군자에 대해서 묻자 공자는 "군자는 걱정도 없고 두려움도 없는 사람"이라고 답했다. 어리둥절하며 재차 묻자, "군자는 안으로 반성하여 아무런 허물이 없는데 무슨 걱정이 있고 또 무엇이 두렵겠느냐?"라고 거듭 설명해 주었다. 간단하면서도 명료한 설명이다. 백번을 반성해 봐도 걱정도 두려움도 없이 떳떳한 사람이 바로 군자인 것이다.

　한자 '省(반성할 성, 줄일 생)'의 초기 형태는 '生+目'으로서 '식물이 자라는(生) 모습을 눈(目)으로 살핀다'는 뜻이었다. 차츰 '백성의 안위를 살피다'라는 뜻으로 확대되어 '관청'이라는 뜻도 갖게 되었다. 지금도 중국이 '산동성(省)'처럼 '省'을 행정 단위로 사용하는 이유다. 나중에 글자가 '少+目'으로 잘못 바뀌어 '적은(少) 부분까지 세밀히 살핀다(目)'라는 뜻을 가지면서 '반성反省'의 의미로도 쓰이고, '생략省略'의 뜻으로도 쓰이게 되었다. '疚'는 병을 나타내는 '疒(병질 엄)'과 '久(오랠 구)'가 결합된 '오래된 병'이란 뜻의 글자다.

　반성·사과한다면서 과오가 '오래된 병(疚)'처럼 여전한 사람은 결코 군자일 수 없다. '불구不疚'라야 진정한 반성이고, 진정한 반성을 해야 군자인 것이다.

| 180 | 사생유명 부귀재천(死生有命 富貴在天)<br>죽고 사는 것은 운명이고 부귀는 하늘에 달려 있다 |

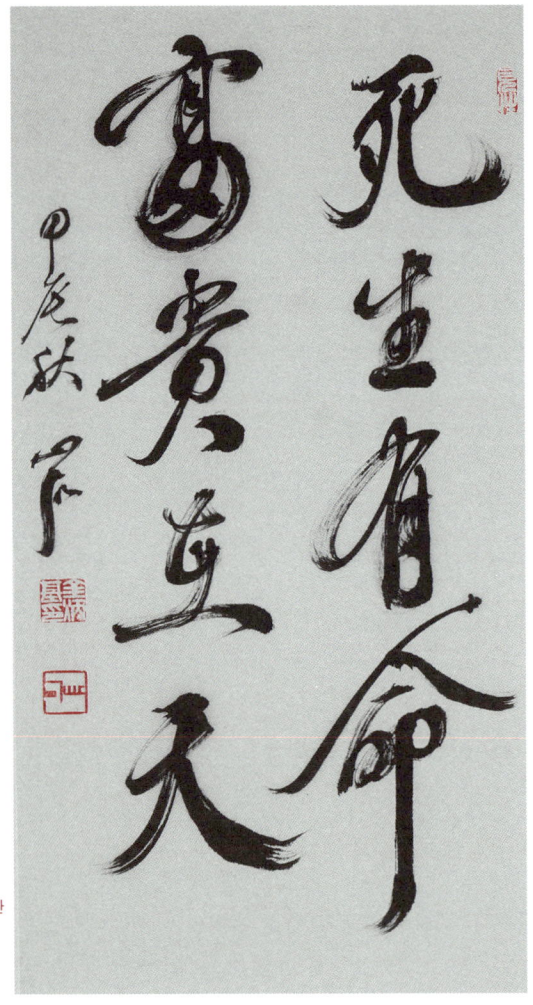

행서의 어려움을 다시 한번 절감하며 쓴 작품이다. 늘 침착통쾌(沈着痛快)한 행서를 꿈꾸지만 번번이 화호유구(畵虎類狗)다.

死生有命 富貴在天
34×65cm

사마우가 근심하며 말했다. "사람들은 모두 형제가 있는데 나만 없구나!" 이에 자하가 말하였다. "'죽고 사는 것은 운명이고 부귀는 하늘에 달려 있다'고 하였네. 군자가 공경하여 실수가 없고 남에게 공손하여 예절을 지키면 온 세상 사람이 모두 내 형제이니 군자가 어찌 형제가 없음을 근심하겠는가?"

<br>사 마 우 우 왈 　인개유형제 　아 독 망 　자하왈 　상문지의 　사 생 유 명 　부 귀 재 천
司馬牛憂曰 人皆有兄弟 我獨亡 子夏曰 商聞之矣 死生有命 富貴在天
군 자 경 이 무 실 　여 인 공 이 유 례 　사 해 지 내 　개 형 제 야 　군 자 하 환 호 무 형 제 야
君子敬而無失 與人恭而有禮 四海之內 皆兄弟也 君子何患乎無兄弟也.

– 「안연」 제5장

1982년, 권투 선수 김득구는 세계챔피언 타이틀전의 KO패 후유증으로 죽었다. 그의 어머니는 "가난 때문에 복싱을 했으니 결국 가난한 내가 아들을 죽였다"는 유서를 남기고 스스로 목숨을 끊었다. 맥락을 무시한 채 "내가 아들을 죽였다"는 말만 취한다면 김득구의 어머니는 살인범이 되고 만다. "죽고 사는 것은 운명이고, 부귀도 하늘에 달려 있다"는 뜻의 "사생유명 부귀재천" 또한 문자의 표면만 보자면 '다 운명이니 노력해도 소용없다'는 뜻이 되고 만다. 그러나 이 말은 결코 그런 뜻이 아니다.

공자의 제자 사마우의 형 사마환퇴는 악행이 심했다. 공자마저도 죽이려 했다. 이에 사마우는 아예 자신을 형제가 없는 사람으로 치부하며 슬퍼했다. 그러면서도 악한 형의 비명횡사를 염려하자, 공자의 다른 제자 자하가 "사생유명 부귀재천" 즉 "죽고 사는 것은 운명이고, 부귀도 하늘에 달렸다"고 말하며 위로했다. 그러므로 '사생유명 부귀재천'은 절망 중에도 '솟아날 구멍이 있다'는 위로이거나, 오만한 부귀는 영원하지 않음을 충고하는 말일 뿐, 노력이 필요 없다는 운명론이 아니다. 성실한 사람에게는 "진인사대천명盡人事待天命" 즉 "사람이 할 일을 다 한 후에 하늘의 명을 기다리자"는 말이 적용될 뿐이다.

| 181 | 사해지내 개형제야(四海之內 皆兄弟也)<br>**사해의 안이 다 형제** |

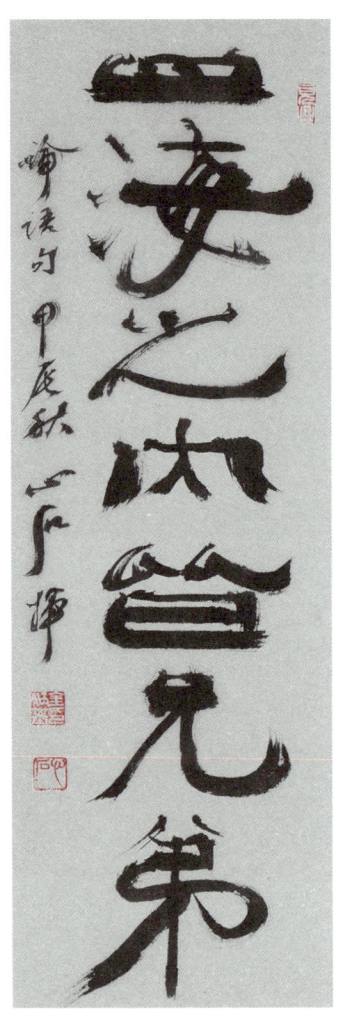

四海之內 皆兄弟也
26×67cm

자하가 말하였다. … "군자가 공경하여 실수가 없고 남에게 공손하여 예절을 지키면 온 세상 사람이 모두 내 형제이니 군자가 어찌 형제가 없음을 근심하겠는가?"

<sub>자 하 왈   군 자 경 이 무 실   여 인 공 이 유 례   사 해 지 내   개 형 제 야   군 자 하 환 호 무 형 제 야</sub>
子夏曰 君子敬而無失 與人恭而有禮 四海之內 皆兄弟也 君子何患乎無兄弟也.

– 「안연」 제5장

'사해지내'는 '사방 바다의 안쪽' 즉 사람이 사는 육지의 '온 세상'을 이르는 말이다. 공자의 제자 자하는 공경과 예를 갖춘다면 사해지내의 모든 사람이 다 형제일 수 있다면서 '형제 없음'을 슬퍼하는 사마우를 위로했다. 자하의 말대로 온 세계가 다 형제자매라면 얼마나 좋으랴! 인류는 정치 혹은 종교를 통해서 '세계일화공장춘世界一花共長春' 즉 '세계는 하나의 꽃! 함께 긴긴 봄을 누리세'라는 꿈을 실현하고자 노력해 왔다. 그러나 지금까지 그 꿈을 이룬 적은 없는 것 같다. 오히려 갈등과 분쟁이 더 많았다.

각종 SNS를 통해 세계 사람이 서로 긴밀하게 소통하는 지금, 인류는 마침내 '세계는 하나'라는 꿈을 이룬 것처럼 보이기도 한다. 그러나 실상은 아닌 것 같다. 인터넷의 발달로 인해 물리적 거리는 이웃이 되었지만 마음은 여전히 멀다. 인터넷이 또 다른 분쟁과 파괴에 이용되는 경우도 많다.

해내존지기 천하약비린海內存知己 天下若比隣! '지기知己' 즉 '자기를 알아주는 친구'만 있다면 천하 어디라도 이웃집이란 뜻이다. 당나라 시인 왕발王勃의 구절이다. '사해지내'가 모두 형제가 되는 길은 물리적 거리의 단축보다는 '지기'가 되려는 따뜻한 마음에 있음을 알아야 할 것 같다.

| 182 | 민무신불립(民無信不立)<br>**백성의 믿음이 없는 정치는 설 수 없다** |

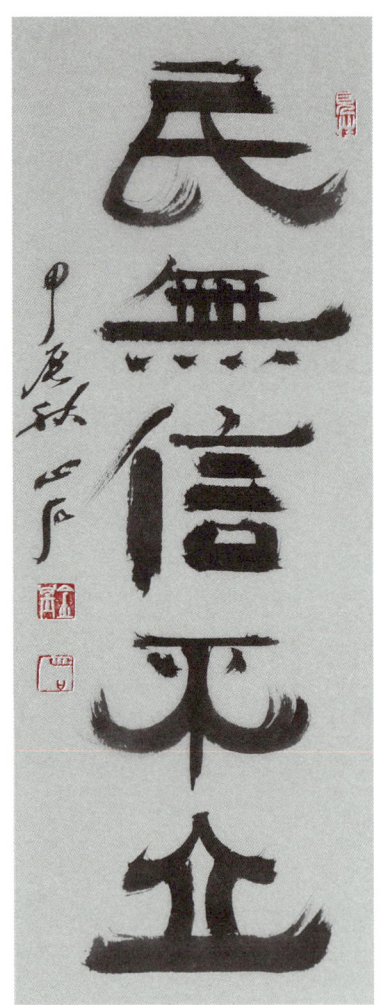

民無信不立
25×61cm

자공이 정치에 대해 묻자, 공자께서 말씀하셨다. "식량을 넉넉하게 하고 군대를 튼튼하게 하면 백성이 정치를 믿게 된다." 자공이 말하기를, "어쩔 수 없이 버려야 한다면 이 셋 중에서 어느 것을 먼저 버려야 할까요?"라고 하니, 말씀하시기를 "군대를 버려야 한다"라고 하셨다. 자공이 말하기를, "어쩔 수 없이 버려야 한다면 이 둘 중에서 어느 것을 먼저 버려야 할까요?"라고 하니, 말씀하시기를 "식량을 버려야 한다. 옛날부터 누구라도 언젠가는 다 죽게 마련이지만 백성들의 믿음이 없으면 정치 자체가 존립할 수가 없다."

子貢問政 子曰 足食足兵 民信之矣 子貢曰 必不得已而去 於斯三者何先
曰 去兵 子貢曰 必不得已而去 於斯二者何先 曰 去食 自古皆有死 民無信不立.

– 「안연」 제7장

　제자 자공이 정치에 대해서 묻자, 공자는 "식량을 풍족하게 하고 국방을 튼튼히 하며 백성의 믿음을 사는 것이다"라고 답했다. "이 세 가지 중에서 부득이 하나를 포기해야 한다면 무엇을 포기해야 하나요?" 하고 다시 묻자, 공자는 먼저 군대를, 다음으로 식량을 포기하라고 하면서 끝까지 포기해서는 안 될 것은 '백성의 믿음'이라고 하면서 "믿음이 없으면 애당초 설(존재할) 수가 없다"는 설명을 덧붙였다. 믿음을 잃으면 아예 존재가 불가능하다는 게 공자의 생각인 것이다.

　각자가 사회의 일원으로 살 수 있는 것은 믿음 때문이다. 누가 나를 죽이지 않을 것이라는 믿음이 있기에 나다닐 수 있고, 상대방의 안전운전을 믿기에 나도 차를 몰 수 있다. 또한 법을 믿기에 바르게 살고자 한다. 만약 법을 검·판사 맘대로 운용한다면 세상의 모든 믿음이 연쇄적으로 깨져서 아수라장이 되고 말 것이다. 2024년 12월 3일 느닷없는 계엄 선포 이후, 한때 우리 사회는 믿음을 최우선시해야 할 정치가 오히려 믿음을 깸으로써 불신풍조가 만연했었다. 국민의 믿음을 사지 못하는 정치, 사회에 불신풍조를 조장하는 정치는 전쟁보다도 더 무서운 상황을 자초함을 경계해야 할 것이다.

| 183 | 사불급설(駟不及舌)<br>**사두마차를 끄는 네 마리 말도 혀는 따라잡지 못한다** |

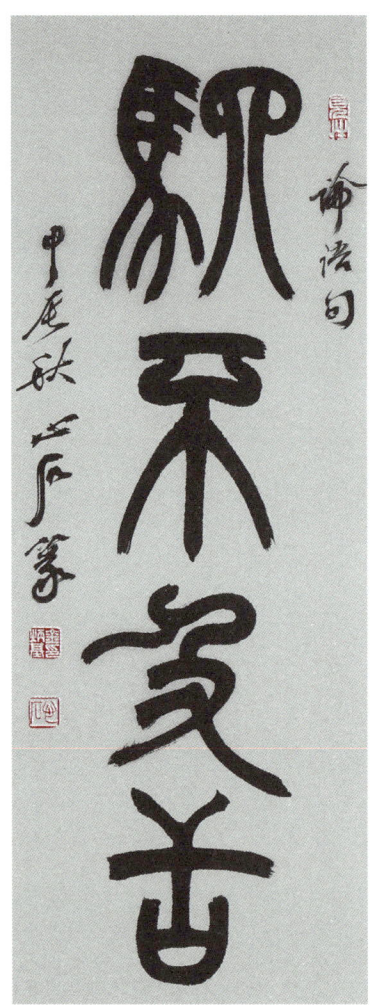

서제(書題)의 뜻을 살리기 위해 가능한 한 '빠름'을 배제하고자 가장 느린 필속(筆速)의 자체인 전서로 썼다.

駟不及舌
25×61cm

극자성이 말하기를, "군자가 바탕이 튼튼하면 그만인데 무엇 때문에 무늬로 꾸미려고 하는가?"라고 하니, 자공이 말하였다. "아쉽군요. 그대의 말은 군자답지만 네 마리 말이 끄는 빠른 수레로도 혀에서 나오는 말을 따라잡지 못합니다. 무늬가 곧 바탕이고 바탕이 곧 무늬이니, 범과 표범의 털 없는 가죽은 개와 양의 털 없는 가죽과 같은 것입니다"라고 하였다.

<sub>극 자 성 왈  군 자 질 이 이 의  하 이 문 위</sub>
棘子成曰 君子質而已矣 何以文爲
<sub>자 공 왈 석 호 부 자 지 설 군 자 야 사 불 급 설 문 유 질 야 질 유 문 야 호 표 지 곽 유 견 양 지 곽</sub>
子貢曰 惜乎 夫子之說君子也 駟不及舌 文猶質也 質猶文也 虎豹之鞹 猶犬羊之鞹.

– 「안연」 제8장

위나라의 대부 극자성이 패나 당차게 "군자는 실질적인 바탕을 갖춰야지 형식적인 꾸밈은 뭐에 쓰겠소?"라고 말하자, 공자의 제자 자공은 "아쉽게도 군자에 대한 그대의 설명은 옳지 않습니다. 옳지 않은 말을 한 그대의 말실수는 네 마리 말로도 따라잡을 수 없겠군요"라고 말했다. 여기서 한 번 튀어나온 말은 4두 마차의 속도로도 따라잡을 수 없다는 뜻의 사자성어 '사불급설'이 나왔다. '일언출구 <sub>言出口</sub>, 사불급설', 8자성어로 쓰기도 한다.

극자성은 실질의 바탕을 중시한 나머지 형식의 꾸밈을 홀시했지만 자하는 "꾸밈이 곧 바탕이고 바탕이 곧 꾸밈"이라며 둘 다 중시했다. 이어 호랑이 가죽을 개가죽이나 양가죽보다 중시하는 까닭은 털의 무늬(꾸밈) 때문이지 가죽 바탕 때문이 아니라고 하면서, 털을 벗긴 가죽(바탕)만으로 보자면 호랑이 가죽이나 개가죽, 양가죽이 다를 바가 없다는 멋진 비유도 했다.

"구시상인부 언시할설도 <sub>口是傷人斧 言是割舌刀</sub>"라는 말이 있다. "입은 사람을 상하게 하는 도끼이고, 말은 혀를 자르는 칼이다"라는 뜻이다. 말은 무섭다. '사불급설'임을 명심하자.

### 184 군군 신신 부부 자자(君君 臣臣 父父 子子)
**임금은 임금답고, 신하는 신하다우며,
아비는 아비답고, 자식은 자식다워야**

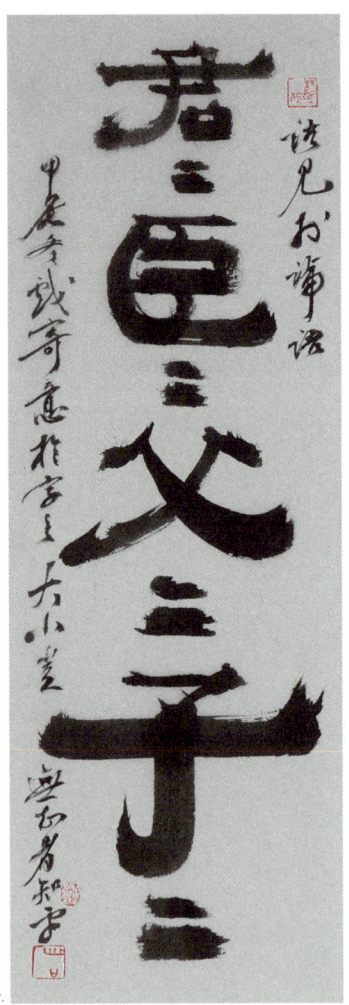

임금을 작게 신하를 크게, 아비를
작게 자식을 크게 씀으로써
임금보다는 신하가, 아비보다는
자식이 더 중할 수 있음을 표현했다.

君君 臣臣 父父 子子
25×61cm

제나라 경공이 공자에게 정치에 대해 물으니, 공자께서 대답하시기를, "임금은 임금다워야 하고, 신하는 신하다워야 하고, 아비는 아비다워야 하고, 자식은 자식다워야 합니다"라고 하셨다.

齊景公問政於孔子 孔子對曰 君君臣臣父父子子.

- 「안연」 제11장

한자는 위치에 따라 품사가 달라진다. '君君'에서 앞의 '君'은 '임금'이란 뜻의 명사이고, 뒤의 '君'은 '임금답다'는 뜻의 형용사로서 술어 역할을 한다. '臣臣, 父父, 子子'도 다 마찬가지다. 임금답고, 신하답고, 아비답고, 자식답다는 것은 곧 각자의 '노릇' 즉 '맡은 바 구실'을 다한다는 뜻이다. 이름에 부합하게 살자는 '정명正名'의 의미인 것이다. 공자는 이름을 바르게 정립하지 못하여 '이름값'을 못하는 세상이 어지러운 세상이라고 했다. 특히 임금이 '이름값'을 못하면 백성들은 안절부절못할 수밖에 없다. 각기 '이름값'을 제대로 하는 사회가 안정된 사회다. 그러므로 '이름값'을 뜻하는 '…답다'라는 말은 최고의 찬사라고 할 수 있다.

그런데 최근 우리 사회는 '답다'는 말을 오히려 불쾌하게 여기는 경우가 더러 있다. '…답다'라는 말로 나를 얽매려 하지 말라며 반발하기도 하고, 심지어는 '여성답다', '남성답다'는 말을 '성차별'로 여기는 경우도 있다. '답다'를 잘못 이해한 사례들이다. '…답다'는 응당 '제구실', '자기완성'의 의미로 받아들여야 한다. 대통령이 대통령답지 못해 탄핵을 당하는 정치 현실 앞에서 '…답다'의 의미를 더욱 깊이 새겨야 할 것이다.

| 185 | 무숙낙(無宿諾)<br>**승낙한 것을 잠재워 두지 않다** |

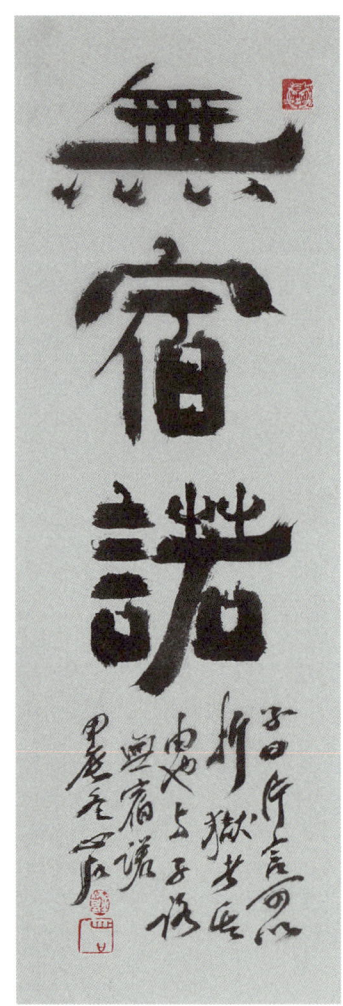

적은 수의 서제이지만 과장하지 않고 침착하고 고풍스럽게 쓰고자 했다.

無宿諾
25×61cm

공자께서 말씀하셨다. "반 마디 말만으로도 옥사를 해결할 수 있는 사람은 유(由: 자로)일 것이다. 자로는 승낙한 것을 묵히는 일이 없었다."

<sub>자 왈 편 언 가 이 절 옥 자   기 유 야 여   자 로 무 숙 락</sub>
子曰 片言可以折獄者 其由也與 子路無宿諾.

— 「안연」 제12장

초기 한자 갑골문의 '宿(잠잘 숙)'은 집 안(宀)에서 사람(人)이 침대(百: 침대를 그린 모양)에 누워 있는 모습을 형상화한 글자로서 본뜻이 '자다'였다. 후에 '잠든 사이'라는 뜻으로부터 '오래되다'라는 의미가 파생되어 '숙원(宿願: 오랜 소원)', '숙원(宿怨: 오랜 원한)' 등의 말이 생겨났다. '숙낙<sup>宿諾</sup>'은 '오래된 허락'이라는 뜻으로서 '말로만 해결하기로 허락하고서 해결하지 않은 채 질질 끄는 행위'를 이르는 말이다.

송사<sup>訟事</sup>를 맡은 재판관이 판결을 질질 끌면 가해자는 오히려 혜택을 입고 피해자는 피폐해진다. 그러므로 송사에서 '숙낙'은 또 하나의 범죄 행위다. 악덕 재판관은 '숙낙'을 '신중함'이라고 변명하겠지만 신중함과 뭉그적댐은 분명히 다르다. 공자의 제자 자로는 송사를 맡았을 때 신속·명확한 판단으로 '숙낙'이 없었다. 공자는 자로의 이런 명확한 결단력을 칭찬했다.

뉴스를 떠들썩하게 했던 고위층 범죄자들이 일부 악덕 검사와 법관의 '숙낙' 덕에 여전히 잘 살고 있는 경우가 허다하다. 뻔히 드러난 범죄임에도 판결을 미루는 '숙낙'으로 '유야무야'하는 짓은 국민적 분노 폭발을 야기하는 심각한 악행임을 명심해야 할 것이다.

| 186 | 거지무권 행지이충(居之無倦 行之以忠)<br>마음 둠은 게으름이 없고, 행함은 충성으로써 하다 |
|---|---|

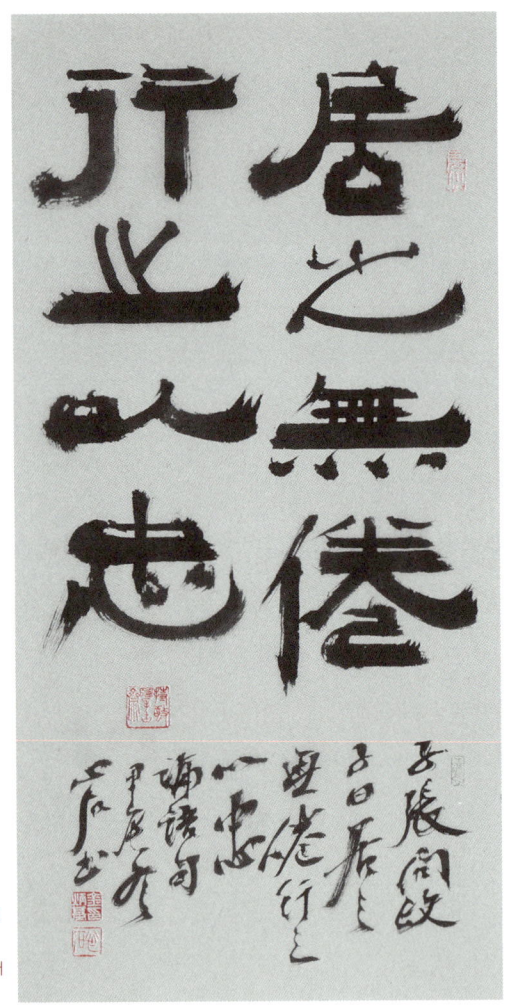

포치 과정에서
불필요한 공간이 생긴
부분을 유인(游印:
장식성 인장)을 찍어서
보충하였다.

居之無倦 行之以忠
34×69cm

자장이 정치에 대해 묻자, 공자께서 말씀하셨다. "마음 둠은 게으름이 없고, 행함은 충성으로써 해야 한다."

자 장 문 정   자 왈   거 지 무 권   행 지 이 충
子張問政 子曰 居之無倦 行之以忠.

– 「안연」 제14장

흔히 '살(live) 거'라고 훈독하는 한자 '居'는 뜻이 확대되어 '…에 두다', '자리하다'라는 뜻도 갖게 되었다. '之'는 흔히 '갈(go) 지'라고 훈독하지만 '之'의 문법적 기능은 무척 다양하여 동사나 형용사의 뒤에 붙임으로써 그것이 동사로 쓰였음을 분명히 해주는 역할도 한다. '居之', '行之'의 '之'는 '…에 두다', '…를 행하다'라는 뜻을 분명히 표현하기 위해 붙인 것이다. '居之'는 '마음에 두다'라는 뜻인데, '거지무권' 즉 '마음에 두기를 게을리하지 않는다'는 것은 들쭉날쭉하지 않고 시종여일(始終如一: 처음부터 끝까지 한결같음)하다는 뜻이다.

제자 자장이 정치에 대해서 묻자, 공자는 '끝까지 변함없는 마음으로 충(忠)을 행하는 것'이라고 답했다. 정치에 종사하는 사람이라면 반드시 명심해야 할 말이다. 정치가가 개인의 이익만 좇거나 '당론'이라는 이유로 마음이 이리저리 변하면 국민들에게 믿음을 줄 수 없고, 믿음이 없으면 권위가 서지 않는다. 게다가 하는 일마다 정성과 충성은 보이지 않고 임기응변의 변명과 이장폐천(以掌蔽天: 손바닥으로 하늘 가리기)의 꼼수만 부리면 결코 국민의 지지를 받을 수 없다. 3000년 전 공자의 말이 오늘도 무척 절실하게 들린다.

| 187 | 필야사무송호(必也使無訟乎)<br>반드시 해야 할 일은 송사가 없게 하는 것이리라 |
|---|---|

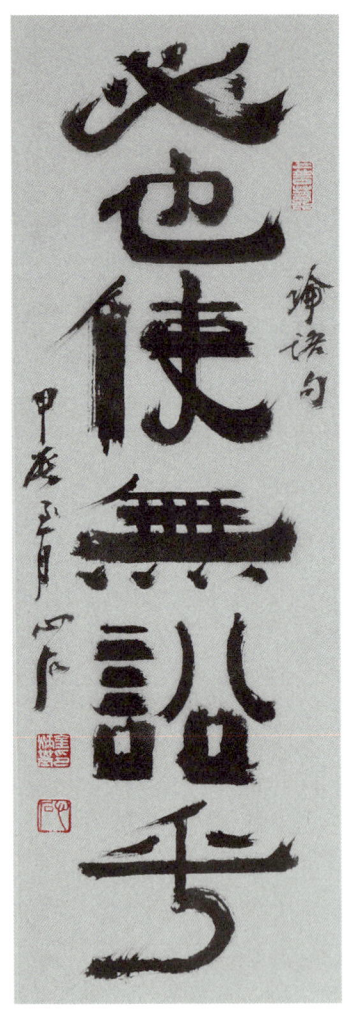

必也使無訟乎
23×73cm

공자께서 말씀하셨다. "송사를 듣는(해결하는) 일은 나도 남만큼은 하겠지만, 반드시 해야 할 일은 처음부터 송사가 없게 하는 것이리라."

子曰 聽訟吾猶人也 必也使無訟乎.

- 「안연」 제13장

한자 '公(공평할 공)'은 원래 '八+口(厶)'로 이루어진 글자인데, '八'의 본뜻은 '양편으로 공평하게 나누다'이다. 숫자 8의 의미는 나중에 덧붙은 뜻이다. '口'는 입을 나타내기도 하지만 어떤 물건을 표시할 때 사용한 부호이기도 하다. 그러므로 '公'은 '뭔가를 양편이 공평하도록 나눈다'는 뜻이고, '言(말씀 언)+公(공평할 공)'의 '訟(송사할 송)'은 '말로써 공평하게 나눠 판가름한다'는 뜻이다. 따라서 '송사訟事'는 '법률로써 공평하게 판가름해줄 것을 요청하는 일' 즉 '소송訴訟'이란 뜻이다.

송사를 아무리 공평하게 처리한다 해도 아예 송사가 없는 것만은 못하다. 그래서 공자는 "송사를 결단하는 일은 나도 남 못지않게 정확·공평하게 할 수 있지만, 진실로 반드시 해야 할 일은 아예 송사가 없도록 하는 것이다"라고 말했다.

법을 무시하는 난동은 최악이고, '법대로 하라'며 따지는 세상도 결코 좋은 세상이 아니다. 예禮로써 질서를 지키고 악樂으로써 화합하여 '법 없이도 사는 세상'이 가장 좋은 세상이다. 걸핏하면 고소·고발에다가 불공정한 판결에 대한 원망이 잦더니만 대통령마저 범법자가 되는 상황이 벌어지기도 했다. 서로의 믿음과 정직으로 사는 세상이 되어 아예 송사 즉 고소·고발이 없는 사회가 되기를 간절한 마음으로 기대해 본다.

| 188 | 성인지미 불성인지악(成人之美 不成人之惡)
**사람의 아름다움을 이뤄줘야지 악을 저지르게 해서야** |

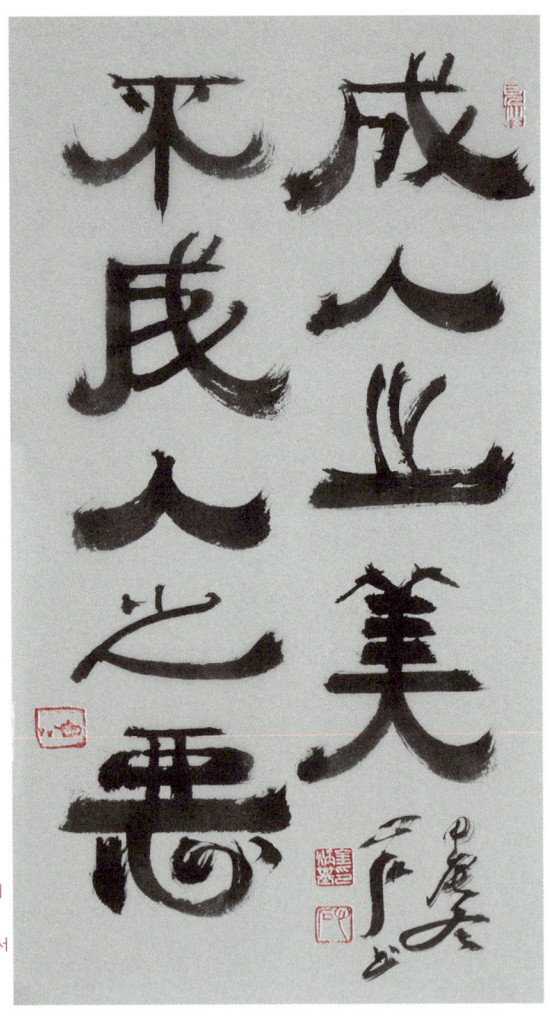

관지와 성명인(姓名印), 별호인(別號印)을 공간이 빈 오른편에 배치했기에 왼편에 유인(游印)을 찍어서 균형을 맞추고자 했다.

成人之美 不成人之惡
34×66cm

공자께서 말씀하셨다. "군자는 남의 아름다움은 이루도록 도와주고 남의 악함은 이루게 하지 않지만, 소인은 이와 반대로 한다."

子曰 君子成人之美 不成人之惡 小人反是.

- 「안연」 제16장

'성인지미'는 '성인(어른)의 아름다움美'이라는 해석도 가능하다. 그러나 뒤 구절 '불성인지악'과 대비해 보면 '成(이룰 성)'과 '不成(불성)'이 '이루다'와 '이루지 않다'라는 뜻의 타동사로서 대(對: 짝)를 이루고 있음을 알 수 있다. 타동사는 목적어를 갖는다. 그러므로 이 문장은 타동사 '成'의 목적어가 '인지미(人之美: 사람의 아름다움)'이고, '不成'의 목적어가 '인지악(人之惡: 사람의 악)'인 것으로 이해하여 "군자는 사람의 아름다움을 이뤄줄 뿐, 악을 이루도록 하지 않는다"고 해석해야 한다. 역시 공자의 말이다.

부모와 자식 사이 외에는 아무리 친한 사이라도 작든 크든 시기와 질투가 작용하는 게 인지상정人之常情이다. 그럼에도 사람들은 질투와 질시를 억누르며 남이 잘되기를 축원하는 마음을 가지려고 노력한다. 그런 노력이 모여서 사회는 다툼을 벗어나 평화를 향하게 되는데 지난 정권 때 우리나라는 대통령마저 소수의 자기편 외에 국민 대부분을 질시하는 행태를 보였었다. 모범을 보여야 할 정치가들이 도리어 드러내놓고 시기 질투하며 아예 상대를 죽이려 드는 꼴도 보였었다. '성인지미' 즉 남이 아름다움을 이루도록 서로 돕는 상생 정치가 실현되고 국민들 또한 서로가 서로를 격려하는 사회가 되기를 염원한다.

## 189 | 정자 정야(政者 正也)
**정치는 올바름이다**

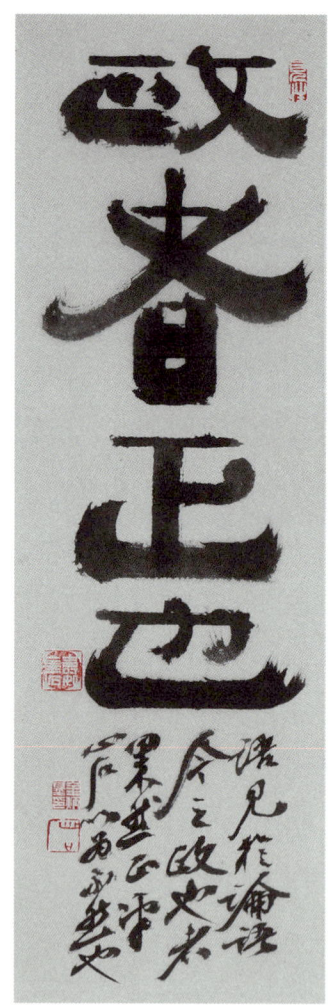

政者 正也
22×72cm

계강자가 정치에 대해 공자에게 물으니, 공자께서 대답하셨다. "정치는 올바름이다. 그대가 바로잡는 일로써 솔선수범한다면 누가 감히 바로잡히지 않겠는가?"

季康子問政於孔子 孔子對曰 政者 正也 子帥以正 孰敢不正.

– 「안연」 제17장

　노나라의 권신 계강자가 공자에게 정치에 대해서 묻자, 공자는 "올바름正이다"라고 답했다. 그러고선 "그대가 올바름으로써 이끈다면 누가 감히 바르지 않은 일을 하겠는가?"라는 말을 부연하여 나무라듯이 설명했다. 정치를 '올바름' 그 자체로 정의한 공자의 발언이 단호하다.

　'政'의 왼편인 '正'에서 맨 위의 '一'자는 어떤 목표 지점을 나타낸 선이다. '一' 아래의 '止(갈 지=之)'는 발바닥 모양을 그린 글자로서 본래 '가다'라는 뜻이었는데, '가다'는 자연스럽게 '멈추다'라는 뜻도 내포하므로 후에는 주로 '그칠 지'로 훈독하게 되었지만 본뜻은 '가다'에 있다. 오른편의 '攵(칠 복)'은 '攴(칠 복)'과 같은 글자인데 '攴'은 손(又)으로 몽둥이(丨)를 잡고 있는 모양을 형상화한 것이다. 그러므로 '政'은 '손에 몽둥이를 들고서 치는(때리는) 강제력을 행사해서라도 올바른 목표(一)를 향해 나아가는(止) 행위'를 뜻하는 글자다. 바른 정치에는 합당한 형벌도 필요함을 나타낸 글자인 것이다. 이에 공자는 정치를 '올바름'으로 정의하고서 지도자 자신이 올바르면 정치 정의는 저절로 구현됨을 설파하였다. 올바르지 못하면 탄핵을 당한다. 탄핵은 올바름을 지키기 위해 국민이 든 몽둥이인 셈이다.

| 190 | 구자지불욕 수상지 부절(苟子之不欲, 雖賞之 不竊)<br>그대가 탐하지 않는다면 백성들은 상을 줘도<br>도둑질을 안 한다오 |

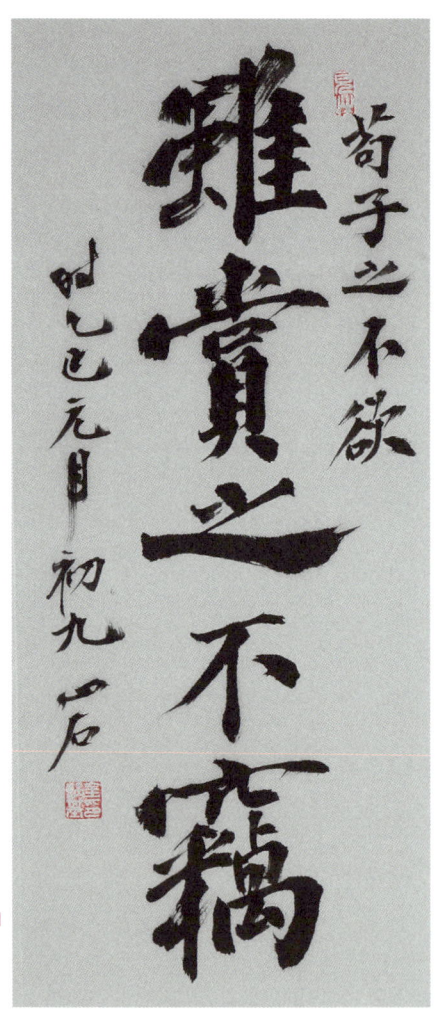

유·청년 시절에 비교적 많이
연마한 구양순체 해서에
추사 선생의 필의를 가미해
보았다.

苟子之不欲 雖賞之 不竊
26×65cm

계강자가 도둑을 걱정하여 공자에게 묻자, 공자께서 대답하셨다. "그대가 탐하지 않는다면 백성들은 상을 줘도 도둑질을 안 할 것이오."

<sub>계 강 자 환 도　문 어 공 자　공 자 대 왈　구 자 지 불 욕　수 상 지 부 절</sub>
季康子患盜 問於孔子 孔子對曰 苟子之不欲 雖賞之 不竊.

– 「안연」 제18장

    계강자가 도둑을 걱정하여 공자에게 대책을 묻자, 공자는 "진실로 그대가 탐하지 않는다면 백성들은 상을 주면서 도둑질을 하라 해도 안 할 것이오"라고 답했다. 지도층의 도덕성을 강조한 말이다. 부모, 스승, 어른, 정치가 등 모든 지도층이 솔선수범하여 선을 행하면 그 사회에는 바른 가치관이 자리하게 되고, 바른 가치관이 작동하는 사회는 안전과 평화가 넘치게 된다. 윗물이 맑으면 아랫물도 맑을 수밖에 없는 것이다.

    우리나라는 세계가 부러워하는 치안 안전 국가다. 문 앞에 택배를 며칠씩 놔둬도 괜찮은 나라라고 세계가 찬사를 보낸다. 사회 구성원 각자가 나부터 착해야 사회가 아름다워진다는 가치관을 형성해 왔기 때문에 설령 상을 준다고 해도 도둑질은 안 하는 나라가 된 것이다. 대통령의 탄핵을 외치는 이유도 오히려 위정자들에 의해서 그런 아름다운 가치관이 파괴되는 것을 보면서 분노했기 때문이다. 국민을 위한다는 미명의 철면피를 쓰고서 실제로는 국가와 국민을 해치고 있는 도둑을 바른 가치관과 사회 정의의 힘으로 자정하려는 의지가 폭발한 것이다.

    파렴치한 정치인들이여! 상을 주면서 도둑질을 하라 해도 도둑질을 안 하는 국민들을 상대로 그대들은 어찌하여 도둑질을 하려 드는가!

## 191 초상지풍 필언(草上之風 必偃)
### 풀 위에 바람이 불어오면 풀은 반드시 눕는다

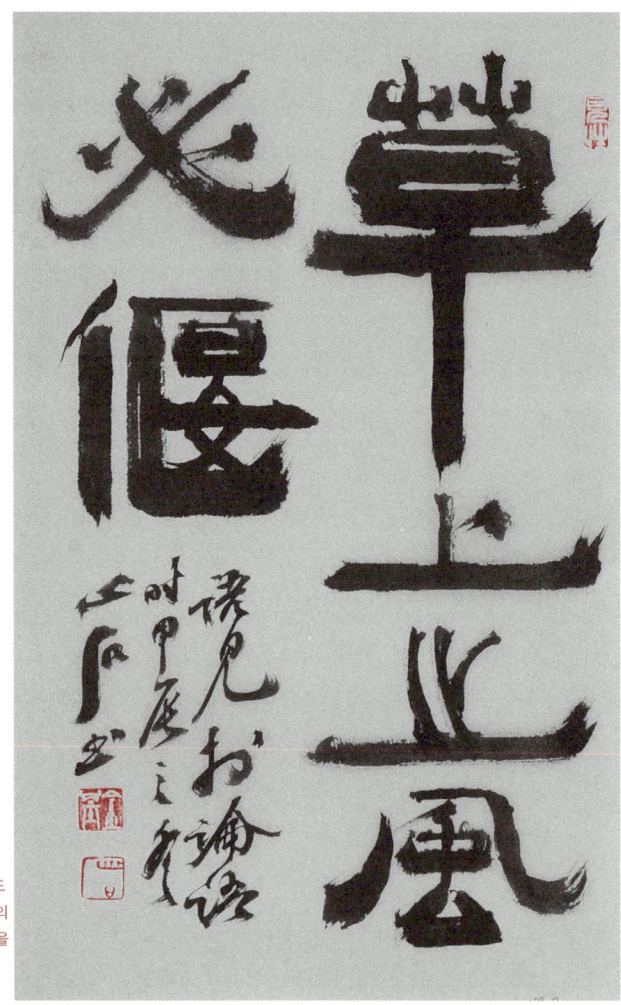

간결하면서도 풍성한 느낌의 결구와 장법을 구사하고자 했다.

草上之風 必偃
34×60cm

계강자가 정치에 대해 공자에게 물었다. "만일 무도한 사람을 사형에 처함으로써 도가 있는 방향으로 나아가게 한다면 어떻습니까?" 공자께서 대답하셨다. "그대는 정치를 하면서 어찌 사람을 죽이려 합니까? 그대가 착하고자 하면 백성들도 착해질 것입니다. 군자의 덕은 바람이고 소인의 덕은 풀이니 풀 위에 바람이 불어오면 풀은 반드시 눕게 됩니다."

<sub>계 강 자 문 정 어 공 자 왈   여 살 무 도   이 취 유 도 하 여</sub>
季康子問政於孔子曰 如殺無道 以就有道何如
<sub>공 자 대 왈   자 위 정   언 용 살   자 욕 선   이 민 선 의   군 자 지 덕 풍   소 인 지 덕 초   초 상 지 풍   필 언</sub>
孔子對曰 子爲政 焉用殺 子欲善 而民善矣 君子之德風 小人之德草 草上之風 必偃.

– 「안연」 제19장

　　동아시아 한자문화권에서는 예로부터 '바람'의 의미를 매우 중시했다. 백성들 사이에서 발생하여 바람처럼 유행하는 노래를 통해 민심을 살피려 했고, 지도자는 바람처럼 퍼지는 '군자의 덕풍'을 갖추려고 노력했다. 사랑도 바람처럼 다가와 나를 감싸는 것으로 이해했다. 이에 공자는 "바람이 불면 풀은 눕기 마련이다"는 멋진 말로 군자와 소인의 관계를 설명하였다. 덕을 품은 군자의 위풍당당한 바람은 여린 풀과 같은 소인배들을 감화시켜 군자의 덕 앞에 스스로 굴복하게 한다는 의미다. 공자는 없는 듯이 존재하는 군자의 덕풍이 인도하는 사회를 가장 이상적인 사회로 보았다.

　　우리 사회에도 '바람'이 많았다. 그러나 '군자의 덕풍' 얘기는 거의 못 들어본 것 같다. 여당이든 야당이든 '역풍'을 맞을까 봐 잔머리를 굴리고, 독재정권은 '북풍'을 조작하기도 했으며, 심지어는 '총풍'을 유도하여 국민을 협박하는 등 좋지 못한 바람에 대한 기억만 있는 것 같다. 2024년 12월에 불어닥친 내란의 '광풍'은 외국에서 일고 있는 K-문화 '돌풍'과 한국인에 대한 '열풍'에 찬물을 끼얹었다.

　　소인배들이 조작하는 모든 삿된 바람은 영원히 사라지고 군자의 덕풍과 함께 국운이 상승하는 순풍만 불기를 바라는 마음이 간절하다.

| 192 | 선사후득 비숭덕여(先事後得 非崇德與)<br>일을 먼저 하고 이득을 나중에 챙기는 게 덕을 숭상함 아니겠는가? |

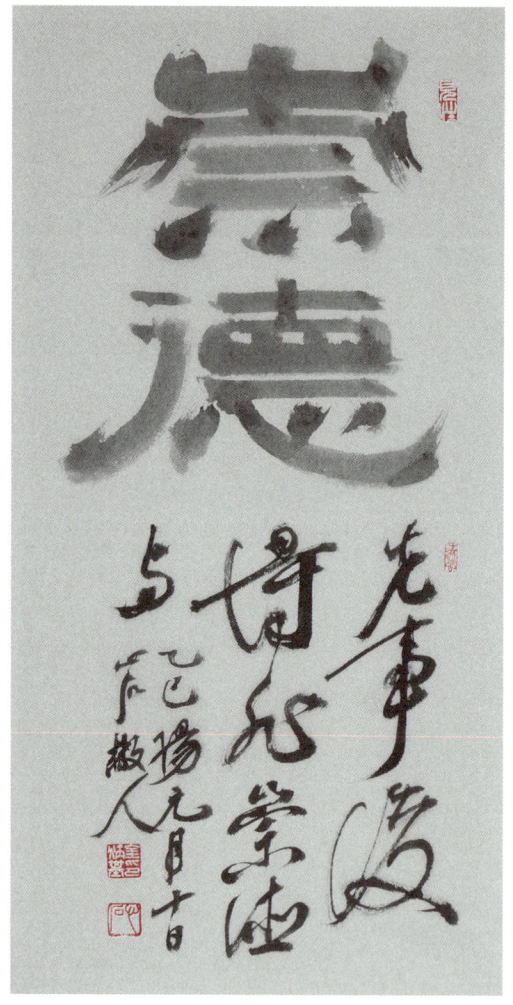

항목(項目)화된 서제이기에 채색 먹을 사용하여 명료하게 드러내고자 했다.

先事後得 非崇德與
31×70cm

번지가 선생님을 모시고 무우로 유람을 갔을 때 묻기를, "덕을 높이고 간특함을 다스리며 미혹을 분별하는 것에 대해 감히 여쭙겠습니다"라고 하였다. 공자께서 말씀하셨다. "좋은 질문이구나. 일을 먼저 하고 이득을 나중에 챙기는 게 덕을 숭상함 아니겠느냐?"

樊遲從遊於舞雩之下曰 敢問崇德修慝辨惑
子曰 善哉問 先事後得 非崇德與.

- 「안연」 제21장

공자보다 36세 어린 제자 번지樊遲가 '숭덕' 즉 '덕을 높이 쌓는 것'에 대해 물었다. 공자는 "일을 먼저 하고 이득을 나중에 챙기는 것"이라고 답했다. 흔히 '큰 덕'이라고 훈독하는 '德'은 '걸어갈 척(彳=行의 왼편)+올곧을 직(直)+마음 심(心)'으로 이루어진 글자로 '올곧은 마음을 실행한다'는 뜻이다. 공功이나 이득을 따지지 않고 사람으로서 당연히 해야 할 올곧은 일을 우선한 결과로 자연히 얻게 된 명예, 지위, 재산 등 모든 것이 바로 덕인 것이다. 그래서 공자는 '일 먼저, 얻기 나중' 즉 '선사후득'을 숭덕이라고 했다. 후대 사람들은 '선사후득'을 달리 '선난후획先難後獲' 즉 '어려운 일 먼저, 얻기 나중'이라고 쓰기도 했다.

'덕숭업광德崇業廣'이라는 말이 있다. '덕을 숭상하면 사업이 확장된다'는 뜻이다. 자영업을 하는 분들을 격려하고 송축할 때 많이 사용하는 구절이다. 일은 제때 제대로 하지 않으면서 약삭빠르게 이익만 챙기려 들면 번창하기는커녕 망하는 줄도 모르는 사이에 망한다. 선거철에는 선사후득을 외치지만 당선 후에는 이익에만 혈안이 되는 사람이 많다. 사람을 잘 고르고 잘 솎아내어 진실로 덕을 숭상하는 자를 뽑는 것이 민주주의를 지키는 지름길이다.

## 193 공기악 무공인지악 비수특(攻其惡 無攻人之惡 非修慝)
자신의 악함을 공격하고 남의 악함을 공격하지 않으면 사특함이 닦여나가지 않겠는가?

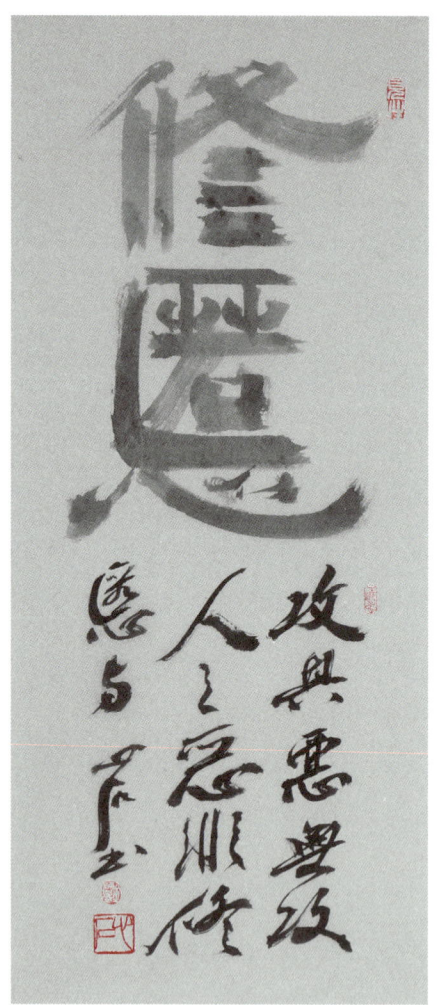

189번 작품과 같은 시기에 제작했다.

攻其惡, 無攻人之惡 修慝
27×70cm

공자께서 말씀하셨다. "… 자신의 나쁜 점을 고치고 남의 나쁜 점을 공격하지 않는 것이 사특함을 다스리는 것이 아니겠느냐?"

子曰 攻其惡 無攻人之惡 非脩慝與.
자왈 공기악 무공인지악 비수특여

- 「안연」 제21장

'사특邪慝하다'는 말이 있다. 국어사전은 "요사스럽고 간특하다"라고 풀이하고 있지만 풀이가 더 어렵게 들린다. 국어의 70% 정도나 되는 한자어는 한자를 알면 딴 설명이 필요 없이 곧장 이해하고, 속뜻도 연상할 수 있는데 한자를 배제한 채 한글로 소리만 적어놓으니 읽기는 해도 무슨 뜻인지 알 수가 없다. 국민의 문해력이 OECD 국가 중 꼴찌인 주원인이다. 필자는 '사특'을 "간사하게 굴어 뱀처럼 징글맞은 악함"이라고 풀이해 본다. 제자 번지가 사특함을 닦아 씻어내는 방법을 묻자 공자는 "자신의 악함을 공격하고 남의 악함을 공격하지 않으면 사특함이 닦여나간다"고 답했다.

요즈음 우리 정치판은 마치 사특함 경연 대회를 하는 것 같았었다. 자신의 잘못을 돌아볼 생각은 전혀 하지 않은 채 남의 잘못만 공격하면서 법마저도 자기편에게 이로울 대로 해석하는 교활한 '뱀의 혀'들이 날름거렸었다. 막될 대로 막된 '막가파'였다. 국민들이 이미 훤히 알고 있는 사실을 호도하여 자기 악은 감추고 남의 악은 만들어서라도 들춰대는 사특한 철면피들이 우글대는 정치판을 향해 국민들은 추운 겨울 거리에서 '거짓말 마라'고 외쳤었다. 난세라고 할 만한 현상이었다. 거리에서 특별히 다친 사람 없이 난세가 바로잡힌 게 천만 다행이다.

| 194 | 일조지분 망기신 이급기친 비혹여
(一朝之忿 忘其身 以及其親 非惑與)
**하루아침의 성냄으로 자신을 잊고
부모께도 화를 미침이 미혹 아니겠는가?** |

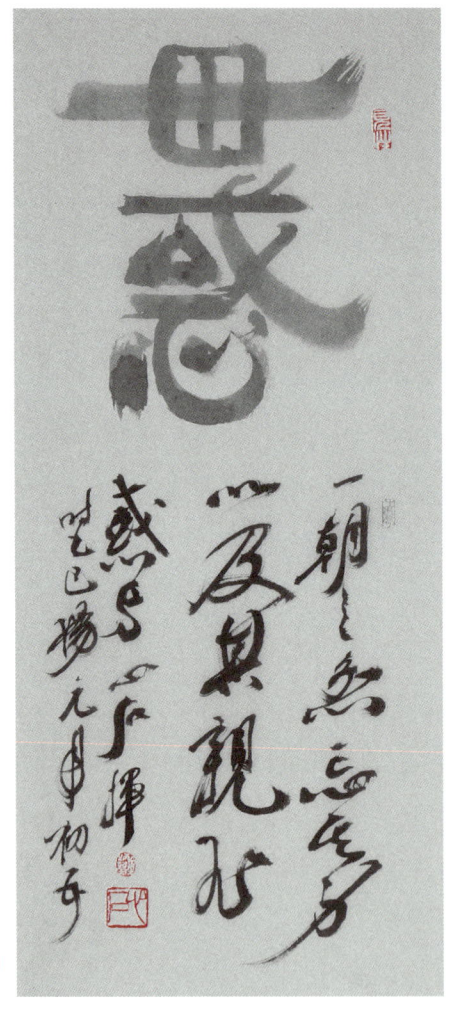

一朝之忿 忘其身 以及其親 非惑與
31×71cm

189번 작품과 같은 시기에 제작했다.

공자께서 말씀하셨다. "… 하루아침의 분노로 자신을 잊고 망동함으로써 그 재앙이 어버이에게까지 미치게 하는 것이 미혹함 아니겠는가?"

子曰 一朝之忿 忘其身 以及其親 非惑與.

- 「안연」 제21장

흔히 '성낼 분'이라고 훈독하는 '忿'은 '分(나눌 분)+心'으로 이루어진 글자로서 '마음이 나뉨'을 형상화한 글자다. 중심 잡힌 안정된 마음이 아니라, 엉뚱한 방향을 향해 나뉘어 치닫는 마음이 곧 '분忿'인 것이다. 중심을 잃고 분을 터뜨리면 일을 그르치게 된다. 하루아침의 성냄으로 자신을 망치는 어리석음이 곧 미혹이다. 일시적 '속 시원함'에 미혹되어 '엎지른 물'인 분노가 가져오는 재앙은 자신은 물론 부모, 형제, 자매에게까지 미친다. 불의에 대해서도 성내지 말라는 얘기가 아니다. 정의로운 성냄은 '忿'이 아니라, '忠(충성 충)'이다. '中+心'으로 이루어진 '忠'은 자신의 한결같은 중심일 뿐, 미혹되어 '나뉜 마음'인 '忿'이 아닌 것이다.

잘못된 소신으로 법원에 난입하여 폭행을 저지른 사람들이 있다. 미혹에 빠져 분풀이로 자행한 폭동이 분명함에도 폭동을 '충忠'이라 강변하는 사람들도 있고 은근히 동조하는 사람도 있다. 어떤 이유로도 폭력은 정당화될 수 없다. 더 이상 미혹과 미망에 빠져 자신을 망치고 나라를 망치는 일을 저지르는 사람이 없기를 바란다. 우리 사회에는 항상 바른 가치관이 정립되어 '일조지분'의 미혹에 빠지는 사람이 없기를 간절히 기원한다.

| 195 | 불가즉지 무자욕언(不可則止 無自辱焉)
안 되면 그치는 게 스스로 욕됨을 당하지 않는 길 |

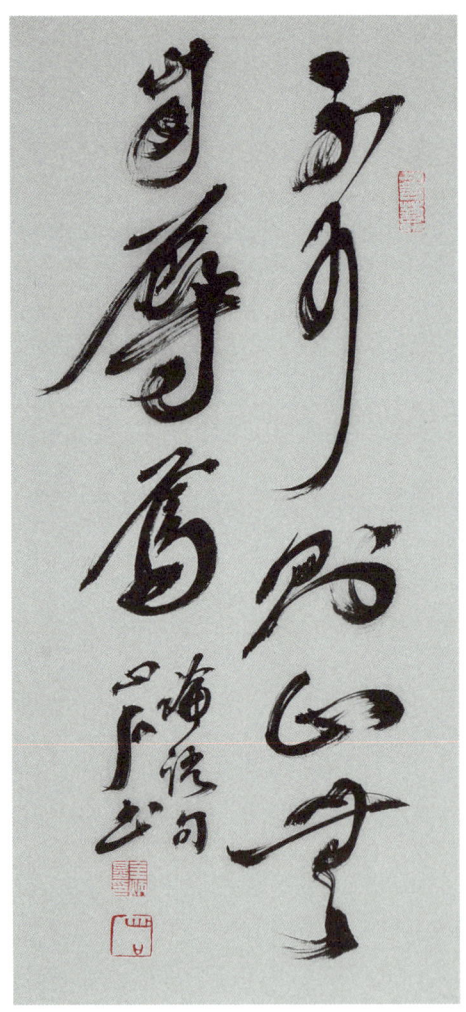

不可則止 無自辱焉
24×58cm

자공이 친구를 사귀는 도에 대하여 여쭙자, 공자께서 말씀하셨다. "충심으로 말해주고 잘 인도하되 벗이 따라주지 않으면 그쳐라. 스스로 욕됨을 당하지 않는 길이다."

子貢問友 子曰 忠告而善道之 不可則止 無自辱焉.
<sub>자 공 문 우  자 왈  충 고 이 선 도 지  불 가 즉 지  무 자 욕 언</sub>

- 「안연」 제23장

    중국 전국시대 초나라의 시인 굴원屈原이 지었다고 전하는 「어부사」에는 "머리를 감은 사람은 반드시 갓을 털어 쓰고, 몸을 씻은 사람은 옷을 털어 입는다. 어찌 깨끗한 몸으로 세속의 먼지를 뒤집어쓰겠는가!"라는 구절이 있다. 불의에 물들지 않겠다는 의지를 담은 말이다. 옛 현인들은 불의의 덫에 걸려 몸을 욕되게 하는 것을 가장 추하게 여겼다. 그래서 자신의 자리에서 맡은 일에 최선을 다하다가도 '아니다' 싶으면 문득 멈추고서 그 자리를 떠났다. 스스로 욕됨을 자초하지 않기 위해서다. 현인이 자리를 떠나면 당분간 세상은 더 어지러워질 수 있지만 얼마 후엔 오히려 더 맑아진다. 욕심내지 않고 자리를 떠나는 맑고 정의로운 가치관이 되살아나기 때문이다.

    "단막단어구득短莫短於苟得"이란 말이 있다. "생명력이 짧기로는 구차하게 얻은 것보다 짧은 것이 없다"는 뜻이다. 권력이든 돈이든 사람답지 못한 방법으로 구차하게 얻은 것은 금세 사라지고 욕됨만 남는다. '아니다' 싶을 때 멈추면 바름과 삿됨이 분명하게 보인다. 예로부터 여우는 삿됨을 비유하는 말로 쓰여 왔다. 구차하게 '경호(敬狐, 敬: 공경할 경, 狐: 여우 호)'하지 말고 자리를 떠나라. 삿됨을 공경하면 오욕을 자초할 뿐이다.

| 196 | 이문회우 이우보인(以文會友 以友輔仁)
문화로써 친구를 모으고 친구로써 인의 실천을 도움 받다 |

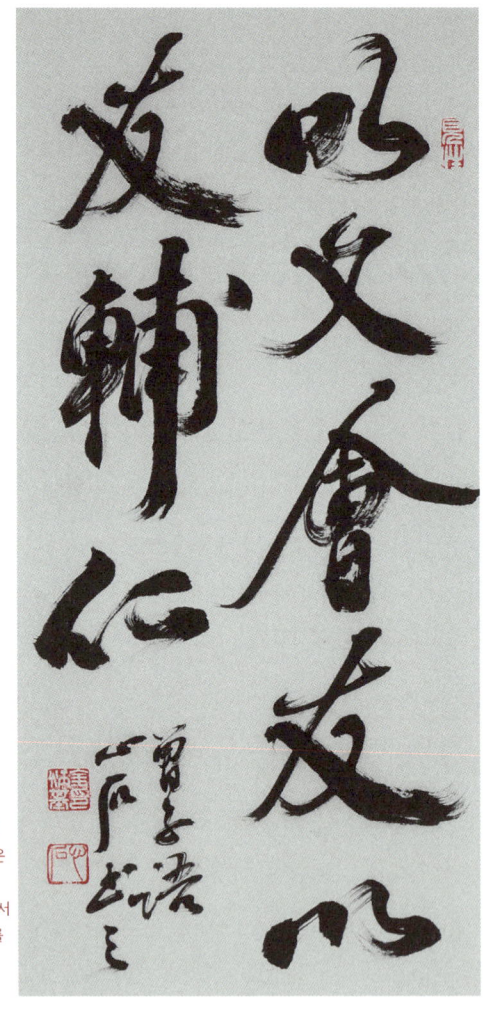

'文', '會'와 두 '友' 자에 보이는 파책 필획을 같은 모양으로 써서 통일을 추구할 것인지, 달리 써서 변화를 추구할 것인지를 두고 고민했다. 행서가 어려운 이유다.

以文會友 以友輔仁
30×60cm

증자가 말하였다. "문화로써 친구를 모으고, 친구로써 인의 실천을 도움 받는다."

曾子曰 君子以文會友 以友輔仁.

– 「안연」 제24장

이문회우 이우보인! 『논어』에 실린 대표적 명구로서 공자보다 46세 어린 제자인 증자의 말이다. '문文'은 문장, 학문, 공부 등을 포함하는 포괄적 개념의 '문화'를 뜻한다. '보輔'는 원래 수레바퀴가 더 튼튼하도록 덧댄 나무를 뜻하는 글자로서, 일을 더 잘하도록 도와주는 '보좌輔佐'의 의미다. 그러므로 '이문회우 이우보인'은 문화로써 친구를 모아, 그 친구의 도움으로 인을 더 잘 실천한다는 뜻이다.

우리가 지금 누리는 문화는 인류가 쌓아온 것들을 공부하는 것으로부터 시작된다. 문화는 곧 공부이고, 공부는 새로운 깨달음의 지향인데 그 공부는 평생 해도 끝이 없다. 깨달았다 싶으면 다시 그 위에 또 한 단계 높은 경지가 자리하고 있기 때문이다. 송나라 사람 구양수歐陽修는 "평무진처시청산 행인갱재청산외平蕪盡處是靑山 行人更在靑山外" 즉 "벌판 다한 곳이 청산인데 길 가는 사람은 여전히 청산 밖에 있네"라고 읊었다. 깨달음과 그리움은 언제나 바깥쪽에 자리하고 있다는 뜻이다. 끝이 없는 공부의 길을 함께 가면서 공부의 궁극 목표인 '인仁'을 더욱 잘 실천할 수 있도록 서로 보좌한다면 얼마나 행복한 일인가! 이문회우 이우보인! 사람 사는 세상을 낙원으로 만드는 길이다.

## 197 · 필야정명호(必也正名乎)
### 반드시 해야 할 것은 이름을 바르게 하는 것일진저

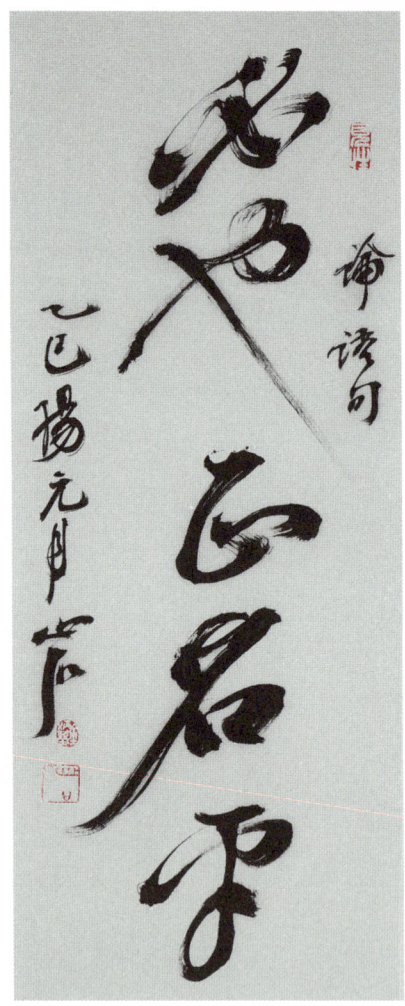

必也正名乎
25×65cm

자로가 말하였다. "위나라 임금이 선생님을 기다려 정치를 하려고 하니, 선생님께서는 무엇을 먼저 하시겠습니까?" 공자께서 말씀하셨다. "반드시 해야 할 것은 이름을 바르게 하는 것일진저!"

子路曰 衛君待子而爲政 子將奚先 子曰 必也正名乎.

― 「자로」 제3장

앞서 184번에서 "임금은 임금답고, 신하는 신하답고, 아비는 아비답고, 자식은 자식다워야 한다"는 뜻의 '군군 신신 부부 자자君君 臣臣 父父 子子'라는 말을 소개한 적이 있다. '…답다'는 것은 이름값을 제대로 한다는 뜻이고, 이름을 바르게 하여 그 이름값을 제대로 하게 하는 것이 바로 '정명正名'이다. "필야정명호" 즉 "반드시 해야 할 것은 이름을 바르게 하는 것일진저!"는 자로가 "선생님께서 정치를 맡으시면 맨 먼저 무엇을 하시렵니까?"라고 물었을 때 공자가 한 대답이다. 이에 자로는 '뭐라고요!'라며 미덥지 않게 여겼다. 이에 공자는 자로에게 핀잔을 주며 "이름을 바르게 하지 않으면 백성들이 몸 둘 바를 모르는 불안한 세상이 된다"는 설명을 덧붙였다.

임금이든 신하든 아비든 자식이든 각자가 제 이름값대로 본분을 다하면 세상은 어지러울 일이 없다. 제 이름값은 못하면서 남만 탓하는 세상이 바로 국민들이 몸 둘 바를 모르는 난세다. 선현들은 집에도 이름을 지어 이름값을 다하게 하였다. '광화문光化門'은 '정치의 밝은 빛光으로 세상을 감화·교화化하는 문門'이라는 뜻이다. 광화문부터 제 이름값을 다하게 해야 하리라. 정치는 '바른 다스림'이지 허튼 권모술수가 아님을 명심하자.

| 198 | 강부기자이지언(襁負其子而至焉)<br>그 자식을 포대기로 싸 업고서 올 것이다 |

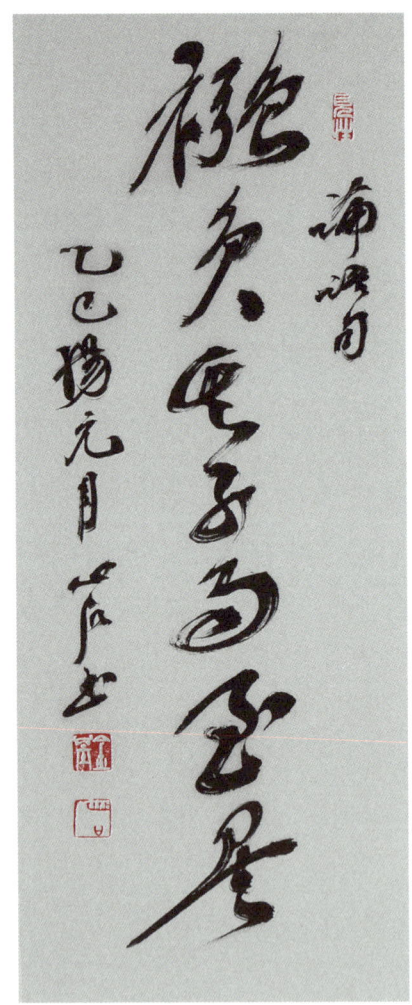

襁負其子而至焉
25×64cm

번지가 농사일을 가르쳐 주기를 청하자, 공자께서 말씀하셨다. "나는 늙은 농부만 못하다." … 번지가 나가자, 공자께서 말씀하셨다. "소인이구나, 번지여! 윗사람이 예를 좋아하면 백성들이 감히 공경하지 않을 수 없고, 윗사람이 의를 좋아하면 백성들이 감히 복종하지 않을 수 없으며, 윗사람이 신의를 좋아하면 백성들이 감히 진정으로 하지 않음이 없다. 이렇게 되면 사방의 백성들이 자식을 포대기에 업고 올 것이니."

樊遲請學稼 子曰 吾不如老農 請學爲圃 曰 吾不如老圃
樊遲出 子曰 小人哉 樊須也 上好禮則民莫敢不敬 上好義則民莫敢不服
上好信則民莫敢不用情 夫如是則四方之民 襁負其子而至矣.

― 「자로」 제4장

제자 번지가 곡식 농사에 대해 묻자 공자는 "나는 경험 많은 농부만 못하다"고 답했다. 눈치 없이 다시 채소 농사에 대해서 묻자, "경험 많은 채소 농사꾼만 못하다"고 답했다. 번지가 스승으로부터 확실한 대답을 듣지 못한 채 나가자, 공자가 말했다. "쯧쯧! 번지의 그릇이 작구나! 지도자 스스로 예와 의로움과 믿음을 좋아하고 실천하면 백성들은 저절로 그 지도자의 지도에 감화되어 저절로 곡식 농사든 채소 농사든 기술을 열심히 배워 잘 짓게 될 것이다. 그러면 자연히 잘사는 나라가 될 것이다. 잘사는 나라라는 소문이 퍼지면 먼 데 사람들도 자식을 포대기에 싸 업고서 모여들게 될 터인데 지도자가 나서서 일일이 농사일을 가르쳐야 할 이유가 무엇이겠는가?"

"기둥을 치면 들보가 울린다"는 속담이 있다. 넌지시 말해도 알아듣는다는 뜻이다. 지도자가 예禮, 의義, 신信의 종을 크게 울리면 백성들은 곧바로 감동과 감화로 반응한다. 박학다식의 떠벌림보다 예, 의, 신의 실천이 백성들로 하여금 자식을 포대기에 싸 업고서라도 모여들게 하는 힘이 되는 것이다. 세세한 지식 과시나 정치 기술을 앞세우는 정치는 결코 국민들을 감동시킬 수 없다. 믿음을 떠난 기술 교육이나 각성 목적의 '계몽성' 계엄이 다 무슨 소용이겠는가.

| 199 | 수다 역해이위(雖多 亦奚以爲)
**비록 많은들 또한 무슨 소용이겠는가!** |

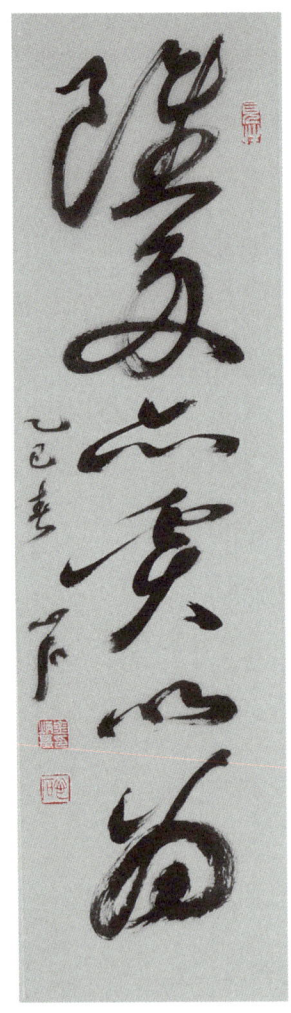

雖多 亦奚以爲
19×68cm

공자께서 말씀하셨다. "『시경』 300편을 외우더라도 정사를 맡겨줬을 때 제대로 해내지 못하고, 사방의 나라에 사신으로 가서 스스로 처리하지 못한다면, 비록 시를 많이 외운다 한들 무엇에 쓰겠는가?"

<sub>자 왈 송시삼 백 수지이정 불달 사어사방 불능전대 수다 역해이위</sub>
子曰 誦詩三百 授之以政 不達 使於四方 不能專對 雖多 亦奚以爲.

– 「자로」 제5장

공자는 시(노래)를 매우 중시했다. 가슴을 적시는 정서 함양이 포용과 소통으로 이어져 아름다운 사회를 만드는데, 정서 함양 교육에 꼭 필요한 것이 바로 시와 노래라고 여겨 공자는 시 외우기를 강조했다. 그런데 공자는 이런 말도 했다. "전해 오는 시 300편을 다 외운다 한들 정치를 맡았을 때 제대로 해내지 못하고, 나라를 대표하여 외국에 사신으로 갔을 때 임무를 전담할 수 없다면 비록 많이 외웠다 한들 무슨 소용이겠는가?" 소통과 응용 역량이 없는 '막힌' 공부의 병폐를 지적한 말이다.

"서다이옹 고내멸등<sub>書多以壅 膏乃滅燈</sub>"이라는 말이 있다. "책은 많이 읽었으되 막혀 있으면 기름이 오히려 불을 끄는 격이다"라는 뜻이다. 지식을 습득한들 그 지식으로 인해 오히려 벽창우<sub>碧昌牛</sub>가 될 수 있음을 지적한 말이다. 벽창우는 무섭다. 일부 유튜버들이 떠드는 거짓 지식의 악랄한 선동에 매몰된 엘리트 벽창우는 더욱 무섭다.

대한민국은 그동안 1등만을 지향하며 지식 쌓기에 급급한 교육을 실시해 온 결과, 성적은 우수하지만 인성이 삐뚤게 형성된 일부 엘리트층의 횡포로 몸살을 앓는 경향이 짙다. 시와 음악을 통해 열린 인성을 함양하는 교육의 회복이 시급한 시점이다.

| 200 | 기신정 불령이행(其身正 不令而行)
그 자신이 바르면 명령하지 않아도 실행된다 |

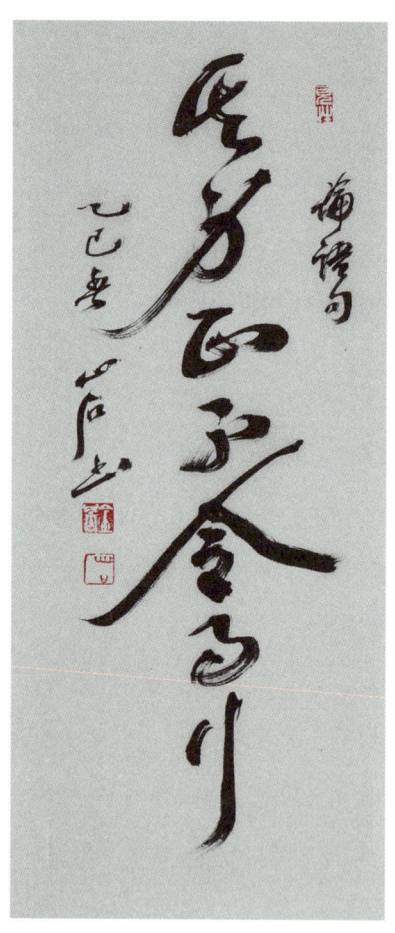

중국 송나라 명필 황정견은 사공이 노 젓는 모습을 보고 필법을 깨달아 '장별(長丿: 긴 왼 삐침)'과 '장날(長捺: 긴 오른 누름)'이 특색인 글씨를 썼다. 이 작품은 황정견의 필의를 생각하며 썼다.

其身正 不令而行
24×68cm

공자께서 말씀하셨다. "자신이 바르면 명령하지 않아도 행해지고, 자신이 바르지 못하면 비록 명령하더라도 따르지 않는다."

자 왈 기 신 정 불 령 이 행 기 신 부 정 수 령 불 종
子曰 其身正 不令而行 其身不正 雖令不從.

- 「자로」 제6장

"왕 자신이 바르면 명령하지 않아도 행해지고, 왕이 바르지 못하면 비록 명령한다 해도 따르지 않는다." 백성들 심리의 정곡을 찌른 공자의 말이다. 설령 공자의 말이 아니라고 하더라도 이 말의 적실성에는 누구라도 다 공감할 것이다. 2024년 12월 3일, 각성을 촉구하기 위해 계몽적 견지에서 내렸다는 어처구니없는 계엄령이 얼마나 무모·무효한 명령인지를 충분히 경험한 우리 국민들은 공자의 이 말에 대해 더욱더 공감할 것이다.

"수의상이천하치垂衣裳而天下治"라는 말이 있다. 전설상의 성군인 요임금, 순임금은 특별히 하는 일이 없이 "왕의 옷을 늘어뜨려 입고만 있어도 천하가 다스려졌다"는 데서 나온 말이다. 왕 자신의 '올바름'이 명령 없이도 평화가 넘치는 '요순시대'를 만든 것이다.

사람은 누구라도 사랑과 존경을 받기를 원한다. 그런데 받는 것 못지않게 사랑하고 존경하기도 원한다. 대통령은 국민의 사랑과 존경을 받을 속셈 전에, 국민에게는 대통령을 사랑하고 존경할 권리가 있다는 점을 각성하여 그 권리를 짓밟지 않아야 한다. '바른' 대통령을 뽑아야 사랑할 권리를 짓밟히지 않고, 거리가 아닌 따뜻한 안방에서 행복한 뉴스를 볼 수 있다.

# 에필로그

    2020년 가을, 나는 이듬해 2월에 있을 정년 퇴임을 앞두고, 퇴임을 기념하는 서예전을 가졌다. 전시회 개막식장에서 지인들을 향해 나는 퇴임 후 10년 동안 꾸준히 하고 싶은 일 두 가지를 선언했다. 그 한 가지는 한국의 학교 교육에서 한자 교육을 실질적으로 부활시키고 사회 교육도 활성화하는 노력을 하겠다는 것이었고, 다른 하나는 쇠락한 한국의 서예를 진흥하는 데 힘을 쏟겠다는 것이었다. 한자 교육의 부재와 서예의 쇠락이 한국의 교육과 문화 발전에 끼친 악영향을 43년 교수 생활을 통해 너무나도 절실하게 느꼈기 때문에 그런 악영향을 만회하고자 결심한 바를 내보인 것이다.

    우리는 세계적으로 우수한 문자인 한글 덕택에 문맹률이 0%에 가깝다고 자랑해왔다. 그런데 한글로 쓰인 글을 읽고서도 그 뜻이 무엇인지를 파악하지 못하는 실질문맹률은 75%에 달하여 OECD 회원국 중 꼴찌라고 한다. 왜 이런 창피스러운 현상이 나타난 것일까? 광복 이후 우리나라의 어문 정책이 줄곧 '한글 전용'을 표방해 왔으며, 현행 국어기본법도 한글 전용을 기조로 삼고 있는 것이 가장 큰 원인이다. 한국어는 '토박이말',

'한자어', '외래어' 등 크게 세 종류로 구성되어 있는데 한자어를 한자를 배제한 채 한글로만 가르치니 어휘력이 떨어지고, 부족한 어휘력은 당연히 문해력의 저하로 이어지고, 문해력의 저하는 실질문맹률로 이어져서 이런 결과가 나오게 된 것이다.

## 한자 교육이 필수인 이유

한자어를 한자가 가진 속뜻을 배제한 채 소리로만 읽도록 가르치는 이 답답한 교육 현실을 어떻게 이해해야 할까? 더욱 답답한 것은 학생들의 문해력 저하를 인식한 학교의 교육 현장에서 학생들의 문해력을 향상시키기 위해 택한 어처구니없는 교육 방식이다. 문해력의 의미를 "문장, 문단, 글 전체의 유기적 단위를 다층적으로 나눠서 이해하고 그것들을 스스로 재구성하는 능력"으로 정의하고 이러한 정의에 의거하여 유기적 단위를 다층적으로 이해하기 위한 교육을 시키고자 택한 것이 독서 교육이라고 한다. 책 읽기를 권장하면서 교사와 학생이 머리를 맞대고 읽은 내용을 바탕으로 유기적 단위를 연결하여 전체의 뜻을 파악하려는 토론도 한단다. 문해력을 향상시키기 위해서는 파편적으로 개별 어휘를 따로 외우는 것보다는 어휘가 문장에 활용되는 방식을 익히는 것이 효과적이라는 인식 아래 독서를 활용하여 이른바 '연어적(連語的, collocation) 경험'을 하는 교육을 시행하고 있는 것이다. 적잖이 답답한 방식이다. 이는 어휘의 뜻을 전후 문장을 연결하여 짐작으로 이해하는 가운데 '그게 그런 뜻이라'는 짐작의 폭을 넓히자는 교육 방식에 다름 아니기 때문에 답답한 것이다. 처음부터 어휘 자체의 뜻을 근원적으로 이해하려는 노력 대신 '연어적 경험'을 통해 '짐작'하게 하는 것은 결코 근본적이고 실질적인 교육 방식이라고 할 수 없다. 국어의 60~70%를 차지하는 한자어 어휘에 대해 근본적으로 어떤 한자를 쓰는 줄을 모르기 때문에 어휘의 뜻을 이해하지 못하여 문해력 부족 현상이 나타나고 있음이 명약관화함에도 굳이 문해력과 어휘력을 별개의 문제로 인식하여 독서를 통한 '연어적 경험'을 시키려는 교육을 하려 하니 답답할 노릇인 것이다. 왜 이토록 한자를 기피하려 드는 것일까? 일부 세력이 "한자는 어렵다. 한자는 미개한 문자다. 오죽했으면 중국의 문호 노신魯迅도 '한자가 사라져야 중국이 산다'고 했을까?"라고 하며 끈질기게 계속해온 세뇌가 작용하여 이처럼 과도한 한자 기피 현상이 야기되었다고 생각한다. 게다가 우리 국민들이 서구 문명 중심으로 근대화하는 과정에서 은연중에 갖게 된 모서주의(慕西主義: 서양을 사모하는 주의)로 인하여 서양 말 선호 현상이 그대로 노출되면서 한자를 더욱 기피하게 되었다고 생각한다.

1945년 9월 8일, 한국을 접수한 미군정은 민주주의에 대한 국민 계몽을 위해 문맹 퇴치가 시급하다는 점을 강조하며 적극적으로 한글 교육을 실시했다. 한글 교육을 통해 문맹에서 벗어난 사람일수록 한글에 대해 감동했고 한자에 대해서는 어렵다는 인식을 갖게 되었다. 이러한 과정에서 한자 무용론이 기세를 얻었다. 게다가 미군의 진주와 함께 우리 사회에 영어 학습 열기가 고조되면서 한자에 대한 관심은 점점 더 약해졌다. 1945년 12월 8일, 미군정은 한글 전용에 관한 5개 항의 법률적 성격을 띤 정책을 발표했다. 이것이 광복 후 한자를 폐기하고 '한글 전용'을 채택한 어문 정책에 관한 첫 공식 조치였다. 1948년 8월 6일에는 미군 과도정부의 문교부가 『한자 안 쓰기의 이론』이라는 책자를 발행하여 대국민 홍보를 강화하기도 했다. 이후 1948년 8월 15일, 대한민국 정부가 대한민국 임시정부 수립의 정신을 이어받아 재수립되었고, 그해 10월 9일 한글날을 기해 미군정 시절의 정책인 '한글전용법'을 법률 제6호로 공포함으로써 대한민국의 어문 정책은 한자 폐기의 노선을 공식화하게 되었다. 그렇다면 미군정은 문맹 퇴치를 위해 한글을 적극적으로 보급하면 됐지 왜 한자를 그처럼 폐기하려고 했을까? 여기에는 '문화 식민지화'의 의도가 적잖이 깔려 있다.

1945년 9월 19일부터 '재조선 미 육군 사령부 군정청'이라는 명칭으로 남한에 대한 통치에 들어간 미군이 우리의 어문 정책을 한글 전용으로 택한 데에는 그만한 이유가 있었다. 이 땅에서 한자만 제거하면 2000년 이상 한자를 이용하여 이룩한 찬란한 한韓민족의 문화가 쉽게 사라지게 된다는 점을 그들이 몰랐을 리 없다. 그래서 그들은 일본에서 한자와 가나문자를 폐기하고 영어 알파벳으로 일본어 발음만 표기하게 하려 했듯이 우리에게도 깊은 뜻은 알 필요 없이 한글로 우리말을 소리 나는 대로 적기만 하는 어문 정책을 펴고자 했다. 그렇게 함으로써 근본적으로 우리의 문화 수준 특히 전통 문화의 힘을 약화시키고 그 자리에 민주주의와 함께 민주주의라는 이름으로 포장된 그들의 문화를 주입할 문화 식민지화 의도를 암암리에 갖고 있었던 것이다. 이는 북한에 들어온 소련이 김일성에게 3년 이내에 한자를 완전히 폐기할 것을 명령한 것이나, 중국에 대해서도 소련이 한자를 버리고 로마자 알파벳 표기를 권유하고 이른바 간체자를 제정할 것을 독려한 것과 맥을 같이한다. 한글 전용의 어문 정책을 채택한 데에는 드러내 보이지는 않았지만 실질적 영향력을 행사한 미군의 이러한 문화 식민지화 의도가 자리하고 있었던 것이다(이 점에 대해서는 김병기의 저서 『아직도 한글전용을 고집해야 하는가』(다운샘), 『북경인가 베이징인가-한글전용과 원음주의 표기비판』(2015, 어문학사) 등을 참고). 그런데 바로 그때, 남한에서는 미군이 크게 반길 일이 벌어졌다. 바로 한국인 스스로가 한자를 폐기하고 한글을 전용할 것을 주장하고 나선 것이다. 물론 한국의 한글 전용론자들이 미군의 그런 속셈에 부응하기 위해서 한글 전용을 주장한 것은 결코 아니었을 것이다. 그들은 옥고를 치르면서까지 지켜온 한글을 되찾은 기쁨에 '이제는 한글을 다시는 빼앗기지 않으리라'는 의지로 예전에 주시경이나 서재필이 했던 것처럼 한글 전용 운동만이 애국 애족의 길이라고 생각하며 그처럼 한글 전용을 주장했다고 본다. 그런데 그런 주장이 공교롭게도 미군의 속셈과 맞아떨어져 결과론적으로는 미군을 도와준 꼴이 되고 만 것이다. 그때 최현배를 비롯한 한글 전용론자들은 애국 애족에 입각한 열

렬한 한글 사랑에 매몰될 것이 아니라, 좀 더 열린 안목으로 민족 문화의 장래, 교육의 미래를 내다보았어야 하며, 자신의 의지와 주장을 관철하기 위해 '한글전용법'을 속전속결로 처리할 것이 아니라, 국한문 혼용을 주장하는 사람들의 유의미한 의견을 경청하면서 정말 어느 길이 바른 길인지를 진지한 학문적 토론을 통해 도출하려는 노력을 했어야 한다. 그렇게 했더라면 광복 후 지금에 이르도록 종식되지 않은 한글 전용과 국한문 혼용 사이의 지루한 논쟁을 벌이지 않아도 되었을 것이다. 그리고 무엇보다도 학교 교육의 혼선과 오늘날 큰 문제로 대두한 문해력 부족 현상을 이처럼 심각하게 겪지 않아도 되었을 것이다.

　이제라도 광복 후 우리 어문 정책 수립의 역사와 실상을 바르게 보아야 한다. 한자 교육만 하면 자연스럽게 해결된 어휘력 부족과 문해력 부족 문제를 한자 교육을 통하여 해결하려는 지혜를 발휘해야 한다. 인쇄물이나 전자문서 등에서 한글과 한자를 함께 사용하는 '한글·한자 병기'를 정책으로 채택하자는 게 결코 아니다. 우리의 모든 문자 생활은 쓰기 쉽고 입력하기 쉬운 한글로만 하되, 별도로 기본한자 교육을 시행함으로써 한자를 익힌 실력으로 자연스럽게 한글로 쓴 어휘의 어원인 한자를 유추하여 어휘의 뜻을 파악하게 함으로써 무리 없이 문해력 부족 문제를 해결하자는 것이다. 한국어는 한자를 알고 구사할 때 훨씬 구사력이 풍부해지며, 한글은 한자와 함께 사용할 때 더욱 빛난다.

## 서예에 대한 사명감

한자 교육을 폐기하다시피 함으로써 한자를 작품 창작의 주요 소재로 활용해온 서예는 쇠퇴할 수밖에 없었다. 물론 한글 서예가 있기는 하지만 서예작품 창작의 주류인 한문 서예 창작이 쇠퇴하면서 한글 서예도 함께 쇠퇴했다. 게다가 컴퓨터와 모바일의 급속한 발전과 광범위한 보급으로 거의 모든 문자 생활이 기계로 이루어지면서 붓글씨인 서예는 물론, 연필이든 펜이든 손으로 글씨를 쓰는 행위 자체가 소멸의 위기에 놓이게 되었다. 그렇다면 이대로 서예는 물론, 연필이나 펜으로 쓰는 손글씨마저 도태되어도 괜찮은 것일까? 나는 오랜 생각 끝에 내 나름대로 결론을 내렸다. 서예는 21세기 최고의 예술이다. 서예는 현재 유행하고 있는 서양미술에 내재한 이런저런 문제를 성찰하고, 새로운 자각을 할 수 있게 할 매우 중요하고 필요한 장르의 예술이다. 서예는 앞으로 인류의 의식을 새롭게 할 무한한 가치와 가능성을 안고 있는 예술이다. 이런 생각 끝에 나는 지난 43년 동안 서예학을 연구해온 연구자로서 그리고 국내외의 많은 전시에 참여한 서예 작가로서 사명감을 가지고 서예를 진흥해야겠다는 결심을 하게 되었다. 그런 사명감을 가지고 실행한 첫 번째 일이 바로 중앙일보에 『논어』의 명구절을 풀어쓴 칼럼을 한 폭의 서예 작품과 함께 게재하는 것이었다.

아쉽게도 현대 서양 미술의 주류는 여전히 구체적 형상을 떠난 추상 중심의 '앵포르멜Informel'이다. 서양의 앵포르멜 회화는 사실상 인상주의의 시작과 함께 태동하였다. 1939년, 카메라가 시판되면서부터 사물의 모습을 있는 그대로 그리는 데에는 제아무리 능력이 있는 화가라고 하더라도 카메라의 기능을 능가할 수 없음을 자각하게 되었다. 이에 사실대로 그리는(찍는) 일은 카메라에게 맡기고 대신 화가들은 사물로부터 받은 느낌과 그 사물을 보는 순간에 갖게 된 생각을 그리기 시작하였다. 이러한 '느낌과 생각 그리기'는 자연스럽게 사물의 사실적 형태가 아니라, 사물로부터 받은 '인상印象'을 중시하게 되었다. 마침내 빛과 색채의 다양한 변화를 통해 그 '인상'을 그리는 화가 그룹이 형성되었다. 마네와 모네, 그리고 그 뒤를 이은 세잔, 고흐, 고갱 등 이른바 전·후기 '인상파' 화가들이 바로 그들이다. 이후 인상을 그리는 화풍이 점점 진화하여 화가가 인식한 피사체의 특징적·핵심적 부분을 추출하여 그 '추출한 형상'을 그리는 '추상미술'로 나아갔다. 마침내 추상미술에는 더 이상 구체적 실상은 없고 추출된 추상만 있게 되었다. 완전한 '앵포르멜'의 시대가 된 것이다. 앵포르멜의 정점에서 조르주 브라크가 '에스타크의 집들'이라는 작품을 통해 큐비즘을 선보였고, 이후의 서양 미술은 파블로 피카소를 중심으로 세계적 열풍으로 진화한 '큐비즘'의 시대를 맞게 되었다.

이처럼 비정형의 '앵포르멜' 추상미술은 세계대전을 겪으면서 전쟁의 파괴 현상과 공포심리가 예술에 영향을 끼쳐 더욱 극단화했다. '고상한 미술전'이라는 개념을 파괴하고 전시장에 변기를 내다놓은 마르

셀 뒤샹의 행위도 예술의 범주로 수용되었다. 이러한 '주목 끌기'의 경향은 점점 더 심해져서 설령 사기詐欺라 해도 좋으니 기발한 아이디어로 새로운 변화를 추구하여 관심을 끌겠다는 경우도 나타났으며 지금도 일부 작가들은 그러한 생각을 갖고 있는 경향이 있다. 누구나 인정할 수 있는 구체적인 형상이 사라지면서 심지어 일부 작가들은 아무렇게나 그려 놓고서 추상 운운한다는 평을 받는 경우도 있다. 변화지상주의의 강박에다 치열한 경쟁과 상업주의 가세로 본래 예술이 지향했던 '우아함'이 많은 손상을 입었다. 게다가 디지털과 AI 산업을 발전시키고자 하는 무한경쟁 속에서 인류는 더 많은 이익을 차지하기 위한 무력 전쟁, 경제 전쟁 등을 일으키는 험한 분위기 속에서 불안하게 살고 있다. 심지어는 지구의 종말, 인류의 종말을 이야기하는 사람도 있다. 뭔가 새로운 계기를 만들어 우아함을 되찾고 험하고 불안한 분위기를 벗어나려는 노력을 해야 할 때다. 나는 이러한 노력의 방향을 서예에서 찾고자 한다.

서예라는 예술이 발생하면서부터 싹튼 서예에 대한 오래된 명제는 '서여기인書如其人'이다. '서예는 그 사람이다'라는 뜻이다. '서여기인'이기 때문에 서예는 처음부터 수신적修身的 성격을 강하게 띠었다. 그러므로 중국이든 한국이든 예로부터 서예를 논한 사람들은 반드시 서예를 작가의 인품과 함께 논하였다. 사람됨이 바르지 못하면 아예 높은 격조의 서예 작품을 창작하지 못하고 그저 세속적인 글씨에 머무르고 만다는 생각을 했고, 설령 기능적으로 글씨를 잘 쓴다고 해도 인품이 비루하면 그 글씨는 귀하게 여길 이유가 없다는 생각을 가졌다. 여기에 서예의 중요한 가치가 있다. 그리고 갈수록 우아한 인간성을 상실하고 불안에 빠져드는 현대에 서예를 부활하고 진흥해야 할 이유 또한 여기에 있다.

서예가 가진 수신성을 이 시대의 예술이 추구해야 할 가치로 부각하여 동양 특히 한자문화권 예술이 본래 지향해 왔던 수신 중심의 청정성淸淨性, 정화성淨化性, 해탈성解脫性 등을 회복하는 것이 인류의 미래를 보장하는 길이라고 생각한다. 디지털 기술이 고도로 발달하고 AI가 무서울 정도로 진화하는 기계 문명의 대전환기에 인류가 인간성을 상실하지 않기 위해서는 문화예술의 대전환도 준비해야 한다. 과학기술의 발달과 그에 따른 잽싼 이익 추구에 매몰되어가는 인류는 이미 종교마저도 잃어가는 상황이다. 목전의 이익에 지나치게 집착하다 보니 신神 앞에서도 겸손할 줄 모르게 되어 인류는 이제 더 이상 위로받을 곳이 없다. 스스로 위로를 찾아야 한다. 스스로 위로를 찾고 스스로 치유를 하는 것이 곧 수신修身이다. 그래서 지금은 애당초 수신의 예술로 시작한 서예가 절실하게 필요한 시대다.

## 앞으로의 꿈

43년 동안의 교수 생활을 마치고 정년 퇴임을 하는 자리에서 사명감을 가지고 발표한 내가 하고자 하는 일 두 가지— 학교 한자 교육의 부활 및 사회 한자 교육의 강화와 한국 서예의 진흥을 위해 나는 앞으로도 꾸준히 노력할 것이다. 중앙일보에 연재했던 「필향만리」의 글을 모아 책을 출간하게 된 지금, 그동안 중앙일보를 통해 우리 국민들께 한자의 중요성과 서예의 필요성을 문장과 작품을 통해 어느 정도 전달했다는 생각이 든다. 보람이 적지 않다. 나는 스스로 기회를 만들어 이런 방식의 칼럼 연재를 계속함으로써 한자와 서예에 대한 우리 사회의 인식을 긍정적 방향으로 개선하는 노력을 하고자 한다. 선현들이 한자로 쓴 한시漢詩 또한 엄연한 '한국의 시'이다. 한국 한시는 엄청난 사상과 철학과 감성과 해학과 지혜가 담긴 우리 문화 콘텐츠의 보고다. 우리 국민들이 한문 원시를 읽을 수 있다면 더없이 좋겠지만, 현재로서는 그게 어려운 상황이니 나의 작은 힘이나마 발휘하여 이 시대의 언어로 번역하고, 번역한 내용을 바탕으로 또 하나의 「필향만리」를 집필함으로써 우리 한시의 멋과 맛을 독자들과 공유하고 싶다. 아울러 그런 한시를 쓴 서예 작품도 공유하고자 한다. 그렇게 하다 보면 한자 교육과 서예 진흥의 필요성을 사람들이 더욱 절감하게 될 것이다.

   서예를 진흥하기 위해 최근 2~3년 동안 나는 '한글 서예'에도 주목했다. 디지털 문화가 발달할수록 서예는 물론, 손으로 글씨를 쓰는 행위 자체가 소멸할 수 있다는 위기의식 아래, 실용적 서사와는 별도로 예술의 한 장르로서 국민들이 다 읽을 수 있는 한글 서예를 먼저 진흥해야겠다는 생각을 했다. 한글 서예가 활기를 얻으면 한자 서예는 따라서 진흥할 수 있으리라고 기대하며 먼저 한글 서예의 진흥을 모색한 것이다. '한글서예 국가무형유산 지정을 위한 기초조사' 연구 용역의 책임자로서 연구를 수행했고, 그 결과를 토대로 '한글서예 국가무형유산 종목 지정 신청서'를 작성하여 세계서예전북비엔날레를 통해 국가유산청에 제출했다. 2025년 1월, 국가유산청은 한글 서예의 국가무형유산 지정을 확정·공고하였다.

나는 앞으로 한자 교육의 정상적 시행과 서예의 진흥을 위해 관련 기관이나 단체와 협의도 하고 토론도 할 생각이다. 정부를 향한 정책 제안을 끈질기게 시도하면서 또 한편으로는 언론매체를 통해 국민들께 바른 정보를 제공함으로써 설득하고 홍보하는 일도 꾸준히 해나갈 것이다. 이번에 출간한 이 책도 나의 이런 미래 행보에 큰 힘이 되기를 기대한다. 이 책으로 인하여 나의 뜻이 독자들께 전달되고 보다 더 긍정적인 반응을 얻기를 바라는 마음 간절하다.

# 필향만리

초판 1쇄 2025년 11월 20일

지은이 | 김병기

발행인 | 박장희
대표이사 겸 제작총괄 | 신용호
본부장 | 이정아
책임편집 | 최민경

기획위원 | 박정호
마케팅 | 김주희 이현지 한륜아 이나경

사진 | 대흥정판사
디자인 | 박정호

발행처 | 중앙일보에스(주)
주소 | (03909) 서울시 마포구 상암산로 48-6
등록 | 2008년 1월 25일 제 2014-000178호
문의 | jbooks@joongang.co.kr
홈페이지 | jbooks.joins.com
인스타그램 | @j_books

ⓒ 김병기, 2025

ISBN 978-89-278-8129-2 03140

• 이 책은 저작권법에 따라 보호받는 저작물이므로 무단 전재와 무단 복제를 금하며
  책 내용의 전부 또는 일부를 이용하려면 반드시 저작권자와 중앙일보에스(주)의 서면 동의를 받아야 합니다.
• 책값은 뒤표지에 있습니다.
• 잘못된 책은 구입처에서 바꿔 드립니다.

# 필사(筆寫), 손글씨 쓰기가 넣는 기적

중국 송나라 때의 대문호이자 서예가였고, 화가이자 음악가이기도 했던 소식(蘇軾, 1036~1101, 별호 동파東坡, 이하 '소동파'로 칭함)은 서예에 대해 "훌륭한 필치라는 것(浩然雄筆之所之)"이고 표현했습니다. 훌륭하게 쓰인 마음으로 붓이 가는 대로는 것이라는 뜻입니다. 소동파는 또 "나의 글씨는 본래 법이 없다. 손을 믿고 손이 가는 대로 점과 획을 구사할 뿐 가급계 이것저것 따져서 추구하지 않는다(我書意造本無法, 點畫信手煩推求)"라는 말도 했습니다. 다 서예의 매력이 자신의 성품과 기상대로 활달하게 쓰는 데 있지, 세세한 법을 따져가며 고지식하게 훈련하는 데 있지 않음을 설파한 말입니다.

서예를 배우러 가면 선생님은 근엄한 자세로 필획 긋기와 점찍기 등 기본 필법을 설명하고 그것을 따라 쓸 것을 지시하는 게 일반적인 풍경입니다. 그러나 지는 학생들에게 서예를 가르칠 때 처음부터 그런 필법을 강요하지 않는 게 이제를 가르칠 때 처음부터 그런 필법을 강요하지 않는 편입니다. 일단 붓만 꽃꼿하게 세워 잡게 한 후, 한글이든 한문이든 붓만이든 쓰고 있는 구절을 마음대로 써보라고 합니다. 학생은 처음엔 부끄러워하다가도 용기를 내어 씁니다. 그렇게 아무 구절이라도 쓰는 모습을 보면 학생의 성격도 짐작할 수 있고, 현재의 생활습관과 심리 상태도 적잖이 가늠할 수 있습니다.

그렇게 2~3일쯤 제 마음대로 '끄적거리게' 하다 보면 학생 스스로 붓이라는 특별한 쓰기 도구의 특성에 대해 어렴풋이나마 이해하고 붓과 서로 교감할 줄 알게 됩니다. 종이 위에 먹물이 번지기도 하고 매끄럽기도 하고 굵기도 하고 가늘기도 한 상태로 끄적거리는 붓의 움직임 속에서 문득 어떤 소리를 듣는 것 같은 느낌을 받습니다. 끄적거린 글씨가 듣기에 다듬어진 고운 선율이 아니라, 대개 무질서하고 아주 산만하고 소란한 아우성을 듣는 것 같은 느낌일 것입니다. 자신이 끄적거린 글씨가 내는 '소리 없는 소리'를 듣는 것이 중요합니다. 이것이 바로 소통파가 말한 "훈연하게 일어 마음으로 붓이 가는 바를 듣는" 최초의 초보 단계입니다. 이렇게 소리를 듣다 보면 자꾸 소란하고 아수선한 소리를 내는 자신의 글씨가 싫어지면서 '뭔가 좀 정리가 되었으면 좋겠는데...', '뭔가 좀 잘 써봐야 할 텐데...'라는 생각을 하게 됩니다. 이때부터 끄적거리는 서예가 아니라 배우는 서예를 시작하면 됩니다.

## 서예의 네 가지 요소

서예를 배운다는 것은 서예가 서예일 수 있는 네 가지 요소 즉 서예가 예술인 이유를 몸과 마음으로 아는 것을 말합니다. 서예를 이루는 네 가지 요소는 필획筆劃, 결구結構, 장법章法, 묵법墨法입니다.

4

범례(凡例)입니다. 서체는 필획은 글자를 이루는 기본 단위의 하나를 '한 번 긋는 것'을 말합니다. 결구는 필획이 이루는 한 글자의 구조를 말하고, 장법은 여러 글자가 한 장의 종이 위에서 어우러져 내는 분위기를 말합니다. 그리고 서체는 글씨로 쓰는 내용인 어휘가 문장을 말합니다. 이 네 가지가 다 중요하지만, 그중에서도 필획과 서체가 특별히 중요합니다. 결구나 장법은 글씨를 쓰다 보면 자연스럽게 스스로 터득할 수 있지만, 필획에 대한 이해가 없이는 아예 서체를 시도할 수 없고, 서체를 선택하는 능력이 없이는 '쓸거리'를 찾지 못하여 서체 작품을 이룰 수 없기 때문입니다.

서예가 예술인 이유는 생명력이 있기 때문입니다. 좋은 글씨를 평할 때 '글씨가 살아 있는 것 같다'거나 '글씨가 마치 용이 꿈틀대는 것 같아 있음'을 주로 가리키는 이유가 바로 여기에 있습니다. 그렇다면 살아 있는 글씨란 어떤 글씨일까요? 모든 살아 있는 것들은 거스름이 있어야 살아 있습니다. 물고기도 살아야 물을 거슬러 올라가고 식물도 살아 있어야 대기의 압력을 견뎌내 위로 자랍니다. 서예의 필획도 거스름이 있어야 살아 있는 필획입니다. 즉 종이와 붓 사이에, 작용과 반작용의 힘이 형성되어, 붓은 앞으로 나아가려 하는데 종이는 그 붓을 나아가지 못하도록 하는 반작용의 힘이 작용할 때 그 사이에서 살아 있는 필획이 그어지는 것입니다. 이런 거스름이 미끄러진다거나 '훅' 하고 붙으면 금방 넘어가 버릴 것 같은 필획은 생명력이 발생하여 살아 있는 작용과 반작용의 거스름이 발생하여 살아 있는 필획이 그야지도록 붓을 움직이는 기술을 필법(筆法)이라고 하는데, 이처럼 살아 있는 필획을 긋는 필화를 주는 김정희 선생은 중국 사람 누구도 해본 적이 없는 명언을 남겼습니다. '금시벽해(金翅劈海)', '향상도하(香象渡河)'라는 두 마디 말씀입니다. '금시조가 바다를 가르듯, 코끼리가 강물을 건너듯'이라는 뜻입니다. '금시조는 천성상의 거대한 새'입니다. 금시조가 날갯기라 바다를 내리치면 바닷물이 하나의 선을 그으면서 마치 '모세의 기적'처럼 양편으로 갈라진다고 하는데 이를 일러 '금시벽해'라고 합니다. 금시조 날개가 바닷물의 저항을 이겨내고 물을 가르듯이 붓이 종이를 뚫어 가를 것처럼 작용해 강으로 맞혀 붓과 종이 사이에 '금시벽해'라는 말을 빌려 표현한 것 는 필법을 주사 선생은 '금시벽해'라는 말을 빌려 표현한 것 입니다.

'향상도하'는 불경에 나오는 말인데 '향상'은 코끼리를 아름답게 부르는 말입니다. 토끼와 말과 코끼리가 강물을 건 너게 되었는데 토끼는 물살을 못 이겨 둥둥 떠내려가 버리 고, 말은 뒤뚱뒤뚱 말이 바닥에 닿기도 하고 들리기도 하면 서 자주 건넜는데 코끼리는 발이 강이 밑바닥까지 철저하게 닿았기 때문에 전혀 뒤뚱거림 없이 잘 건넜다고 합니다. 코 끼리가 유중한 발바닥을 강바닥에 딱 붙인 채 강을 건너듯 이 붓과 종이가 밀착하여 가장한 '거스름'이 작용하게 하는 필법을 주사 선생은 '향상도하'에 비유한 것입니다. 주사 선 생의 명언인 '금시벽해'와 '향상도하'의 필법을 구사하여 필획 을 그으면 당연히 그 필획은 강한 거스름을 짓고 살아 있는 필화이 됩니다. 주사 선생이 남기신 서체 작품에는 실제로 하나같이 이런 거스름의 생명력이 있습니다. 그래서 주사의 작품이 명작이고 훌륭가 대열의 장품의 장입니다. 금시벽해와 향상 도하의 의미를 알고서 소승의 지도에 따라 금시벽해와 향상 도하의 필활을 고를 줄 알게 되면 누구라도 대열의 반열에 들 수 있습니다.

그리고 금시벽해와 항상도하의 필활으로 필활을 구사할 때만 실제로 사각거리는 거스름의 소리가 납니다. 이 거스름의 소리, 생명의 소리를 통해 자신의 마음에서 나오는 소리를 듣는 것입니다. 이것이 바로 소동파가 말한 "흔연정필지소기" 즉 "흔연하게 열린 마음으로 붓이 가는 바를 따른" 경지입니다. 붓이 사랑이나 만년필이나 연필과 달리 부드러운 털로 만든 필기구이기 때문에 이런 거스름의 생명이 창출되는 것입니다. 딱딱한 것은 생명을 품지 못하고 부드러움만이 생명을 품을 수 있습니다. 사체도 모필

의 부드러움으로 "흔연정필지소기"하는 과정을 통해 거스름의 생명을 품는 대열인 것입니다.

필활과 함께 서예를 이루는 두 번째 기본 요소는 '쌀거림'의 문장 즉 서체입니다. 서체도 자·서체가 이루는 성과 함께 서예가 갖는 안의 감화력 중 하나입니다. 감상자들은 서예 작품의 향상이 갖는 조화미와 함께 쓴 문장을 통해 내뿜어 나오는 감동을 받습니다. 영화나 연극을 관람할 때, 감동을 받기도 합니다. 그러나 서예 전시장에서 눈물을 흘리거나 북소를 터뜨린다는 일은 거의 없습니다. 그건 서예 작품으로부터 한번 받은 감동은 평생 이어 지고 있는 듯 은은하기 때문입니다. 연극이나 영화의 감동이 배트

고 강하지만 공연장을 나온 후부터 점차 스러진다면, 셰익스피어 작품의 경우는 쓴 글이 깊은 여운에 가슴이 울리고, 기상이 넘치는 필력으로부터 기를 받아 가슴 안에 소리 없이 내면 깊은 감동이기 때문에 평생이 좌우명으로 자리 잡기도 하는 것입니다.

이처럼 셰익스피어는 금시벽해와 향상도하의 필력으로 이루어지는 생명력 넘치는 형상과, 울림 깊은 문장의 셰익스피어로부터 은은한 감동이 이루는 웅합과 조화의 예술인 것입니다.

## 셰익의 종류

셰익 전시장을 찾은 관람객들이 자기에게 가장 많이 하는 질문은 아마도 "이 작품은 무슨 체(體: 몸 체)예요?"라는 질문일 것입니다. 이 질문은 두 가지 의미를 내포한다고 생각합니다. 하나는 셰익가들이 쓰는 '체'가 그만큼 다양하다는 것이고, 다른 하나는 셰익 작품 전시장에 온 관람객들이 이 질문 외에는 달리 할 만한 질문이 없다는 뜻으로 이해됩니다. 그만큼 셰익에 대한 사회적 인지도가 낮습니다. 셰익 작품의 창작에서 중요한 요소가 큰 셰익 작품 감상의 포인트이기도 합니다. 그러므로 앞서 말한 '앎이 있는 필력'의 의미와 '셰익 문장'이 품고 있는 의미를 이해하면 셰익 작품에 대한 감상 능력은 자연스럽게 생깁니다. 그렇다고 해서 '체'에 대해서 알 필요가 없다는 뜻은 결코 아닙니다. 필력과 문장에 대한 이해가 있은 후에 체에 대해서도 알면 훨씬 깊이 있는 셰익 감상을 할 수 있습니다.

셰익의 '체'는 크게 자체와 서체(書體) 두 가지로 나누어

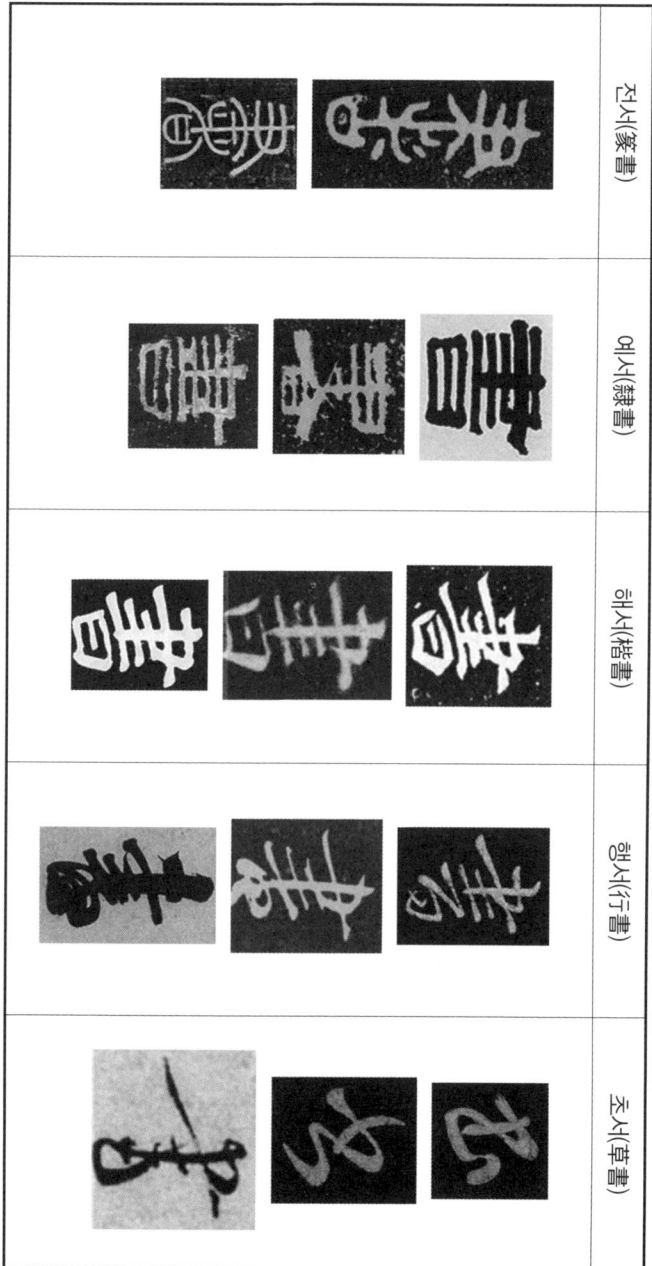

자체(字體) – 5체서

말합니다. 자체란 '글자의 꼴'입니다. 문자 특히 한자가 발전해 오는 과정에서 필획의 가감加減이나 곡직曲直 등의 변화로 인하여 문자의 구조에도 변화가 생겼을 때 그 변화에 따라 분류한 것이 바로 자체입니다. 전서체, 예서체, 해서체, 행서체, 초서체 등이 바로 자체인 것입니다.

그런데 같은 자체의 글자를 쓰더라도 개인적 취향과 예술적 감각에 따라 쓰는 사람에 따라 다른 모양으로 나타납니다. 자기 다르게 쓴 글씨(글자가 아닌)의 특징과 분위기에 따라 분류한 것이 서체입니다. 같은 해서체 자체라도 당나라 명필 구양순이 썼으면 구양순의 스타일이 있고, 안진경이 썼으면 안진경의 스타일이 있습니다. 이처럼 개인의 예술성이 반영된 그만의 스타일이 서예에서 명작으로 인정을 받을 때, 그 개인의 이름이나 호를 따

서 붙인 '구양순체', '안진경체' 등이 바로 서체인 것입니다. 주사체, 석봉체 등도 다 서체입니다. 그러므로 서체를 공부하고자 하는 사람은 우선 자신의 취향에 맞는 자체를 고른 후, 그 자체를 쓴 역대 유명 서예가 중 한 사람의 서체를 골라서 '○○○○의 서체로 쓴 ○○자체'를 연마의 교재로 택하면 됩니다. 이런 교재 선택을 '법첩法帖 선택'이라고 하고, 선택한 그 법첩을 그대로 베껴 쓰는 연마 단계를 '법첨法帖 서師 단계'라고 합니다. 법첩임서의 단계에서 금지벽해와 향상도하의 필획을 긋는 방법을 터득해야 합니다. 어느 자체, 어느 서체를 막론하고 금지벽해와 향상도하의 필획을 적용되도록 주의하며 임서의 수련을 충실히 거듭수록 장차 훌륭한 서예가로 성장할 가능성이 높습니다. 과이노프를 비롯한 모든 아기에 대한 연습구음 붕분히 연

숙련된 사람이 훌륭한 연주자로 성장하는 것과 같은 이치입니다.

부어서 쓰기 때문에 굳이 양질의 붓을 가진 비싼 바루를 사야 할 이유가 없습니다. 물론, 양질의 서체로 만든 바루에 먹을 직접 갈아서 사용하는 게 정서이고, 먹을 가는 자체가 정신 안정에 맞은 도움을 주는 이점도 있지만 바쁜 현대인 대부분이 그런 정서와 부대 효과까지 챙기에는 시간이 많이 부족하므로 이 시대에 할 수 있는 편리한 방법을 활용하는 것도 무방합니다.

이렇게 서체를 연마할 채비를 마친 다음에는 전문가 선생님을 찾아가 있는 결험을 갖는 법을 배운 후, 그런 결험을 수시로 연마하면 더할 나위 없이 좋겠지만, 전문 서예가 직업을 가질 요량이 아니라면 서예가 선생님을 아기지 않고도 스스로 마음을 가다듬어 예가 한 가지 방식을 직업을 가지고 있어 앉아서 선생님을 모실 수 없다면, 바루 또한 다양한 사이즈의 바루를 아주 생각에 살 수 있습니다. 아까래 먹을 갈아서 쓰는 게 아니고, 먹물

## 서예 준비부터 즐기는 법까지

바루에 먹을 갈아서 서예를 하면 앳날에는 먹을 갈기가 귀찮기도 하고 시간 소비도 적지 않아 선뜻 붓을 들기가 쉽지 않았습니다. 그러나 요즈음에는 먹을 갈아서 액체화한 먹물이 상품으로 다양하게 출시되었고, 서예 용지도 크기 별로 판매되고 있으며, 생상에 먹물이 배지 않도록 까는 은바 '모전毛氈'이라는 이름의 검관도 다양하게 개발되어 있습니다. 바루 또한 다양한 사이즈의 바루를 아주 생각에 살

11

라는 마음으로 붓을 움직여 마음에 드는 한 구절을 골라 천천히 쓰기 시작하면 이미 서예에 입문하게 되는 것입니다. 굳이 잘 쓰려고 하지 않는 그 '끄적거림' 자체만으로도 잔잔한 마음의 평화를 맞을 수 있습니다. 그게 바로 서예입니다. 그러므로 혼자의 힘으로도 충분히 서예에 입문할 수 있습니다.

이때 끄적거림의 대상 문장으로 이 책을 선택하기를 바라는 마음으로 이 필사노트를 준비했습니다. 필사를 하면서 제가 쓴 다양한 서체의 작품을 앞서 설명한 서체와 서예의 관점에서 살펴본다면 서예에도 큰 흥미를 느끼게 될 것입니다. 아울러 『논어』를 풀어쓴 글을 반복적으로 필사하다 보면 어느새 마음에 평화가 내려앉게 될 것입니다. 그리고 어느 순간에 이르러서는 붓이 종이 위를 지나면서 내는 '소리 없는 소리'를 은연중에 듣게 될 것입니다.

반드시 붓으로 쓰는 붓글씨가 아니어도 괜찮습니다. 붓글씨라면 금상첨화이겠지만 붓펜이나 네임펜, 볼펜도 괜찮고 연필도 좋습니다. 손으로 글씨를 쓴다는 것 자체만으로도 컴퓨터 자판을 두드리면서 쉽지 바쁘게 쫓기던 마음을 내려놓을 수 있고, 모니터 불빛 때문에 시큰해진 눈을 하얀 종이의 소박함 위에서 쉬게 할 수 있습니다. 볼펜이나 연필로 살아 있는 필획을 어떻게 긋느냐고요? 네, 그럴 수 없습니다. 볼펜이나 연필에는 붓과 같은 유연성이 없기 때문에 획일적인 가는 선(線)화에 아니진만 그럴 수 있을 뿐, 살아 있는 필획은 그릴 수 없습니다. 그러므로 볼펜이나 연필 등 딱딱한 필기구로 필사를 하실 때는 윤곽으로만 그려 넣은 채 글씨를 참고하시기 바랍니다. 윤곽 안이 검게 될 때까지 몇

변이고 민복해서 쓴다 보게 제가 쓴 원본 작품에서 느낄 수 있는 살아 있는 펄홍이 느낌을 조금씩 느끼게 될 것입니다. 살아 있는 펄홍이 느낌이 자신도 모르는 사이에 눈에 익게 되는 것입니다.

서예는 붓이 가는 바를 듣고, 고수는 고수대로 붓이 가는 바를 듣는 수련입니다. 초보는 초보대로 붓이 가는 바를 듣습니다. 아직 '붓이 가는 바'란 말을 느끼지는 게 비록 서예입니다. 아직 '붓이 가는 바'란 말을 들리겠습니까? 아무리 초보라도 붓을 움직이다 보면 마음이 가는 바를 듣게 됩니다. 그렇게 마음이 가는 곳에서 붓이 가는 바를 듣는 것입니다.

### 펄사노트를 붙이며

『펄행만년: 서예로 읽는 독자들에게 초연하게 열린 펄사 노트를 점부한 것은 독자들로 하여금 초연하게 열린 마음으로 붓이 가는 바를 듣는 경험을 하시도록 하고 싶다는 소망 때문입니다. 서예, 아니 펄사를 처음 시작하는 초보는 붓이 가는 고수대로 만년필이든 내가 쓰는 도구가 내 마음을 신고서 이야기를 향해 떨쳐가

는 음악은 차편리 소리가 없어는 못합니다. 붓을 움직이면서 '지어무성'과 같은 소리는 듯는 게 바로 지야무성이라는 말이 있습니다. 지금한 경지의 음악은 차편리 소리가 없어는 못합니다. 붓을 움직이면서 '지어무성'과 같은 소리는 듯는 게 바로 서에는 붓이 가는 바를 듣는 정지입니다.

모든 느끼는 게 비로 서에입니다. 아직 '붓이 가는 바'란 말이 기는 바를 듣게 됩니다. 그렇게 마음이 가는 곳에서 붓이 기는 바를 듣게 됩니다. 서에, 아니 펄사를 처음 시작하는 초보는 붓이 가는 고수대로 만년필이든 연필이든 내가 쓰는 것과 같은 소리를 듣다가 무남무성의 세계에 빠져드는 게 비로 서에 공과 같은 소리를 듣다가 무남무성의 세계에 빠져드는 게 비로 서에

13

는 소리를 듣는 경험을 하게 하고자 부록으로 덧붙인 것입니다.

제 경험에 의하면 글씨 쓰기는 정말 소리를 냅니다. '소리 없는 깊은 소리'를 냅니다. 그 소리는 바로 '이루어짐'의 소리입니다. '인내, 인내…'라고 쓰다 보면 어느새 평화로운 마음으로 참고 있는 나를 발견하게 됩니다. '적복(積福: 복을 아끼자)' 두 글자를 쓰는 동안에는 정말로 내게 주어진 복을 아끼며 늘 감사하는 마음으로 살아야겠다는 다지는 소리를 듣게 됩니다.

저는 해마다 부모님 제삿날이면 매번 축문과 지방(紙榜: 종이로 만든 신주)을 꼭 붓글씨로 직접 쓰고 있습니다. 잘 쓰려고 하지도 않고 일부러 집중하려 애쓰지 않아도 저절로 집중이 되면서 어느덧 아버님, 어머님의 혼령이 내 곁에 와 계심을 느낍니다. 조심스레 지방을 모시고, 향을 피우고, 잔을 올리고, 축문을 읽는 순서가 되면 실제로 부모님과 대화를 하는 느낌을 받습니다. 울적하지 않을 수 없습니다. 성당에서 성경 필사를 권장하는 이유, 불전에 불경 필사를 공양하는 이유도 마음을 하나로 모아 정성 들여 필사를 하다 보면 실제로 천주님의 계시를 듣거나, 예수님을 만나거나, 부처님의 현현顯現을 경험할 수 있기 때문일 것입니다. 굳이 헬레나트 엔 클라우주의 저서 『종이 위의 기적, 쓰면 이루어진다』를 거론하지 않더라도, 쓰다 보면 마음이 안정되고 뜻이 이루어지는 느낌을 받게 됩니다. 이 필사노트가 많은 사람들에게 자신을 돌아보고 마음을 안정하며 예의 유명 구절을 실제로 실천하는 데 도움이 되기를 바랍니다.

"중마시초성駿馬嘶草聲, 미인탄금성美人彈琴聲, 성수호醒睡豪, 붓이 아동독서성兒童讀書聲" 이라는 옛글이 있습니다. "잘 달리는 말이 풀을 뜯는 소리, 미인이 금을 타는 소리, 그 소리가 비록 좋지만 아이가 글 읽는 소리만은 못하다"라는 뜻입니다. 저는 이 구절에 나오는 '아동독서성'에다 '필자소지성筆之所之聲' 즉 '붓이 가면서 내는 소리' 하나를 추가하고 싶습니다.

이 세상 많은 사람들이 무향이 맨 붓이 잡아 있는 필획을 그으면서 내는 소리를 들을 수 있는 세상이 되기를 희망합니다. 꼭 붓이 아니더라도 볼펜, 만년필, 연필이 필획을 그으며 지나가는 소리만큼 들으면서 그 소리를 내 마음이 희망과 소원을 향하는 소리로 들을 수 있기를 바랍니다. 그리고 마침내 다 이루는 소리, 인내도 이루고, 사랑도 이루고, 꿈도 이루고, 행복도 이루는 소리를 들으시기를 기원합니다. 『필향만리』를 펼치하는 과정에서 그런 모든 아름다운 소리를 들으시고 또 이루시는 기적 아닌 기적을 이루시기를 빕니다.

2025년 11월
김병기

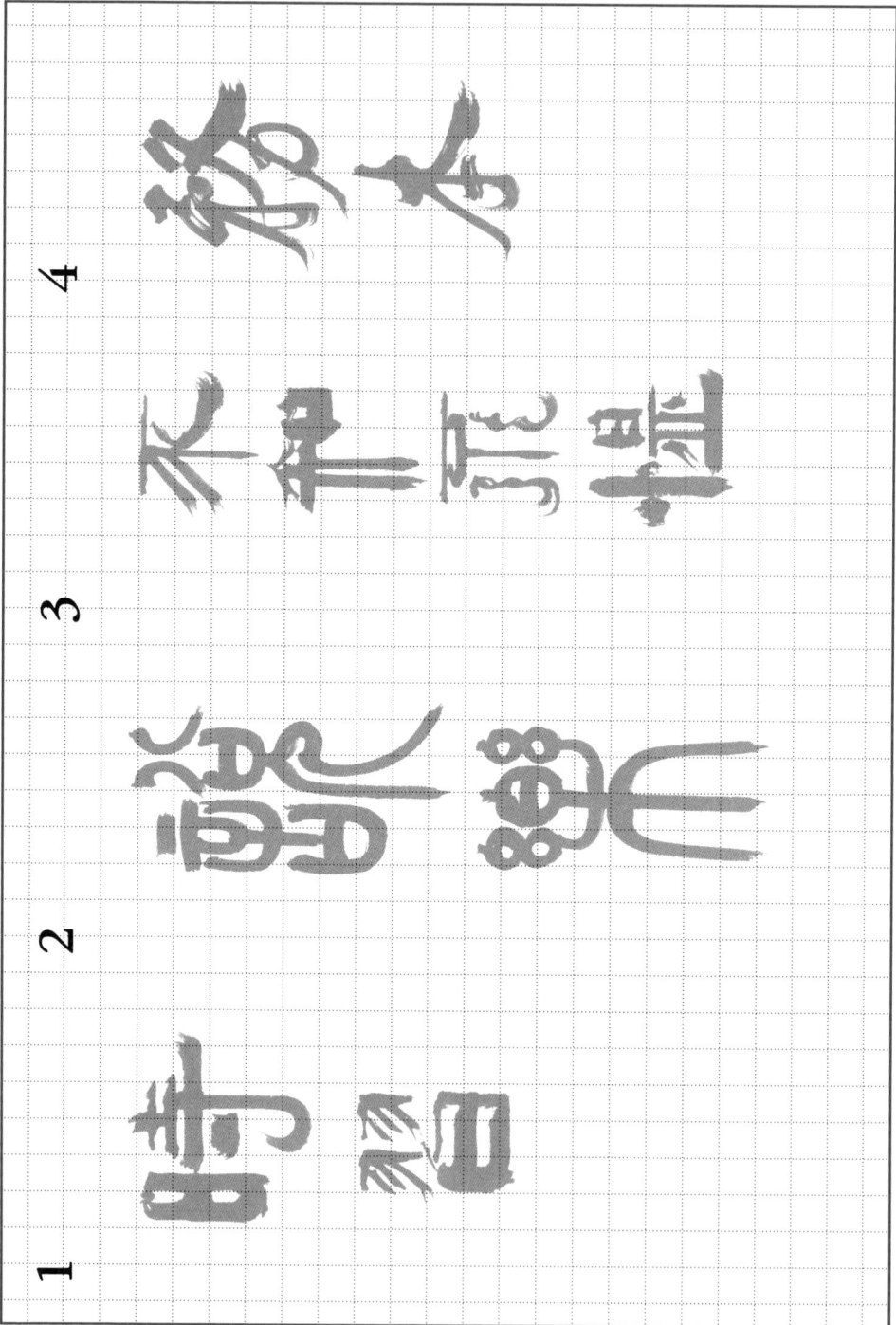

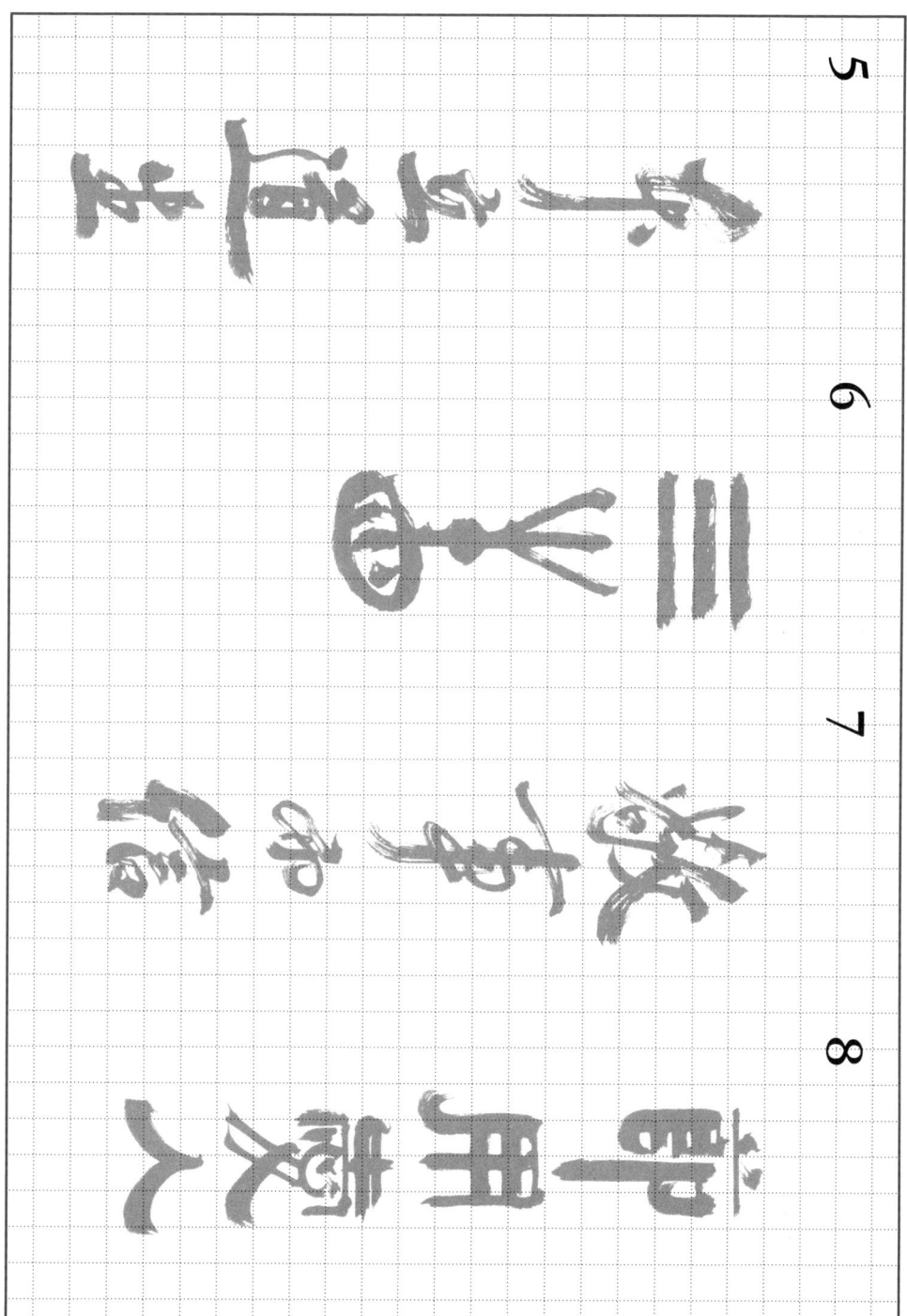

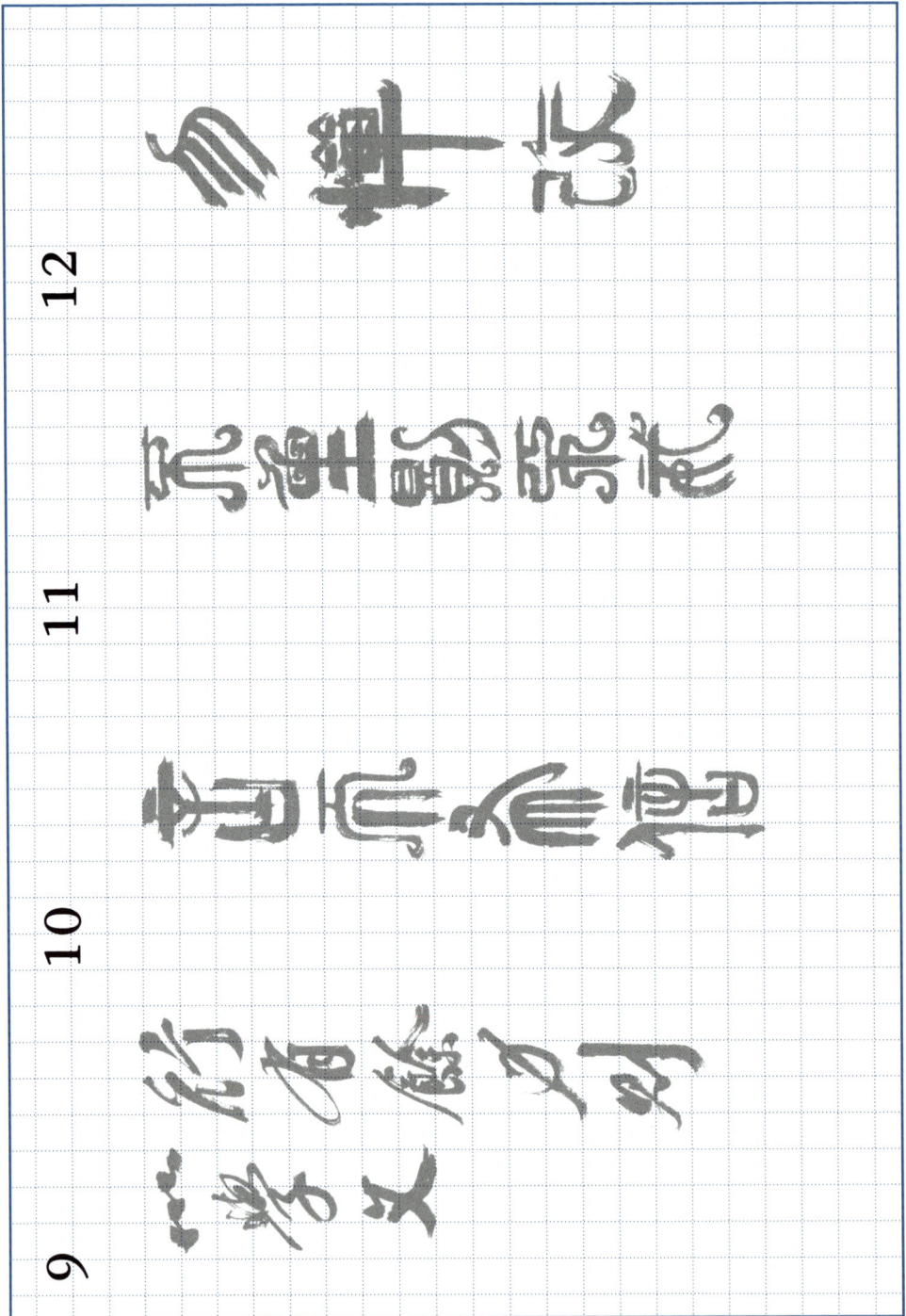

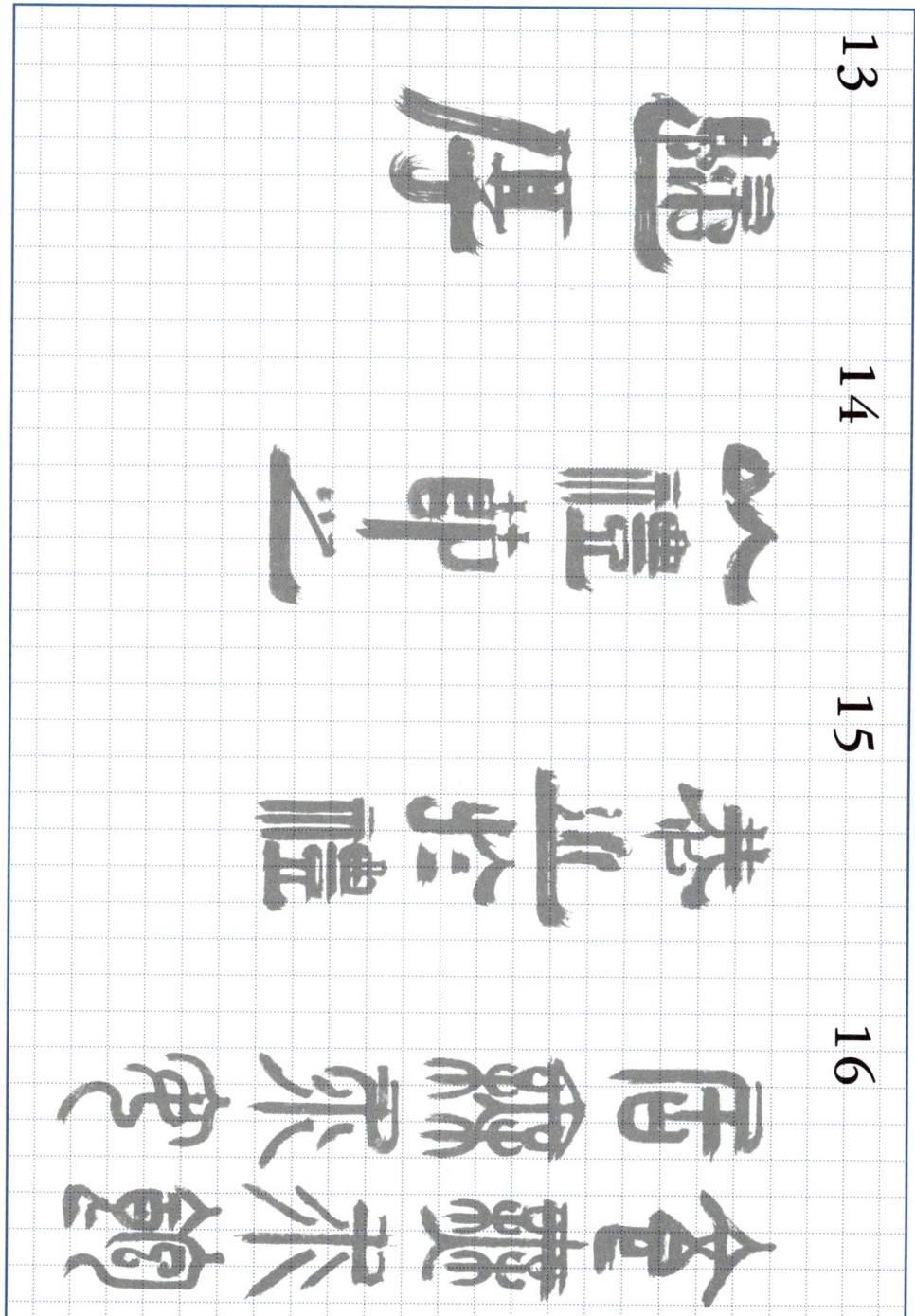

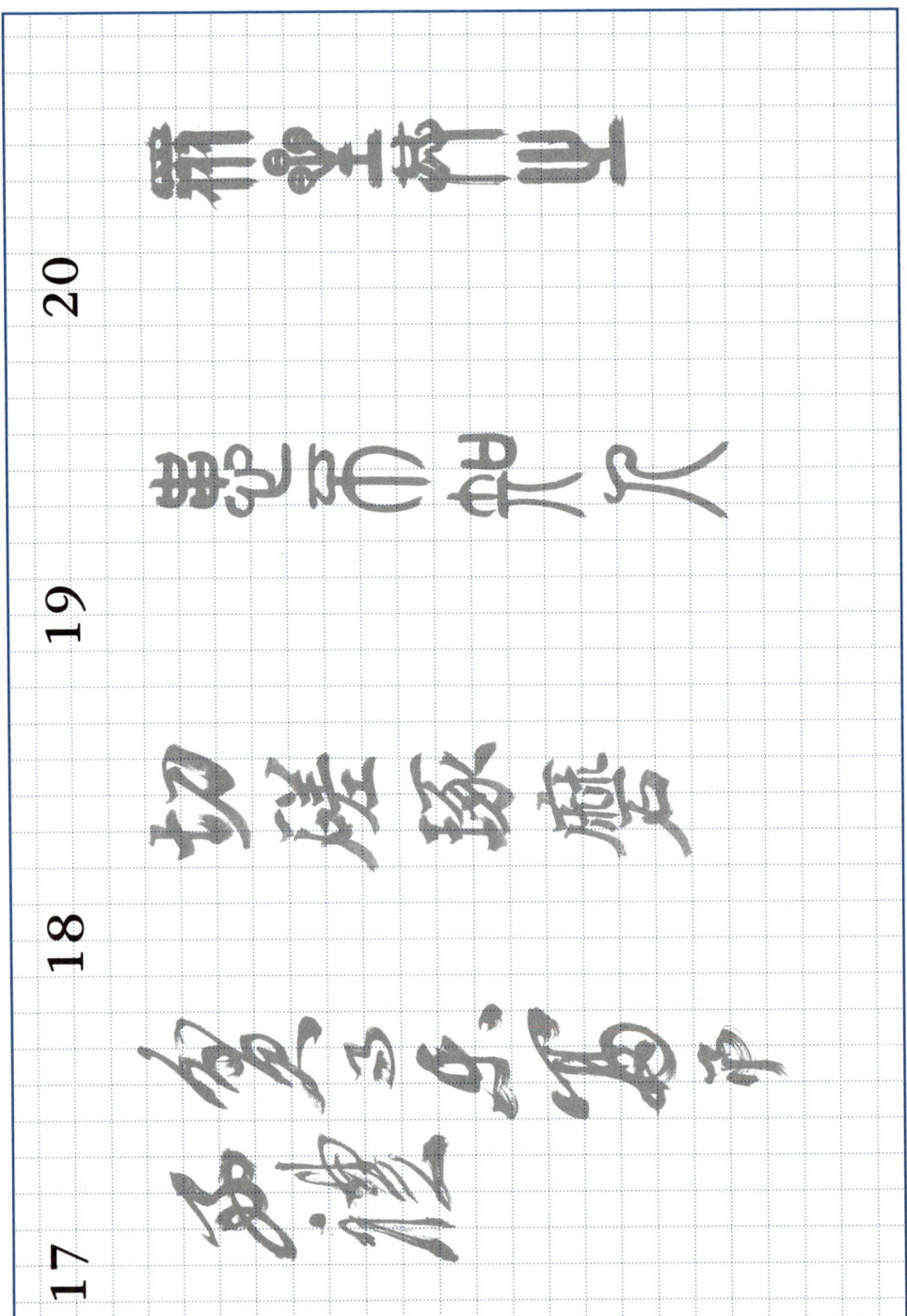

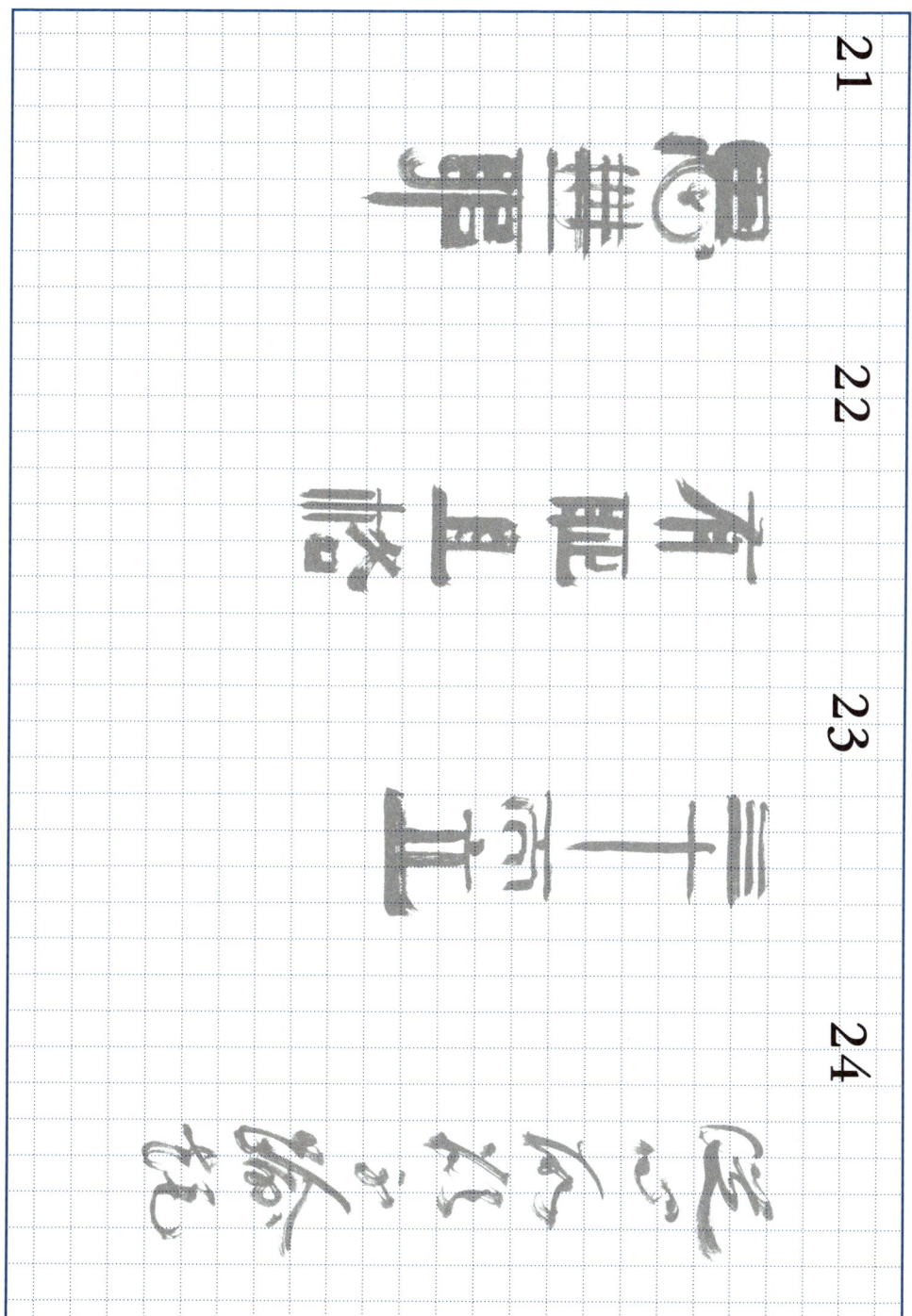

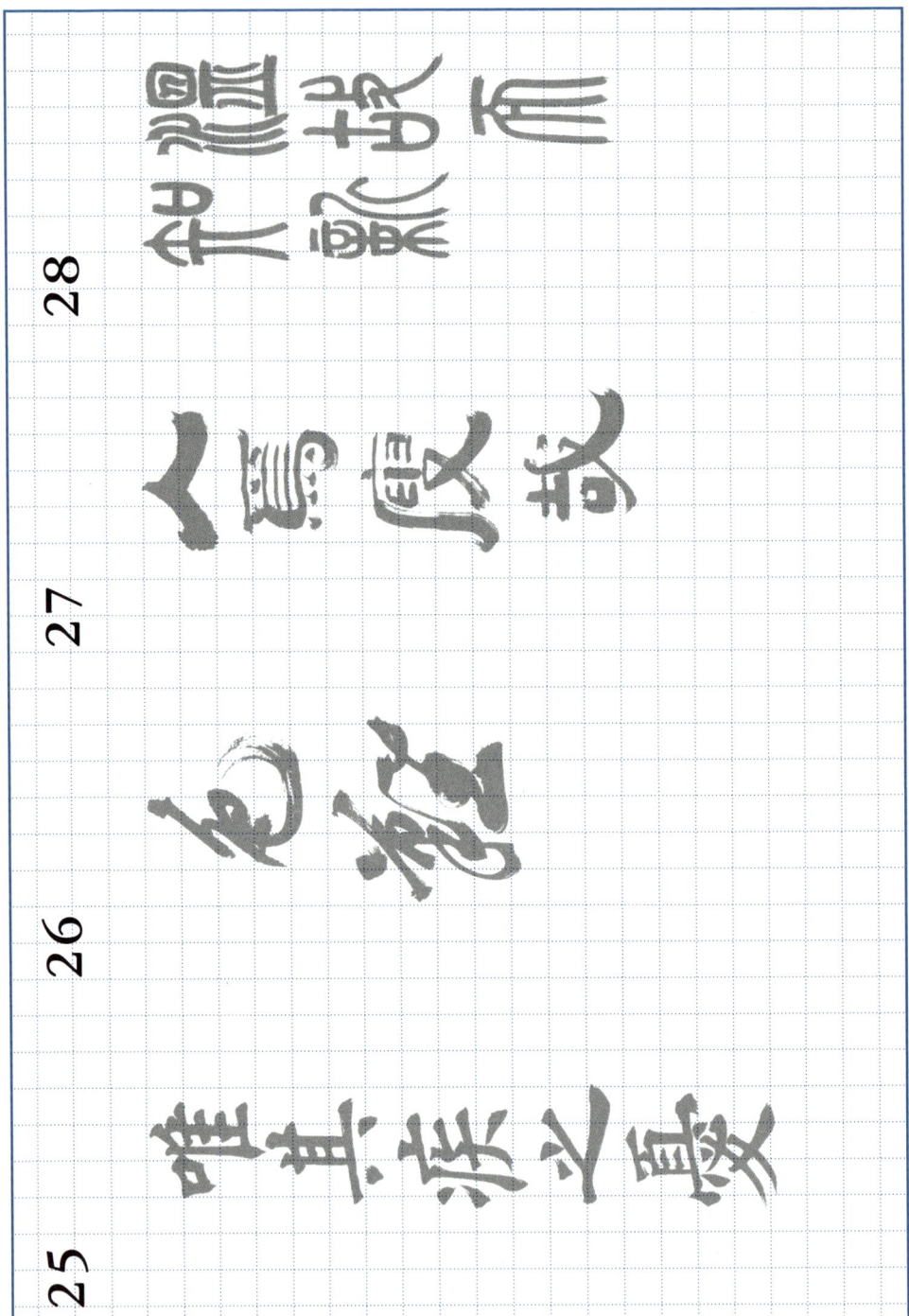

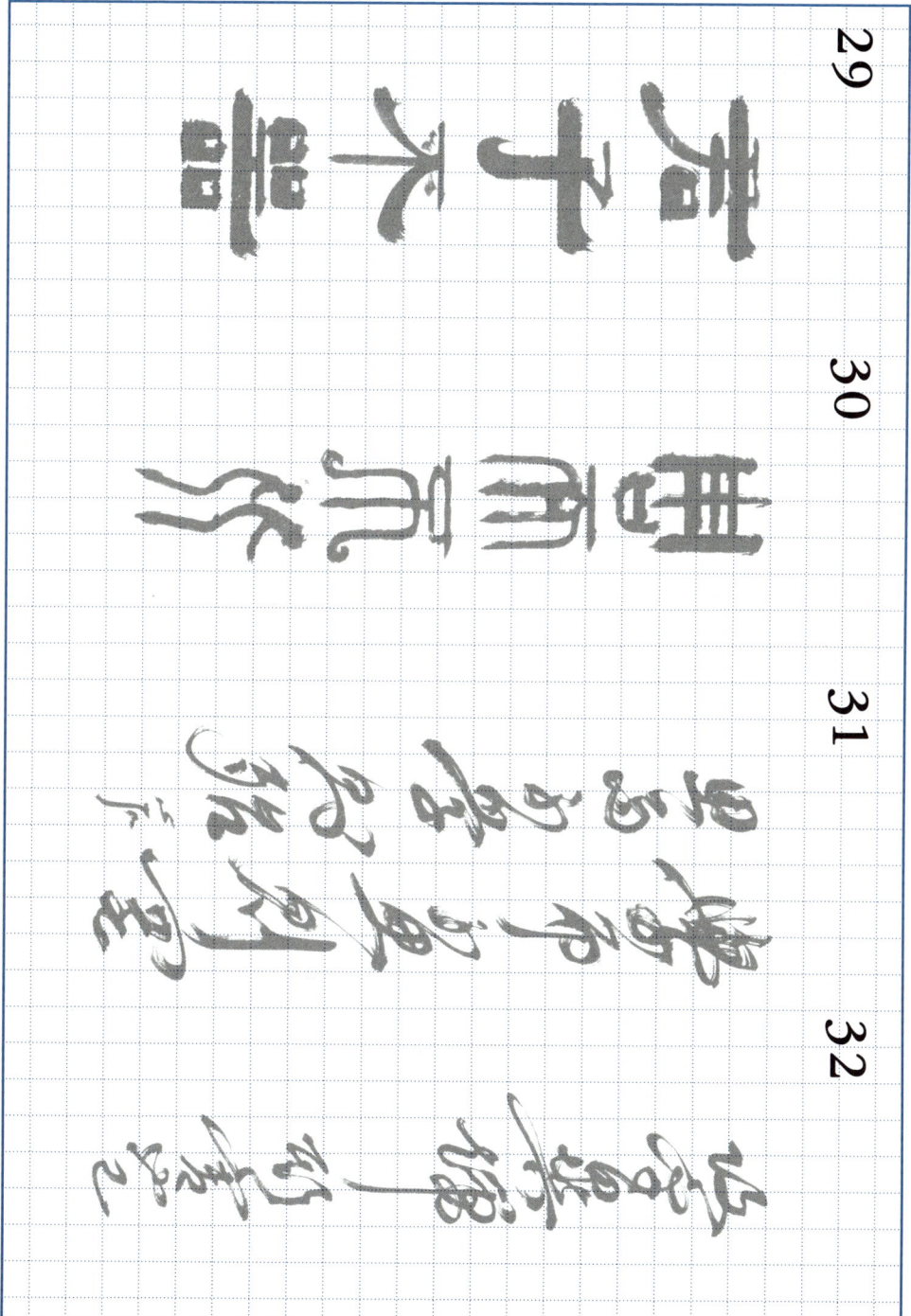

33

34

35

36

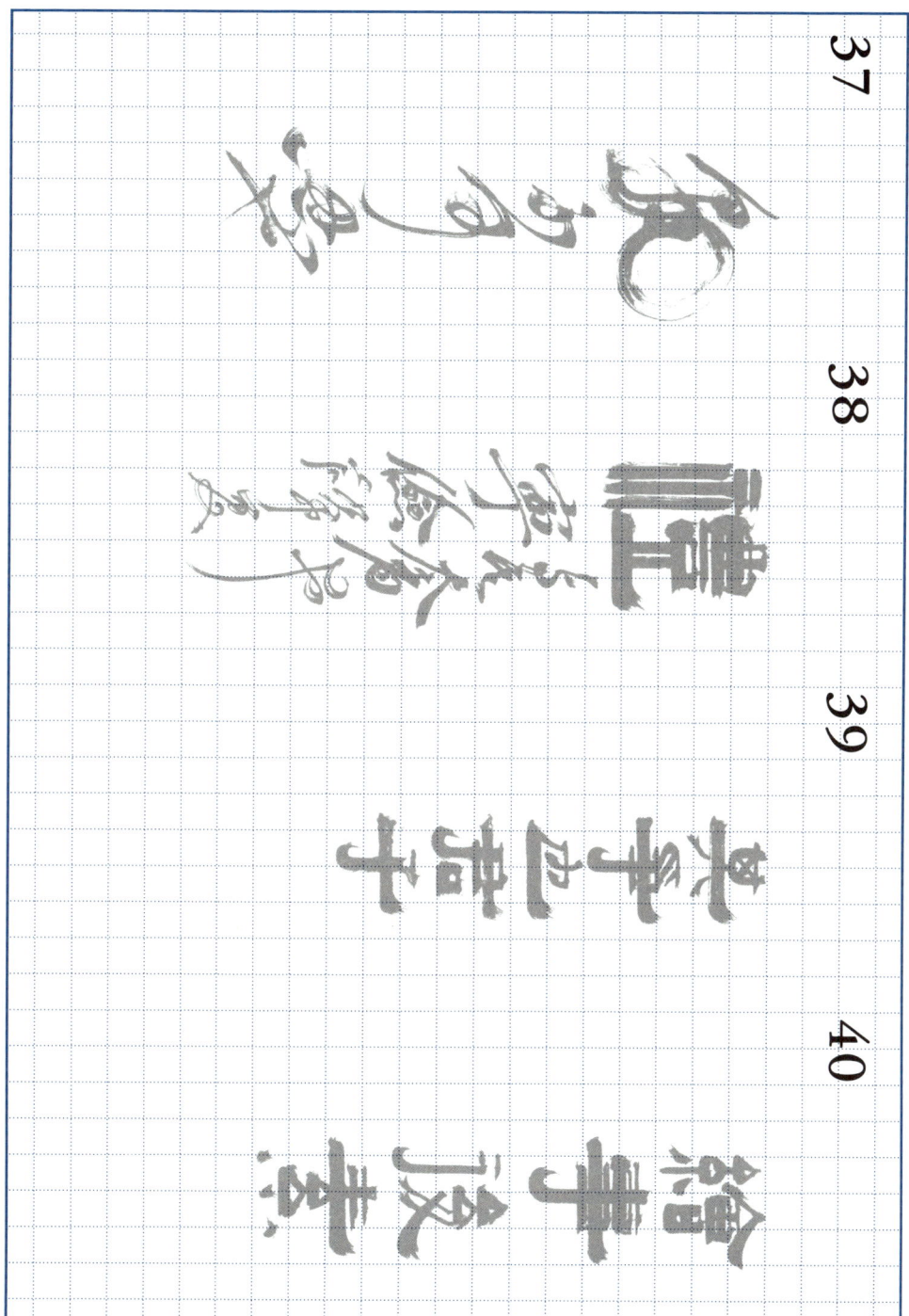

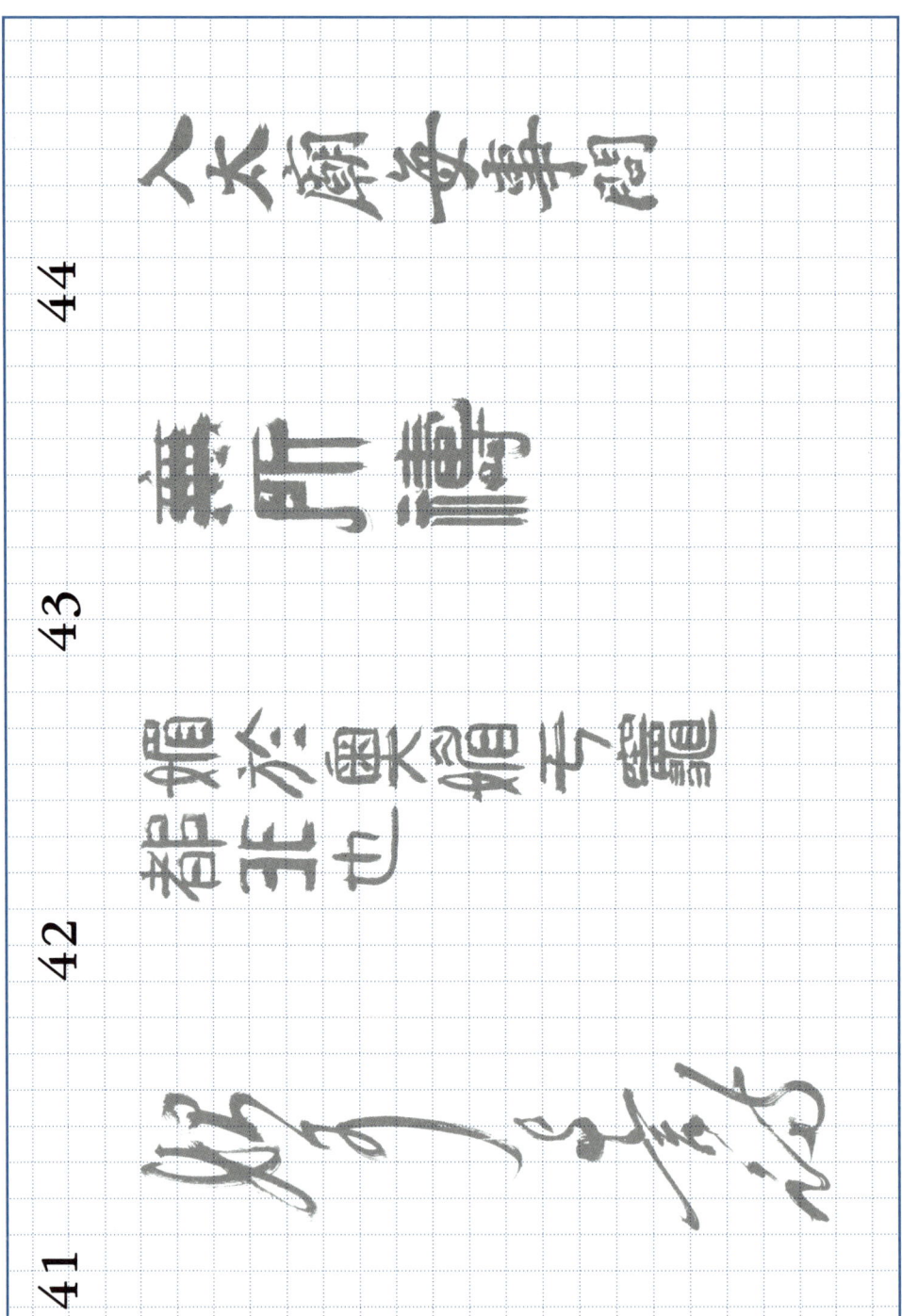

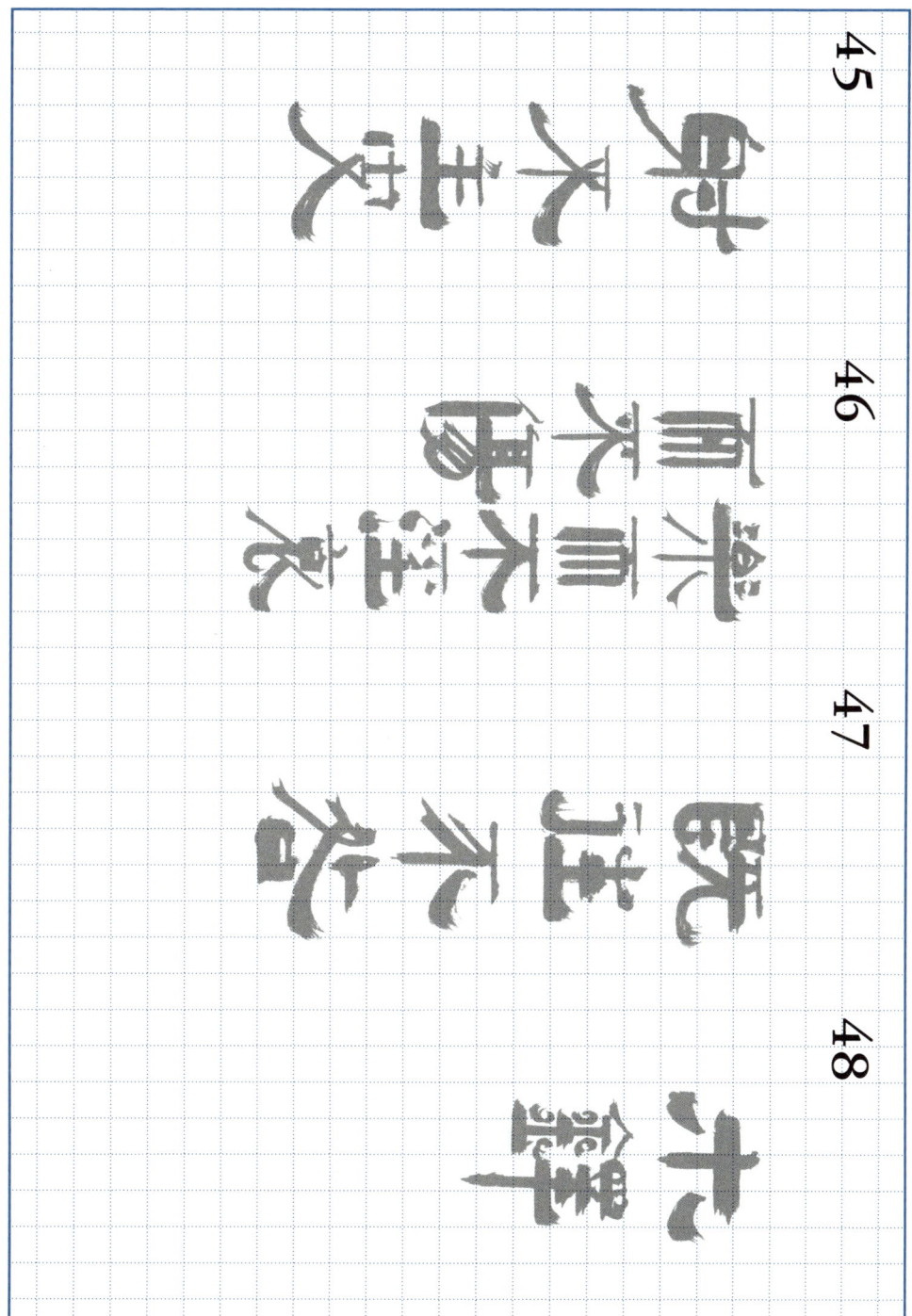

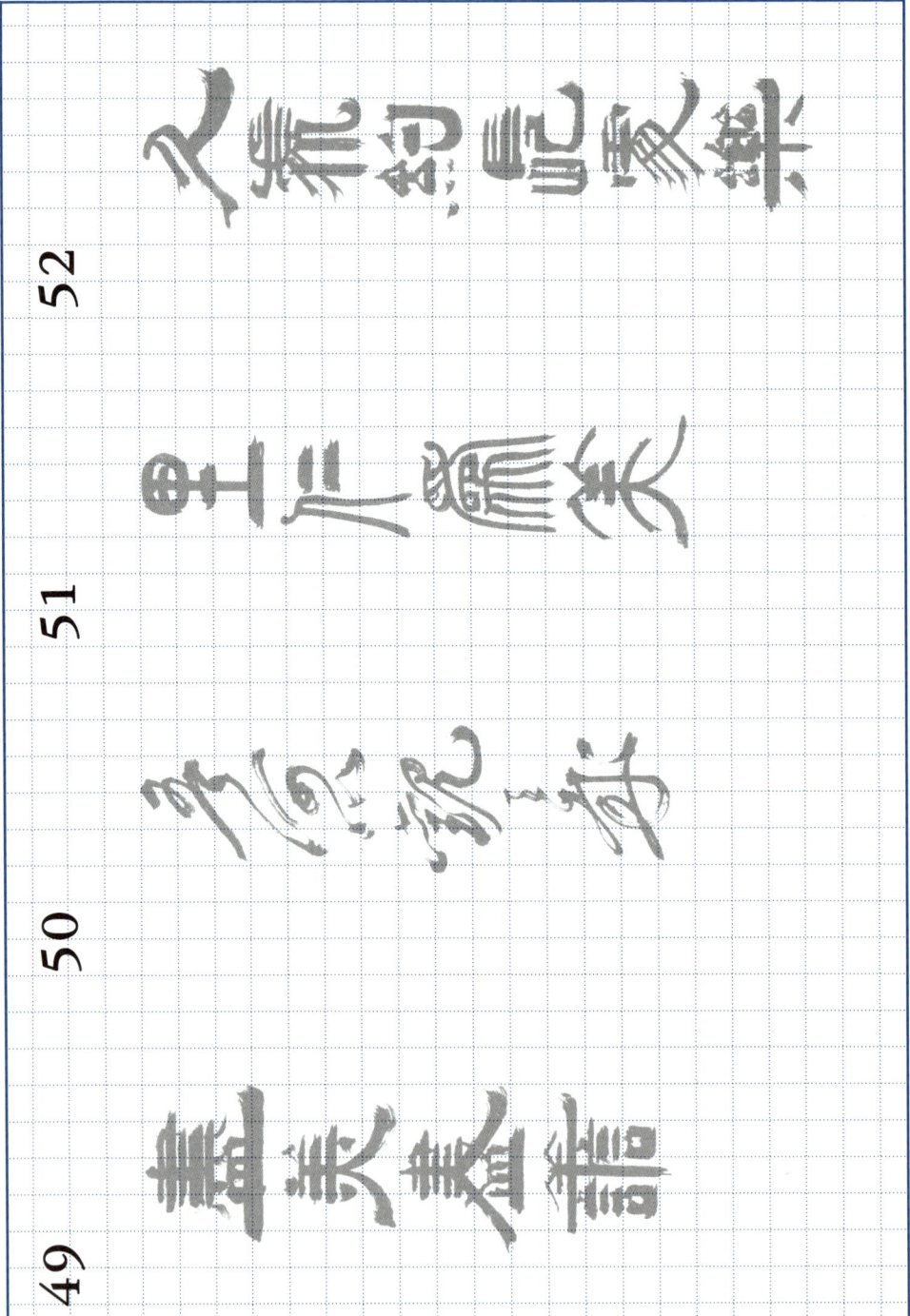

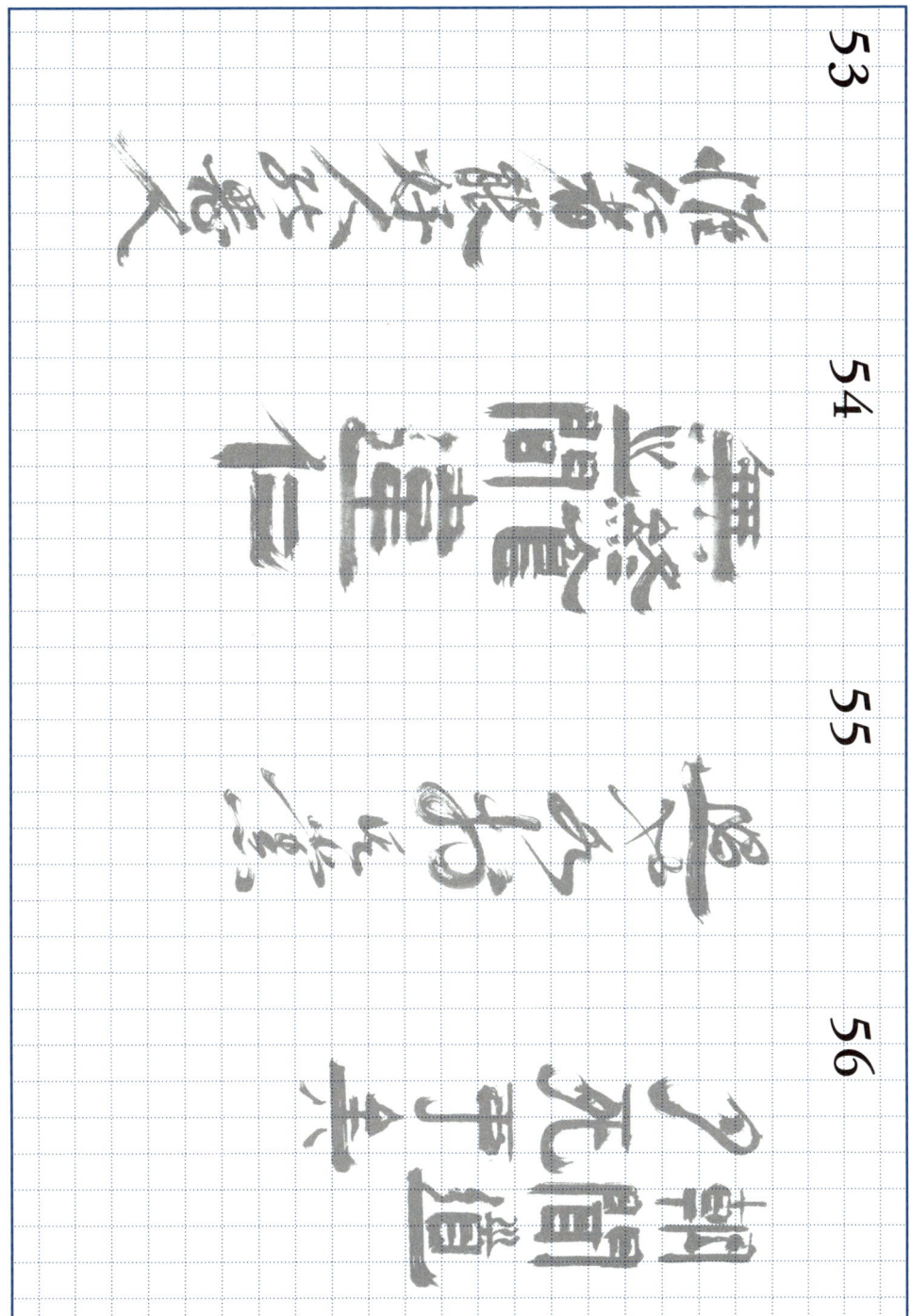

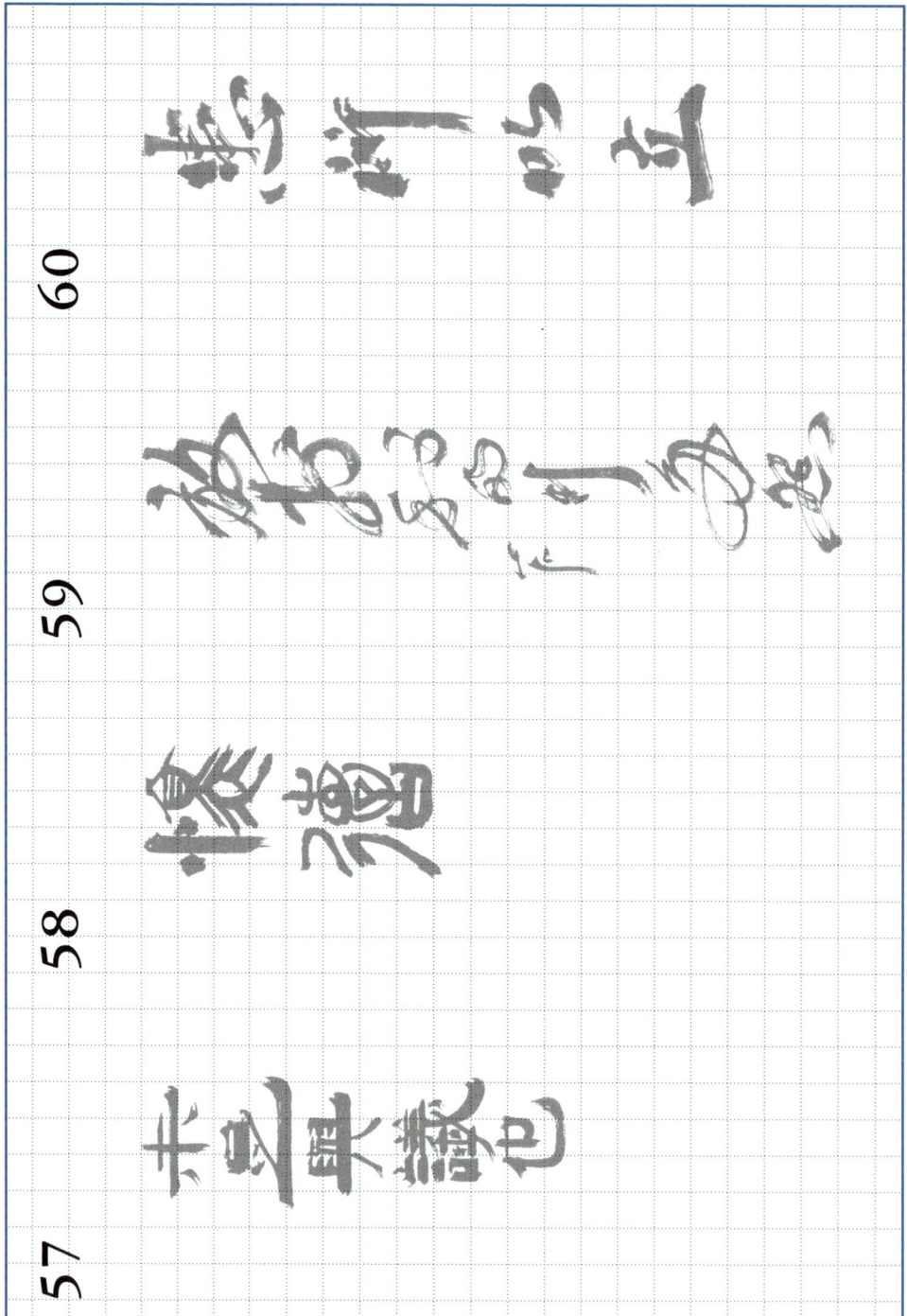

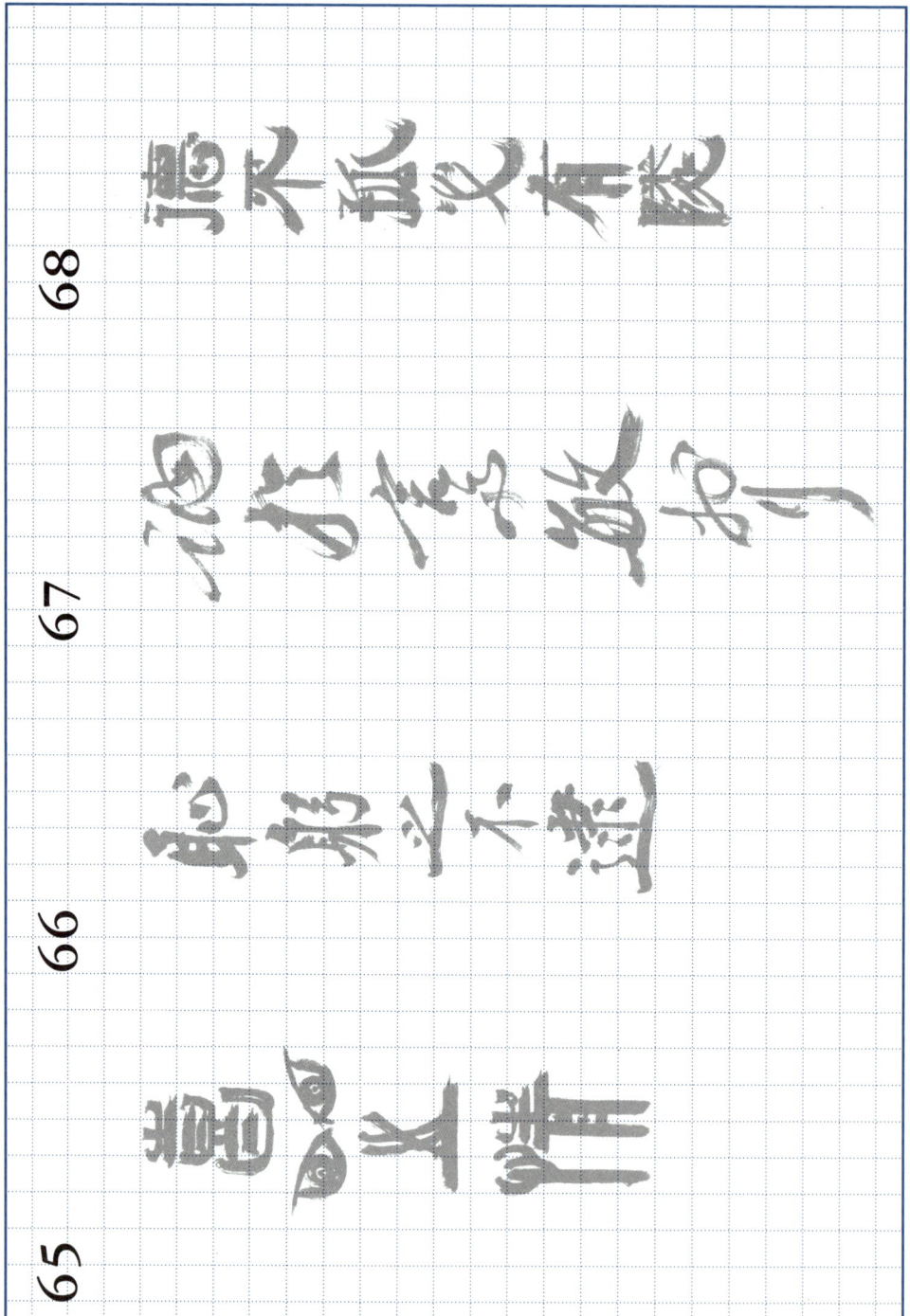

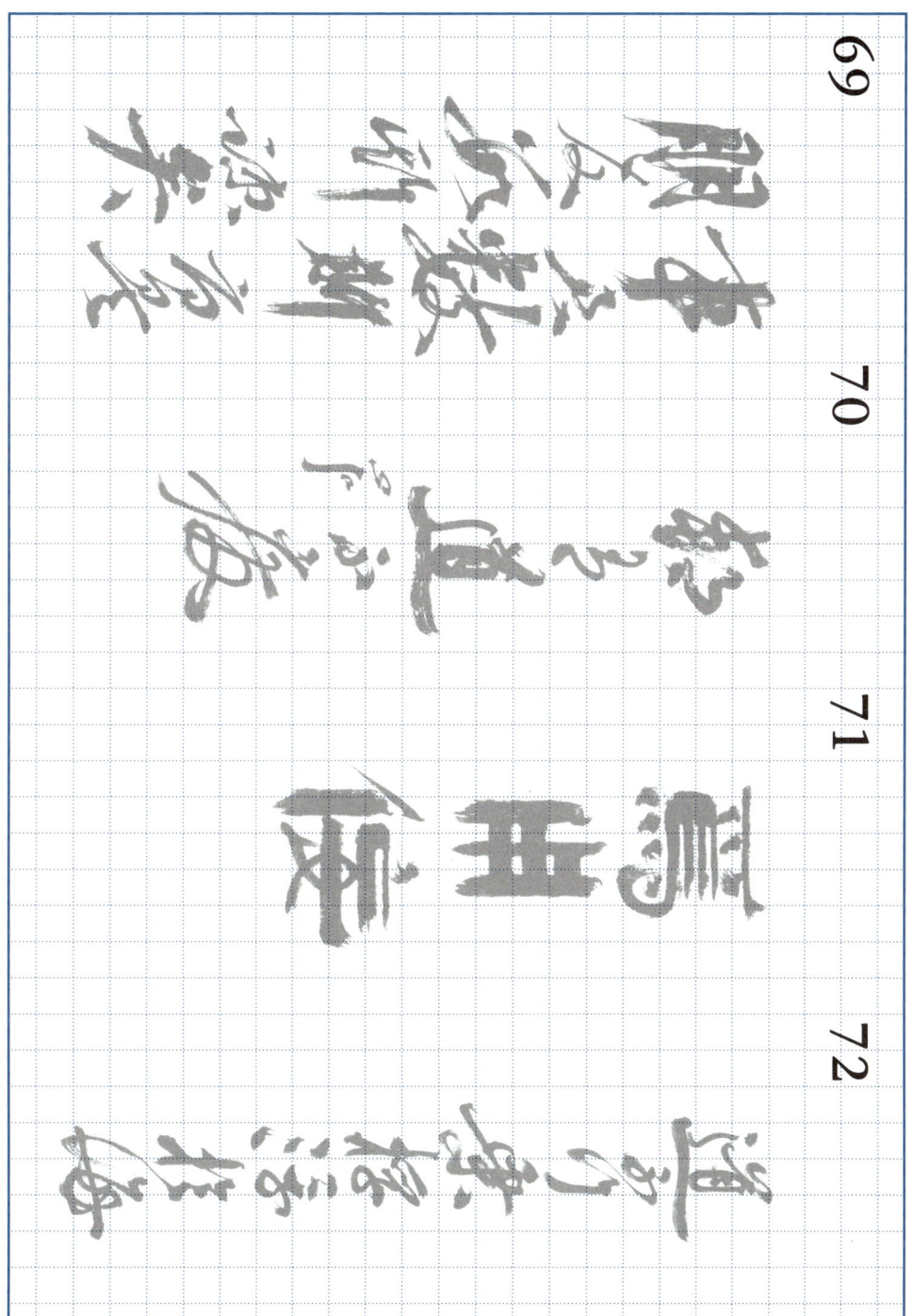

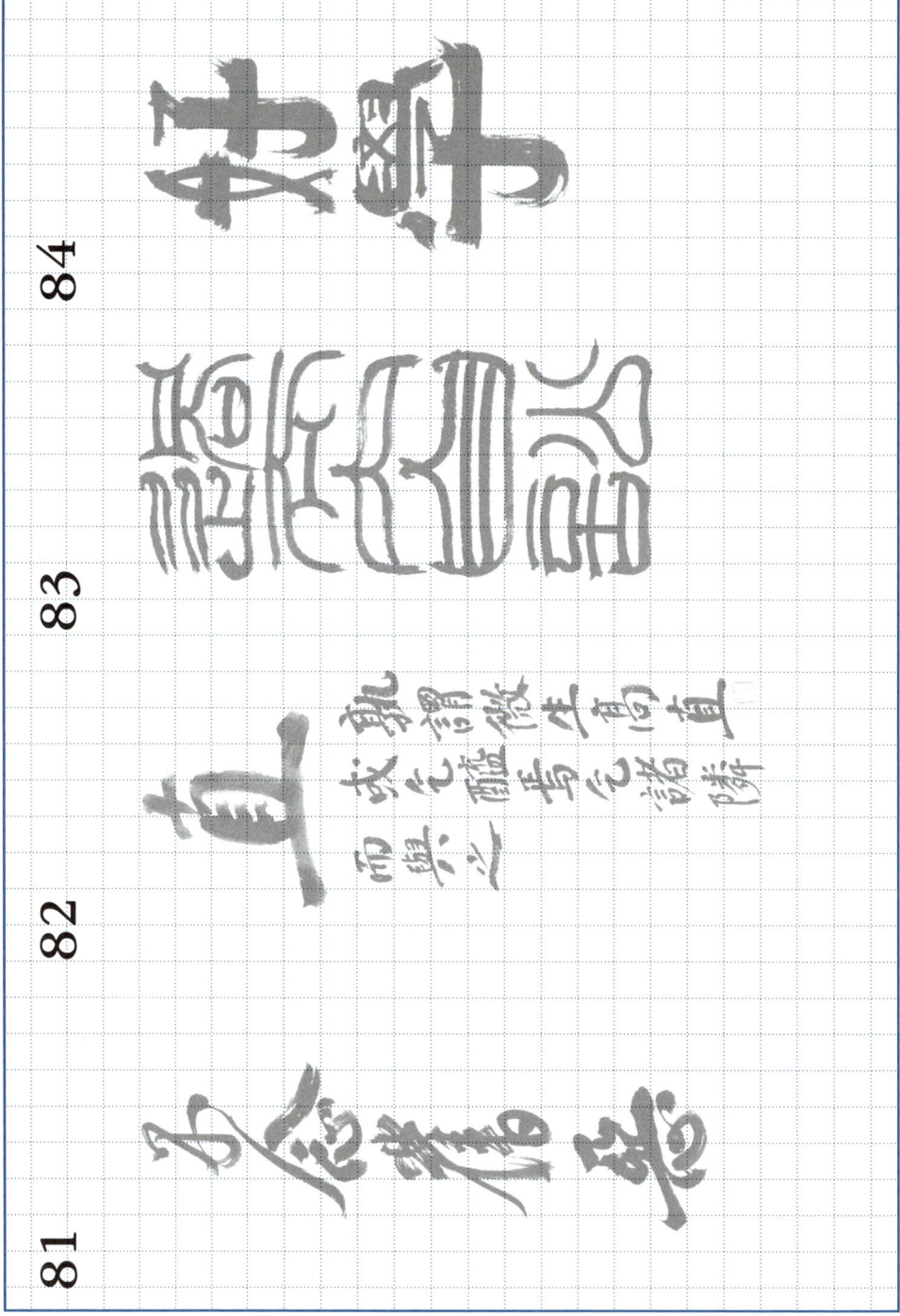

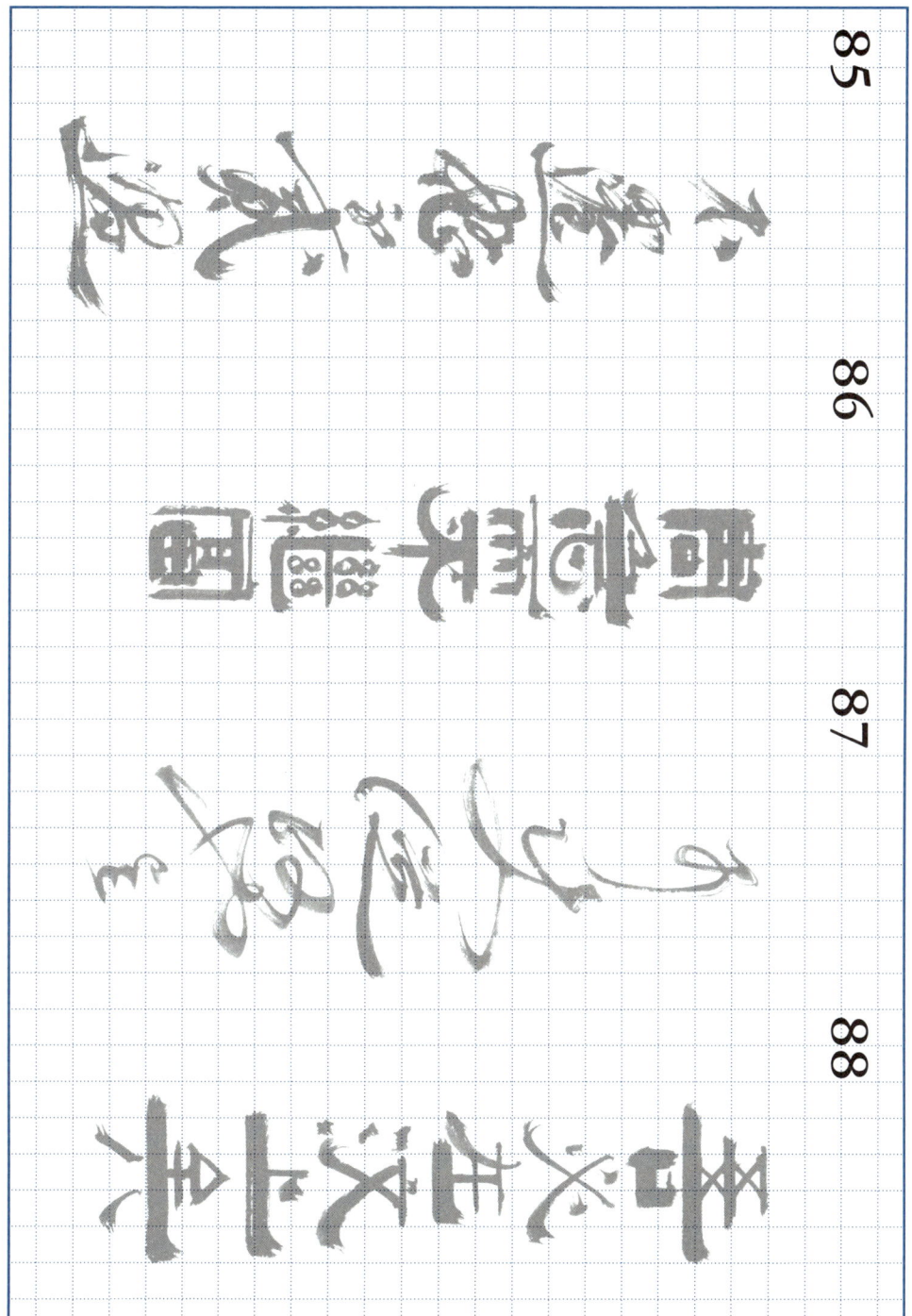

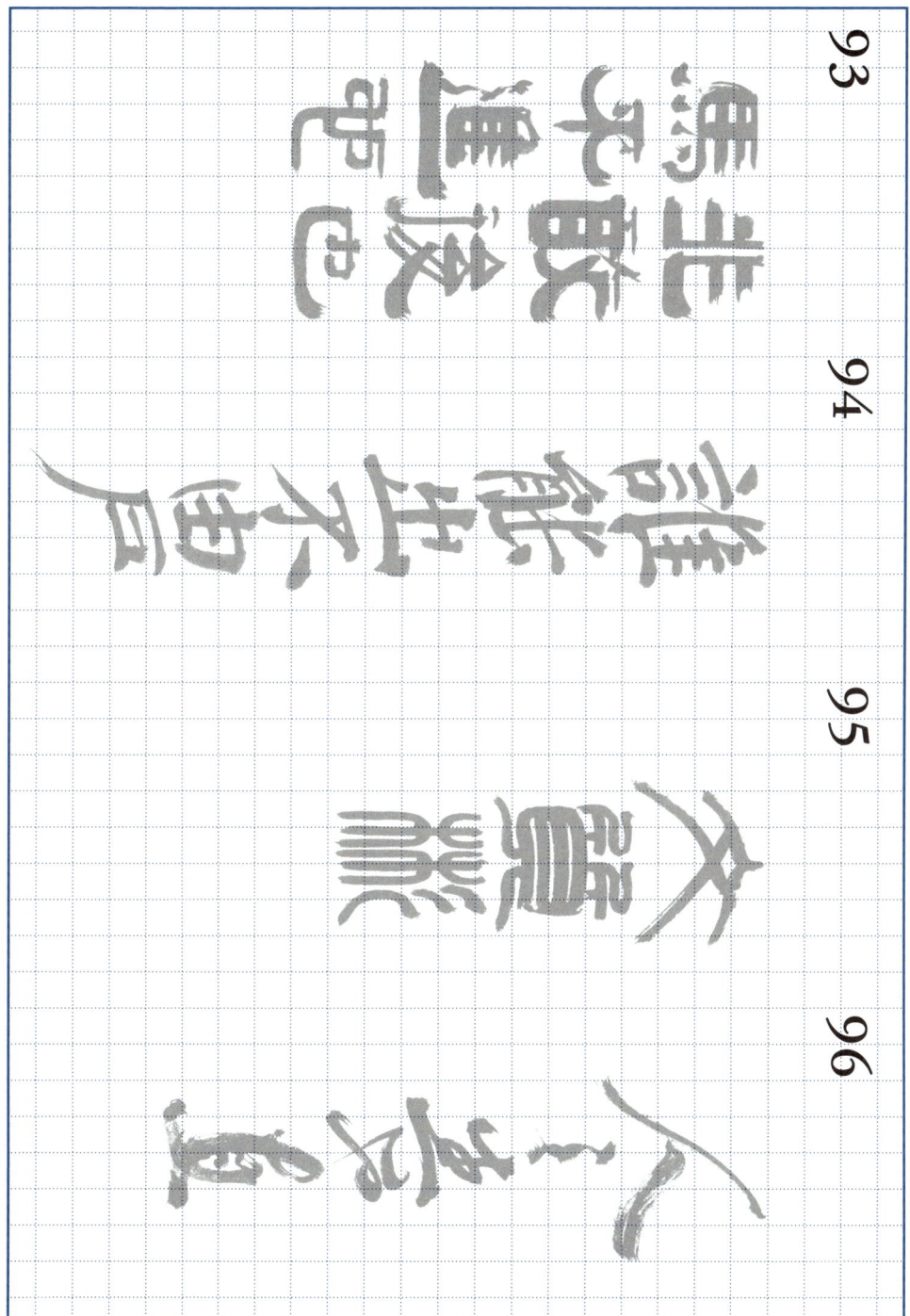

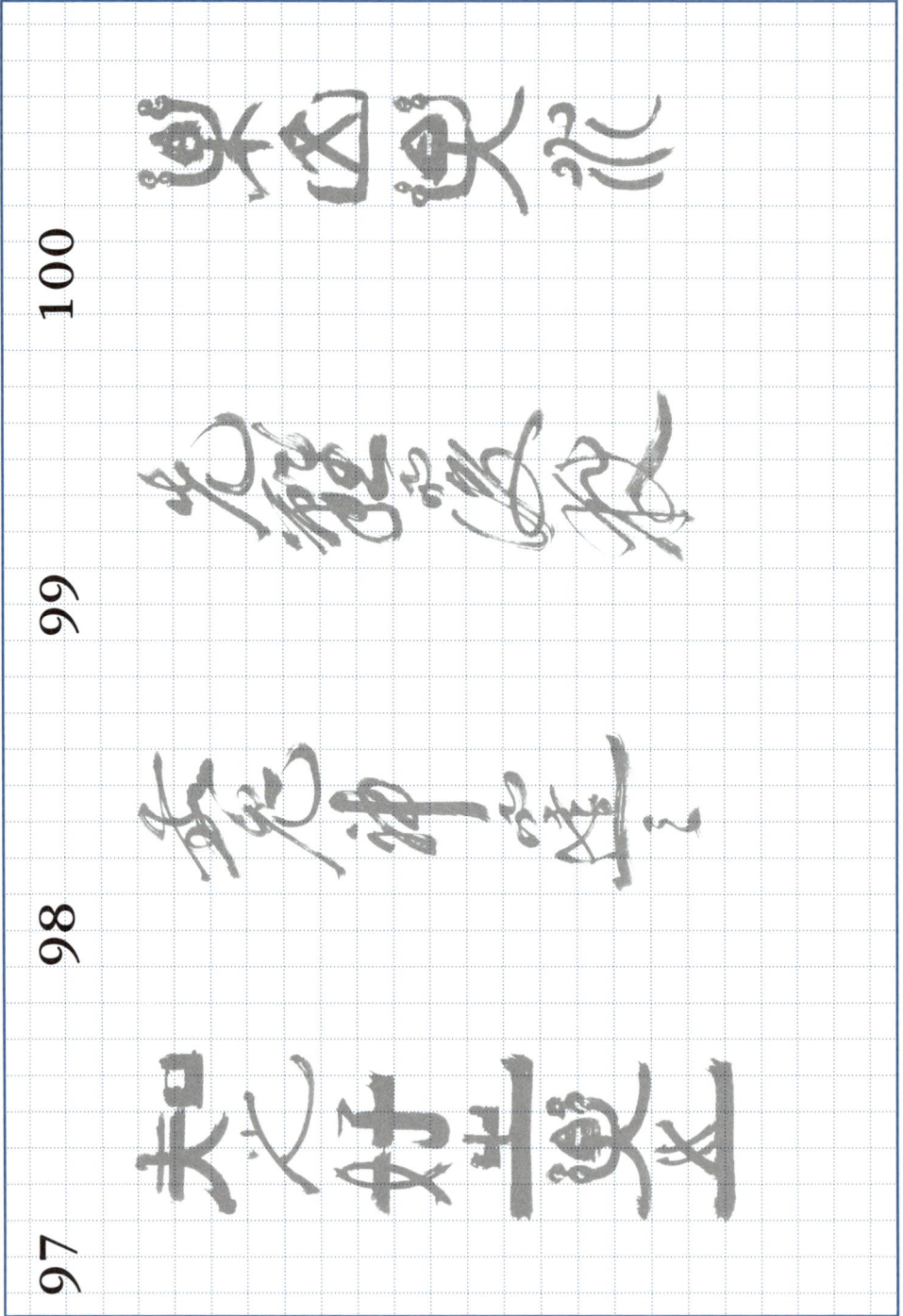

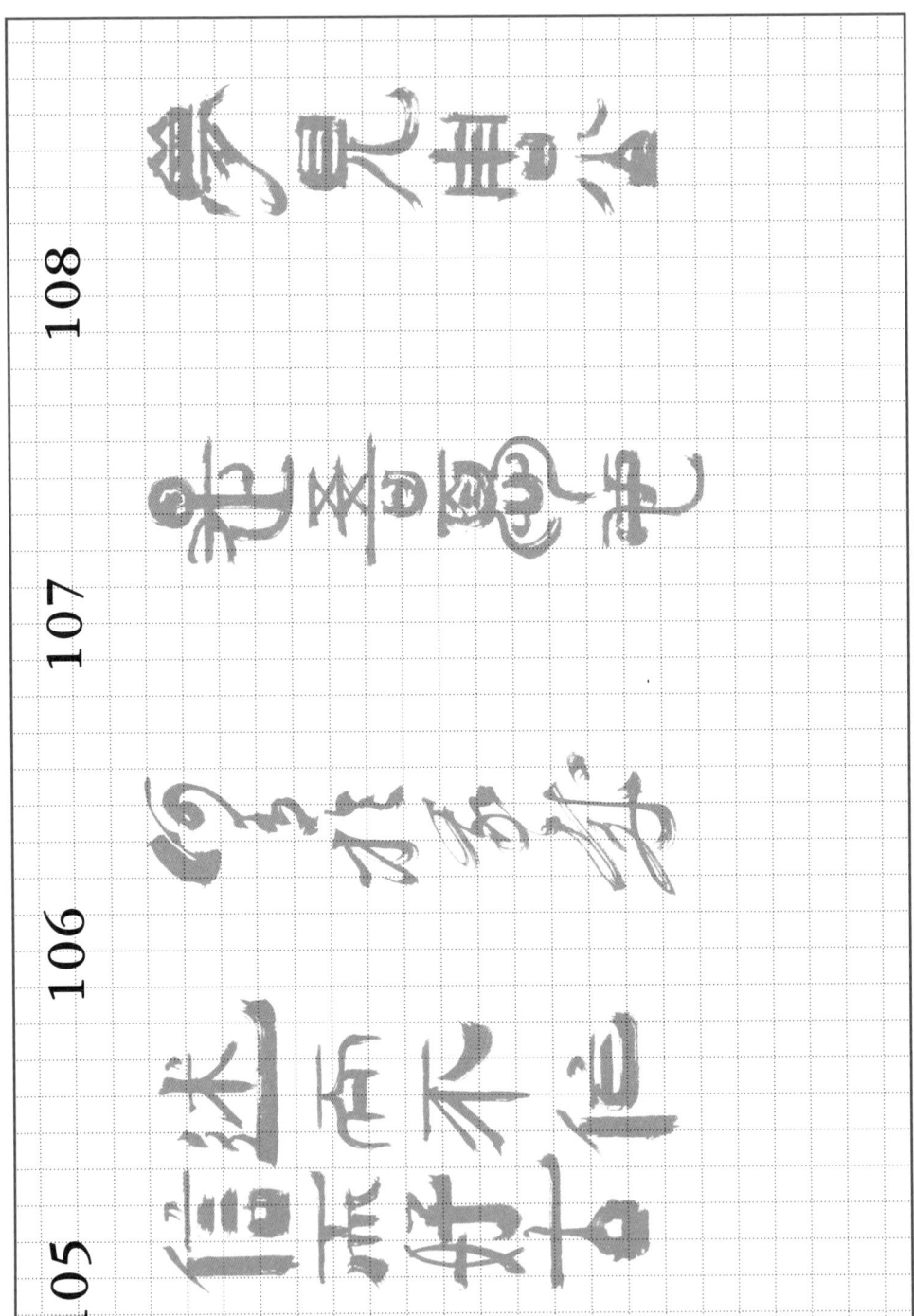

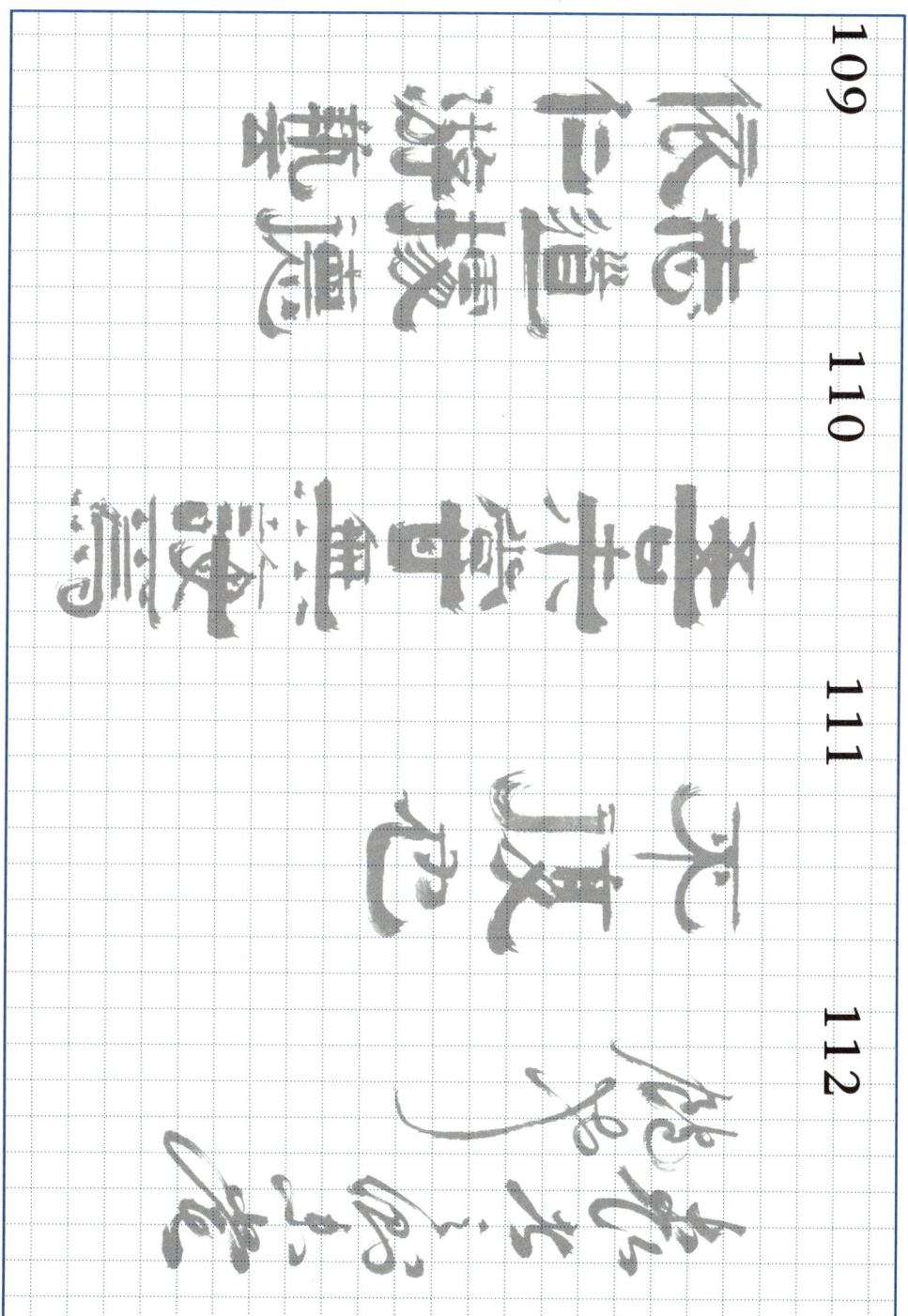

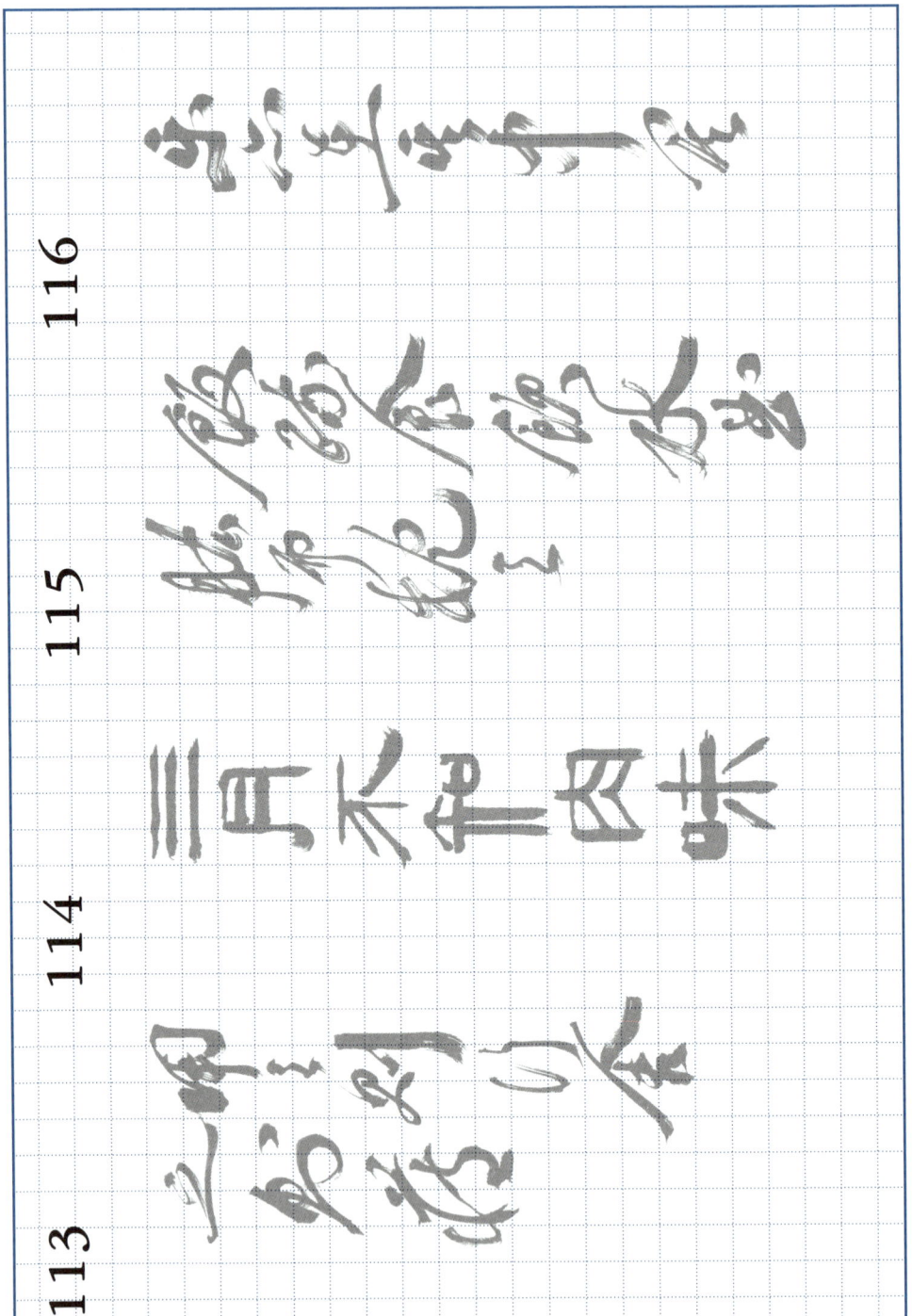

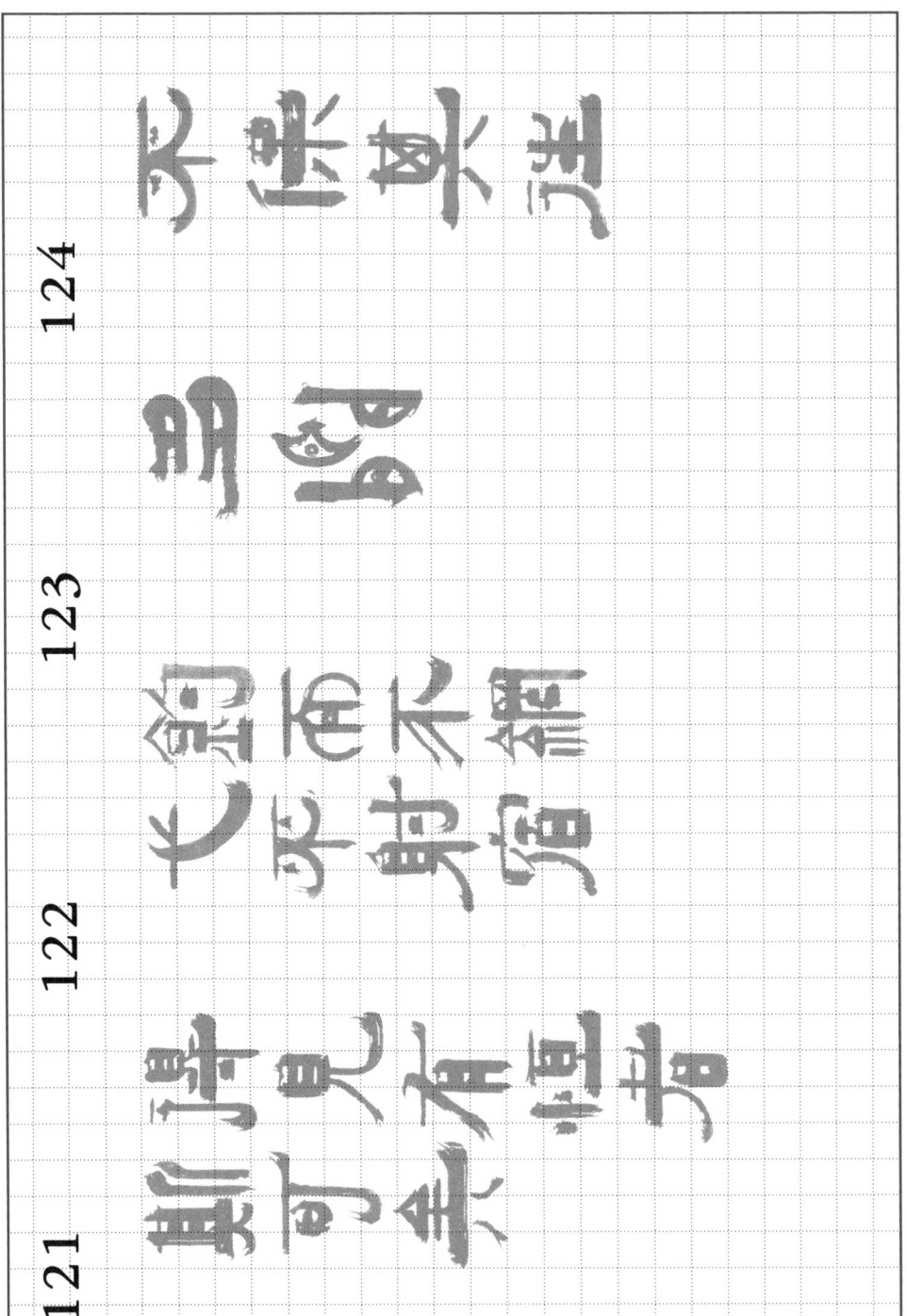

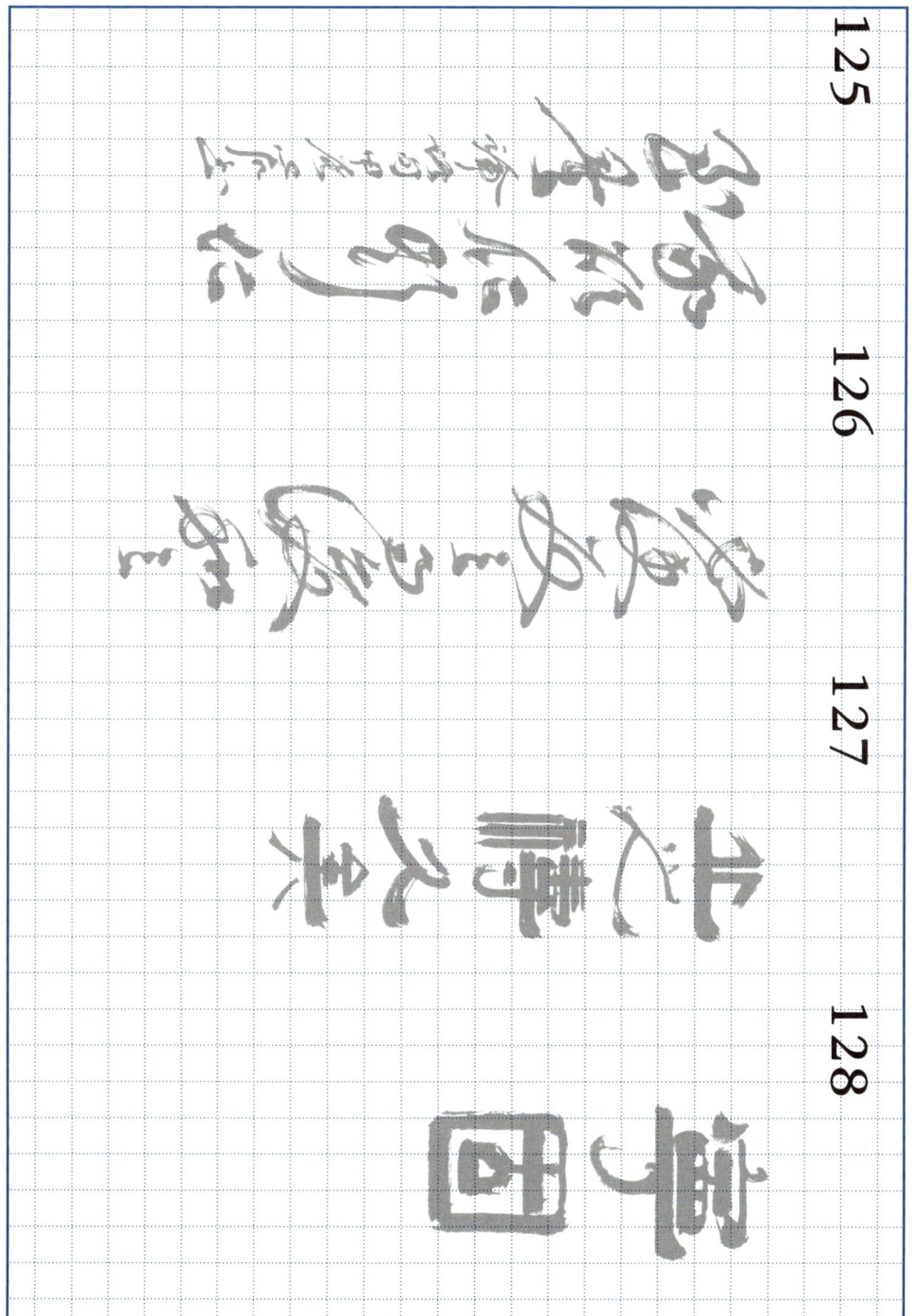

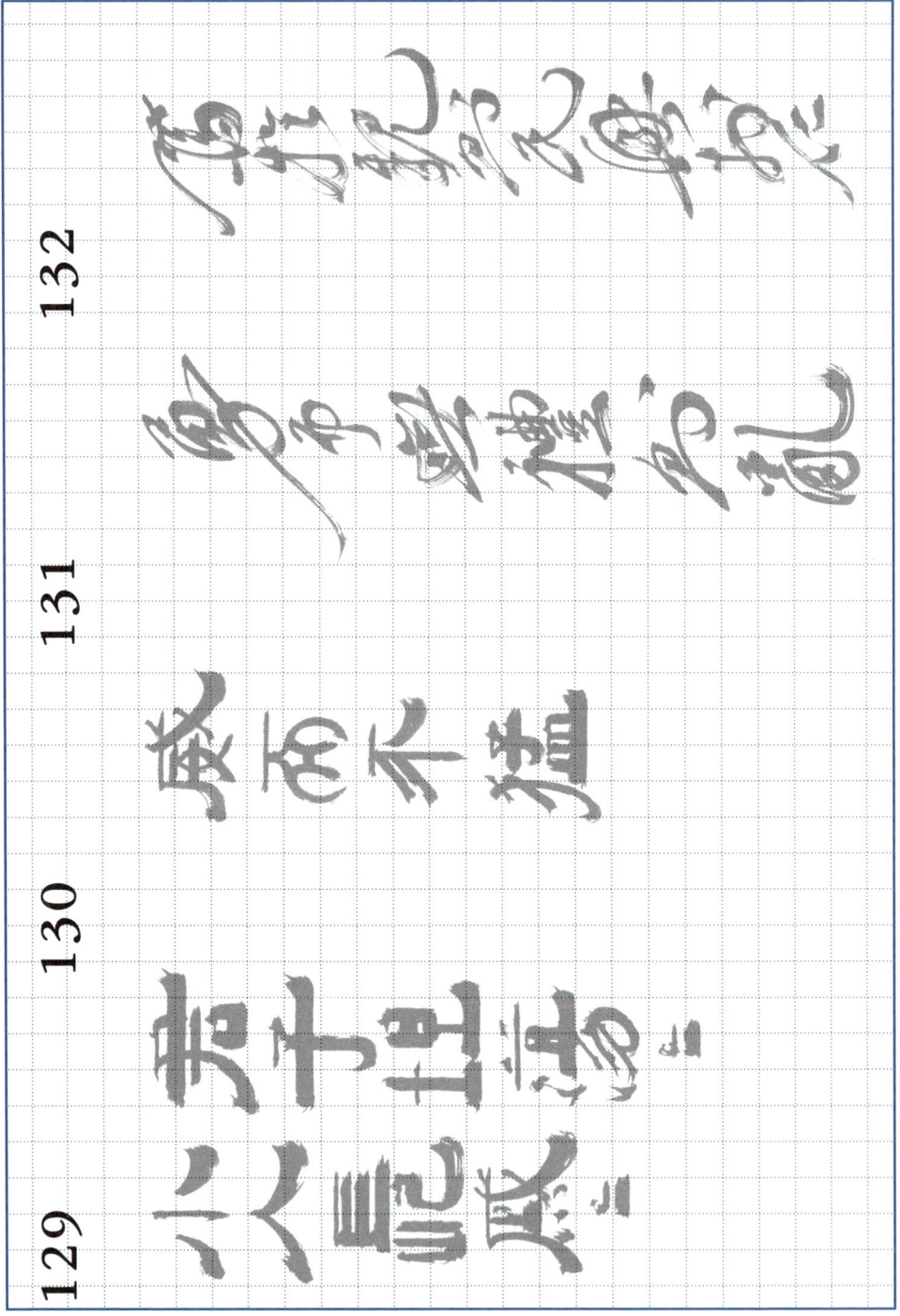

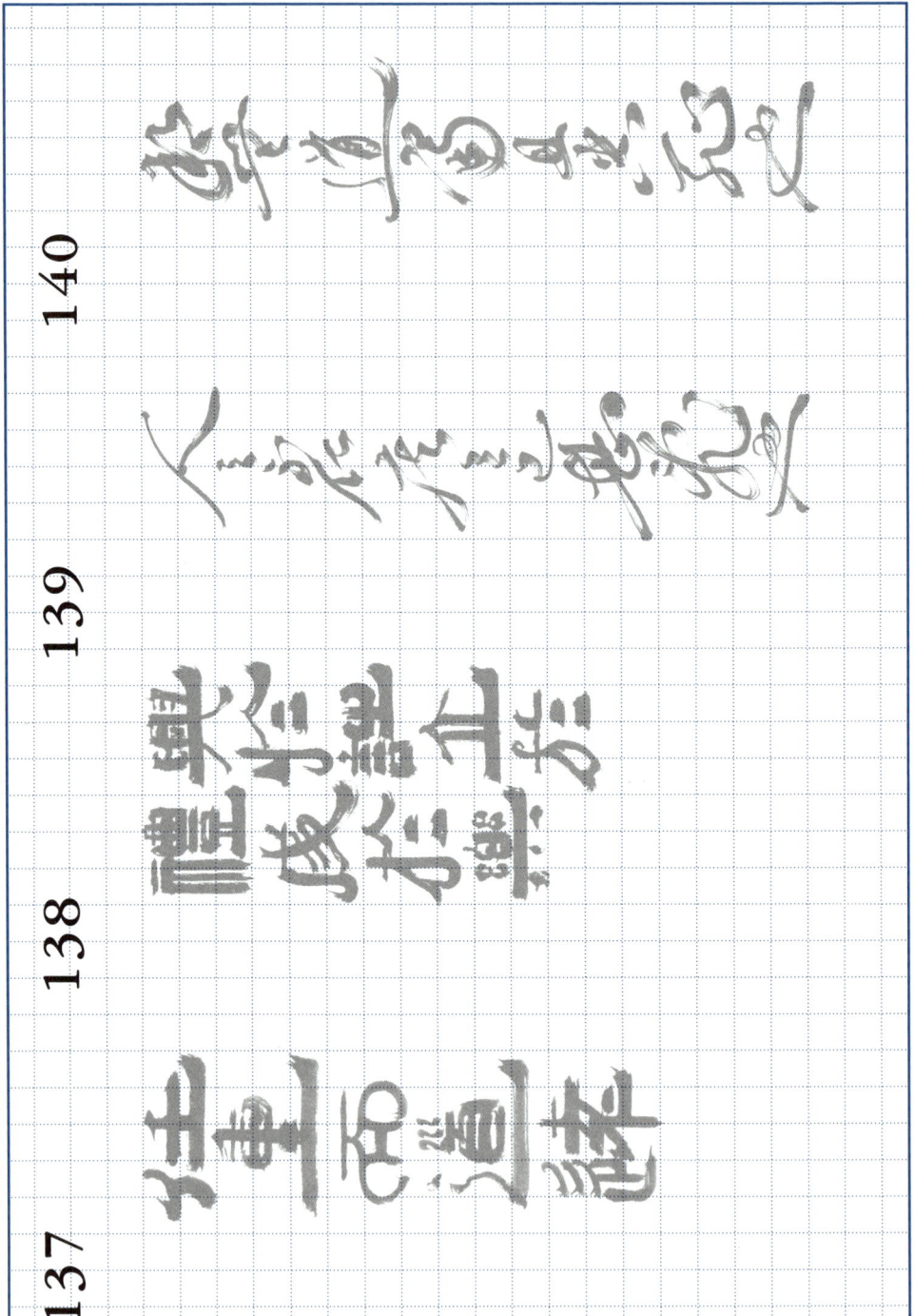

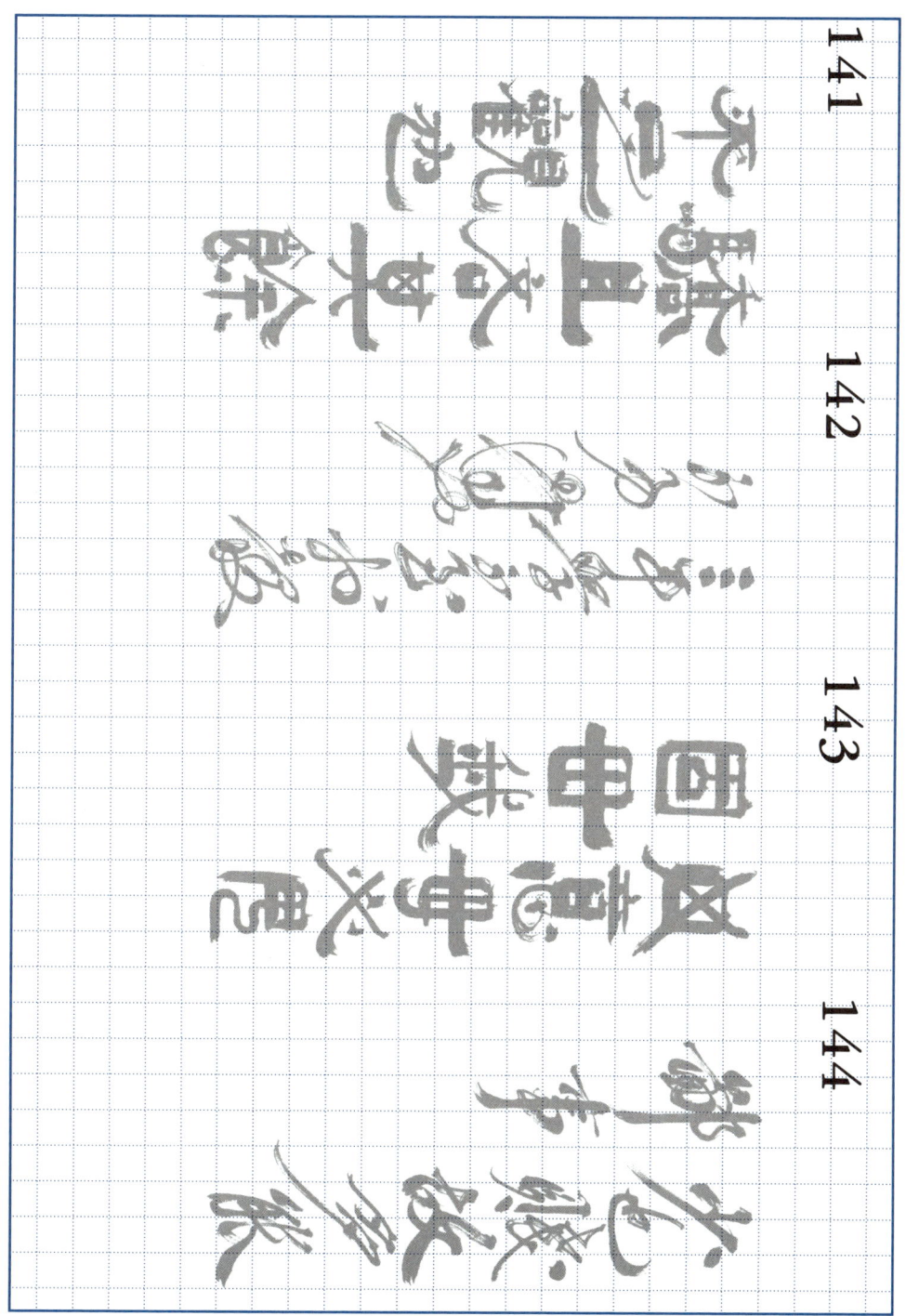

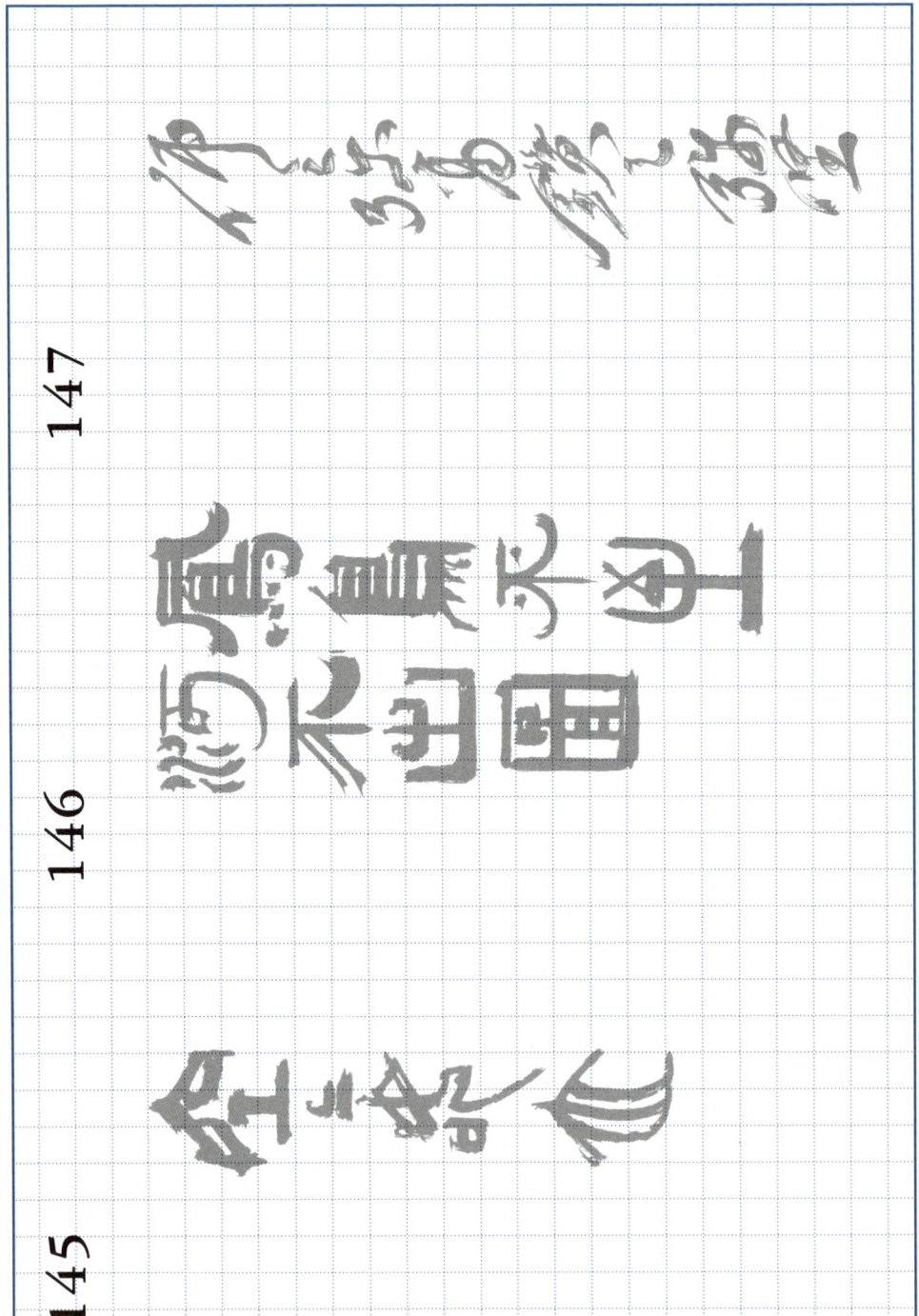

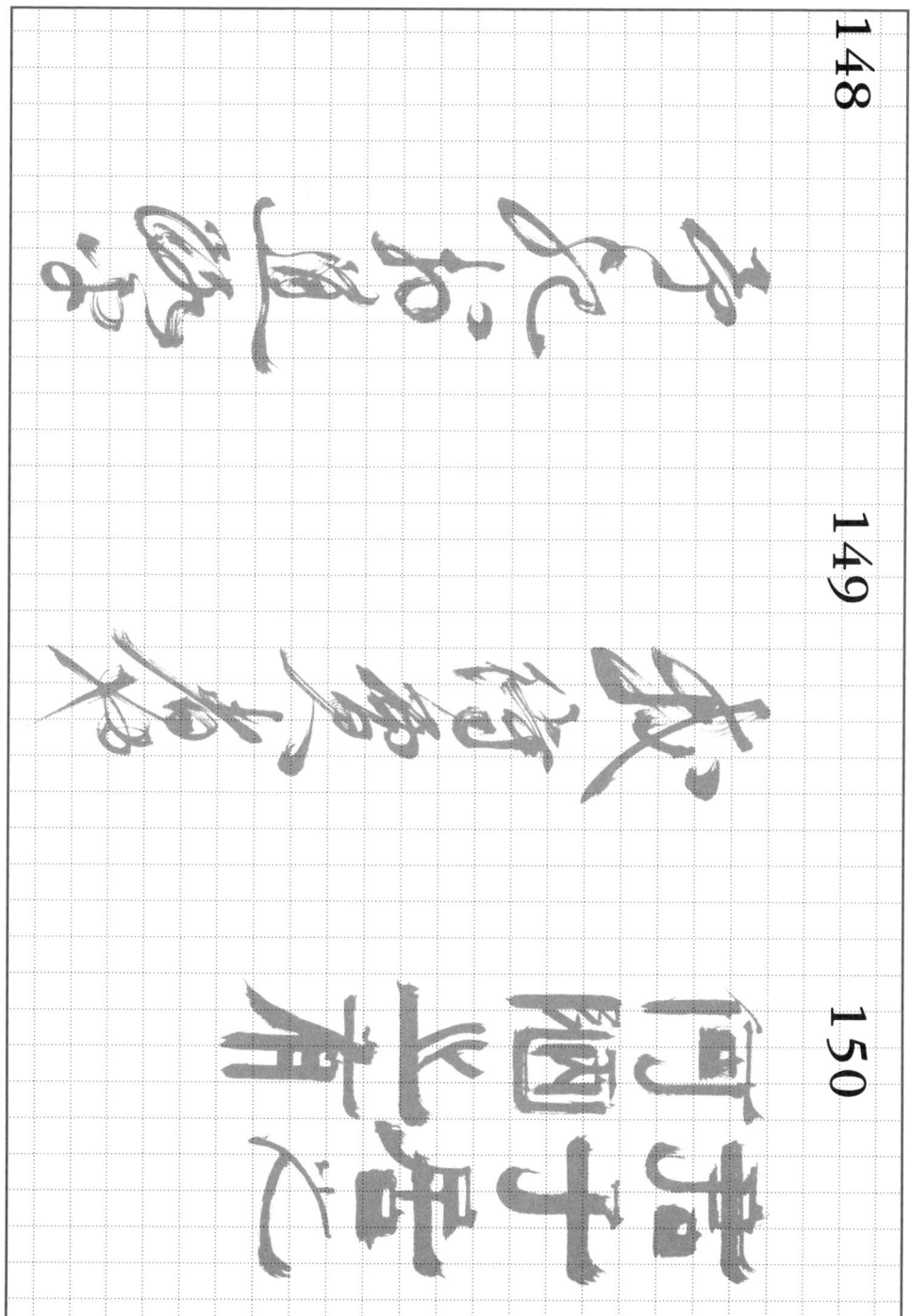

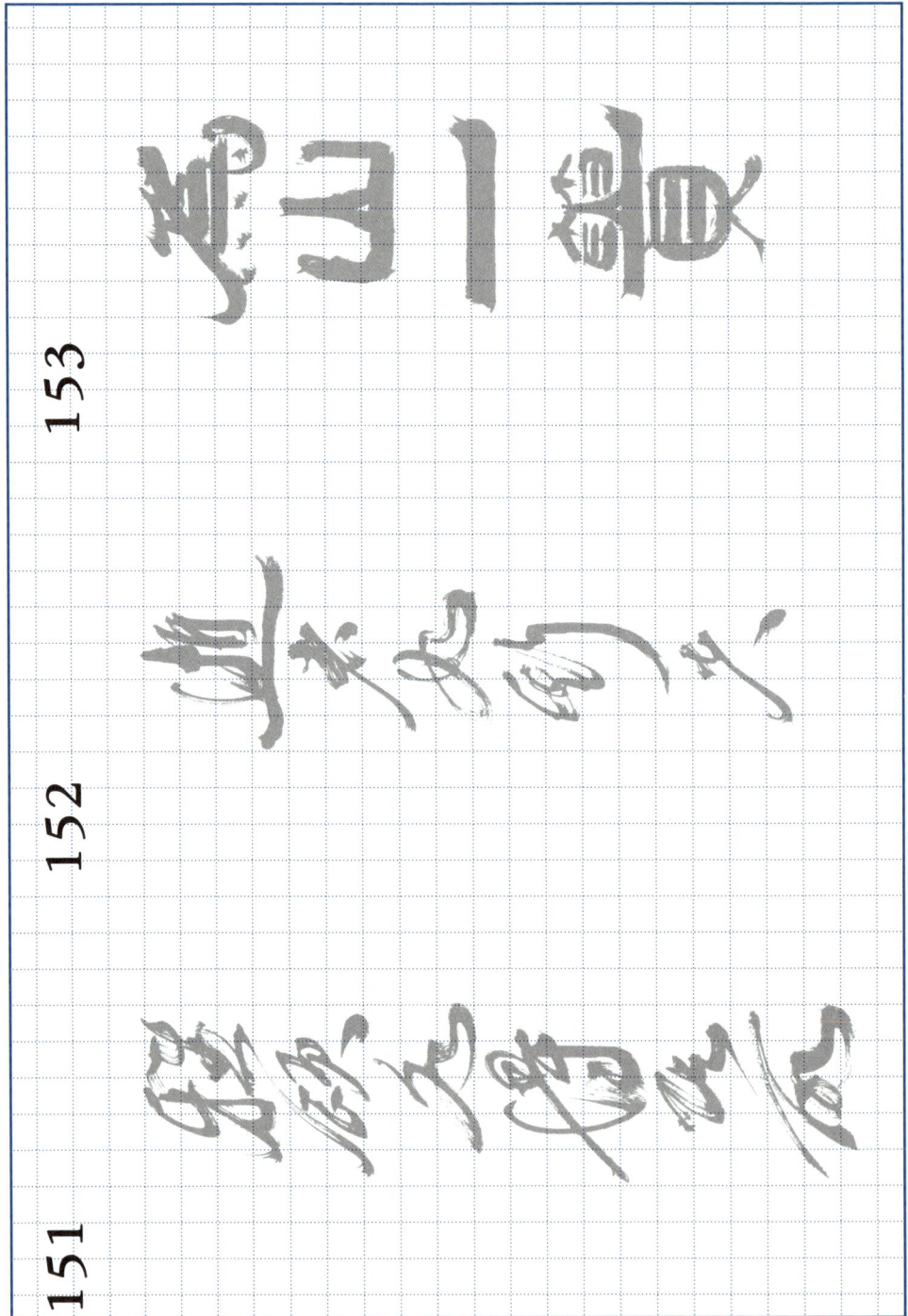

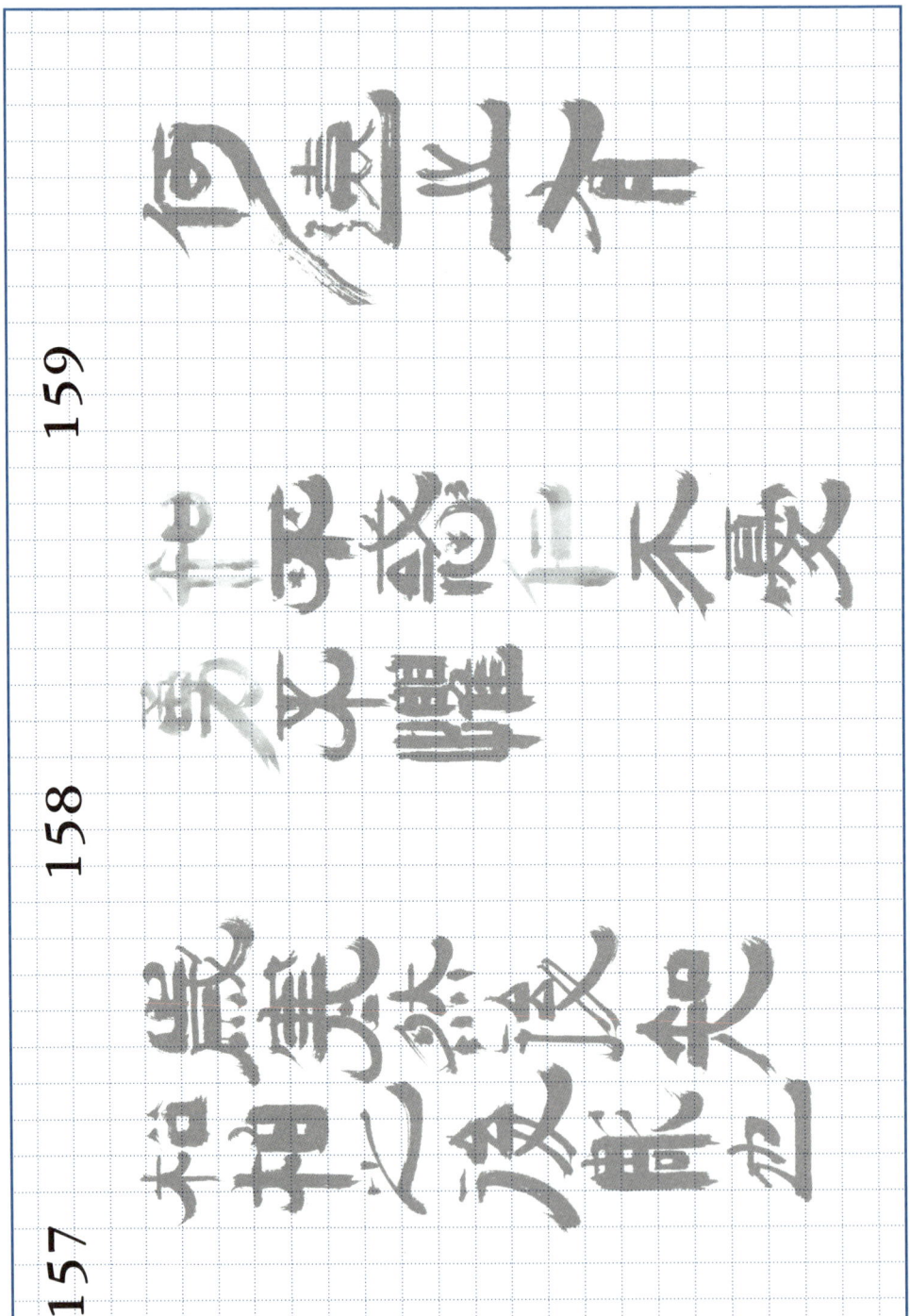

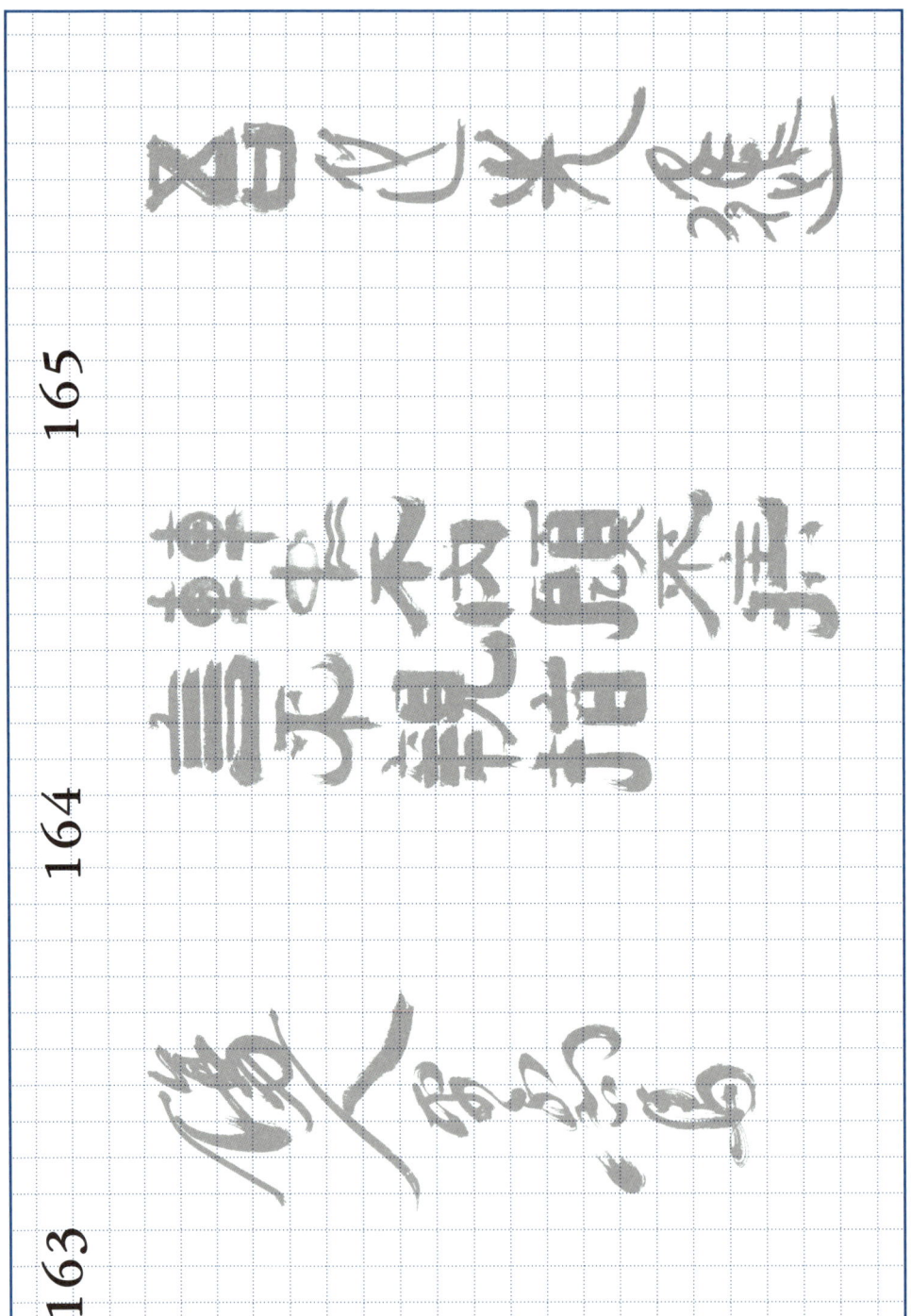

172

鳴戦あたり

173

木の陰軍立か

174

きみおひぞぶの庵

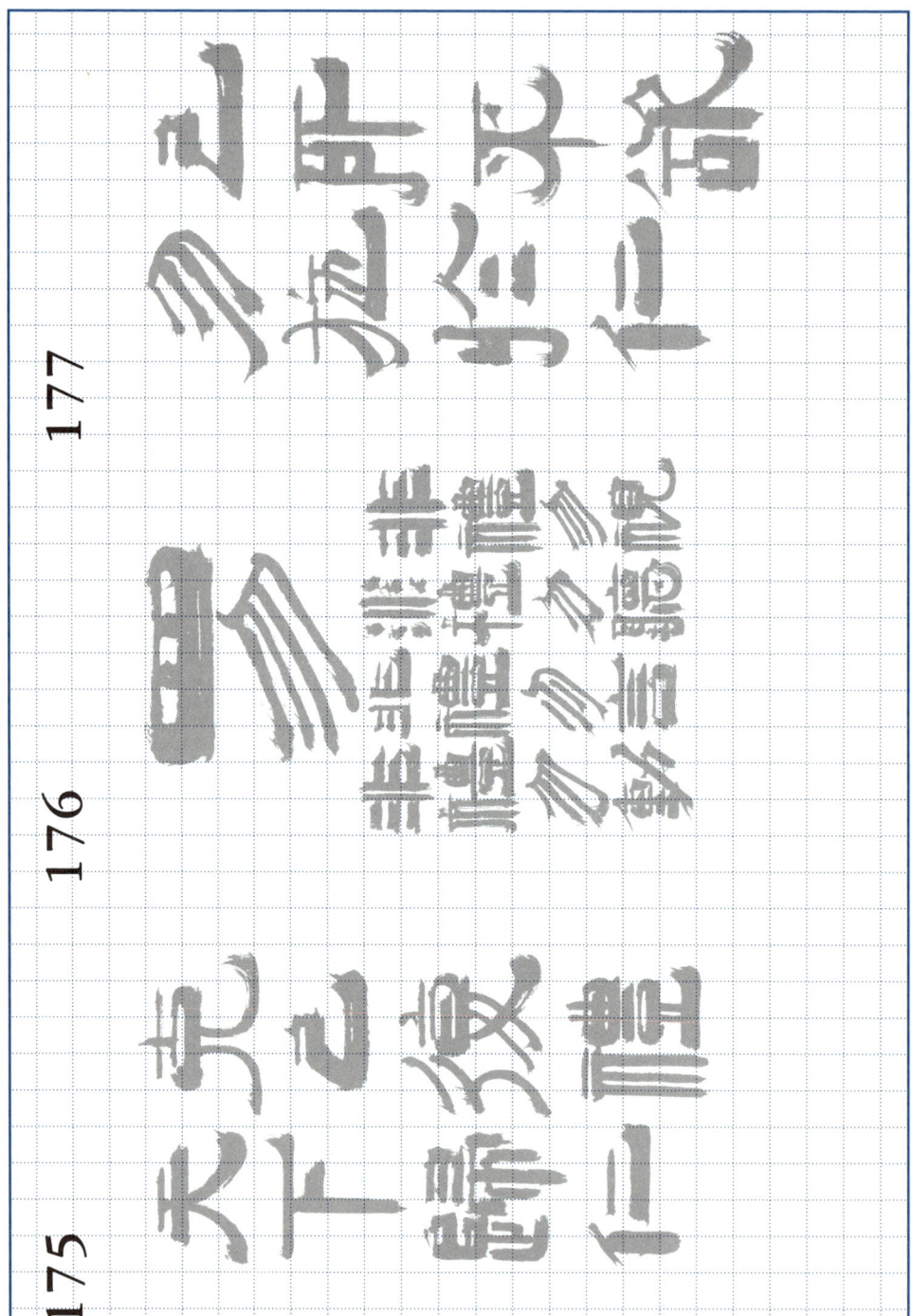

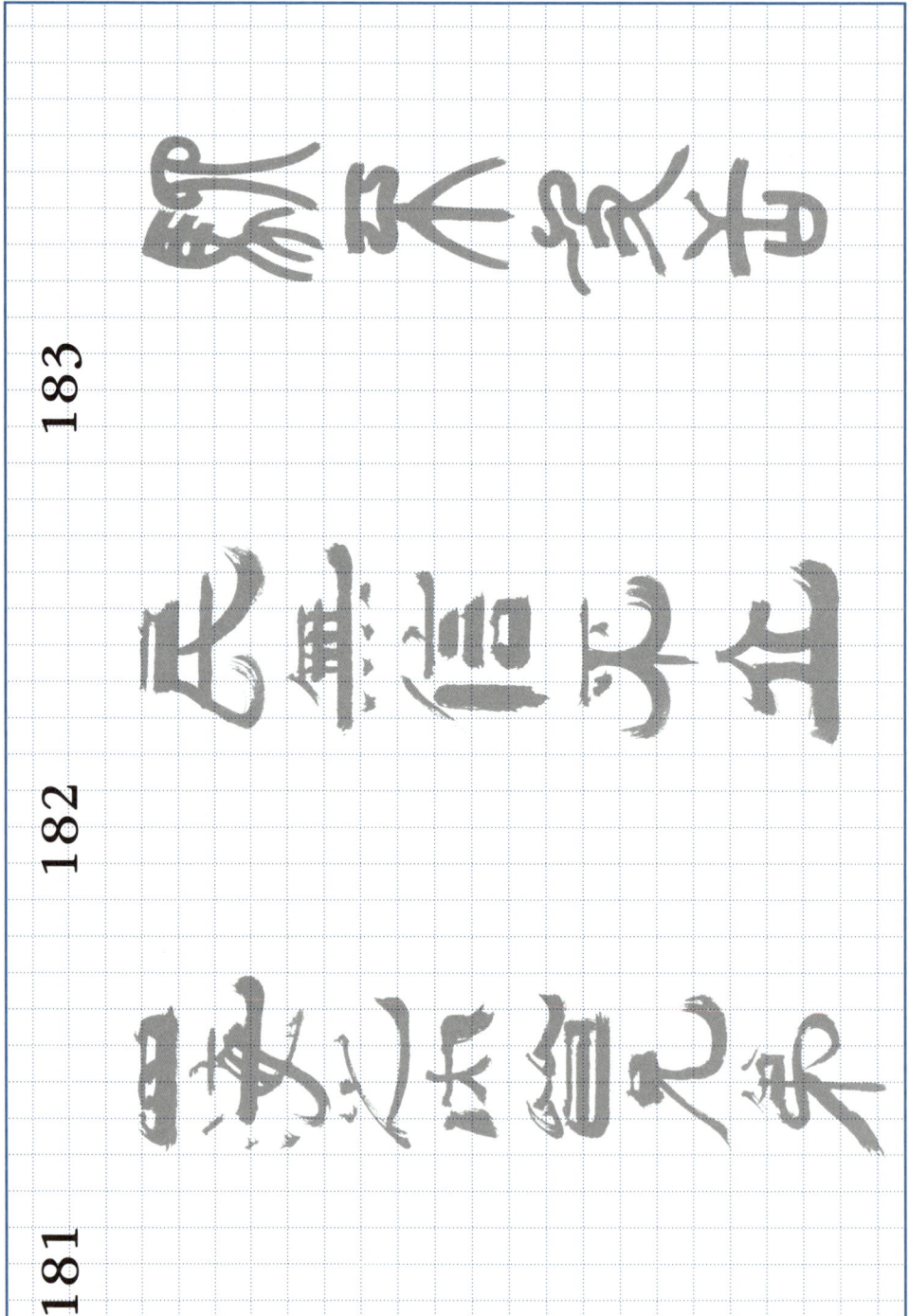

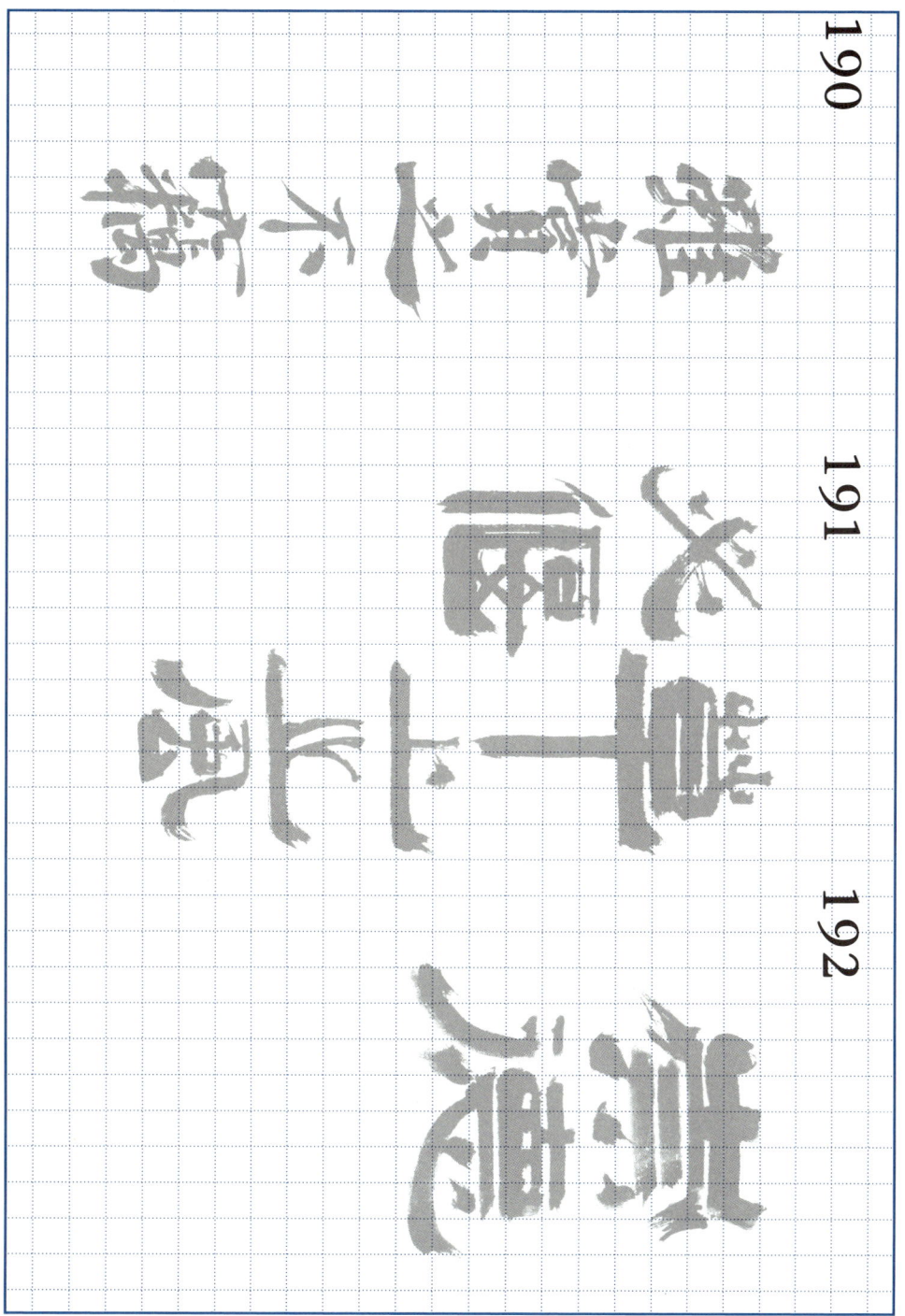

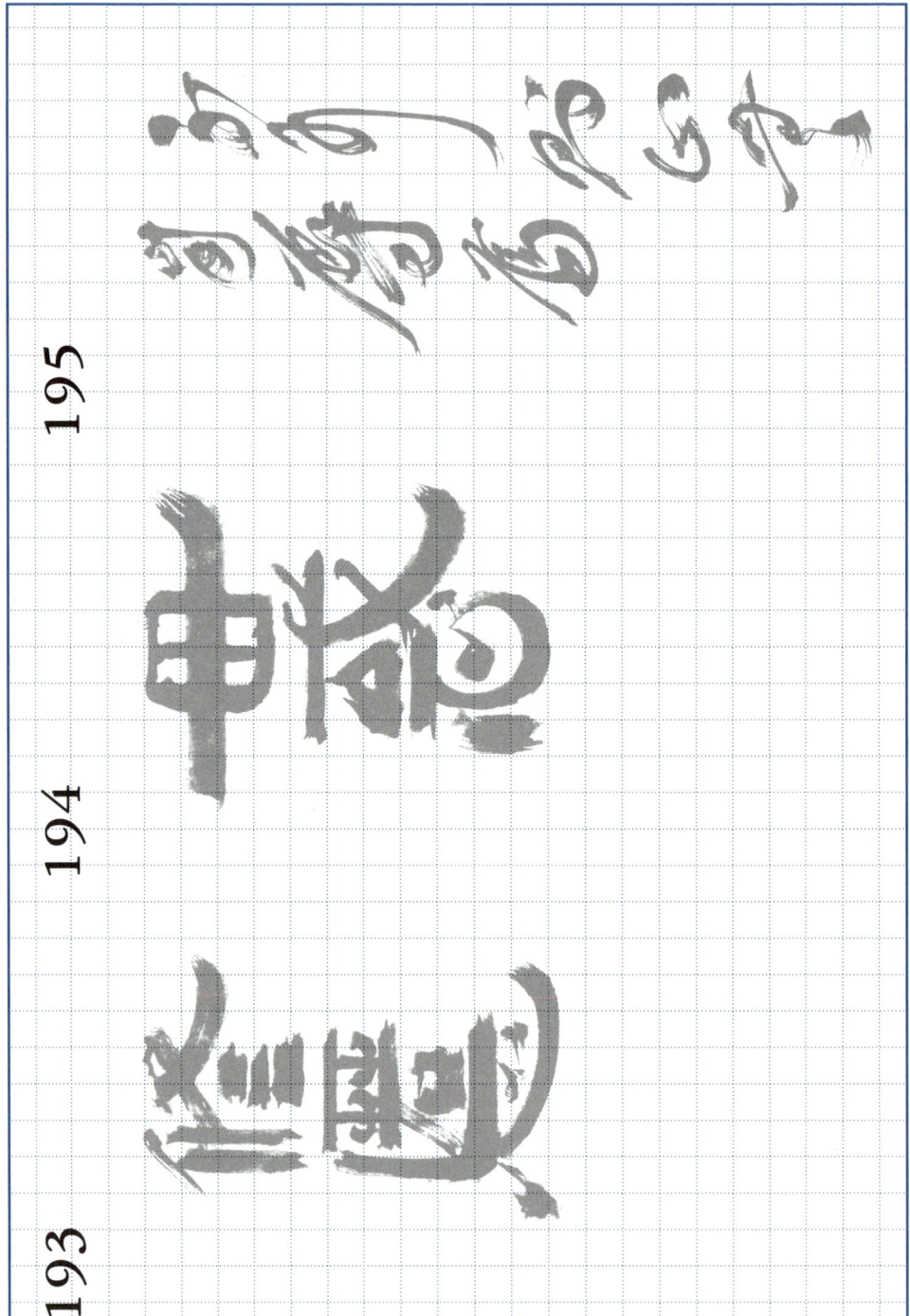

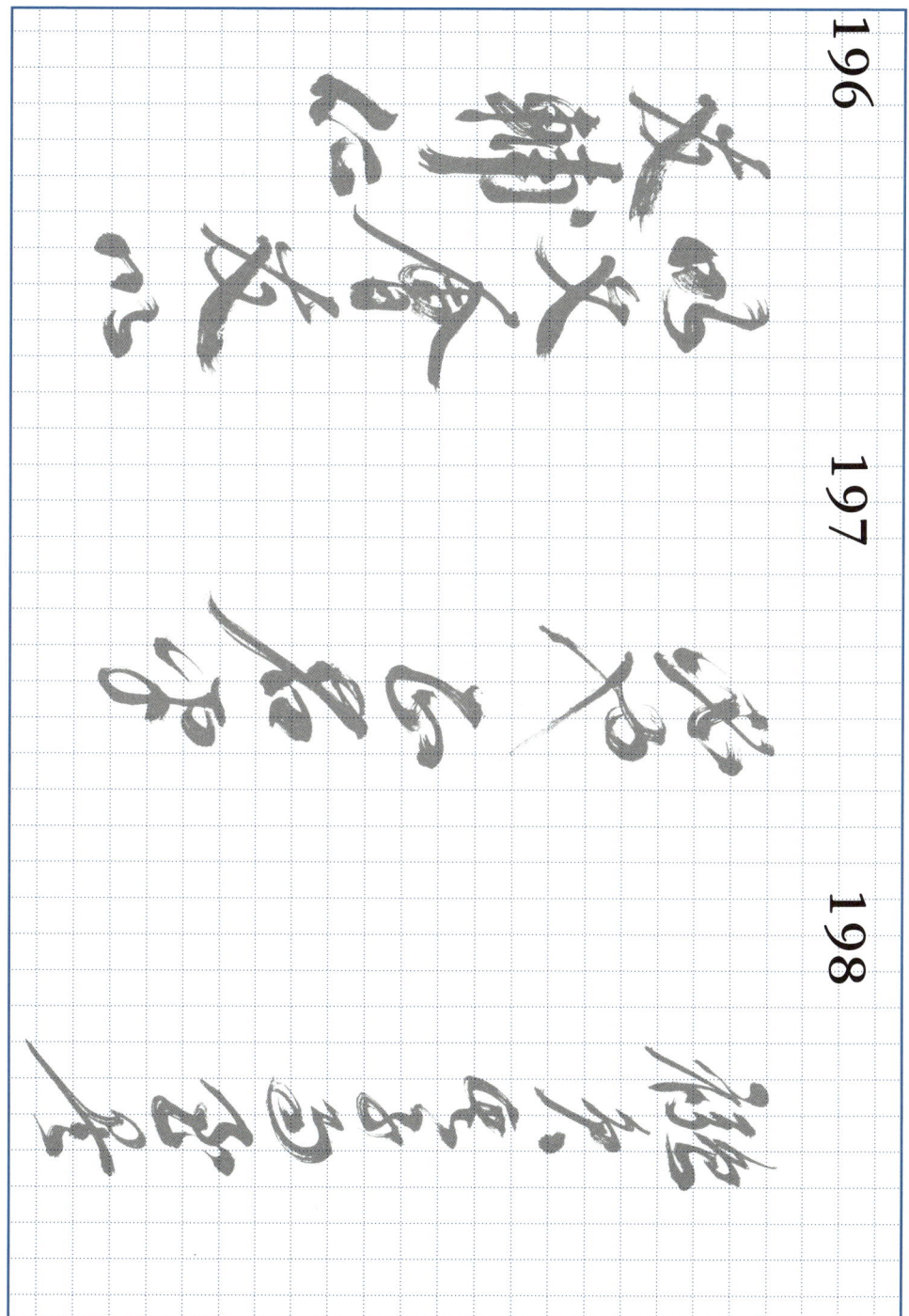

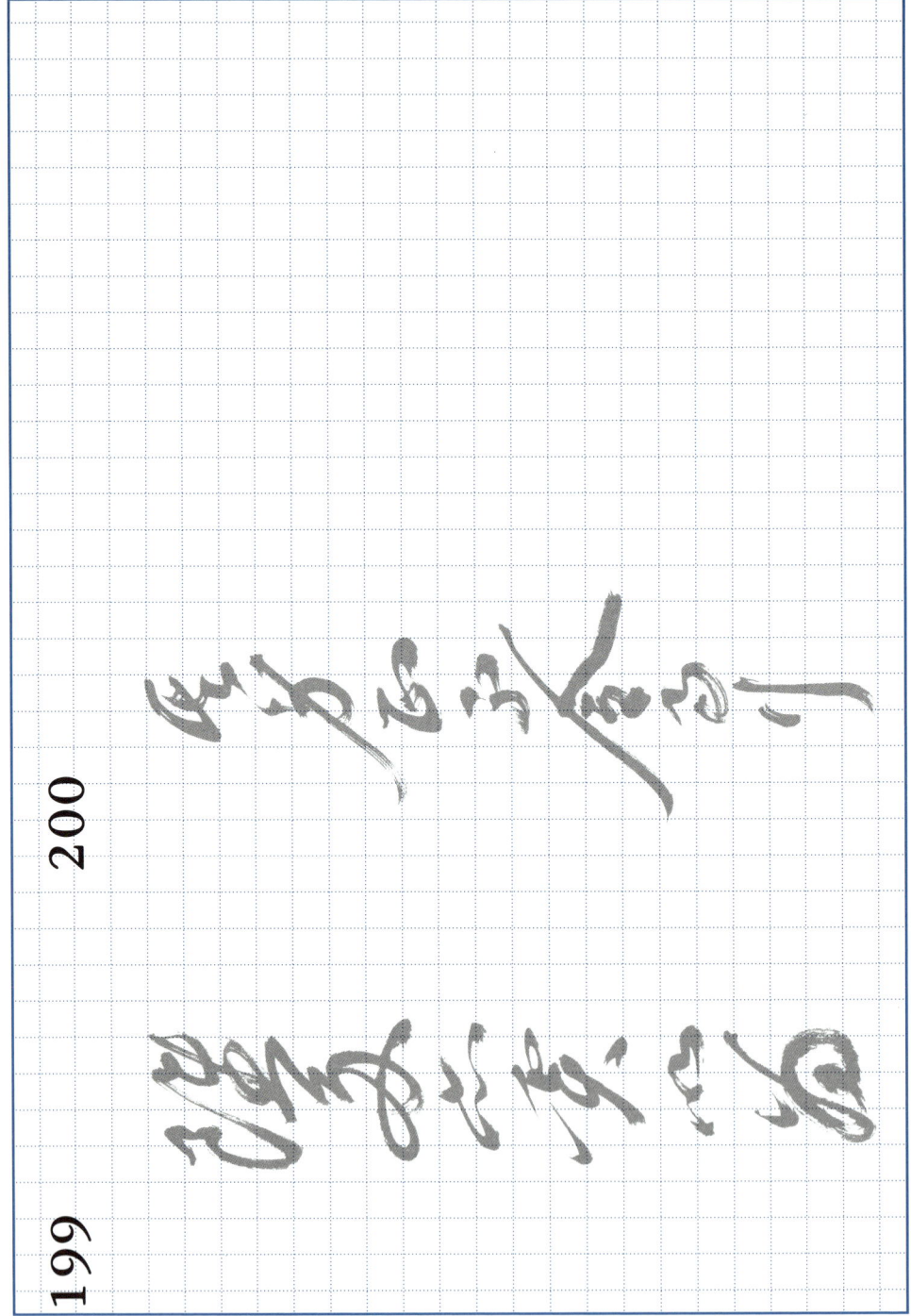